大成之道

中国精神的气质、气度、气势与气象

廖彬宇

北京时代华文书局

图书在版编目（CIP）数据

大成之道 ： 中国精神的气质、气度、气势和气象 / 廖彬宇著 .
-- 北京 ： 北京时代华文书局， 2018. 12
ISBN 978-7-5699-2540-1

Ⅰ. ①大… Ⅱ. ①廖… Ⅲ. ①儒家②《论语》－研究
Ⅳ. ① B222. 25

中国版本图书馆 CIP 数据核字 (2018) 第 184189 号

大成之道 ： 中国精神的气质、气度、气势与气象

DACHENG ZHIDAO:ZHONGGUO JINGSHEN DE QIZHI、QIDU、QISHI YU QIXIANG

著　　者 | 廖彬宇

出 版 人 | 王训海
责任编辑 | 周海燕
装帧设计 | 未　氓
责任印制 | 刘　银

出版发行 | 北京时代华文书局　http://www.bjsdsj.com.cn
北京市东城区安定门外大街 138 号皇城国际大厦 A 座 8 楼
邮编：100011　电话：010 - 64267955　64267677
印　　刷 | 北京文昌阁彩色印刷有限公司　电话：010-60203603
（如发现印装质量问题，请与印刷厂联系调换）
开　　本 | 710mm×1000mm　1/16
印　　张 | 28
字　　数 | 418 千字
版　　次 | 2018 年 9 月第 1 版　　印　　次 | 2018 年 9 月第 1 次印刷
书　　号 | ISBN 978-7-5699-2540-1
定　　价 | 80. 00 元

目　录

序　一　学不由师传　理已臻极致　/// 001
序　二　使命、担当与精进　/// 016
序　三　《大成之道》序　/// 021

第一讲　经天纬地承大道，济世匡时致良知　/// 001
——廖彬宇先生“论语大义”讲记

第二讲　孔子是怎么伟大起来的　/// 017
——廖彬宇先生讲“论语大义”之“知志”

第三讲　中华文化为什么伟大　/// 035
——廖彬宇先生讲“论语大义”之“知学”

第四讲　中华民族如何创造伟大的奇迹　/// 055
——廖彬宇先生讲“论语大义”之“知诚”

第五讲　中华文化最伟大的奥秘在哪里　/// 069
——廖彬宇先生讲“论语大义”之“知心”

第六讲　中华民族最伟大的著作是什么　/// 093
——廖彬宇先生讲“论语大义”之“知易”

第七讲　中华民族最伟大的追求是什么　/// 177
——廖彬宇先生讲“论语大义”之“知命”

第八讲 复兴中华优秀传统文化
是中国特色社会主义新时代的伟大事业 /// 205
——廖彬宇先生讲“论语大义”之“知常”
兼论中华民族最伟大的初心和根本精神

第九讲 中华文化最伟大的智慧核心
在于如何知人和做人 /// 237
——廖彬宇先生讲“论语大义”之“知人”

附录一 中华传统文化与国家战略 /// 295

附录二 再谈中华传统文化与国家战略 /// 325
——记廖彬宇先生与王继光先生对话

附录三 立意高古联自佳 /// 355
——廖彬宇先生嵌名联赏析兼论对联的创作

附录四 《大成之道》读后 /// 362

附录五 廖彬宇先生与叶自成教授
谈华夏主义与中国崛起 /// 387

附录六 龙虎风云真气象，凤麟毛羽大文章 /// 395
——谈谈廖彬宇先生的传统文化研究

附录七 谈谈廖彬宇先生的《大成之道》 /// 399

附录八 马克思主义与中华文化 /// 404
——廖彬宇在金沙县举行马克思诞辰200周年纪念讲座综述

序一

学不由师传　理已臻极致

十年前，我第一次在时任中国新闻社社长郭招金先生处听说他的名字，那时彬宇先生年方二十，按郭社长的话说，就是“胸怀大志，气度不凡，进退有据，口吐珠玑”。郭社长对彬宇先生赞不绝口，曾撰写并发表过一篇《天降其才耀中华》的文章来向世人推介，引起了不小的反响。

差不多在听说他名字一年后，我们认识了，我们是因为中国文化研究院而结缘。

香港回归后，我与饶宗颐先生、梁振英先生等在董建华先生的帮助、支持下共同发起、成立了中国文化研究院，我担任常务副院长。郭招金先生后来再度给我提到了彬宇先生，不过这次和上次不同，上次是泛泛一提，这次则是郑重向我推荐彬宇先生，说他“胸怀宇宙，腹有良谋”，如果能请到他，对中国文化研究院定有极大帮助。于是在郭招金先生的引见下，彬宇先生邀请我们到北京贵宾楼饭店见面。

初次见面，我们谈话不多，却令我印象深刻，印象极好。正如郭招金先生所言，他果真是器宇轩昂，仪表堂堂。虽然年轻，却给人一种言谈时风度翩翩，静默时稳如泰山之感，之后我们又相约见了数面，谈话渐深入起来，交谈下来，我才发现，他对中华文化，尤其在儒释道易方面的造诣，已然融会贯通，且以中华文化思想来指点西学，从容大方、纵横捭阖、气象万千，其思想之精深博大，其见解之酣畅通达，令我生出一种叹为观止之慨。我以为如此才俊，一如中国人民大学李海彬教授所评价的："既是非学不成，又是非学而成"。我后来特别向中国文化研究院名誉院长许嘉璐先生、饶宗颐先生专门介绍过他的情况。

后来彬宇先生接掌华夏文化促进会，出任华夏文化促进会驻会主席一职，还专门去了香港，聘请饶宗颐先生为华促会荣誉会长。孰料半年多后，饶老竟驾鹤西游，不然，以饶老之爱才，定会对他之人生成长有大裨益。而华夏文化促进会是国家级文化类社会组织，彬宇先生年方而立，就成为该会领头人，按常理揆度，也是令人感到诧异的。彬宇先生令人惊异的地方还不止此，他自 19 岁起在清华大学讲学以来，就连续做出了很多令人惊奇的成绩，之所以惊奇，是因为以他的年龄和在那种或恶劣或独孤，不被理解的环境下，还能够有所作为，这对常人而言，是几乎无法做到的。譬如他从 19 岁开始撰写"国学旨归"系列丛书，26 岁就出版了两百万字的《国学旨归》第一辑，27 岁在北京朝阳区创办了占地百余亩的四观书院总部，先后率领书院的学员访问斯里兰卡，与斯国总统会晤并进行文化交流，以及访问英国，并在剑桥大学、牛津大学和英国国会讲演中华文化，30 岁来，就已发表、出版了三百多万字的学术论著，其举手投足，无不彰显着中华文化自信……对此现象，中国政法大学李晓教授曾撰文评论他是智商、情商、灵商三商皆高的奇才。诚然，天下勤奋者不少，而既勤奋又能不断推出成果者则凤毛麟角。恐怕也唯有李晓教授这个评价能够解释了。

最近他的新书又将出版，嘱我写点文字，我惶恐之至，然恭敬不如从命，只得勉力为之。

我们今天讲传承发展中华优秀传统文化，是既要能传承，又要能发展。光传承而不发展，是死学问；光发展而不传承，是毫无根基的标新立异。传承是执古之道"为往圣继绝学"，发展是切合现实"御今之有""为万世开太平"。能将传承与发展都做到，而且还做好的，实不多见。

他26岁时出版的《老子汇通》一书，将老子的思想，还原到《易经》的根源上，是一种创新性研究。北京大学《儒藏》编纂中心编审郭彧先生对此评价很高，郭先生说历史上只见王弼以老解易，而几千年下来，彬宇先生开启了以易解老之门径。河北大学文学院姜剑云教授更是直接赞叹彬宇先生“仿若当代王弼”。

他同年出版的《干支哲学》，提出了“知命、革命、复命”的“三命原则”，揭示了中华文化就是围绕“命运”而展开的文化，如何认识命运、如何改变命运、如何成就命运，第一次系统地将天干地支的原理作为一种类数学模型来加以解析，揭示了它的运算规律，使之脱离“术”而成为“道”，成为帮助人类圆成生命的人生哲学。

他30岁时出版的《平心平天下》，在学界引起一定的震动，好评如潮。北京邮电大学邓相军教授有次在书店看到了这本新书，翻了几页，就被深深吸引，从书店一口气买了几百本彬宇先生的新书，搬回去送给了邮电大学的同事和他的博士们。一个学者批量购买另一个学者的书籍，还广而告之般地去推荐这位学者的思想、书籍，这种事情，也只有在鸿儒硕学的身上才能看到，而在年纪轻轻的彬宇先生身上，居然也发生了。

安徽师范大学杨四平教授看到这本书后当即评论：“煌煌著述，光芒万丈。天才的创造，必将功益于我的思索与研究。”由此可见，彬宇先生的论著，不仅未入门的传统文化爱好者喜欢读，对于那些已经有了很深的传统文化造诣的知名学者而言，也能带来诸多启发。

洋洋四十万言的《平心平天下》虽然是一部集演讲、随笔、诗词和对联的集子，却“形散而神聚”，从始至终都贯穿着中华文化的根本精神，无论是透过彬宇先生的演讲、随笔还是诗词对联，都能让读者真切感受到中华文化那种“一以贯之”的精神和韵味，让你发现中华文化自成体系，这也许成了这部书的独特风格。甚至将这些在不同场合根据不同需要所做的不同演讲通览以后，读者更会惊奇地发现，彬宇先生用数字一到十给中华文化做了一个系统的理论架构。

北京师范大学系统科学学院的院长狄增如教授在看完此书后做了一个决

定，那就是聘请廖彬宇先生担任北师大系统科学学院的特聘教授，在聘任仪式上，狄院长说:《平心平天下》一书，更是以提纲挈领的方式、高屋建瓴的视野，为中华优秀传统文化组织并构建起了一座系统而完整的思想理论架构，他用数字“一”阐述中国文化的本体论，用“二”阐述中国文化的辩证法，“二”为“阴阳”，也为“因果”，既对立，又统一。既是“二”，又是“不二”。他用“三”阐述中国文化的特征，以“天地人”三才囊括“真善美”“体相用”与“色相空”，进而提出了中国文化的特征为“神奇、神秘与神圣”。他用“四”阐述中国文化的精神为“四观”，智慧为“四知”，追求为“四为”。“四观”即《易经》中提出的“大观在上，中正以观天下，下观而化也。观天之神道而四时不忒，圣人以神道设教而天下服”。这“四观”中，前三者“大观、中观、下观”原本包含了西方学术所谓的宇宙观、人生观与价值观，同时共同指向一个天人和合的观念，就是“天下观”。“四知”是指《易经》中的“知柔知刚，知微知彰”，也是指佛经中唯有佛陀才能具备的四种智——大圆镜智、妙观察智、平等性智、成所作智。“四为”即张横渠的“为天地立心，为生民立命，为往圣继绝学，为万世开太平”。由此进一步提出了廖彬宇先生所倡导的理念——“以四观精神开启四知智慧，成就四为人生”。廖彬宇先生用“五”来阐述中国文化的方法论，首先是“五行”学说的产生，衍生出了五伦、五常、五味、五方、五液等等。“五行”学说是中国文化的方法论，明白了五行学说，就能明白如何用“五行”的思想构建身体的和谐、身心灵的和谐乃至于社会国家的和谐等等。他用“六”提出了“六份”与“六品”的概念，概括了中国文化使人获得圆满成就的原则为“天分”“勤奋”“缘分”“名分”“本分”“成分”等六份；用“神品”“艺术品”“工艺品”“次品”“废品”“毒品”六品来说明“道器合一”思想，他认为，一个人对“道”的追求，其体认度越高，其创造的产品层次就越高，反之，一个人对道完全失去了追求，就会制造“毒品”，危害社会。廖彬宇先生用“七”来概括中国文化给人的收获，叫作“七超”，即“超然的境界”“超迈的气魄”“超脱的情怀”“超前的视野”“超常的思维和行为”“超越一切障碍的智慧”和“正大光明、顶天立地超我格局的形成”。他用“八”来形容中国文化的格局，是“天地日月、雷风山泽”八卦。“天地日月”分别代表了正大光明，雷风山泽分别代表了一个人如雷霆般的行动力，如风一般的穿透力，如山一般的持重安稳，如水一般滋润万物、善待一切，由此产生了中国文化的“九流十家”。无疑，廖彬宇先生的系统理论架构，对于我们今天无论是做科学研究还是融通西方文化，抑或深入学习、掌握中华优秀传统文化都有助益。这正是习近平总书记所强调的，中国传统思想文化体现着中华民族世世代代在生产生活中形成和传承的世界观、人生观、价值观、审美观等，其中最核心的内容已经成为中华民族最基本的文化基因。“中华优秀传统文化是我们最深厚的文化软实力，也是中国特色社会主义根植的文化沃土。”习近平总书记指出，实现“两个一百年”奋斗目标、实现中华民族伟大复兴的中国梦，需要充分运用中华民族数千年来积累下的伟大智慧。在新的时代条件下实现中华文化的创造性转化和创新性发展，从而“以古人之规矩，开自己之生面”。

今日很多学者，在讲述中华文化时，大都能够从某一点切入进去，然后无限地展开，很多听众也感受到中华文化的博大精深，然而在听完以后，也差不多又都忘了，中华文化具体讲了些什么？又都说不上来。也许彬宇先生正是怀着一种“六经责我开生面”（王夫之语）的使命感，总是能够别出心裁，见人所未见，发人所未发。“十字理论架构”可谓《平心平天下》一书最大的特色，也是贡献给现当代传统文化事业最大的成果，不仅能够迅速把中华文化讲清楚，而且让人读完以后，油然生出一种强烈的文化自信，给人以醍醐灌顶之感，认识到中华文化既是经世致用之学，更是内圣外王之道。至少，这是我当时读《平心平天下》之后的一种感受。在《平心平天下》新书发布会时，我在外地未能出席，特地给彬宇先生致电，表示衷心的祝贺，我送给彬宇先生一句话：“大道逢君开生面，文章盖世绝等伦。”南京大学潘知常教授称《平心平天下》是“大丈夫宣言”，而在我看来，其作者彬宇先生就是新时代的一个大丈夫，一个从乡野中走来，靠自己的特立独行与大无畏精神，影响了万万千千人走向光明的大丈夫。所以我称赞他“文章盖世”不是虚夸之辞，而是发自肺腑。

而眼下这部即将出版的新书是根据他讲“论语大义”的课程录音整理而

成，一如既往地延续了他独特的风格，别出心裁，别开生面。

很多人讲《论语》，多半是照着讲。要么注解，要么翻译。而彬宇先生却如同孙悟空，一个筋斗云翻了十万八千里，直接跳出来，把《论语》竟然讲成了一个系统的大智慧、大学问。这就是“我注六经”与“六经注我”的区别。他把《论语》的智慧归结为三十一个“知”。他说：谋大业，建大功，成大事，必须拥有大智慧。这个大智慧，就是“大良知学与大成之道”。

孔子这一生，后面我会给大家说，就是向世人证明了，如何从一个无知少年，成长为大智慧的大成至圣，我们要想获得大智慧与大成就，从孔子身上，就能获得借鉴和启迪。

他是“十有五而志于学”，15 岁开始立下大志，希冀通过学习求得大智慧，这就是“知志”；立定志向以后，就自然会努力学习，就是“知学”；在知学的过程中，就会明白诚意正心的重要，就会“知诚”；知诚，就能感悟心之本体，可以“知心”“知仁”；能知心，就能通《易经》之道，可以“知易”（知道）；能知易，便能感悟天道，可以“知天”；能知天，就能读懂万物发展之规律，乃至人类命运之态势，就能“知命”（知遇）；能知命，就能知生命之来处，可以“知本”（知孝）；能知本，就能进一步更好地认识自己，可以“知己”（知省）；能知己，就能发现自性具足，不假外求，能够“知足”（知止、知节）；能知易、知天、知命、知足，就可以洞悉事物发展的规律，建立正确的价值观，可以“知常”（知义、知别、知情、知性、知识）；知常，就能在事物开始时看到结果，可以“知因”（知果）；能知因果，就会对天道自然产生敬畏，进一步加强自身的修为，就会“知敬”（知慎）；能知敬，不是懦弱，故对举为“知勇”；能知敬，则会于万物有所领会，可以“知觉”（知著、知类、知得、知失、知敏）；能知觉，就能“知几”，还能“知名”、“知时”（知进、知退）；能知几知时、知进退，就能“知行”（知恒、知用、知兵、知药）；能知时知行，必能“知权”（知谋、知通）；能知权，亦必当“知中”；能知权，必能“知重”；知重者，可以“知谦”；知谦者，则“知礼”（知错、知耻、知法）；能知重、知谦、知礼，则能“知德”（知恩）；知德（知恩），则能“知容”（知恕）；知德（知恩），必能“知言”；知言，必能“知人”；知德知言，则能“知趣”（知音、知书、知艺、知乐）；有以上诸多之知，则必受大益，可以“知信”；最后便能“知政”，可以经济天下。

这里的“知”，不仅仅是一般知道、晓得的意思，还包含了把握、掌控、主宰的含义。如古时官职的知县、知府、知州等等，分别指主管、掌控某县、某府、某州的官员。知客又是指主管招待宾客的人。所以，我们说知时，指既能了解又能把握时机；知本，是既理解又能抓住根本，照此类推。

这三十一个“知”，他都细细地讲，使人知道，每一个“知”都有极为丰富的内涵，都蕴藏着大智慧。让人感受到，中华文化如同物理学所形容的全息理论，“每一滴水都反映一个太阳”。彬宇先生的每一个“知”，都冠以“伟大”二字作为标题，如“知志”，题为《孔子是怎么伟大起来的》；如“知学”，题为《中华文化为什么伟大》；如“知诚”，题为《中华民族如何创造伟大的奇迹》；如“知心”，题为《中华民族最伟大的奥秘在哪里》；如“知易”，题为《中华民族最伟大的著作是什么》；如“知命”，题为《中华民族最伟大的追求是什么》；如“知常”，题为《复兴中华优秀传统文化将是社会主义新时代的伟大事业》；如“知人”，题为《中华文化最伟大的智慧核心在于如何知人和做人》……

我以为标题冠以“伟大”二字，有其良苦用心。百余年来，中华文化遭到了巨大的误会，被扭曲、歪曲，彬宇先生自幼学习传统文化，也遭受过巨大的委屈，所以他有这样的感同身受，他就有这样的理想和追求，要为中华文化正名，不仅要正名，同时要让所有人知道，中华文化的智慧是伟大的、思想是光明的、格局是正大的，只要传承好中华优秀传统文化，个人能够幸福、民族可以强大、国家可以文明和谐。

如对儒家的误解，彬宇先生天才性地提出了“儒家的三重境界”，用三句话就创造性地给儒家文化做了定义和诠释。他说：儒字的构成，一个“人”，一个“需”，就代表了儒家的三重境界，即“文化儒”“君子儒”“大人儒”。

第一，儒家文化好比阳光空气和雨露，须臾不可离，是人类之需。儒家文化为人类揭示了一条正确而光明的道路，只要沿着这条道路走下去，就必定获得成功、取得成就。所以儒家文化，是人类需要的文化。这就是

“文化儒”。

第二，儒家文化需要你做人。合格的人，叫作君子。君子以下，叫作“小人”，甚至“禽兽”；君子以上，叫作“大人”，或者“圣贤”。“君子”是一个合格的人的标准。孔子一上来不给你说做神，因为离人太远，一方面容易把大部分人给吓跑，另一方面要做神就要对自己要求极高，男女之事就免谈了，吸风饮露正常东西也不吃了，一般人做不到，所谓“世人都晓神仙好，唯有金银忘不了”。所以儒家让你做人，把人做好，也谈男女之事，但是合乎礼法；也谈吃的，但是不暴饮暴食，甚至吃得更讲究、更健康、更精致、更养生。所谓“食不厌精，脍不厌细”。这个很好做到，只要把度收敛一点回来，就成君子了。这个度过分了，就是小人。所以君子很好做，一旦成为君子，行为就是优雅的，为人就是谦和的，君子尊重人，也受人尊重。这就是“君子儒”。古人云：天地者，生之始也；礼义者，治之始也；君子者，礼义之始也。为之、贯之、积重之、致好之者，君子之始也。故天地生君子，君子理天地。君子者，天地之参也，万物之总也，民之父母也。无君子，则天地不理，礼义无统，上无君师，下无父子，夫是之谓至乱。

第三，一个人一旦在生活上养成了良好的习惯，就是君子。而真正养成了习惯，那么就不再满足于这一点要求，对自己的要求就会自然提高，就会有更高的追求，接下来就会追求成为圣贤。圣贤就是立“人极”的人，为世人做榜样，能够引领社会正向发展的人。这就是“大人儒”。

他还提出西方文化所谓的自我、本我和超我（弗洛伊德），就是孔子所说的小人、君子和大人。进而他又结合现实，提出儒家文化颇类于共产主义，儒家的君子就类于共产党员，儒家的大人就类于共产党所说的“伟大的无产阶级革命家”。他还在书中用了大量文字系统地论述中华优秀传统文化与马克思主义、共产主义的内在关联，讲清楚了马克思主义、共产主义将必然进入中国，讲清楚了马克思主义主导中国是历史的选择、是正确的选择、是必然的选择、是伟大的选择。他又从中华优秀传统文化的角度，充分证明了共产主义社会有必然现实的内在逻辑，不是“乌托邦”幻想。他用《易经》的“三易”原则，讲清楚了马克思主义基本原理——“世界是物质的，物质是运动变化的，运动变化是有规律的，规律是可以掌握并利用的”，而“三易”原则即“不易”“变易”和“简易”，“变易”就是世界和物质的运动变化，“不易”就是支配现象变化背后不变的规律，这个规律是能够掌握和利用的；“简易”就是掌握了这个规律以后，看待一切事物都变得简单了，可以利用这个规律创造事物并驾驭事物。

诚然，这是一个伟大的发现与认知。千百年来，学《易》者多如牛毛，而能洞悉此中真义的人实在寥寥无几。

在“知人”一章中，彬宇先生把“知人”和“做人”拔到很高的地位，从标题就能看出来——《中华文化最伟大的智慧核心在于如何知人和做人》，这其实也就是儒家核心着重于人的地方，一切从人性出发，一切合乎于人性，一切以人为本。

他在“知人”这一章里写过古往今来许多“知人”的故事，其实在他身上也发生过类似贺长龄、陶澍、林则徐发现左宗棠是人才这样的事例，至少我就了解其中一两件。

他在18岁时去拜访过山东大学刘大钧教授。饶宗颐先生曾在写给汤一介先生的信中盛赞过刘先生，称他为“当代大儒”，刘先生对当代中国易学的传承与发展、光大与弘扬做出巨大贡献，功不可没。

刘先生是中央文史馆馆员，时为中国周易学会会长、山东大学易学与古代哲学研究中心主任，创办了《周易研究》学刊。在毫无预约的情况下，彬宇先生独闯他的办公室，他在百忙中见了年仅18岁的彬宇先生，一见之下，视为奇才，送了大量的易学书籍给彬宇先生。因当时刘先生要赶去省里开会，就让中心副主任林忠军教授带彬宇先生参观学校，又让林忠军教授代表他和中心请这个年轻人吃饭，然后又送他离开。

林忠军教授后来就问刘大钧教授，大家都这么忙，为什么还要带这个小孩四处参观，还专门请他到饭店吃饭？刘教授说：“我看这个少年眉宇间英气勃发，和我说话毫不怯懦，坐在那里稳如泰山、气定神闲。言语有条不紊，精神抖擞，气概不凡。将来他的作为，恐怕不小。”刘教授因而对年少的彬宇先生生了爱才之心。

后来，刘教授一直都关注着这个年轻人的成长，给他邮寄了自创刊以来的所有《周易研究》学刊及刘教授主编的所有易学书籍，如《百年易学菁华》等大型丛书。2014 年，彬宇先生任国际易学联合会执行秘书长，并在沈阳人民会堂召开了“传统文化与现代文明国际论坛暨国际易学联合会成立十周年庆典”，他担任此次大会主席，国内外来了一千多名学者。而刘教授因身在国外访问不能与会，于是特意委派了中心的教授们来参加此次论坛，并亲为此次大会发来贺函。这一年，是国际易学联合会成立十周年，也是国际儒学联合会成立二十周年。我们看到了，一个 27 岁的年轻人，不像其他的多数年轻人那样去享乐，去玩世不恭，而却在拼尽全力为中华文化的伟大复兴不懈努力着。刘教授惜才、赠书的情景，是否就如同左宗棠 18 岁时拜访同乡贺长龄时情景的再现？左宗棠“蒙国士见待”，后来贺长龄又把自己所有的藏书都借给左宗棠阅读，彬宇先生也受刘大钧教授十分礼遇，此后又赠彬宇先生海量书籍，这两个故事是否如出一辙？

中国艺术研究院研究员摩罗教授还为彬宇先生写过一篇题为《立本守源，经世致用》的评介文章，其中有这样的记述：

“廖彬宇同志学习吾夏古代文献，是出于真正的热爱，可谓‘有志于学’。据了解，他上中学时，就特别喜欢读古文、背古文，心无旁骛，沉浸其中，不论经史子集，又或奇门秘要，以一种‘不易乎世，不成乎名，确乎其不可拔’的毅力，一方面探玄索隐、钩深致远，另一方面又不失于正、含章可贞。到后来竟然完全不按教学体制的安排学其他功课，在完成九年义务教育后毅然决然退学，这说明其心性与先民之大学颇为融通，从古人文字中，感应到了那种参赞天地、拥抱乾坤的大气魄、大精神，故一旦接触，就被强烈吸引。直至今日而学有所成，他依然不欲在教育体制内受‘学科’训练，更不欲取得‘体制化’的文凭或其他资格证书，对于今日的社会形式而言，可谓‘异数’，可谓‘奇葩’。

“在读中学期间，他曾给他的校长写过数万字的信，这位校长从中读出了他的‘宏伟志向、坚定信念与深厚文化’，更有‘出乎意料、自愧弗如、枉为人师’之叹，所以校长还曾叫全班同学拿出笔记本记下‘廖彬宇将来一定会成栋梁之材，十年、二十年后请大家见证’的话。”

彬宇先生不仅与刘大钧教授结下了情谊，他甚至与著名的国学大师冯其庸先生也成为莫逆之交，冯老对他是赞不绝口。饶宗颐、冯其庸、刘大钧，这些当代文化巨擘，都是自学成才而最终自成一家。也许正因为此，他们对彬宇先生都格外好，因为他们深知独立治学的不易。

彬宇先生在书中又说，是《易经》最早提出了“和谐”的理念追求，所谓“保合太和乃利贞”，“和谐”有保合、太和、中和的境界，他在书中阐述，这“三和”就是马克思所阐述的三种社会形态，“保合”就是用物质保证社会的基本和谐，代表了资本主义社会；“中和”代表了社会主义社会；“太和”代表了共产主义社会。

他认为《易经》在几千年前就提出来了，最高的社会形态就是没有政府的社会形态。在这样的社会里，人们都有高度的精神文明，并能运用这个高度的精神文明创造出高度的物质文明。又因为有高度的物质文明而把人从物质欲望中解脱出来，发展高度的精神文明。精神文明和物质文明的关系是相反相成、相辅相成、高度和谐的。而马克思所揭示的共产主义社会所达到的就是精神文明和物质文明的高度和谐，共产主义社会的人都没有国家和政府，这样的状态，在《易经》里有一个形容，叫作“群龙无首”。就是说每个人都是一条龙，每个人都很了不起，所以没有首领，也就是不需要政府了。而怎样实现这样的社会呢？共产主义提出来的是让一部分先有了觉悟的人起来，做带头示范作用，带动更多的人共同实现共产主义社会。这个理论，就是儒家讲的“已达达人”，自己达到这个认知和境界了，带动更多的人也达到这样的认知和境界，然后共同实现世界的大同。

习近平总书记说中国共产党的初心和使命是为人民谋幸福、为民族谋复兴、为世界谋大同。廖彬宇先生在书中得出一个结论：对中华优秀传统文化越了解，就越认同中国共产党的执政理念、追求与价值观。所以今天我们大力传承、弘扬中华优秀传统文化，就会增进全民全心全意、真心真意对共产党的爱戴与拥护。毕竟，在广袤的华夏大地上，中华文化流传了几千年，已经融入了中华儿女的血脉中，成为中华民族的生活方式与价值理念，是广大人民共同的精神家园，对中华文化更容易产生共鸣，把中华优秀传统文化讲清楚，人民对中华文化越了解，对共产党就越理解、越热爱、越支持、越拥护。

彬宇先生《国学旨归》的副标题叫作“天人视野下的终极关怀”，而中国共产党的情怀也正是站在人类命运未来归宿何去何从所做出的终极关怀。

因此，廖彬宇先生说，中华文化与共产主义，都有一个不谋而合的共同追求。这也不是马克思主义中国化，而是中华优秀传统文化本身就是中国的马克思主义。

无怪乎北京大学赵为民教授在看了彬宇先生的这部书后，评价说：“系统地用中华文化解读马克思主义、共产主义，此前还没见到。即便有一点，都是一星半点，彬宇先生系统阐述中华文化与马克思主义，自然而不生硬，毫不牵强附会，若非学问通达决不能如此。”

彬宇先生善于思考，一个普通的词语，他能悟出多重含义，譬如他对中华优秀传统文化中“优秀”一词的解读，就产生了三个含义。他在书中说：

第一，传统文化中包含了优秀的与糟粕的，我们要去粗取精，传承、弘扬优秀的一面；

第二，优秀是对传统文化的一个形容，意思是说中华传统文化是优秀的，中华优秀传统文化就是形容中华文化很优秀；

第三，体现出传统文化的优秀性。……体现优秀、积极的一面。要能够体现出传统文化的优秀性，要正本清源，化腐朽为神奇、化拙劣为优秀。

孔子说：“人能弘道，非道弘人”就是彰显“优秀”的含义。不能将中华文化庸俗化、神秘化、妖魔化、狭隘化，这些都是体现中华文化的优秀性。

类似这样新颖、独到的见解，书中比比皆是，还有很多，不能一一列举。内容引人入胜，我相信读者会有许多收获。

彬宇先生在书中介绍了《易经》的很多情况，让人无比景仰。他在书中写了很多人用《易经》占卜的故事，而彬宇先生本人对《易经》的应用和熟稔程度也令人叹为观止，就我所了解的情况，他对易占更是有许多精彩的故事可圈可点，然而他却在书中对此毫不提及，可见他为人之谦逊，而关于他的易占学问，我也曾有过切身的感受。

我平素喜爱收藏，曾与姜德明先生在藏书界被誉为“南胡北姜”。我积累了数十年的文物、艺术品、善本古籍、文献，也有许多名家、政要给我来信的珍贵手迹，因为一次搬家原因，失窃了二十多箱贵重物品，我清查以后，总计数百件，其中有42件珍品、珍本。我怀疑是被某人盗窃了。我有充分的人证、物证，就到公安局报案，遇到阻滞而未立案。彬宇先生曾交游天下，我想从他处征询一下是否有尽快立案的办法。

我是2018年1月15日下午3点20分给他打的电话，刚接通电话，我刚向他问好，他就直接说：“你是不是近期搬家丢东西了？”我很惊讶，心想我什么都还没说你为何会知道我打电话是什么事呢？但是我暗暗佩服，他已料知了我的来意。我就说是的。他继续说：“你丢的东西很贵重，有文物、艺术品，还有非常贵重的佛像。你怀疑是一位年约五十的中年妇女偷窃的。这位妇女是做字画、文玩生意的，而且常去你家，你们很熟。”我差点惊呼起来，我连连说是，我告诉彬宇先生：“我的房东就是五十左右的女性，因为有我家的钥匙，她有时也会过去。确实是做买卖文玩、字画行当的。”我问他，你是用《易经》的原理分析的吗？得到了肯定的答复。

我也曾研究过《易经》，但却未深入。不免好奇，就希望他能告诉我他是怎样具体推演的，能否写成文字发给我，我也可以从中学习，同时也可分享给身边的朋友了解易占的学问。

很快，他就写了一段解析文字给我。内容如下：

2018年1月15日下午3点20分，胡从经先生来电，说有一事相求。尚未及言，我脱口问道：“您是否近日搬家，发现有东西失窃？”胡先生一惊，说正是。我说是否丢了大量善本古书及其他文物，还有珍贵佛像？他说是。我说你是否怀疑一位年约五十的女性，且这位女性常去你家，她是做文玩买卖的。胡先生大惊，问我何以知道。他此番来电就是想托我找人立案侦查。

我告诉胡先生世间之事，均有缘起。有缘起则必有痕迹，有痕迹则必有现象。有现象就必能推演以知之。《大学》谓：“物有本末，事有终始。知所先后，则近道矣。”即言所有事物之发展都有规律可循。而《易经》的思想是全息思维，所谓“易与天地准，故能弥纶天地之道”，《易经》的象数思维就是模拟天地自然运行规律的。用易的思想就能掌握这个规律，并能根据这个规律进行推演。以时间320成《火泽睽》卦。离上兑下，因为下午问事，则以下卦为主。下卦兑，兑为缺，卦名“睽”，“睽”含“觊觎”之义。音“亏”，亏空、损失之意。《睽》卦综卦为《风火家人》，家人与家相关，巽为风，为迁移之象，故断言搬家失窃。家人又为熟人往来家中之象，故言常去家中。《睽》卦为离兑二卦，皆为女，合数为五，故言“五十岁”。离为文书、文化，《睽》卦上互卦为《坎》，为盗，为买卖，故言此女年约五十，有以买卖文物字画为业之象。二加三为五，五爻动，《睽》卦变为《天泽履》卦。乾为天，为文物、为佛像，故言有文物及佛像失窃。本卦离为三，变卦乾为一，合为四；下卦兑为二，胡先生后言失窃42件宝物。皆与卦数吻合。

后我将此事说与郭招金先生等诸多友人，都感叹彬宇先生禀赋非常，学际天人。难怪摩罗教授曾这样赞扬彬宇先生：“廖老师视野开阔有穿透力，对《易经》的运用出神入化，很有说服力。”

《易传》云：“易有圣人之道者四焉。”曰“象数理占”。彬宇先生认为易占只是其中微不足道的一个方面，所以他不愿多说、多提、多论。著名哲学家、武汉大学唐明邦教授曾这样评价彬宇先生的学问与治学方向：“精天文悉人文，志在博古通今。顺乎天应乎人，情系国富民生。”

中央政策研究室原秘书长、中华全国总工会原副主席倪健民曾如此评价彬宇先生在《易经》方面的造诣：“博大精深，至道恢宏。《易经》传世以来，只见注经，难见自成体系之阐论。易玄先生的阐述深刻，大有可论，大有可为。是真文人、大学士，国家的栋梁。”

彬宇先生这种真做学问、做真学问之精神，也实在令我浩叹。

北京大学宫玉振教授曾赞叹彬宇先生：“未至弱冠，即已开坛京师；甫及而立，复多传世大作。虽老师宿儒，亦自愧弗如。而更以传承与弘扬中国传统文化为己任，其担当，其格局，其修为，其气魄，亦足令吾人敬佩景仰。凡大国之兴，必始于思想；民族之魂，必在于文化。孟子云：五百年必有王者兴，其间必有名世者。阳明先生至今，已足五百年之数。中华文化之复兴，其有待于彬宇先生及吾辈同道者乎！”

宫教授所说，实亦正合我意。中国人民大学国学院原执行院长、图书馆馆长黄朴民教授曾赞叹彬宇先生为年轻的国学大家，我亦深以为然。

康熙皇帝曾诗赞周敦颐，其中有这么两句：“学不由师传，理已臻极致”，我以为用到彬宇先生身上，也十分贴切。

习近平总书记说，大时代需要大格局，大格局源于大智慧。

中华优秀传统文化就是大智慧，所以自幼浸润于中华优秀传统文化中的彬宇先生开启了大智慧，也建立了大格局。

这本书只是彬宇先生讲“论语大义”三十一知的十篇文章，就已经洋洋大观数十万言，这是所出版的第一册，按这样的规模，三十一知如果全部讲完，后面还应该有第二册和第三册陆续出版，三册总计恐怕不下百万余言，我们共同期待后续。

所以我现下所写的推介文字，也不过是对彬宇先生的蠡测管窥。阅读其大作，相信也能让广大读者大获裨益，开启无上智慧，建立天地格局。

胡从经

注：胡从经，著名学者、教授。中国文化研究院执行院长。历任上海社科院研究生院教授、华东师范大学中文系顾问教授、香港大学荣誉研究员、香港中文大学特聘研究员、东京大学文学院外国人研究员。著有《中国小说史学史长编》《鲁迅与中国新文化》《榛莽集》《熠火集》《胡从经书话》等十余种。

序二

使命、担当与精进

我认识廖彬宇先生是在他主持的四观书院的讲堂上，在应邀做了讲座之后，到他的会客室与各位朋友叙谈。

四观书院坐落在北京的朝阳区，是一座很具规模的仿古庄园。庄园占地不小，在京城有上百亩地的庄园，都会令人不自觉对其主人产生好奇和猜想。

书院里面亭台楼阁，湖泊假山，绿树掩映，花木扶疏，踏进书院犹如一步走进清凉界，远离了浮世的喧闹。讲堂处在庭院的中心位置，是一座高大的五进徽式建筑，是从南方整体搬迁而来。厅堂廊柱上的匾额和楹联内容都出自彬宇，文采斐然，书法超逸，有别于时下粗疏之风。书院显然已经经营有年了，有一套完整的管理体系。

在客厅聚谈的是书院联系的在京高校和研究机构的学者，而俨然居主人之位的却是一位翩翩少年，正是四观书院的创办人和主持者廖彬宇。

国学是一门古老的学问，研究国学的也大多是有些年纪的人，没想到我们面对的竟是这样一位年轻人。

慢慢地对彬宇有了较多的了解。他已经在国学领域辛勤耕耘多年了，不仅有文章著作行世，而且全国许多省市都有他访问讲学的足迹。彬宇以易学见长，同时广泛地涉及各种传统文化经典。我们相识不久，我得到彬宇的赠书，竟是一部七大册200余万言的巨著，清华大学出版社出版的《国学旨归》。

作为80后的青年人有这样的成绩，真是令人惊异而赞叹。彬宇自少年时期起，就立志继承弘扬中国传统文化。他感慨古代多少年英雄，或开疆拓宇，建立功业，或著书立言，流芳学林，为之倾慕，为之心动。于是他追随先贤的脚步，发愤自强，践行“知行合一”理念，秉持“为天地立心，为生民立命，为往圣继绝学，为万世开太平”的精神，创立四为堂，开始了他的国学事业。他从19岁起到各地游学，20岁开始著述。虽然年轻，但资历已经不浅了。学问的路是一条吃苦的路，即使禀赋颖异，也不可能轻而易举一蹴而就。从彬宇的著作中，可以看到他的艰苦努力，看到他付出的心血。他早年的“国学少年”称号不是随便可以得到的，而我更看重他的品质，他的勇于担当的精神，他的心怀天下的胸襟。

我和彬宇不断地在国学的各种场合相遇，他不断地展示出各种成绩令我惊喜。如今彬宇又将推出一部大著《大成之道——中国精神的气质、气度、气势和气象》。这又是一部百万字的著作。

从去年下半年开始，彬宇就不断地把他的文章一篇篇发给我，想不到他出手如此之快，一项大工程就这样告成了。

彬宇把这部书所收的文章称为“伟大系列”。我们看题目，就能想到他所论说的事业是多么伟大:《中华民族最伟大的追求是什么》《中华民族如何创造伟大的奇迹》《中华文化为什么伟大》《中华民族最伟大的著作是什么》《复兴中华优秀传统文化是中国特色社会主义新时代下的伟大事业》，等等。

每一篇章的论述，他都从最基本的国学原典出发，做深入的思想开掘，在前人研究的基础上，把对经典的解读提高到新的高度。

彬宇是在讲学术，重要的，他不是做学究式的考索注释，而是结合现实，联系社会，关照人生，立意高远，做宏大的思考，同时，他的讲述方式也不是经院式的，而是通俗的、平易的。

以《中华民族最伟大的追求是什么》一篇而言，他引用《论语·季氏》

“不知命，无以为君子”，指出儒家将如何解决人类命运的问题放在了首要的位置。他说“其实人类的根本问题，归根结底，就是最终命运归宿何去何从的问题。命运的问题解决了，一切问题也就迎刃而解”。“中华优秀传统文化就是立足人类未来命运归宿何去何从进而产生的终极关怀，这种关怀，是站在‘道’的制高点上，自上而下俯瞰人类，清晰地把握住人类命运蓝图，如同卫星导航一般，指引着人类走向光明、走向幸福、走向成就、走向圆满”。“中华文化的伟大追求，就是‘天人视野下的终极关怀’”。“中华优秀传统文化所揭示，只要时刻以人民为本，发心至善至大，所作所为自然符合道义、符合仁义，就必定会走向成功、走向成就。这也就是《易经》最终得出的结论：‘汤武革命，顺乎天而应乎人。’仁义之师，是战无不胜的”。

在《复兴中华优秀传统文化是中国特色社会主义新时代下的伟大事业》一篇中，他引用老子“复命曰常，知常曰明，不知常，妄作凶”，指出“常”就是规律。把这个根本规律看懂了，就叫知常；看不懂，就是不知常。不知常，就会违反自然规律，违反大道，违背规律，就叫作“妄作”，就会胡来、胡作非为的，那么最终一定会招来大凶、大祸。所以常道就是“从实际出发”，常道让我们做事时不脱离现实，根据实际情况而进行价值的判断与取舍。常道包含常理常识，常情和常规，并形成常态。常道是为生命的幸福圆满服务，过去一段时间以来，社会上有很多反常的现象。各行各业各领域都是一切向钱看，导致很多人忘失了初心，丧失了操守，唯利是图。《中庸》里孔子说：“道不远人，人之为道而远人，不可以为道。”做人的常道就是实事求是，放大到一个国家，形成所谓国家的常道，就是要结合历史的传统、文化的积淀、基本的国情。这也是一种国家的“实事求是”。常道不是想当然，不是生搬硬套，而是融会融通。所以要通过悟道、证道去把握常道。学习中华优秀传统文化，就是让我们的内心走向自觉。

彬宇讲国学，并不独重儒家，而是打通各家，儒释道并重。他认为，“几乎中华民族历史上所有的学问，所有的智慧，都源自《易经》，或者说都能从《易经》之中找到根据”。几千年来，上自帝王将相，下自贩夫走卒，内心之中都莫不对《易经》心怀敬畏。《易经》，堪称经典中的经典，千古以来，被誉为“群经之首，大道之源”。因此，他又认为，古代各家之间是相通的。在《中华民族最伟大的著作是什么》这一专题里，他讲“论语大义”，以《论语》而说《易经》，以《易经》而证《论语》。在以《易经》与《老子》比较中，他又说：读《道德经》的原文，你会感到完全就是在阐述《易经》的思想。几乎每一章都能还原于《易》的思想。“《易》以道阴阳”“一阴一阳之谓道”，《易经》用阴阳的关系来解释一切。而《老子》则说：“万物负阴而抱阳，冲气以为和。”《易经》认为阴阳既对立，又统一，既相互对峙，又可以相互转化。这两者的转化融合，是和谐的基础。老子则说“冲气以为和”恰如《易经》的“保合太和乃利贞”。这样，《易经》与《老子》在核心思想上会合了。他在论述《易经》与佛法的关系时，指出《易经》的德性是空性，《易传》说：“易无思也，无为也”，“神无方，易无体”，其所揭示的最高境界都是空性。而佛家的最高境界也是证得空性，所谓“缘起性空”。佛家论述空与色的关系，如同《易经》乾坤二卦的关系，也如同“道与器”的关系。

能够融汇诸家，指出诸家在最高境界处之相通是很精彩的，可以使人们在比较中更深刻地认识诸家的思想本质。彬宇还讲解了百姓日用中的“易”、琴棋书画与《易经》的关系，批驳了简单的指斥《易经》为迷信的说法，使看似神秘高深的《易经》，一下回到了我们的生活之中，成为平常易晓的学问。

弘扬中华优秀传统文化，是实现中华民族伟大复兴的一部分，是千千万万人的事业。中华文化历史悠久，内涵丰富，并不是所有的人都有能力阅读浩瀚的典籍，也不是一下就可以弄懂其中的精诣。这就需要引导，需要解读，需要有人先行一步在前面引导。彬宇自幼努力向学，对于中华文化经典颇多心得。在时代呼唤弘扬中华优秀传统文化的时候，彬宇把这看成是自己的使命，毅然挑起了担子，向大众传播讲解中华优秀传统文化。彬宇的论述深入浅出，由近及远，由个人而及于国家，极具针对性，具有重要的现实意义。

特别应该指出的是，彬宇对经典的解读有许多独到之处，往往发前人之未言，解前人之未解，具有相当的学术含量。所以，这些著作绝不能以通俗读物视之，它是富有相当学术含量的对国学经典的通俗解读。而要做到“深入浅出”，首先是要做到“融会贯通”。无疑，彬宇做到了。

彬宇精力充沛，治学勤奋，既有担当精神，又有进取精神，在青年学者中独领风标。我赞赏他的治学态度、他的使命感和社会责任意识。彬宇年富力强，以其聪敏和勤奋，还将不断地创造新的成绩，不断地给我们惊喜。我愿意向大家推荐他的著作，并期待他的不断的新的奉献。

毛佩琦

2018年5月14日与北京昌平之垄上

注：毛佩琦，著名文化学者、历史学家，中国人民大学教授、博导。主要著作有:《明成祖史论》《永乐皇帝大传》《郑成功评传》《明清行政管理制度》《中国明代政治史》(合著)、《中国明代军事史》(合著)；主编有:《岁月河山——图说中国历史》《岁月风情——中国社会生活史》《十大后妃》《百卷本中国通史·明史10卷》《中国社会通史·明代卷》《中国状元大典》《四库全书大辞典·史部》等。

序三

《大成之道》序

先生是我在 2012 年结识的著名学者，他在我心目中是一位年龄虽小却能够博古通今，还能够彰往察来的国学大家。而近年来先生的著作《国学旨归》《平心平天下》已经成为当代传播中华优秀传统文化的扛鼎之作。

记得刚认识先生的时候，那时我还是人穷志不穷的青年，我曾经为了去沈阳向先生学习传统文化，因为囊中羞涩，只好向朋友张口，想借 1000 元做旅费。朋友不借，对我说："学什么传统文化，不越学越傻吗？"可是我还是铁了心，愣是把新买的手机卖了 500 块钱做路费。

习近平主席说："不忘初心，牢记使命，继续前进。"先生也一直鼓舞我，他常说："人有大愿，天必助之；人有善愿，天必成之。"这些其实都是中华文化的内涵。那么，中华文化到底为什么伟大？先生的这本书已经清晰明白地告诉了我们，中华文化的力量与中华文化自信的根源所在。

改革开放 40 年来，中国的好机遇与好形势给了我们年轻一代人奋斗的土壤，像先生这样的 80 后学者能够一直专注于中华优秀传统文化的传承发展与弘扬，需要的是一份经得起诱惑的恒心，而这一如既往地传播中华文化的精神更是我们年轻一代人学习的楷模与榜样。不定下心来专注学术与文化的研究，又怎能写出这么多优秀的国学著作呢？这就是中华文化的伟大之处，宁静才能致远。

每次与先生在一起的时候，都能感受到他内在的那种家国情怀与天下情怀，他身上还有一种沉淀在他内心中强大的中华文化自信。

记得印象最深的一次是在 2017 年 10 月 7 日邀请先生来长春，我邀请了吉林大学法学院蔡立东院长和长春市精神文明办的姚主任陪同先生用晚餐。而就是在餐桌上，先生给两位友人讲中华文化，他“纵横十万里，上下五千年。经纶三大教，出入百家言”，他渊博的学识和侃侃而谈深深地吸引了两位学人。不知不觉，就从傍晚讲到很晚，两位友人都意犹未尽，蔡院长连连说很受教益，大为折服。还希望能邀请先生安排时间到吉大讲学。

那天晚上送先生归寝，我们继续说话，一直聊到凌晨，先生给我说人最重要的是能够做到“问心无愧”，如此才能尽心，能尽心，才能尽善尽美。我从先生的言谈中真正体会到了什么叫作“问心无愧”的力量，回想起自己创业的这几年，在别人看来我吃了不少亏，可是每经历任何一次挑战都能化险为夷，可能这就是先生谈到的“问心无愧”的力量。

我从创业的那天起，就已经把企业交出去了，很多人说你是成功的企业家，我并不这样认为，因为我的企业从来就没有设定过销售目标，与其说做企业，不如说是用做企业的方式传播着一种生活方式，一份但求天下无疾苦的使命。

所以这些都与学习中华优秀传统文化是分不开的，更要感谢先生一直以来给予我的指点与关怀，衷心希望读者朋友能通过先生的这本新书《大成之道：中国精神的气质、气度、气势和气象》开启人生的慧命，一起为实现中华民族伟大复兴的中国梦而共同助力！

韩丹

注：韩丹，80 后企业家，佐丹力 159 品牌创始人，吉林省人大代表，《人民日报》2018 年 3 月 29 日以其为新时代奋斗榜样进行了专题人物报道。

第一讲

经天纬地承大道，济世匡时致良知

——廖彬宇先生“论语大义”讲记

摘要：中华民族的信仰，几千年来从未变过，这个东西叫作“天”，有文化的人把它称为“天道”，或者“天命”，没有文化的人凡事都会说“天意”，“天啊”。天是什么东西呢？“天何言哉，四时行焉，百物生焉”。天极高明至广大，无形无相，但是有真实存在。因为有天的存在，虽然它不会说话，但是它每天让太阳东升西落，让四季演化，让万物遵循这个规律自然生长，周而复始。如果不遵循这个规律，农作物就长不好；如果不遵循这个规律，人不懂得日出而作，日没而息，不懂得饮食，颠倒了作息，不懂得养生，人就会出问题。天就是道，也是规律。中国人几千年来都信仰天，按今天的说法，就是信仰的“自然规律”，按西方的说法，就是“自然科学”。中国人的信仰，几千年前开始就是最“科学”的，所以很多人说中华文化迷信，不科学，这是乱弹琴，“欲加之罪，何患无辞”。

人由天地所生，自然具备天地的精神，天地的基因。人如果回归于天地的精神，那么人就可以建立起顶天立地的格局。这就是《论语》里所说的，“唯天为大，唯尧则之”。就是说天道虽然广大，但是尧向天学习，遵循天道规律，所以成为圣人，成为大尧。天地的精神是什么呢？“天无私覆，地无私载，日月无私照”，说白了就是无私。不因为你是好人或者坏人，天就不罩着你，保护你了；不因为你是好人或者坏人，大地就不承载你了。人学会了无私，行为上表现出来就是“仁者爱人”、“有成人之美”、“己达达人”，甚至是“兼济天下”。人能做到这个精神，就是大德之人，必然“致其大德者，必得其名，必得其禄，必得其位，必得其寿”，一切好事都会来，就是《易经》提出的“厚德载物”，德行越大，财富、物质、地位、名望才会越大。人由天地所生，自然具备天地的基因。所以人的脑袋是圆的，像天道的周全；人的脚是方的，像陆地的方正可以立物。所以做人智慧格局要圆满周全，做人的人格操守要方正贤良。大地如果不方正，房子就会坍塌，难以立稳，做人如果不方正，就难以立身，难以立足，难以立人。人的眼睛如同日月，人的四肢，如同天道的四季……

人一旦回归到天地的精神，那么人就是天，天也是人，这就是儒家的“天人合一”思想。人天同构，天人和合，天人不二。所以信仰天，也就是对人自身的信仰，称为“自信”。佛家叫“自在”，道家叫“自然”，儒家叫“自信”。

所以中华文化，虽然信仰天，其实还是为了充分激发人自身的无限潜能，归根结底，就是“文化自信”。文化自信，是一切自信的根本。

2017 年 12 月 15 日，廖彬宇先生在四观书院为大家讲“论语大义”，这是讲《四书大义》的第二个专题，一个月前，先生讲述了为期 3 天的《大学大义》，先生说讲“论语大义”，争取用 6 天时间讲完。而两个月前先生讲过《道德经大义》，也同样是用了 6 天时间，但是大家都意犹未尽。也很期待后面的《佛学大义》与《易经大义》。

先生在 6 月份出版的新书《平心平天下》中谈到了儒家的三重境界，这次课程，就是从这“三重境界”开题的。

以前有人根据《说文解字》认为“儒”字的含义是通假侏儒的“儒”，所以现在很多人在理解“儒”字时，普遍都从“侏儒”来进行理解，进而提出，儒家的文化是培养奴才的文化。先生对此提出了不同看法，他说“儒”字从人从需，“儒”字源于《易经·需》卦，《需卦》的含义是干旱很久了，云彩已经开始聚集起来，很快就要下雨滋润天下了。根据这一卦义，产生了儒字，因而“儒”与“需要”相链接，代表了“三个需要”，也就是儒家的“三重境界”。

“儒”字，是一个人字一个需字构成。所谓三重境界，就是：

儒家文化，是人类需要的文化，这叫“文化儒”；

儒家文化，是需要你做人，这叫“君子儒”；

儒家文化，是需要你做社会需要的人，这叫“大人儒”。

“儒”的第一重境界，首先是“文化儒”——儒家文化，是人类需要的文化，点明了什么是儒家。儒家文化，好比阳光雨露和空气，是人类之需，我们可以没有金钱、没有享乐，但是我们不能没有阳光雨露和空气。儒家文化，揭示了人类正确而光明的道路，人们走上这条道路，就可以走向成功、走向成就、走向光明、走向圆满。儒家文化，让我们懂得“仁者爱人”，懂得“有所为，有所不为”，懂得修养，懂得礼乐，懂得“庄重”。让我们既智慧又幸福，既尊重别人，又受到别人尊敬。凡是违背儒家所揭示的这个道理的，一定会自取其辱，甚至自取灭亡。《论语》中，孔子这样说：“谁能出不由户？何莫由斯道也！”就是说谁出行的时候能不通过门户就能出去吗？为何不从这条路走呢？这就是“文化儒”的境界。同时也是孔子的气魄，孔子的“文化自信”。

英国学者汤因比在《历史研究》一书中比对了全世界所有的文明，发现这所有的文明，除了中华文明没有消亡并且延续至今外，所有的文明都已经消亡了。同时他发现，每当中华文明兴盛的时候，也是中华民族兴盛的时候，中华文明衰败的时候，也是中华民族衰败的时候。中华民族几千年的历史中，尽管国家亡了，只要中华文化还在，就必定能够重建国家，并且随着中华文化的兴盛而兴盛。这就是为什么中华民族几千年下来，经历了无数次亡国，却又能无数次重新屹立的原因所在。在中国历史上，周朝在夏商两代的基础上，传承发展了中华优秀传统文化，使周朝的文化臻于极盛，从而也缔造了三千年来中国历史上最长的朝代，将近八百年时间。所以汤因比在比较完全世界的文明后，对中国寄予了无限的期望，他因此也直言不讳地预言：未来最有资格和最有可能为人类社会开创新文明的是中国，中国文明将统一世界。

与汤因比类似的预言，孔子早在两千五百年前其实也同样说过，《论语》中记载："子张问：'十世可知也？'子曰：'殷因于夏礼，所损益可知也；周殷于殷礼，所损益可知也。其或继周者，虽百世，可知也。'"这是什么意思呢？古代一世为三十年，商朝存在两百七十年，近三百年，所以子张问商朝为什么存在"十世"，可以知道原因吗？孔子就回答说，商朝在夏朝的基础上进行了传承发展（益）和革故改造（损），所以能够知道其存在近十世的原因；那么周朝又在商朝的基础上进行了传承发展与改造，那么至少也会存在"十世"的时间，如果继续传承发展周朝的文化，那么恐怕就不止"十世"了，"百世"都可以。在这里，孔子对周朝的文化无比推崇，认为只要传承发展好周朝的文化，那么存在三千年都是可以的。他认为周朝在夏商二代的基础上已经形成了极为丰富、完善的文化体系，所以孔子又曾感慨地说："周监于两代，郁郁乎文哉，吾从周。"那么周朝从文王算起，到现在多少年呢？三千年！这三千年来，我们中华民族都是传承发展了这样一个传统文化，那么三千年后，我们的领导人说：这是一个伟大的时代，因为我们比以往任何一个时代都更接近于中华民族的伟大复兴。这是一个伟大的时代，也是一个需要产生也能够产生伟大理论的时代。这是一个历史的重任，也是一个历史的机遇，留给了我们，在传承了几千年的中华优秀传统文化作为基础之后，我们将发展出怎样一个伟大的新的文化理论？这一天必定为期不远，我们拭目以待。

儒家的第二重境界，叫作"君子儒"，儒家文化，是需要你做人的文化。我当年退学时，校长和我聊了一个下午，希望能够说服我不要退学，他认为我虽然考不上一流大学，但是读个二三流大学还是可以的。我当时问校长，我们今天的大学在培养什么。校长说，这个不用问，当然在培养人才。我对校长说："培养人才是好听的说法，难听一点，可能在培养机器，甚至非人类。"

我 2012 年春，去太湖大学堂看望南怀瑾先生，南怀瑾先生一直有个观点，说近两百年来人类受三个理论支配，都在围着这三个东西转，第一是达尔文的进化论；第二是凯恩斯的消费刺激生产；第三是弗洛伊德的性心理学。他没有进一步阐述这三个东西到底是什么，我一听，就感到南老先生很睿智，很高明，他总结的这三条东西，正是指出了今天社会上很多现象的问题。我后来就进一步发挥，我说这三样东西，都是在给人类的欲望做理论支撑。这三样东西都和欲望有关。第一个，达尔文的进化论，产生了物竞天择、弱肉强食的“丛林法则”，这个理论成为侵略和武力扩张的原动力。第二个，消费刺激生产，就是首先刺激你，让你消费，然后通过消费带动生产。也就是说，不论你是否需要，都要让你消费，因为只有你消费，才能带动生产。这个思想，与中华文化崇尚的“恬淡自守”是相违背的。在这个理论的支撑下，战争可以刺激消费，让你爱慕虚荣疯狂追求奢侈品等等，都是刺激你来消费，再说透彻点，就是刺激你的欲望，让你来消费。第三个，所有人的行为，都来自于最原始的性欲的冲动，一切的行为都能用“性心理”来解释。那么，性冲动不是欲望又是什么呢?

达尔文的进化论普及全球，得到了普遍认同，南怀瑾先生常常调侃说：“达尔文相信他的祖先是猴子变的，但我的祖先一定不是。”当然南先生也许有他的想法，在这里我们不作探讨。正是基于达尔文的进化论，产生了对人的定义——“懂得制造并能使用工具的称之为人”。中学时，我第一次看到这个定义，就产生了疑惑，我认为这个定义是有歧义的，有歧义就不能作为定义。当时我询问老师，如果按这个定义，刚出生的婴儿不懂得制造和使用工具，是人吗？老师说婴儿可以长大，长大以后就可以制造并使用工具了。我说，如果婴儿长大了是白痴、智障或者精神病患者，不懂得制造和使用工具，又是不是人呢？老师就说，一个傻子提的问题让十个聪明人都无法回答。

我当时为什么会提出这样一个问题呢？我是六岁开始接触到传统文化的经典，六岁这一年开始读《金刚经》，十岁开始学《易经》，后来又读了《诸子集成》，甚至为了购买一套对我而言堪称天价的《四库全书》，茶饭不思很多天，终于在机缘巧合之下买了一套《四库全书》，这是我儿童时代、少年时代学传统文化的一个经历。喜欢读古书，不管能不能懂，能懂多少，囫囵吞枣地读，甚至反复读。身边没有一个人懂，没有一个人支持，我以一己之力，和家长、和老师、和同学甚至和社会相抗衡。真有一种“虽千万人吾往矣”的气魄。这些年来，在他们心目中，传统文化都是迷信与糟粕的代名词。就是在孩童时代，看到了儒家荀子对人的一个定义，“水火有气而无生，草木有生而无知，禽兽有知而无义，人有气有生有知亦且有义，故最为天下贵”。荀子不给人做一个具体的定义，他把这个世界上的事物分为四大类，就是事物、植物、动物、人物，各自有各自的特性，然后将人物与其他三者进行比较，让读者自己去感悟人应该是什么样的，启发读者的觉知。所以根据荀子的这个思想，当我看到教科书上对人的定义，心里就感到不适，按教科书的定义，婴儿和精神病患者都排除在人之外。我当时就有一个担忧，这个担忧从《易经》提出的思维方式“同声相应，同气相求”而来。

《易经》认为有了某些现象，就会有相应的连锁现象发生。那么对人的定义出现了歧义，就会有对人的歧义的连锁现象产生。后来我看到一些新闻报道，社会的现实给了我一个响亮的回答，我们的社会充斥着各种前所未有的堕婴事件和弃婴事件，我们为什么这样呢？因为按照这个定义，婴儿不是人。我也问老师，如果有一天，高等工具也能制造和使用工具的时候，高等工具是不是人呢？如果按照这个对人的定义，那么高等工具也可以是人。前段时间又出了一个新闻，说美国制造的机器人现在每天以多少速度在进化，模仿能力、学习能力都极强。但是，按这个定义，如果有一天机器人能够制造并使用工具了，机器人到底是不是人呢？对人的定义如果出了歧义，那么我们在教育人的文化上会不会出问题呢？会不会不把人当人培养，而把人培养为工具，甚至非人类呢？这就是我当初退学时问高中校长的问题。我们今天学《论语》，孔子就明确提出来：“君子不器”。孔子认为，一个合格的人，叫作君子，不合格的人，叫作小人，一个伟大的人，叫作大人。一个合格的人，千万不要让自己有局限、让自己沦为工具。这就是“君子不器”的内涵。所以很多人说儒家思想是培养奴才的，这是污蔑，且不说别的，一句“君子不器”就足以说明儒家在培养顶天立地，甚至掀天揭地的人。我当时还给校长说，中华传统文化，几千年来从来没有哪一个时代其教育的追求是为了培养人才，一定是培养人。因为成人了，自然能成材，但是成材了，未必能成人。

所以，后来你看我们北大的钱理群教授，说了一段话，印证了我十多年前退学时的言论，他说：“我们今天的高校在批量生产极端精致的利己主义者，尤其以北大为例。”高晓松前段时间有个视频，他的清华校友问他一个问题，请他指点下他在清华毕业以后是进外企好呢，还是做什么工作好？这个问题激怒了高晓松，高晓松说了其中这么一句话，大意是说清华这样的一流学府应该是镇国重器，不应该沦为职教学校。不是说职教不好，而是这些“天之骄子”应该有更远大的理想和追求。这还是“君子不器”的思想。

我当年 16 岁就提出退学，没有成功；18 岁退学时，母亲对我说，你没有文凭，没有背景，没有技能，将来打工都没人要。我当时说了一句，“妈妈放心吧，我这样的人，只为天地打工，做生意的，哪一个用得起？”话虽然这样说，我舅舅当时和重庆一个职教学校的校长关系很好，我这边左脚从高中退学出来，右脚又被舅舅生拉硬拽到职教学校去了，正是去了重庆，脱离了母亲的严厉管束，完全开始独立自主了。在这个职校待了几个月，还多次代表学校参加重庆市的演讲比赛，并拿过一等奖。但当时觉得在职校读书根本不是自己的追求。缘分使然，认识了重庆的陈先生，他那时在重庆办学，感到我对传统文化的理解很特别，我们很投缘，可以说一见如故，他就邀请我在重庆以及在重庆大学讲学，那时候我 19 岁。这期间还去了湖南为耒阳市政府讲学，这样就索性再也没去学校了，完全走上了一条传承发展中华优秀传统文化的特立独行之路。

当时，在高中退学时，我还给校长说过一句话，我说现在大家对于西方文化都是趋之若鹜，但是我感受到中华传统文化有极大的智慧，需要传承和挖掘。于是我就说，学习西方文化，多我一个不多，少我一个不少。作为中国人，我感受到了自己民族文化的博大精深，而中华文化也需要我，甚至需要更多这样的我。当时为什么说需要我呢？因为我在读初中时我们的老师就对传统文化产生了误解，并把这种误解传递给所有的学生和更多的学生，以及所有的家长和更多的家长。譬如：认为孔子是给人类戴精神枷锁的，老子是消极无为的，释迦牟尼是迷信的，等等，我为此屡屡和老师“拍案而起”，

"对簿课堂"。我当时有个担忧，传统文化，连中学老师都已经不能认识了，对于传统文化而言，这是一个极危险的情况，再这样下去，很可能濒临断层。当时校长问我，你不读大学不感到担忧吗？我说一个人知道去向哪里，全世界都会为他让路。"君子谋道不谋食"，他们追求文凭，追求好的工作，但我不会追求这些，我追求的是生命的意义。一个懂得追求生命意义的人，那么就绝不会为生计发愁，也绝不会为生活担忧。因为道理如此。这是我退学时就有的感悟。后来的经历与成长，也充分证实了传统文化所给我带来的无穷的力量，不仅仅是精神上的，同时也能够用传统文化来"经世致用"，创造物质、创造生活。孔子说"从心所欲不逾矩"，是真实不虚的。当你真正做到问心无愧的时候，做到大愿济世的时候，是真的可以"心想事成"的。我退学以后遇到过许多在常人看来很传奇的人和事，其实就是传统文化的力量，佛家称为"加持"。

话说回来，儒家的第二重境界，"君子儒"，就是需要你做人。《论语》里记载，孔子晚年的时候，70 岁了，回到鲁国老家，看到他的"发小"，坐没有坐相，站没有站相，就说："幼而不孙弟，长而无述焉，老而不死，是为贼。"什么意思呢？就是说小的时候不孝顺父母、友爱兄长，长大后又没有什么值得称道的成就，一辈子浑浑噩噩活到老，还迟迟不死，这种人简直就是社会的祸害。所以，一个人，如果活到几十岁还不懂得做人的道理，还在啃老，还在无所事事，还没有责任心，那么这个人是不配称作"人"的，而是"贼"。

孔子非常伟大的地方，就是强调并倡导"君子"的文化。"君子"是什么呢？前面我们说过，就是一个合格的人。孔子有几个原则，"子不语怪力乱神"，不说怪异的现象、不说提倡暴力的话、不说反动的言论、不说鬼神遥远之事。"子曰：未能事人，焉能事鬼？"孔子是人本主义者，换言之中华文化的一个核心就是"人本主义"。孔子强调君子，君子毕竟是人。孔子一上来就给你说让你做神，做仙，那就麻烦了，神仙是遥远的事情，很多人一听，就被吓跑了。所以孔子提出来，我们做君子，君子尊重人，也受人尊重；君子对人好，自己也好。君子很容易做，因为君子也讲饮食男女。饮食男女是人性的需要，是“大欲存焉”，一上来就让你学神仙，你受不了，因为要做神仙，就讲不了“饮食男女”了。孔子就循序渐进，让你做君子，君子非常好，有修养，有智慧，有乐趣，很幸福。君子也讲美食，“食不厌精，脍不厌细”，但是把握好度和原则，如果贪得无厌、暴饮暴食就是小人；君子也讲男女关系，但是要合乎礼仪，结婚了的男女关系就是正当的，就是美好的，男女关系“乐而不淫”，是很浪漫的，很高雅的。如果淫乱，那就是小人。所以君子很好做，把度收敛一点，就立马脱离小人，成为君子了。如果把这种有度的行为养成习惯，就成为贤人了。有了好的习惯，就会自觉有所追求，最后连“君子”的境界都不能自我满足，就自然成为“圣人”了，甚至成为“神人”（孟子语）。所以君子是一个任何人都容易做到的，君子也是最好的一个切入点，只要成为君子，就自然脱离了小人，自然成为圣人。而且大家都乐于接受，易于做到。这就是孔子了不起的地方，给了大家一个容易实践的点，容易上手的抓手。

孔子还很了不起的地方，就是我们要看到“君子”背后的微言大义。去年我在英国国会讲中华优秀传统文化，提到了三位对中华文化很推崇的英国学者。第一个是李约瑟，耗费几十年的心血写了《中国科学技术史》，证明古代中国不仅有科技，而且有灿若繁星的众多科技发明，并且是世界上最领先的科技；第二个是汤因比，认为中华文明是世界上最伟大的文明，没有之一；第三个是罗素，1921 年来北京，回去后写了本书叫《中国之问题》，书中谈到中华文化有三个方面高于西方文化。第一是象形文字高于拼音文字，但是没有具体说象形文字怎么个好法，拼音文字又怎么不好，没有说深刻，这个以后有机会我会告诉大家，这可以作为一个专题来讲，明白以后，这是绝对的文化自信，会为我们的祖先创造的汉字感到无比的自豪。我只想告诉大家，文字是每个民族、国家了解本民族文化的基础，甚至会决定这个民族的思维方式与思想认识。罗素的第二个观点，他认为中国古代“学而优则仕”高于西方的“贵族血统论”。现在我想强调罗素阐述的第三点，“中华文化中的人本主义高于宗教神学”。

我在《平心平天下》新书里有篇文论，叫《传统文化与国家战略》，在这里面我驳斥了黑格尔所谓的“中国没有哲学”，“中国没有历史，只有循环”，大家可以留意。其中也谈到了美国前国务卿希拉里评价中国没有信仰，所以没有底线，什么事情都敢做，是邪恶的民族。但是我没有具体去阐述，现在我给大家阐述一下中国人的信仰到底是什么。

西方的信仰是源于宗教，主要是基督，对上帝的信仰。上帝创造了世界，创造了一切，上帝是最伟大的存在，远远高于人，所以“人类一思考，上帝就发笑”。人要永远信仰上帝，“信上帝得永生”，“信上帝得救赎”。上帝独立在人之外，高于人。（当然，西方的上帝也是“道”，“道与上帝同在，道就是上帝”。这也是中西文化相通之处。但是如果不从道的角度理解，如果纯粹把“上帝”当成人格化的存在，那么就容易产生误解。）

中华民族的信仰，几千年来从未变过，这个东西叫作“天”，有文化的人把它称为“天道”，或者“天命”，没有文化的人凡事都会说“天意”，“天啊”。天是什么东西呢？“天何言哉，四时行焉，百物生焉”。天极高明至广大，无形无相，但是有真实存在。因为有天的存在，虽然它不会说话，但是它每天让太阳东升西落，让四季演化，让万物遵循这个规律自然生长，周而复始。如果不遵循这个规律，农作物就长不好；如果不遵循这个规律，人不懂得日出而作，日没而息，不懂得饮食，颠倒了作息，不懂得养生，人就会出问题。天就是道，也是规律。中国人几千年来都信仰天，按今天的说法，就是信仰的“自然规律”，按西方的说法，就是“自然科学”。中国人的信仰，几千年前开始就是最“科学”的，所以很多人说中华文化迷信，不科学，这是乱弹琴，“欲加之罪，何患无辞”。

人由天地所生，自然具备天地的精神，天地的基因。人如果回归于天地的精神，那么人就可以建立起顶天立地的格局。这就是《论语》里所说的，“唯天为大，唯尧则之”。就是说天道虽然广大，但是尧向天学习，遵循天道规律，所以成为圣人，成为大尧。天地的精神是什么呢？“天无私覆，地无私载，日月无私照”，说白了就是无私。不因为你是好人或者坏人，天就不罩着你，保护你了；不因为你是好人或者坏人，大地就不承载你了。人学会了无私，行为上表现出来就是“仁者爱人”“有成人之美”“己达达人”，甚至是

“兼济天下”。人能做到这个精神，就是大德之人，必然“致其大德者，必得其名，必得其禄，必得其位，必得其寿”，一切好事都会来，就是《易经》提出的“厚德载物”，德行越大，财富、物质、地位、名望才会越大。人由天地所生，自然具备天地的基因。所以人的脑袋是圆的，像天道的周全；人的脚是方的，像陆地的方正可以立物。所以做人智慧格局要圆满周全，做人的人格操守要方正贤良。大地如果不方正，房子就会坍塌，难以立稳，做人如果不方正，就难以立身，难以立足，难以立人。人的眼睛如同日月，人的四肢，如同天道的四季……

人一旦回归到天地的精神，那么人就是天，天也是人，这就是儒家的“天人合一”思想。人天同构，天人和合，天人不二。所以信仰天，也就是对人自身的信仰，称为“自信”。佛家叫“自在”，道家叫“自然”，儒家叫“自信”。孔子说“天生德于予，其如予何？”而当他受冤，困于陈蔡，又被匡人追杀时，数次命悬一线，却又屡屡自信地说：“文王既没，文不在兹乎？天之将丧斯文也，后死者不得与于斯文也；天之未丧斯文也，匡人其如予何？”就是说上天既然赋予了我复兴传统文化的使命，那么这些宵小之徒又能奈我何？既充满了文化自信，又充满了使命担当。孟子说：“如欲平治天下，当今之世，舍我其谁也”，这个“舍我其谁”的气魄，就是儒家的“自信”。所以中华文化，虽然信仰天，其实还是为了充分激发人自身的无限潜能，归根结底，就是“文化自信”。文化自信是一切自信的根本。

所以这儒家的第二个境界，叫作“君子儒”，需要你做人。从君子入手，一方面当下就脱离了小人，另一方面，就迅速地成长为圣贤了。君子，是最好的着手点。这是孔子的了不起。

儒家的第三个境界，叫作“大人儒”。什么是大人儒呢？做社会需要的人，这就是大人儒。你的能力培养起来了，德行厚重了，就成为社会的中坚与榜样，要引领着更多的人走在这条正确而光明的道路上，这是义不容辞的责任，《论语》中，曾子说，“士不可不弘毅，任重而道远。仁以为己任，不亦重乎？死而后已，不亦远乎？”正因为达到了这个境界，所以孔子眼看着当时社会的礼崩乐坏，他难行能行，难忍能忍，身体力行，出来复兴礼乐，27

岁起开办私学，晚年又删定五经，向世人昭示了天地大道，道不远人，从人道着手而重新构架人类社会的伦常秩序与天地格局。

对此，先生现场拟了一副对联，表达对孔子的崇敬之情："经天纬地承大道，济世匡时致良知。"儒家，其学有统。仁、义、忠、信，儒之统也。儒以德操名世，其学以修己治人为归宿。章太炎论及儒学时说："当今之世，讲学救国，但当取其可以修己治人，不当取其谈天论性。谈天论性者，在昔易入佛法，今则易入于西洋哲学。若以修己治人为主，而命之曰：儒学。"

先生又总结出《论语》"三十一知"，以此为主线，了悟《论语》心法，通达微言大义。这"三十一知"以"格物、致知"为基本，最后以"治国平天下"的"知政"为归结，既完成了"知"，又完成了"行"。诚所谓表里精粗无不到，全体大用无不明。

先生还说，"论语"，既是议"论"之语，也是"伦"理之语、弥"纶"天地之语，还是经"纶"济世之语，更是道"轮"永行之语。

先生说，真正的儒者，必然能做到生命的圆成与智慧的大成，古人云"一事不知，儒者之耻"。

先生由是提出了"大良知学与大成之道——儒家的气质、气度、气势与气象"，以下为《论语》"三十一知"大纲，每一知，均出自《论语》原文。

1. 知志，譬如"志于道，据于德，依于仁，游于艺"；"三军可夺帅也，匹夫不可夺志也"等。

2. 知学，譬如"我非生而知之者，好古，敏以求之者也"；"笃信好学，死守善道"等。

3. 知诚，譬如"祭如在，祭神如神在"等。

4. 知心、知仁，譬如"苟志于仁矣，无恶也"；"从心所欲不逾矩"等。

5. 知易（知道），譬如"加我数年，五十以学《易》，可以无大过矣"等。

6. 知天，譬如"获罪于天，无所祷也"；"夫子之言性与天道，不可得而闻也”等。

7. 知命，譬如“不知命，无以为君子”；“道之将行也与，命也；道之将废也与，命也”；“生死有命，富贵在天”；“君子有三畏，畏天命”等。

8. 知本（知孝），譬如“慎终追远，民德归厚”；“三年无改于父道，可谓孝也”等。

9. 知己（知省），譬如“吾日三省吾身”；“君子之过也，如日月之食焉：过也，人皆见之；更也，人皆仰之”等。

10. 知足（知止、知节），譬如“节用而爱人”；“君子无所争”；“过犹不及”；“以约失之者鲜矣”等。

11. 知常（知义、知别、知情、知性、知识），譬如“唯仁者能好人，能恶人”；“君子喻于义，小人喻于利”；“君子泰而不骄，小人骄而不泰”；“君子思不出其位”；“攻乎异端，斯害也已”等。

12. 知因（知果），譬如“中人以上，可以语上也；中人以下，不可以语上也”；“临之以庄，则敬；孝慈，则忠。举善而教不能，则劝”等。

13. 知敬（知慎），譬如“君子敬而无失，与人恭而有礼”；“恭敬于礼，远耻辱也”等。

14. 知勇，譬如“志士仁人，无求生以害仁，有杀身以成仁”；“内省不疚，夫何忧何惧”；“可以托六尺之孤，可以寄百里之命，临大节而不可夺也”。

15. 知觉（知著、知类、知得知失、知敏），譬如“宰予昼寝。子曰：朽木不可雕也，粪土之墙不可圬也”等。

16. 知几，譬如“禄之去公室五世矣，政逮于大夫四世矣，故夫三桓之子孙微矣”；“若由也，不得其死然”。

17. 知名，譬如“名不正则言不顺；言不顺则事不成；事不成则礼乐不兴；礼乐不兴则刑罚不中；刑罚不中则民无所措手足。故君子名之必可言也。言之必可行也”等。

18. 知时（知进知退），譬如“用之则行，舍之则藏”；“使民以时”；“邦有道则知，邦无道则愚。其知可及也，其愚不可及也”等。

19. 知行（知恒、知用、知兵、知药），譬如“礼之用，和为贵”；“君子欲讷于言而敏于行”；“古者言之不出，耻躬之不逮也”等。

20. 知权（知谋），譬如“暴虎冯河，死而无悔者，吾不与也。必也临事而惧，好谋而成者也”等。

21. 知中（恰到好处、知度），譬如“中庸之为德也，其至矣乎！民鲜久矣”；“子曰：过犹不及”等。

22. 知重，譬如“子曰：觚不觚，觚哉！觚哉！”“温而厉，威而不猛，恭而安”；“君子不重则不威”等。

23. 知谦，譬如“如有周公之才之美，使骄且吝，其余不足观也已”等。

24. 知礼（知错、知耻、知法），譬如“克己复礼为仁”；“兴于诗，立于礼，成于乐”；“巧言令色鲜矣仁”；“上好礼，则民易使也”等。

25. 知德（知恩），譬如“君子成人之美，不成人之恶”；“德不孤，必有邻”；“德之不修，学之不讲，闻义不能徙，不善不能改，是吾忧也”。

26. 知容（知恕），譬如“人不知而不愠，不亦君子乎”；“君子坦荡荡，小人长戚戚”；“夫子之道，忠恕而已矣”等。

27. 知言（不学诗无以言），譬如“不学诗，无以言”等。

28. 知人，譬如“不患人之不己知，患不知人也”等。

29. 知趣（知音、知书、知艺、知乐），譬如“乐其可知也”；“子谓《韶》，尽美矣，又尽善也。谓《武》，尽美矣，未尽善也”；“知者乐水，仁者乐山；知者动，仁者静；知者乐，仁者寿”；“发愤忘食，乐以忘忧，不知老之将至云尔”等。

30. 知信，譬如“人无信不立”；“子以四教：文行忠信”等。

31. 知政，譬如“修己以敬，修己以安人，修己以安百姓”；“民可使由之，不可使知之”；“不在其位，不谋其政”；“为政以德，譬如北辰，居其所而众星共之”等。

另外，先生也强调了《论语》中容易被大家误读误解的几个地方，譬如“民可使由之，不可使知之”一句，他就提出了几种理解的思维，一种是断句，“民可，使由之；不可，使知之。”很多人常常拿这句话来污蔑孔子，说他是封建专制统治阶级的帮凶，施行愚民政策。先生说结合上下文的语境，很容易就能得出这句话正确的句分方法：“子曰：兴于诗，立于礼，成于乐。民可，使由之；不可，使知之。”意思就是，诗、礼、乐这三样东西是教育民众的基础，一定要抓好，如果人民知书达理了，好，就让他们自由发挥，如果人民还不懂这些道理，那我们就要让他们知道和明白这些东西。还有一种理解思维，就是按照“民可使由之，不可使知之”的断句方式，可以理解为只要让人民安居乐业、享受生活就可以了，很多烦琐的工作就不要去烦扰他们，我们只需要用心“为人民服好务”就可以了。

再如“唯女子与小人难养也，近之则不孙，远之则怨”，这一句容易被人误解为孔子是歧视女性，其实这是讲的人与人间相处的关系。“养”在这里指相处。如果站在男性的角度来看，与女性的关系很难处理好；如果站在君子的角度，遇到了不讲理的人，也很难处理好。俗话说“秀才遇到兵，有理说不清”就是这个意思。如果与他们过分接近了，他们就不知道谦逊，过分疏远了他们又会觉得你看不起他，会怨恨。这里通过人际关系来告诉大家君子之交淡如水，要保持好度，要守中道。

孔子为什么要复兴礼乐？因为礼乐是构建和谐社会的根本。礼的本义是祭神，祭神时内心的敬畏与虔诚，引申为心怀敬畏、心怀忠诚，是一种根植于内心的修养。礼往小了说就是规矩，往中了说就是修养和修为，往大了说就是礼法、法制。每个人都应该懂得规矩，每个行业也都有每个行业的规矩。懂规矩，才不会混乱，懂规矩，才会赢得尊重。而乐，则是一个人的情趣，是精神的追求。

因为孔子强调礼，所以很多人觉得会扼杀人的天性，那么讲礼，就是一种十足的奴才相。其实不然，这是没有正确地理解“礼”的内涵。不同场合有不同的礼，礼表现的既是尊重，也是自重。还是那句话，别人给你鞠躬，不是因为你多么优秀，而是别人多么有修养。礼能让人变得庄重，变得厚重，子曰：“君子不重则不威。”

先生讲《论语》，信手拈来，同学们都听得全神贯注，没有想到《论语》不过是简简单单语录体的一部书，内涵却这么丰富，这么深广。北宋宰相赵普说“半部论语治天下”，是真实的感受，绝无吹嘘之嫌。朱熹引用古人所说的那句话——“天不生仲尼，万古长如夜”也不是虚夸之辞，而是真切地为孔子为人类所做出的巨大贡献而感叹。

来自沈阳的玉荆泉同学是理科博士，对传统文化知之不多，因为他的姐姐玉琴女士在几个月前加入了书院的学习，听了彬宇先生讲《易经》和《道德经》的课感到有种醍醐灌顶、豁然开朗的感受，于是要求弟弟也来学习，荆泉同学怀着很不情愿的心情来到书院，第一天听完先生讲“论语大义”时，就被深深吸引，抑制不住激动之情，他告诉大家，他内心无比激动，一直在做笔记，拿笔的手都一直在颤抖。先生讲课，不是那种照本宣科，而是能让大家震撼心灵，感受到《论语》之美，《论语》之大，他下决心一定要学习好中华优秀传统文化，以此修己安身，以此造福于人。

第二讲

孔子是怎么伟大起来的

——廖彬宇先生讲“论语大义”之“知志”

摘要：一个人如果志向是得道的话，那么他这个人就会培养起越来越厚重的德行，他的言行将会以“大德”作为依据，“丧德”、“缺德”的事情不会做了，他将拥有“仁者爱人”的这种气度，“仁”又代表了心，我在《平心平天下》这本书里强调过，仁就是心，桃仁、果仁的仁就是指的核心。“依于仁”就是做什么事情都对得起天地良心，所以“依于仁”换言之也就是“致良知”。

那么一个有求道之心的人，他在生活中一切的一切，都在为他的求道服务，那么一切都将变得有意义。点炷香都能悟道，所以叫“香道”；插枝花也能悟道，所以叫“花道”；喝茶都能悟道，这叫“茶道”，没有求道之心的人，同样也是喝茶，但是悟不出道来，那不叫“茶道”，叫“倒茶”。

中华文化很有意思，百姓日用都离不开道，如果你有求道之心，那么随时随地都可能悟道。

这次给大家讲《大成之道——中国精神所蕴含的气质、气度、气势和气象》，是借《论语》为着眼点，给大家系统阐述儒家文化的博大精深与经世致用的根本精神。

今天，我们很多人只知道儒家是道德、伦理之学，却不知道它也是智慧之学。儒家以“智仁勇”为“三达德”，以“仁义礼智信”为“五常道”，智都是“达德”和“常道”的核心。智慧既是道德的智慧，同时，道德也是智慧的道德。

阳明之学以“致良知”为宗旨，而良知是德与智在最高境界上的融合。良是至善，知为大智。良是“不逾矩”，知是“从心所欲”。换言之，良知也是道德，知是大道，良是大德。

世界上有形形色色、林林总总的各种问题和危机。能把危险转化成机会，就是智慧的体现。这既是《易经》变通的思想，也是儒家“持经达变”的智慧。苦难和不幸在普通人看来就是灾难，在大智的儒家看来，就是机会。所谓“艰难困苦，玉汝于成”，就是化悲愤为力量，化违缘为顺缘，化不幸为大幸。在艰难困苦中自立自强，立德立功。

俗话说“吉人自有天相”。吉人就是有道德的人，圣贤是最大的吉人。道是大智慧，德是大福德。自助者天助，自成者天成。自古以来，圣贤逢凶化吉，遇难成祥，都离不开德行和智慧。孔子说“仁者不忧，智者不惑，勇者不惧”，孟子说“仁者无敌”，冯梦龙说“圣无死地，贤无败局”。智者、仁者、圣贤之所以无忧无惧，无惑无敌，无败局无死地，正是因为他们是具有大智慧的有道之士与厚德之人。

儒家文化既为伦理之道德，也是广大之智慧。这个智慧博大精深，自有体系。这个体系我用四句话来形容：“无中生有，有中变大。大而化之，化及天下”。就是从什么都不懂开始，按照这个体系，可以开发出大智慧、大格局，最后能够“知周乎万物”，从而“经世致用”集大成，为生民造福。

这个体系，我们从一无所有开始，以知志为第一个“知”，进而发展出智慧的各个方面，这就是儒家的大智慧。我姑且总结为三十一知，当然真正的大智慧、大良知远远不止于此。这只是给大家提供了一种思考、一种启发。

佛家有“正遍知”之说，而儒家也有“一事不知，儒者之耻”之训。《易经》说：“天下同归而殊途，一致而百虑。”只要把智慧的心法明了了，任你八万四千法门，统归都是一法，都是一个原理。这就是孔子的“吾道一以贯之”。须知大道至简，并不复杂，所以《易经》提出来，既不是“知难行易”，也不是“知易行难”，而是“易知易行”。在《中庸》开头，子程子说：“其书始言一理，中散为万事，末复合为一理，放之则弥六合，卷之则退藏于密，其味无穷，皆实学也。善读者玩索而有得焉，则终身用之，有不能尽者矣。”子程子就是宋朝大儒程伊川先生。他说《中庸》这部书，开头只说一个道理，中间分散为万般事物，最后又归结到一个道理来。这个道理放开来可以遍及天地四方，归拢来又可以深藏不露。真是意味无穷，都是实实在在的学问。善于读书的人仔细玩味，反复揣摩，自会有心得，终身都受用不尽。将来有机会，我给大家再系统地讲，讲出来又可以整理为一部书，题目就叫《天下一统——包罗万象的中华文化》。

“大成”也是中华文化的追求，总的说来，西方的文化叫“科学”，分科而学，成为专家。中华文化则是一门深入，触类旁通集大成，成为大家、大儒、大人、大师、大圣。后面我会和大家细说。所以孔子又叫作“大成至圣先师”。要大成，前提必须要有大抱负，就是求道的精神；有了大抱负，才能开启大智慧，大格局，最终而大成。

我们今天所了解的“大良知学与大成之道”这个系统，就是这样一个从无知无畏到大智大成的系统。

佛智可以成个体之佛，救拔众生之苦，儒家亦然，而对于构建人类之和谐社会而言，更有其独到之处。除了能“独善其身”成德成圣，还有齐家治国平天下的大智慧蕴藏其中。《易经》里说：“德薄而位尊，智小而谋大，力小而任重，鲜不及矣。”谋大业，建大功，成大事，必须拥有大智慧。这个大智慧，就是“大良知学与大成之道”。

孔子这一生，后面我会给大家说，就是向世人证明了，如何从一个无知少年，成长为大智慧的大成至圣，我们要想获得大智慧与大成就，从孔子身上，就能获得借鉴和启迪。

他是“十有五而志于学”，15 岁开始立下大志，希冀通过学习求得大智慧，这就是“知志”；立定志向以后，就自然会努力学习，就是“知学”；在知学的过程中，就会明白诚意正心的重要，就会“知诚”；知诚，就能感悟心之本体，可以“知心”“知仁”；能知心，就能通《易经》之道，可以“知易”（知道）；能知易，便能感悟天道，可以“知天”；能知天，就能读懂万物发展之规律，乃至人类命运之态势，就能“知命”（知遇）；能知命，就能知生命之来处，可以“知本”（知孝）；能知本，就进一步更好地认识自己，可以“知己”（知省）；能知己，就能发现自性具足，不假外求，能够“知足”（知止、知节）；能知易、知天、知命、知足，就可以洞悉事物发展的规律，建立正确的价值观，可以“知常”（知义、知别、知情、知性、知识）；知常，就能在事物开始时看到结果，可以“知因”（知果）；能知因果，就会对天道自然产生敬畏，进一步加强自身的修为，就会“知敬”（知慎）；能知敬，不是懦弱，故对举为“知勇”；能知敬，则会于万物有所领会，可以“知觉”（知著、知类、知得、知失、知敏）；能知觉，就能“知几”，还能“知名”“知时”（知进、知退）；能知几、知时、知进退，就能“知行”（知恒、知用、知兵、知药）；能知时、知行，必能“知权”（知谋、知通）；能知权，亦必当“知中”；能知权，必能“知重”；知重者，可以“知谦”；知谦者，则“知礼”（知错、知耻、知法）；能知重、知谦、知礼，则能“知德”（知恩）；知德（知恩），则能“知容”（知恕）；知德（知恩），必能“知言”；知言，必能“知人”；知德、知言，则能“知趣”（知音、知书、知艺、知乐）；有以上诸多之知，则必受大益，可以“知信”；最后便能“知政”，可以经济天下。

这里的“知”，不仅仅是一般知道、晓得的意思，还包含了把握、掌控、主宰的含义。如古时官职的知县、知府、知州等，分别指主管、掌控某县、某府、某州的官员。知客又是指主管招待宾客的人。所以，我们说知时，指既能了解又能把握时机；知本，是既理解又能抓住根本，照此类推。

现在，我们先了解这“大良知学与大成之道”的第一个知，知志，既能立下志向，又能坚定践行志向。

《易经》有一个“四德”的概念，叫作“元亨利贞”。这是《乾卦》的卦辞。

《易经》也是以乾坤二卦为门户，演化出包罗万象的六十四卦来。乾卦是代表天道，《易经》里说：“大哉乾元，万物资始，乃统天。首出庶物，万国咸宁”。就是说乾卦高于一切，所以统领一切，代表了一个人如果境界到了“无上崇高”的层面，那么他的智慧就足以统领一切，使万国咸宁，天下太平。所以《易经》这部经典，其实就是以“志博云天”“壮志凌云”为开篇，可见立志之重要。因为只有立下宏伟之大志，才有可能证得无上之“大道”、圆满之智慧。“元亨利贞”四德，就是充分说明了这一点。

元，就是“天地之大始”，所有事物的开始，这个“开始”要怎么样呢？一开始就要“至善至大”，《易经》里阐述这“四德”的，有这么句话，叫作“元者善之长也；亨者嘉之会也；利者义之和也；贞者事之干也。君子体仁，足以长人；嘉会，足以合礼；利物，足以和义；贞固，足以干事。君子行此四德者，故曰：乾，元亨利贞。”什么叫“善之长”？善就是美好，“善之长”就是一切善的根本，一切善的统帅。有位历史名人，明朝的开国功臣，叫李善长，洪武三年的时候，敕封为太师、丞相、韩国公，可谓位极人臣。朱元璋对他有个评价，“萧何有馈饷之功，千载之下，人人传颂，与善长相比，萧何未必过也。”这是朱元璋将李善长比作刘邦的萧何，朱元璋还有一句感叹：“朕起自草莽间，提三尺剑，率众数千，奋斗于群雄夹缝之中。此时李善长来谒，倾心协谋，一齐渡过大江，定居南京。才一二年间，练兵数十万，东征西伐，善长留守国中，转运粮储，供给器械，从未缺乏。又治理后方，和睦军民，使上下相安，此乃天授其人予朕。”可见李善长在朱元璋心目中的地位，朱元璋是一个“元”字，李善长是“元者善之长”的寓意，也可见“天授其人予朕”的感叹，竟是如此巧合。

“元亨利贞”告诫我们，如果我们从一开始，立志就至善至大，那么就必定能够亨通发达，“亨者嘉之会也”就是说一切美好的东西都会向你聚拢；一切东西都将适合于你、有利于你，“利者义之合也”；而有了这种“至善至大”之志，会让你在做所有事情的时候，都会有一种精神，这个精神包含了坚定不移、包含了不忘初心、包含了始终如一、坚贞不渝，这个精神会始终贯通于全部，这就叫“贞者事之干也”。最后呢？让你的幸福、美好、利益都能与你永恒为伴。贞代表了坚固，叫“贞固”；又代表了坚固的操守，叫“贞操”；坚固的东西譬如“黄金”，贞也通“金”，代表了永恒；“贞”又通假为“真”，代表了真理、真实，真理一定是颠扑不破的，所以坚固；真理一定是永恒的，所以“真常”。所以这个“贞”字，本身也代表了永恒。有的学者说“贞下起元”，解释说从“元亨利贞”发展到“贞”以后，又从“元”开始继续，如此周而复始，所以“贞下起元”代表了永恒。这是另一种解释，但是忽略了“贞”字的本意原本就包含了永恒。所以“元亨利贞”教导了我们，一个人志向“至善至大”，那么就必然会逐步拥有一切的美好，并且最终获得圆满而永恒的成就。

这个“元”，也通本源的“源”，也通原来的“原”，有开始的含义；也通缘分的“缘”，有“条件”“时机”“机缘”“缘分”等含义；还通圆满的“圆”，代表了最终的结果。所以一个“元”字，既包含了开始的“源”，也包含了属于条件的“缘”，也包含了最终结果的“圆”。这就是初心决定条件，决定结果。既是“因”，也是“果”。果随因变，因来果还。如果“原心”至善至大，那么就会具足一切“缘分”，最终还能“圆满”成就。这也就是“元”的根本道理所在。

那么“志”呢？也是如此，这个“志”，看似虚的，看不到摸不着，但会变成现实的东西，所以“志”通“质”，“质”就是实质，精神的“志”与现实的“质”是相应的。“志”也通“智”，以及“置”。一个人有多大的志向，然后就会有多大的智慧；有多大的志向，然后就会掌握多少“处置”的方法，这个“置”，既代表了举措，即“处置”，也代表了位置。人的地位与他的志向同样也是相应的；“志”还通“至”，就是达到，叫作“有志必达”。所以你看：“志者，质也，智也，置也，至也！”

儒家称为“立志”，佛家称为“发愿”，于是就有了“志愿”这个词语。孟子说：“志者，气之帅也”；孔子说：“三军可夺帅也，匹夫不可夺志也”，这都说明了“立志”的重要性。

志有大有小，中华优秀传统文化主张立大志。因为志向越大，成就才会越大。老子也说：“执大象，天下往，往而不害，安平太。”这个大象，就是最大的东西，无形无相，无法形容，姑且成为“大象”，因为“大象无形”嘛。把最大的东西都抓住了，其他的东西都是小的了，小的自然就跟着大的走了。

《老子》里面，这个“大象”，形容的是道。所以最大的志向，莫过于“志于道”。“志于道”是孔子的提倡，孔子说：“志于道，据于德，依于仁，游于艺”。这句话有很多的理解，在这里我只给大家阐述其中一种，就是说一个人如果志向是得道的话，那么他这个人就会培养起越来越厚重的德行，他的言行将会以“大德”作为依据，“丧德”“缺德”的事情不会做了，他将拥有“仁者爱人”的这种气度，“仁”又代表了心，我在《平心平天下》这本书里强调过，仁就是心，桃仁、果仁的仁就是指的核心。“依于仁”就是做什么事情都对得起天地良心，所以“依于仁”换言之也就是“致良知”。

那么一个有求道之心的人，他在生活中一切的一切，都在为他的求道服务，那么一切都将变得有意义。点炷香都能悟道，所以叫“香道”；插枝花也能悟道，所以叫“花道”；喝茶都能悟道，这叫“茶道”，没有求道之心的人，同样也是喝茶，但是悟不出道来，那不叫“茶道”，叫“倒茶”。

中华文化很有意思，百姓日用都离不开道，如果你有求道之心，那么随时随地都可能悟道。这本来是《易经》的智慧，《易经》里就讲“动则观其变玩其占，静则观其象玩其辞”，无论是动是静，随时随地都能“赞天地之化育而与天地参”，都在参悟，都在体道，这种参法，保不准什么时候一下就悟道了。

这是《易经》的思想，后来佛学传入中国，佛学与《易经》的思想是相融相通的，竟然出现了佛家最为著名的一大宗派，就是禅宗。大家注意，禅宗是中国特色，出自中国而风靡世界。禅宗的思想就是随时随地都在参悟，禅宗很多祖师很多大德就是长期处于这样参悟的状态里，有朝一日忽然就一下大彻大悟，得道了。禅宗固然是佛家的一派，被称为“不立文字，教外别传”，但是与《易经》的思想根本上是一致的、相通的。因为中国在没有佛法传入之前的几千年前，就已经有了这种思想。而禅宗里的这个“参”字，也是从《易经》里借去用的，《易经》就是讲“参赞化育”这个思想的。

中华文化，在很多方面，不是一个“道”字，就是一个“法”字，前面讲品香悟道，吃茶悟道，还有琴棋书画的艺术，一样都是这个道理。通过弹琴而悟道，这叫“琴道”；通过下棋而悟道，这叫“棋道”；通过写字而悟道，这叫“书道”，也叫“书法”。因为写字，字的横折撇捺等等，就是法于天地自然，所以也叫书法。当一个人求道时，生活中所有的一切都成为辅助他悟道的工具。这就是“茶道”“香道”“花道”“书道”“琴道”的内涵所在。这些东西，也被称为“艺”，如“琴艺”“花艺”“茶艺”“棋艺”等等。“艺”者，“亦”“依”也，就是“依附”的意思，艺依附于道，附从于道，我们如果有求道之心，那么就可以通过艺而入道，一旦悟了道，那么对于这些艺术，就能游刃有余地进行很好的驾驭，这就是“游于艺”。

那么志向有大有小，为什么中华文化主张立大志呢？古人有句名言：“志于道德者，功名不足以累其心；志于功名者，富贵不足以累其心；志于富贵者，则亦无所不至矣。”

就是说一个追求“大道”想成圣贤的人，世间的功名都束缚不了他，譬如说释迦牟尼，他在出家前是净饭王的太子，叫乔达摩·悉达多太子。他的父亲不想让他出家，选派了全国无数的美女去伺候他，还要把王位传给他，他心里每天想的都是如何脱离生老病死和宇宙人生的真相，所以这些美女在他眼前晃来晃去，别人觉得是多么的婀娜多姿，可他却觉得很不雅，他一点都不稀罕荣华富贵。所以在 19 岁那年，毅然出家修行去了，历经 12 年的时间，在 31 岁那年，终于在菩提树下睹明星而悟道，证得“无上正等正觉”。这就是志于道德者，功名不足以累其心。

志于功名者呢？你拿财富去诱惑他，是行不通的，他的志向是建功立业，改造社会，小钱他是看不上的。所以“志于功名者，富贵不足以累其心”。历史上刘邦之类就是这样的人物，他年轻时穷得一文钱也没有的时候，照样可以大摇大摆去蹭吃蹭喝，毫无羞愧之心。没有钱送礼，居然敢说“送钱一万贯，先欠着”这样的话。当吕公这样的人物送钱给他，还要送老婆给他的时候，他大模大样地照单全收，毫不客气，这个现象，就说明他根本没有把钱放在眼里过，所以没有，不觉得丢人，别人送钱给他了，他也老实不客气，可能还嫌你给少了。这个人就是志于功名的人，何以见得？《史记》记载，刘邦第一次在咸阳看见秦始皇的时候，说了这样一句话：“喟然太息曰：嗟乎，大丈夫当如此也。”

那么一个人如果志向仅仅是想发财，那么麻烦了，“志于富贵者，则亦无所不至矣”，什么缺德的事情都干得出来，“无所不至”就是没有什么不敢做了。一个人只有志向越大，其成就才可能越大。志向太小，最终不但智慧难以开发出来，格局会小，成就也会小，可能还会因此而毁掉自己。那么，最大的志向，就是“志于道”，道是最大的志向，最究竟最彻底，立了这个志向，就不会被干扰，也不会懈怠。所以《易经》里《乾卦》就是这个思想，“万物资始，乃统天”。有了宏伟的理想和志向，自然就能做到“自强不息”和“厚德载物”。这个志向一旦立了，那么全部的精神、力量就集中起来朝着这个远大的志向前进了。

所以志向也分这三种，道德之志、功名之志、富贵之志。其他的，不足论也。

志于道德者，就是志在圣人，也许圣人这辈子做不成，但可能会成为一个伟人，或者贤人，你看诸葛亮、张良、范仲淹、文天祥、曾国藩、左宗棠这些人物，哪一个不是以道为追求，而成为历史的巨人？志于功名者，也许功名这辈子未必一定能实现，但起码能成为一个富家翁。志于富贵者，也许成不了世界首富、中国首富，但是小康小富也许还能获得。如果这个都得不到，那就麻烦了，不敢想象。所以按这个原理，追求越大，成功的机会和空间越大，求做圣人，起码保证实现功名，求功名，还能实现一点富贵，如果只求富贵，那就说不好了，你看那么多误入歧途的人，哪一个不是想发财，然后铤而走险，最终毁掉自己的？

还有句话：“取法乎上，得乎其中；取法乎中，得乎其下；取法乎下，则等而下之，不足论也。”追求上等的，能保证得到中等的收获；追求中等的，能保证得到下等的收获；追求下等的，那就不入流啦。按佛家的思想，人一旦有了愿，这辈子实现不了，不要紧，下辈子接着还会来，这叫“乘愿再来”，不管流转多少世，非实现了不可，这就是愿力，这个力量可了不得。所以你看老子也讲：“死而不亡者寿”，死就死了，为什么还不亡呢？肉体虽然死了，但是愿还在啊。《易经》里讲，“原始反终，故知死生之说”。这些思想，都是值得注意的地方。

中华优秀传统文化几千年来，就是让我们追求最上等的东西，这个东西就是道，中国文化的教育，就是“志在圣贤”。

佛家有句话，《六祖坛经》里说的：“诸佛妙理，非关文字”。禅宗的第六代祖师很了不起，就是慧能大师。他为什么了不起呢？他是个白丁，不认识字。他早年还在当樵夫的时候，有次担柴去卖，半道上听人在念《金刚经》，听到其中一句话“应无所住，而生其心”，心里豁然一震，立马就问别人念的什么书。别人告诉他这是佛经。他问怎么才能读到佛经，别人说要学佛，然后他柴也不卖了，就跑去五祖弘忍大师那里学佛去了。他去学佛，不认识字，又读不了经，只能做粗活，当个伙夫，大家都看不起他。但是他心里一直有这个学佛的志向，虽然没有读经，但是其实已经就在学佛的境界里了。所以看起来他也没有念经，但是并不代表他没有学佛哦。他在寺院里做着最粗最重的活，却感到很快乐，因为他内心的境界是在学佛的境界里的，所以粗重的活对他来说，依然是快乐的。

这样过了很长一段时间，师父要考考大家学佛的心得，这时候师兄弟中一位叫作神秀的弟子写了一首偈子：“身为菩提树，心是明镜台。时时勤拂拭，勿使惹尘埃。”师兄弟们看到以后，纷纷赞叹，认为写得好。慧能这时候看到别人在念诵神秀的偈子，苦于自己不会写字，告诉别人说，我也有首偈子，请你帮我写到走廊的墙上。偈子是：“菩提本无树，明镜亦非台。本来无一物，何处惹尘埃？”偈子写完了，师兄弟们觉得他打妄语，都一起骂他。这时候弘忍大师也看到了，就给慧能说了一句，半夜你来我的房间找我。大家都暗地里在嘲笑，这个伙夫要被师父惩罚了。慧能却很高兴，心里知道这是师父看懂了他的偈子。于是半夜去见师父，师父说：“你的境界比神秀的境界高了，但是大家现在还理解不了。你留在这里不妥，我把我的衣钵传给你，你往南方走，走得越远越好，到南方去传播佛法，将来禅宗会在南方兴盛起来。”这就是禅宗在六祖后分为南北两宗的渊源，又被称为“顿宗”和“渐宗”。你看小说《西游记》孙悟空学道和《笑傲江湖》里华山派分为剑宗、气宗的故事是不是都有点这个影子？

我们通过这个故事，就发现，因为慧能大师有求道的心，所以虽然只是听人念经，就能让自己开悟；虽然没有机会念经，只能做粗活，但是做粗活也能做出大道来，能够悟道！这就充分说明了一点，一个有求道之心的人，即便做毫无意义之事，也会做出巨大的意义来。这个道理又被化用到金庸的小说《天龙八部》里了，《天龙八部》里的少林扫地僧，无名无姓，其貌不扬，却武功奇高，每天只是打扫藏经阁，武功却出神入化，无法形容，可说是金庸小说里的第一高手，是不是就是当年做伙夫的慧能大师的影子？所以一个有求道之心的人，虽然只是扫扫地，却跟一般扫地的水平都大为不同。

这也正是中西文化关于励志教育的不同处。有人认为西方什么都是好的，包括教育也是最好的。所以当西方的教育，如果孩子立志将来做小丑演员、做环卫工人，都是值得表扬、无可非议的，由此认定中国的教育普遍追求“望子成龙”“望女成凤”会扼杀中国小孩的天性，要向西方学习。这其实就是典型“崇洋媚外”的心态。不是说做小丑、演员、环卫工人不好，而是说当一个人有了求道之心，有了宏伟的志向，要做什么，都能做到最好，即便做一个小丑演员，也比一般的小丑演员要高明，即便做环卫工人，打扫卫生，可能也都能成为一个“少林扫地僧”。

我在《平心平天下》这本书里谈到了一个“六品”的概念。我们今天都在创造产品，这些产品我分为六个层次，也就是“六品”。这“六品”都与对“道”的追求和体悟相关。也就是说，一个人对道的追求越高，其所创造的“产品”层次就越高。

第一品叫作神品，只有得道的人创造的产品可以称为神品。神品是什么东西呢？无法逾越，无法复制，无法形容（一切的形容都显得苍白），无可挑剔，其对人类的影响和作用无可估量，是无价之宝。虽然珍贵，却犹如阳光雨露，大家都能拥有。这种东西，本身也是“道”的显现。那么哪些是神品呢？《易经》《金刚经》《道德经》《论语》这些绝对都是神品，普通人学都未必能学通、学好，何况创造。

第二品叫作艺术品，还不是“道”，比“道”低了一层，但是可以承载道，可以表达“道”。“道”的特征是真善美，所以第二品抓住了这个特征，彰显了真善美，这种产品让人心旷神怡，让人境界升华，即便价值不菲，甚至价值连城，但是也毕竟有价。

第三品叫作工艺品，创造者对道的体认又落了一层，连艺术品都谈不上，可以批量生产，十分常见，大众化流通，不算珍贵，还可以用。

第四品叫作次品，以次充好，已经没有艺术价值，勉强能用，但是有副作用或者寿命短。

第五品叫作废品，彻底不能用了，成为社会的垃圾。

第六品比废品还可怕，已经完全成为“道”的对立面，叫作“毒品”，危害社会，祸乱人类。今天我们搞的端上人类餐桌的“地沟油”“苏丹红”，在婴儿奶粉里添加的“三聚氰胺”，这些是只有已经丧心病狂的人才能干出来的事情，所以说“志于富贵者，则亦无所不至矣”。

做人要做第一品之人，做事也要做第一品之事。只有圣人才能做到这第一品。所以中华文化倡导的是“圣贤精神”，今天很多国人觉得西方提出来的“工匠精神”很了不起，工匠精神充其量做一个艺术品出来，离神品还差得远。我们今天对自己的传统文化淡漠无知，是一种悲哀。好比佛经里的一个寓言，有个国家的首富唯恐自己将来去世了，儿子被饿死，就把所有的家产换成一颗宝珠，让儿子随身带在身上。儿子却不知道宝珠的珍贵，等到父亲去世以后，揣着这颗宝珠到处流浪，到处行乞。这个寓言是形容每个人自身都具足一切财富，但是每个人都不懂得回头观照自己，都在向外乞求，迷失了自己。其实我看中华传统文化今天的遭遇，也如此这般光景。我们伟大的祖先害怕我们愚蠢，就把世界上最伟大的财富变成了经书留给我们，我们却把经书束之高阁，不去挖掘，不去学习，却向全世界去乞讨……

前面我们讲的是立志的好处，志向越大，成就才会越大。求道可以让生活变得有意义，最大的志向就是求道，而中华优秀传统文化就是“道”，是“大道”。所以我们今天传承弘扬中华优秀传统文化就是在学道，具有极为重大的意义。

我曾经还讲过中华文化的特征，叫作“三神”，所谓“神奇”“神秘”和“神圣”。神奇代表能力，神秘代表智慧，神圣代表使命、追求和志向。就是说中华文化你一旦学通了，功能是神奇的，智慧是神秘的，而追求是神圣的。

三者缺一不可，但凡缺了一个都不是中华文化。

佛家有一个说法叫“三法印”：“诸行无常，诸法无我，涅槃寂静”，只要符合这点的，即可视为正法。

而对于中华传统文化，我认为必定同时具备神奇、神秘、神圣这三个特征。但凡缺了其中一点，都不是中华文化。

如何叫作神奇？中华文化学通了，中医可以出“神医”，许多西医束手无策的疾病，中医手到病除，所谓“妙手回春”等等都是形容中医的神奇；打仗，中华文化学通了，可以神出鬼没，用兵如神，如有神助。三国时代的诸葛亮，近代的毛泽东，都是一介书生，却都用兵如神。尤其后者，没有读过保定军校，没有读过黄埔军校，而这两个军校走出来的将帅，却都敬畏毛泽东；写文章，中华文化学通了，下笔有神；书法绘画，中华文化学通了，就能出神品；《易经》学通了，甚至还能“神机妙算”……

如何叫作神秘？中华文化博大精深，如同高不可及的青天，如同深不可测的渊海。“天玄地黄”，玄是形容天的幽深难测，玄字同时也是形容大海的深不可测。所以中华文化叫作“玄学”。据说孔子 34 岁时去拜访年老的老子，出来以后，孔子评价老子说：我见过在水里游的鱼，见过在天上飞的鸟，却没有见过这样的人，像龙一样见首不见尾，完全看不懂。这个时候的老子，智慧大于孔子。我的智慧大于你，我能看懂你，你却看不懂我。如果你的智慧大于我，你就能看懂我，而我却看不懂你。一个圆满的圣人，给并不圆满的普通人讲圆满的学问的时候，普通人是听不懂的，听不懂而敬畏，就把这种圆满的智慧形容为“神秘”。所以“玄学”也是圆满智慧、圆满学问的别称。

如何叫作神圣？我前面讲过儒家的三重境界，都是很神圣的追求。儒家的文化，用一个字作为核心归结起来，就是“仁”字。在汉字中，“仁”字的出现实际上比较晚，在现已发现的甲骨文和金文中都没有出现“仁”字。它的出现应该晚于西周（公元前 1122- 前 771 年）。“仁”在《尚书》中出现了 5 次，在《诗经》中出现了两次，在《易经》中出现了 8 次。“仁”在这些经典中的边缘性和它在《论语》中的核心地位形成了鲜明的对比。《论语》中讲“礼”75 次（包括“礼乐”一起提的），而讲“仁”却有 109 次。由此可见，

《论语》不是以“礼”为核心，而是以“仁”为核心。《论语》认为，如果没有“仁”，也就谈不上“礼”。所以说“人而不仁，如礼何；人而不仁，如乐何？”一部《论语》，对“仁”有许多的解释，要么说“克己复礼为仁”，要么说“仁者先难而后获”，要么说“能行五者（恭、宽、信、敏、惠）于天下为仁”，或者说“仁者爱人”等等。仁的内涵到底是什么呢？其实说到底，就是对天下人类命运的终极关怀。《论语》中记载孔子对曾参说：“吾道一以贯之。”然后曾参就告诉其他同学说：“夫子之道，忠恕而已矣。”所以《论语》的思想，按曾参的理解，就是分别讲的“忠”道和“恕”道，这两者合起来就是仁。这就很有意思了，“忠”和“恕”不能狭隘地理解，广义地理解，“忠”就是尽心，就是关乎“心”的学问，“恕”就是格局，不断放大格局，大到“心包太虚，量周沙界”这个程度。试想，天下什么事情都能容，对于一般人的冒犯、无知无畏能否容得下呢？“仁者爱人”，这是仁学的核心思想，狭隘地说就是爱身边的人，推而广之，就是爱天下之人。孔子的学问一切围绕人类命运而展开，旨在为人类而服务，关切着人类的终极命运走向，务必要使人类既光明而幸福，又不会走向堕落（从心所欲而不逾矩）。所以儒家文化，是关乎天下人类和天人之际的学问。一旦背离了这个主题，就违背了儒学的思想。这就是中华文化的神圣性。

那么这些都是中华文化具有神奇、神秘、神圣性的特点。如果中华文化没有神奇的功能，中华文化就是屠龙之技，虚头理论；如果没有博大精深、通达圆满的神秘智慧，中华文化就是雕虫小技，就是术，而非道；如果没有神圣的使命和对生民充满终极关怀，那么中华文化就是迷信、糟粕和灾难。正因为儒家文化有这样的关乎天下的学问与智慧，所以她是伟大而神圣的。

以前我比较神奇、神秘和神圣这三者，光神奇而不神圣，就是有本事而没有追求，是非常危险的，譬如前段时间声名狼藉的王林“大师”，“大师”能变蛇，并因此而招揽了一帮明星、富商作为粉丝，好不风光，结果呢？把自己“变”进了监狱，牵涉了杀人案，一年多时间自己也死在了监狱；有神秘的智慧而不神圣，就是有学问没有正确的价值观，这种人也很多，讲起东西来头头是道，但不一定有正确的世界观、人生观、价值观，听他讲东西，看他写的书，很容易被影响被误导，要么流入旁门左道，要么流入花里胡哨里面去。当代像令计划、周永康之类，都有超高的政治智慧，不然也不会身居高位，但是一旦失去了共产党人神圣的发心，最终的结果就是家破人亡、遗臭万年。如果一个人只有神圣的追求而没有神奇的本领和神秘的智慧呢？这种人几乎不存在，因为有神圣追求的人必定能迅速培养起神奇的能力和神秘的智慧。譬如毛泽东，他只有一颗为人民服务的神圣发心，结果迅速培养起了神奇的能力，以一介书生之力，竟然创建了中国共产党，创建了中国人民解放军，创建了中华人民共和国，带领着开始只有镰刀和锄头、后来有了小米加步枪的少量工人农民们，竟然打垮了数十万的国民党精兵强将。他指挥若定，运筹帷幄之中，决胜千里之外，这就是他通达中华文化后，仅以一颗神圣的发心所培养出的神奇能力；毛泽东思想，光焰万丈，就标志了他神秘的智慧。退一万步，即便这个人真的很无能，培养不起神奇的能力、神秘的智慧，那他也可以以一颗神圣的发心感召有神奇能力、神秘智慧的人去辅佐他。刘备因为看到天下大乱，百姓流离失所，而有了一颗欲救苍生于水火的神圣发心，结果感召了有神奇能力的赵子龙、关羽、张飞来辅佐他，有神秘智慧的卧龙凤雏，诸葛亮、庞统来辅佐他，最后就凭一个“织席贩履之流”的身份，三分天下。

小说《西游记》里也传递了这样的精神，小说里的唐僧很傻很天真，却能当师父，以前看影视剧和小说时，都无法理解。而最有本事的孙悟空，既是花果山美猴王，又是齐天大圣，却只能给他做徒弟，怎样都想不通。后来明白了中华文化的精神以后，一下就明白了。唐僧就是神圣的代表，他虽然没有神奇的本领，没有神秘的智慧，但是他有一颗神圣的发心，知道去西天取经，用来普度众生。

而三个徒弟呢？第一个孙悟空，有七十二般神通，因为没有神圣的追求，后来就造反了，“皇帝轮流做，明年到我家”，这是孙悟空造反的口号。我在《平心平天下》里面谈到，这三个徒弟是中国官场上的“三个代表”，孙悟空是野心家的代表，有一身本领却没有神圣的发心，野心家也大都如此，有超强的能力，但是没有追求，必然造反，下场就是被压在五指山下 500 年；第二个是猪八戒，有三十六般神通变化，能力非常强，在天上时官至天蓬元帅，由于没有追求，没有神圣的发心，所以去调戏嫦娥，最终被贬到高老庄做了猪妖。这是官场上贪财好色官员的代表；第三个是沙和尚，有十八般神通变化，能力很强，曾是卷帘大将，由于没有追求，没有神圣的发心，所以在蟠桃会上偷喝王母娘娘的御酒，最后被贬到流沙河成了一个吃人不吐骨头的河妖。这是官场上爱占便宜小官吏的代表。这三个徒弟都有神奇的能力，却都没有神圣的追求，下场都很悲惨，都是靠一个有神圣追求的唐僧救的。这就传递了一个思想，只有有了神圣的追求才能对自己进行自我拯救。人充满了贪欲，都在享乐、堕落，没有拯救，何谈成就？所以我常说，有崇高追求的人，自然会脱离低级趣味。

讲神秘的智慧，唐僧基本没有。孙悟空告诉唐僧，师父，这个是妖怪，千万不能救，唐僧每一次都不听，都大发慈悲，结果被妖怪掳走。在最后关头，甚至往往连孙悟空都救不了他了，眼看着就要被蒸唐僧肉吃了，这个时候，佛菩萨出现了，妖怪被收了，又化险为夷、虚惊一场。在这里，小说又传递了一个观点，一个有神圣发心的人，一定会有神佛护佑。这就是《易经》讲的："自天佑之，吉无不利"。

唐僧就是这样一个只有神圣发心而没有神奇能力、神秘智慧的人，却能够感召有神奇能力的徒弟和神秘智慧的菩萨们去帮助他。这也就是中华文化所昭示的原理，神圣要高于神奇和神秘。

几千年来，中华文化对每一个人就注重神圣性的塑造，这个人只要有了神圣的追求，自然就能培养出神奇的能力、神秘的智慧，再不济也可以感召神奇能力和神秘智慧的人来辅佐他。

前面说了，儒家重在立志，佛家称为"发愿"，现在我们读佛经，往往前面有四句话，叫作《开经偈》，唐朝的时候武则天写的，现在流行很广，哪四句话呢？"无上甚深微妙法，百千万劫难遭遇。我今见闻得受持，愿解如来真实义"。读经之前，发一下愿，不管能否读懂，迟早一定能懂。这就是"愿解如来真实义"的含义。佛家的思想，在学佛之前，一定要首先学会"发愿"，也是"发菩提心"。所谓"四宏愿"："众生无边誓愿度，烦恼无尽誓愿断，法门无量誓愿学，佛道无上誓愿成。”《法华经》里说：“菩提心者，则为一切诸佛种子，能生一切诸佛法故。”佛家的思想极为重视发愿，要知道诸佛在因地时，都发过这个愿，如果没有四宏愿，那么诸佛都无以成佛。

我在 14 岁的时候，也在教科书的扉页上写了一段话，我称之为《自行愿文》：

一心不二，应识三教四大之旨。渐除五盖，行六波罗蜜，并有七日克期决心，不离八支正道，使得九心生住，而获十力圆满。经百千万亿劫，学百丈怀海，堪忍堪行；证千手千眼，万寿无疆，普度亿兆生民，究竟涅槃。

这段话，可以说就是从小立下的志愿了，一直影响着我的成长。每当我在遇到烦恼时，这段话就会浮现出来，再大的烦恼，哪有百千万亿劫那么大呢？于是不烦恼了；在做事情懈怠时，这段话就会自动浮现出来，“七日克期决心”，怎么能够没有毅力没有决心呢？于是又开始努力；在沾沾自喜时，这段话又浮现出来，对照一下自己，差得太远，又不敢骄傲了；在被人误解、受到冤枉时，对别人心生恨意了，这段话又浮现出来，你是立志要“普度亿兆生民”的，怎么怀恨呢……

一路走来，始终有一个宏伟的志向鼓舞着你，一方面给你前行的勇气，另一方面也给你自省的勇气。立志，能够让你“不忘初心，牢记使命，继续前进”。

一切的成就都从立志和发愿开始，所以我们今天讲“大成之道——中国精神的气质、气度、气势与气象”，怎么致良知，怎么获得大成就，对于常人而言，其实有一个次第，这个次第，孔子用他的一生，已经为我们演绎了一遍。《大学》里面称为“八条目”，所谓“格物致知，诚意正心，修身齐家，治国平天下”，而我在这里呢，主要又依据《论语》原文，涵摄儒释道易的全部思想，来细化为儒家的大良知学。

孔子是怎么演绎的呢？他说，“吾少也贱，故多能鄙事”。孔子祖上虽然是宋国贵族，但他的家世也是日渐衰落。他的家族的没落轨迹：王室——诸侯——公卿——士。

孔子是 3 岁的时候死了父亲，他的父亲叔梁纥死后，给孔子的母亲颜徵在留下的是一大家子的负累。

这个家庭，有九女、二子，还有叔梁纥的妾，当然，九女中有一些应该已经出嫁。剩下的，可能有些年龄比颜徵在还要大。这个时候，颜徵在 18 岁，一个 18 岁的少妇，就要负担家庭的全部。

家族到了叔梁纥这里，他只是一个士，只有俸禄，没有什么其他的比如采邑等固定收入。他的家庭开支极大，不会有什么积蓄，他死后，俸禄自然就没有了，而这么多子女，经济压力可以想见。

我们现在已经无法了解当时这个家庭发生了什么，总之，我们只是知道颜徵在带着只有 3 岁的孔子离开了这个家庭，孤儿寡母搬到了曲阜，住在一个名叫阙里的小巷里面。孤儿寡母，艰辛度日。17 岁这一年，他的母亲也去世了。

晚年时，孔子回顾自己的一生，曾说："吾十有五而志于学。"

我们一般都会望文生义，认为孔子是 15 岁立志求学。其实不是的，如果 15 岁了才想起来立志学习，未免太晚了。须知原话是"吾十有五而志于学"，不是"吾十有五而学"。"志于学"之前，一定有一个学的过程，学出了兴趣，学出了志向，学出了人生目标，然后才"志于学"。

孔子这一生，后来无论遇到怎样的打击，乃至取得怎样巨大的成就，都跟这个少小时立下的大志有关。

我们再来看下毛泽东 17 岁这一年，真正离开家乡韶山，离开父母，第一次走向外面更广阔的世界，临行前改写的一首诗，夹在了父亲每天必看的账簿里，表明自己的志向，以与父亲作别："孩儿立志出乡关，学不成名誓不还。埋骨何须桑梓地，人生无处不青山。"

这是他人生历程中第一个转折，也是立下宏伟大志最为重要的一个转折。

志不立，天下无可成之事，

志不立，如无舵之舟、无衔之马，

非学无以广才、非志无以成学。

第三讲

中华文化为什么伟大

——廖彬宇先生讲“论语大义”之“知学”

摘要：读历史我认为至少有四个方面的好处，第一个，读历史的人会胸怀天下，因为只有历史讲天下兴亡，国家与国家之间的关系；第二个，读历史的人会放眼千秋，因为每个朝代为前朝编史，都是希望能够借鉴前朝的经验和教训，让自己的执政能够千秋万代，所以读历史的人眼光会变得很长，不会鼠目寸光；第三个，读历史的人把别人的经验当自己的经验，把别人的教训当自己的教训，把别人的生活当自己的生活，历史里面那么多正面教材和反面教材，都是活生生的经验，读历史，可以拔高生命的高度，拓展生命的宽度，延长生命的长度，擢深生命的深度，培养生命的厚度，所以你们看着我只有19岁，中华民族的历史，仅仅从黄帝时代算起，是五千年，我至少有五千岁，所以你不要小瞧我；第四个，我读《二十四史》，读出一个感受来，发现历史用无数的血和泪的事实，只做了一件事情，那就是证明了经典是对的。历史讲因果，讲善恶，讲是非，讲本末，经典里面讲的也全是这些。这就是经史合参。经典里所有的论点，几千年下来的历史，全给他做了注解，做了论据。

前面讲完了“知志”，现在给大家讲讲知学。这是“儒家三十一知”的第二个步骤。志愿立了，不是就完结了，后面还有很长的路要走。人生好比导航，立志就是设定目的地，有志向的人可以坚毅地朝着这个目的地走。通往目的地的路很多，你可以选择避开拥堵，也可以选择直上高速。怎么选择路？这就是智慧。缺乏智慧，也许会走弯路，但是无论怎么绕，最终是一定能到达目的地的。而没有志向的人就是漫无目的，既费油，又损车，而且到最后还一无所获，一事无成，没有意义。

智慧的获得，首先是要通过学习，还有加强修为。这两者都是孔子和儒家极为重视的。《论语》中孔子说："笃信好学，守死善道。"这就表明了态度。为学和为道，是孔子之所以终于能够"大成至圣"的关键。其实不仅是孔子，道家老子思想的核心，也是"为学"和"为道"。

我在上初中时，我学儒释道易，喜欢看这方面的书籍，老师说孔子是给人类戴精神枷锁的，释迦牟尼是宣扬迷信的，老子是消极无为的，《易经》是算命看卦，看这些做什么！我听老师这样说，心里就很为中华文化的前途充满了担忧。为什么呢？因为可能因为这么一句话，会断送多少莘莘学子的慧命，从此与"道"相违行？另一方面我又担忧，我们国家，连教书育人的老师都在大力批判中华优秀传统文化了，说明传统文化的未来岌岌可危，濒临断层，因为这不是一个偶然现象，而已然是普遍现象和常态现象。我们的中学老师都是受过高等教育的，那么在大学里面他们又在学什么呢？义务教育的语文教科书里有一丁点《论语》的选句，可是在学习时基本都是当成文学在学，而无关思想。如果把中华传统经典仅仅作为文学来研究，那简直是暴殄天物，是买椟还珠。而这种学习乃至研究方法，则是西方传入中国的。用这样的方法来对待中华文化，我常常称为"肢解"。把自成系统的巨硕伟大的中华文化，进行五马分尸、大卸八块，令其身首异处，自然面目全非，不是迷信和糟粕才怪。

也就是从那个时候起，我就萌生了退学之念，想要走一条传承弘扬中华优秀传统文化之路。因为我觉得，如果我从小学到大学，学了一堆的知识，可是到最后也许连根本的价值观都是错的，我这一生将是多么的悲哀和多么的无可救药！但是现代社会，像这样的人，却是多不胜数。他们口若悬河，滔滔不绝，谈论起任何话题，都显示出博闻强识，然而在人生观、价值观上出了根本性问题却不自知。这样的人，比比皆是。

所以我在 18 岁那年，发愿十年内要创办一个规模可观的书院，十年期到，真的感受到了“人有大愿，天必助之；人有善愿，天必成之”。四观书院是我在 28 岁时成立的，“四观”就是在世界观、人生观、价值观上，多了一个天下观。西方文化提出来的“三观”，在中华文化几千年前就已经有了，《易经》里说的“大观在上，中正以观天下，下观而化也。观天之道而四时不忒，圣人以神道设教而天下服矣”。这个大观、中观、下观其实就包含了世界观、人生观和价值观，我在《平心平天下》里有过论述，大家可以自己去看。这三个观共同指向一个观，叫作“天下观”。天下观是一种真正的智慧，是站在比宇宙还要高的角度统观宇宙全貌的智慧。它既是无上正等正觉的大智慧，也是悲天悯人的大情怀。“构建人类命运共同体”也正是中华文化的“天下观”。今天有的学人说古代中国很肤浅，所以提出了可笑的“中国中心论”，其实他这才是对中华文化的肤浅认知。中华文化是关乎天下生民命运归宿问题的终极关怀，他的着眼点不是个体，而是全体，是为全人类谋福祉，是为全世界开太平。正因为中华文化提出了伟大的“天下观”，所以数千年来，始终是“正道不衰，正学不绝”。所以，我所希望的四观书院，就是在今天这样一个三观毁弃的时代，重塑我们的四观精神。

这几十年来的情形，社会上无论做什么，都要和经济挂钩，也产生了很多问题和尴尬，自然也使我的心愿在实行时变得不够纯粹。一切都向钱看的时代，人就会越来越麻木不仁，无论做什么，都要看有没有回报，有多大回报！会越来越浮躁，急功近利，以前的时代是“谈钱伤感情”，现在是“谈感情伤钱”。一切都为了钱，人就会脱离本位，脱离操守，舍本逐末。学者一旦关注钱，必定做不好学问；医院一旦关注钱，必定抛弃“救死扶伤”的天然……

我们做书院，因为你要影响更多人，书院的成本就要投入很大，开支就要很大，就不得不有一些商业的因素，但是我又害怕将自己的信念变得商业化，所以在两难中推进。

现在的培训公司很多，我们书院的秘书长，她当年就是办培训公司的，以前我们经常在机场看到的很多很多“大师”的培训光碟，她几乎都是幕后推手。其中有一位“国学应用大师”盛极一时，和她合作了一个公司，这位“大师”看重她的营销能力，她看重这位“大师”的世俗影响。她经人介绍来认识我，希望能为我出光碟，结果后来她却被我所感染，和“大师”散伙，把公司给关了，专门来书院工作。来了书院，我告诉她，以前搞培训公司那一套，在书院全部收起来，我们脚踏实地把书院做好，把中华优秀传统文化传承发展好。

其实她之所以能被我感召，正是因为她在十多年办培训公司的过程中，了解了太多培训“大师”的言行不一与逢场作戏，她一直也想寻求一位真正有发心做文化传承的人。孔子说“德不孤，必有邻”，注定了我们必然会走到一起。在这当中，她经历了无数的锻炼，这些锻炼让一般人都是很难承受的，而她作为一位女性，以超强的承受力承担了下来，还拒绝了很多诱惑，她在书院工作，工资比她十年前还低，压力却很大，因为有很多人是不理解书院这种追求的。这期间还有别的公司，拿几百万年薪聘请她，她不为所动，后来被我无意中了解到，很赞叹她的这种勇气和定力。

这个世界上有些东西注定是需要一直坚守下去的。只有当你真正感悟了，才能经受得起一切的考验。再大的考验，而当你有了悟性时，都只不过成为一种锻炼。

老师应该是“传道授业解惑”的，这是韩愈在《师说》里面提出的观点。现在是没有传道，只有授业，自己都还在犯迷惑，怎么能给别人解惑？所以对于老师的教育，十分之重要。然而光教育某部分人其实也不行，如果整个社会的土壤坏了，风气坏了，受了好教育的人反而成了另类，很多人内心还会开始不平衡，又会脱离本位。这些都是我们要去思考的地方。

话题说远了，我们收回来。

以前读中学时老师批判老子，认为他的思想消极无为，这是不对的。我们不懂一个东西，千万不要妄加议论，孔子说“知之为知之，不知为不知，是知也”就是这个道理。老子讲“为学日益，为道日损。损之又损，以至于无为”。

“无为”是老子思想中一个境界极高的概念，这个“无为”的含义类似于佛家的“空性”，类似于《易经》讲的“形而上者谓之道”。如果证到了这个境界，那么也就是等于获得了无上圆满的智慧。

要得到这个境界，获得这个智慧，必须要通过两条必经之路，一条叫作为学，一条叫作为道。为学是不断增加知识，所以叫作“日益”；为道是不断减损欲望，所以叫作“日损”，正能量越增越强，负能量越减越少，就开始进入“无为”的“道”的境界了。一旦得道，那就了不起了，什么都会了。

所以老子的“无为”，是对最高境界的形容。万物都是由天地所创造的，那你能看到天地有什么具体的动作行为吗？看不到，所以就用“无为”来形容这个最高的境界和智慧。但是后人不懂这个道理，就仅仅当成无所作为来理解。差之毫厘，失之千里。

自古以来，谈如何学习的人很多，学习的方法也很多。这方面说得最丰富的，是佛家，有所谓“八万四千法门”的说法。其实所有的学习方法，都是有为法，只是看你跟哪种方法相应，哪种方法适合你而已。历史学家吕思勉有本书，叫《为学十六法》，就是专门谈怎么治学的。但是吕先生这种方法，从中华文化的视角来看，还不全面，还不透彻，还不究竟，最好的学习方法，是《易经》提出来的。

前两年有位商务印书馆的朋友，送了我一大套书，这套书有七八百本之多，叫《汉译世界学术名著丛书》。我当时一看这么多书，就问，以普通人正常的阅读速度，每天坚持读六个小时的时间，多久能全部读完？朋友说，如果精读的话，差不多要五十年时间。

我一听就笑了。我开玩笑说，假如三四十岁的普通人，从现在算起，开始读这些书，读到八九十岁，当然，还不知道能不能活八九十岁，即便活了九十岁，难道这辈子就只读这些书吗？其他事情不用做了。另外，读这样的书，读了后面的，忘了前面的，边读边忘，读完了都无法融会贯通，读这么多的书，又有什么意义呢？

我固然是在开玩笑，但是这恰好是中华优秀传统文化最为担忧的问题。

《庄子》里面说："吾生也有涯，而知也无涯。以有涯随无涯，殆也。"就是说一个人生命是有限的，但是知识是无限的。用有限的生命去追求无限的知识，到老死都追求不完。中华文化提出了这个问题，怎么解决这个问题呢？其实中华文化几千年前就解决了这个问题。

解决这个问题的，就是《易经》。《易经》说："易则易知，简则易从。易知则有亲，易从则有功。有亲则可久，有功则可大。可久则贤人之德，可大则贤人之业。易简，则天下之理得矣；天下之理得，而成位乎其中矣。"又说："天下同归而殊途，一致而百虑。"

《易经》的思想，有一个"三易"原则，所谓三易，就是不易、变易和简易。

不易就是道，只有道是永恒的，永恒就是不变，所以叫不易。当你得道以后，你的境界就是从道这个最高境界的制高点俯瞰一切，这时候所有事物的一切运动、变化你都看得清清楚楚，能够把握关键，提纲挈领、纲举目张。而你能看懂这所有事物发展、运动、变化的规律，这就是"变易"。你的境界决定了你的方法，所有纷繁复杂的问题，都被你看得清楚，并懂得加以利用和运用这个规律，那么你的智慧就足以创造、驾驭一切，所有的一切在你看来，就变得简单了，这就叫"简易"。

用西方哲学的话来说，就是"物质是运动的，运动是变化的，变化是有规律的，规律是可以掌握并加以利用的"。这一句话说起来很复杂，《易经》就六个字全部表达完了：不易、变易、简易。

说得再通俗点，有个美国人写了本书，叫《世界是平的》，又吸引了很多粉丝。粉丝们不知道，"世界是平的"这个概念，中华老祖宗早就讲了，"天下太平""平天下"，都包含了这个含义，而且内涵更深刻。

这位作者的灵感源于他坐飞机，当他坐上飞机的时候，高山也如同大地，并不显得多么崇高了。

从上往下俯瞰，发现世界是平的，这说明境界高了。而当你达到"道"的这个境界时，你就懂得了什么叫作"平天下"。

从上往下俯瞰，再复杂的事物都变得简单了；从下往上仰视，再简单的事物都变得复杂了。

所以智慧的人善于把复杂的问题简单化，愚笨的人只会把简单的问题复杂化。这就是境界的不同，而导致智慧的不同。

当你站在“道”的制高点上俯瞰一切时，你就把所有复杂的变化的事物都看得清清楚楚，也知道怎么样去处理、怎么样去做才是最好的，也是最容易成功的。这就是“易则易知，简则易从。易知则有亲，易从则有功”。所以说高度提升了，难度就降低了。

这个最高境界的“道”，《易经》称为形而上，超越了所有有形世界、现象世界。但是所有有形世界、现象世界都符合它的根本规律。你只要掌握了这个根本规律，就能放之四海而皆准，就能通达一切事物的本质，能够创造一切事物，并驾驭一切事物。这就是中华文化所谓“得道”的内涵所在，可以“以道制器”，并且可以“与时偕行”，根据不同需要而任意变化，甚至畅通无阻，最后造福世界（《易经》：“形而上者谓之道，形而下者谓之器。化而裁之谓之变，推而行之谓之通，举而措之天下之民谓之事业”）。

这个“道”高深莫及，无法形容，也无法描述，所以《易经》称之为“形而上”，老子称之为“道”，佛家称之为“空”。用任何一个领域来形容它，都是对它的狭隘。因为它无形无象，所以能创造出一切有形有象的东西。

这就是中华文化最为伟大的智慧。你只要掌握了这个智慧，就是明了了心法，用这个智慧，想创造什么理论，就能产生什么理论，而且这个理论，都是正确的。

西方的文论，局限就在于太过于具体和精细。应用的时候，按照这个框框去对应，就仿佛使用说明书，很容易上手。但是，二十年以后，一百年以后，这些过于具体、过于精细的框框就不适应当时的环境了，因为过于具体和精细，最大的问题就是不能变通。就必须要推翻了重建，所以西方的科学发展也是如此，科学就是在不断地推翻之前的认知的情形下，不断地重建起来的。这叫“推陈出新”。但是中华文化不需要“推陈”，就能够“出新”。

战争发动起来了，《易经》摇身一变，就是最好的兵法。《孙子兵法》里说“水无常势，兵无常形”，而《易经》的思想就是“唯变所适”，只要有用，就随机应变。

当赢得了战争的胜利，国家建立起来了，《易经》摇身一变，成为最好的治国理政之学，《易经》的最高追求是“和谐”，所谓“保合太和乃利贞”，治理国家的最高追求也是“构建和谐社会”。

当人们生病了，《易经》摇身一变，就是最好的中医。中医阴阳辨证施治的原理就是源于《易经》……

《易经》摇身一变，可以成为儒家，可以成为道家，可以成为名家，可以成为阴阳家，可以成为纵横家，可以成为科学家，可以成为哲学家……

如果你认为《易经》是科学，那就是对他的贬低和狭隘，难道它只是科学吗？它还有巨大的人文智慧、医学智慧等等；如果你认为《易经》只是可以用来看病，难道它就只能拿来看病吗？

所以不能给《易经》贴任何标签，一旦给《易经》贴上标签，就把《易经》局限于某个领域了，就是对《易经》的亵渎和贬低。

所以《易经》就是《易经》，冯友兰形容它是“宇宙代数学”、是“一个空套子，什么东西都能往里面套”。

瑞士最为著名的哲学家、心理学家荣格不无赞叹地说：“提到人类智慧的唯一宝典，首推中国的《易经》。我们今天的许多科学发现，都被后来的发现所推翻。唯有中国的《易经》绵延数千年之久而不变，并且对今天的人类还具有重大指导意义。”他又说：“《易经》是万有概念的宝库。”

只有愚笨的人，你才需要手把手教他每一步怎么做，对于聪明人，你只需要递个眼神，他就能够心领神会。中华文化就属于这样的智慧，不用给你说很细，你就明白该怎么做了。很多人就会说，这就是中华文化的缺陷，太模糊，不具体。这恰好又说错了！中华文化，“放之而弥于天地，收之则退藏于密”。什么意思呢？就是它是一种心法，看似无形无相，但是如果你真的需要每一个步骤，它也可以一步一步给你具化、细化出来。这就是中华文化，收放自如、可以放大，可以缩小。

《易经》讲象数理占，象就是无形无相的本体；数就是数序法则，可以细化的；理就是逻辑、理由；占就是实物创造，能落地的东西。从象到占，是一个完整的系统。我在《平心平天下》一书里，也把象数理占分别对应了玄学、科学（数学）、理论哲学和代表了发明创造的科技。

所以中华老祖认为我们没必要用一生的时间去读那么多书，如果不能融会贯通，不能把知识转化为智慧，那就是书呆子，读十万本书都没有用。中华老祖就让我们用少量的时间，读通少量的经典，一以贯之，一通百通，剩下的时间，就全是行走在“道”上，看什么都能瞬间明白，学什么都能迅速掌握，生命的大部分时间都用来立功立德立言，让生命以臻圆满。

这就是中华老祖的良苦用心。

所以今天很多人谈学习，谈读书，要知道最根本的，不是方法，而是追求，人脑不是电脑，要懂得如何把知识变成智慧，而不是成为一个复读机、录音机和电脑硬盘。

所以《易经》里说，“凡益之道，与时偕行”。掌握了这个智慧，明了了这个心法，只要你需要，就能够创造出来，需要理论，就创造出理论，需要器物，就创造出器物。你用这个思想，一百年后，一千年后，都能根据不同的需要来进行创造。

这就是中华文化的伟大智慧。

爱因斯坦晚年已经有了类似的感悟，他认为万事都受一个唯一的根本规律所支配，他试图用他的科学的方法来构建这个理论，可惜至死没有成功。我们今天为什么要广泛地传播中华优秀传统文化？因为说不定，在我们听众中就有一个未来的爱因斯坦，也许他会像荣格一样，受到《易经》的启迪，发现新的科学理论呢。

我在《平心平天下·中华传统文化与国家战略》里说过，《易经》是玄学，那玄学到底是什么？玄学是无法形容的圆满的智慧。玄学既包含了哲学和科学，又超越了哲学和科学。所以中华文化永不过时，永不褪色，常用常新，因为它是真正的心法，是伟大的智慧。

《金刚经》说：“一切贤圣皆以无为法而有差别。”佛法是无为法，《易经》也是无为法，正因为是无为法，所以才能创造各种各样的有为法，创造出千差万别的所有理论。

这才是真正的为学之道。

我们今天都佩服别人“博览群书”，而古人的追求是“学究天人”。如果你“学究天人”了，也自然能做到“博览群书”。但是“博览群书”，未必能够“学究天人”。

前面我们谈到过英国哲学家罗素的《中国问题》一书，其中对中西文化有一个比较，谈到了中华文化的三个方面高于西方文化：

第一，人本主义高于宗教神学；

第二，学而优则仕高于贵族血统论；

第三，象形文字高于拼音文字。

人本主义这一条我们论述过了。现在我给大家论述一下罗素所认为的“象形文字高于拼音文字”。为什么要专门讲这个？因为文字是每一个国家、民族思维智慧的基础，也就是说文字可以决定这个国家的思想水平和思维方式。因为每一个国家的人民，都是通过本国的文字来进行知识的积累和思维的训练。

近代有位饱学之士，叫作辜鸿铭，这个人精通英、法、德、拉丁、希腊、马来等 9 门外语，获 13 个博士学位，在欧美国家为西方人宣传中华文化，产生了重大的影响，西方曾流传一句话：“到中国可以不看紫禁城，不可不看辜鸿铭。”

据说辜鸿铭有次在英国的火车上，倒拿着报纸在看。就有几个英国青年窃窃私语，嘲笑这个留着辫子的中国佬，不懂装懂，报纸拿倒了都不知道。他们以为辜鸿铭听不懂英语，所以谈论得肆无忌惮。辜鸿铭听不下去了，把报纸一折，用纯正的英语说了一句话：英语只有 26 个字母，汉字千变万化，相比而言，英语何其简单？如此简单的文字，倒着看也就足够了。一席话，说得几个英国青年面面相觑，瞠目结舌。

当然，这只是一个笑话，辜鸿铭的趣事多得很。再给大家讲一个，那时候辜鸿铭已经回到北京了，全北京都已经通上了电灯。日本的首相伊藤博文去看望他，发现辜鸿铭根本没开电灯，只点着一盏油灯。伊藤博文忍不住问，现在电灯都已经通上了，怎么还用油灯呢？

辜鸿铭说，别人内心没有光明，所以需要外在的光明。今天是因为你要来，我才点了盏油灯，你要不来，我连灯都不用点。伊藤博文又说，你搞的那一套学问，都是几千年前的东西，现在都什么年代了，那些东西早都过时了，还有什么用？辜鸿铭说，数学里面几千年前一加一就等于二，难道几千年后就不等于二了吗？

这就是辜鸿铭，非常有趣，有智慧，有风度。

现在我们来讲讲我们的汉字，汉字具体是起于何时很难说，但从甲骨文来看，在公元前一千三百多年前就已经有了很完备的体系。尽管后来在经历了外来文明的挑战之后，在不断地变化，但仍然源远流长，成为世界上历史最为悠久、古老的文字。

汉字的创造显然是源于《易经》的思想，因为《易经》是象数思维，而汉字也是象形文字加上数理笔画构成。汉字从字形上分成上下结构、左右结构、包围结构和半包围结构，这些都是《易经》的阴阳思想。

《汉书·艺文志》归纳出汉字造字的六种规则，又叫六书，即：象形、象事、象意、象声，转注、假借。又称六体，通过音、形、义相互结合，使这种文字充满生机。这是我们中华老祖的伟大杰作，也是对全世界文明所做出的卓越贡献。

人类的文字其实就是两大类，一种是拼音文字，它走过了象形、表意、表音的过程；另一种就是象形文字，例如汉字。拼音文字现在是世界语言的主角，但是在古罗马解体之后，古拉丁语逐渐消亡，欧洲各地的人用拉丁字母拼写自己的方言，于是就有了今天的意大利语、西班牙语、葡萄牙语、法语等等。欧洲以不同的方言分化成三十多个国家。所以英国人和西班牙人虽然是同一个祖先，现在却都不认识对方的文字，也听不懂对方的语言。今天的英国人，如果不借助翻译，根本无法阅读《荷马史诗》。

但汉字却不是这样，尽管中国有56个民族，各地还有各地的方言，但因为文字统一，几千年来，无论国家怎样变化，却始终能够保持文字的统一。一个北京人虽然不懂粤语，但仍然可以在广东生活自如，初中文化以上的人，大体能读懂《史记》《论语》。汉字让中华民族具有经久不衰的凝聚力。也可以说汉字是中国文化的万里长城，只要汉字在，那么中国文化就会再有下一个五千年、一万年……

中华文化讲究天人合一，所以汉字也形成了书法，古往今来，产生了甲骨文、大篆、小篆、隶书、楷书、行书和草书。通过书写，提升自身的修为和修养、艺术气质和精神内涵。今天，能写书法作品是一种光荣，全世界也唯有大中华有书法之说，书法之美，如诗的含蓄，如琴的典雅旷达，如棋的变化，如画的优美，如山的厚重，如水的奔腾，如花叶的绽放、飘逸，如风的潇洒……西方人的拼音文字，随你怎么写，就是没有这种将思想、境界、自然、生活和艺术融为一体的书法的产生。文字，决定了一个民族的情趣所在与修养所在。

不过，在进入信息时代后，由于计算机是使用拼音文字的人发明的，“汉字不科学说”又大肆散播开。更有甚者说，用拼音文字取代现在的方块字。其实，在近代中国就有著名的文化学者建议把汉字改为拼音文字，认为汉字阻碍了中国人的思维，是万恶之源！提出了所谓“汉字不灭，中国必亡”的口号！真是令人悲哀！然而天佑中华，汉字逃过一劫，没有消亡。到了近些年来，有科学家又意外发现，汉字音形义相结合的表现方式比拼音文字有更大的优越性。例如在输入计算机上就比拼音更有优势：一是输入方式多，拼音文字只有拼音输入一种，而汉字则有拼音法、拼形法和代码法等多种；另外就是输入速度快，由于汉字字形差异大，词汇没有形态变化，所以输入速度远高于拼音文字。这充分证明了，好的东西，任你怎么污蔑，到底就是好的。“金子放到哪里都会发光！”汉字落后论，可以休矣。

另外还有外国心理学家提出来，学习汉字和书写汉字有助大脑发育和心智发育。

为什么这样说？因为汉字能够让人的语言和思考速度变快。

中国人的“声音种类”比英美人多。通俗地讲，声音种类，就是能够发出多少种声音。普通话的一个汉字是一个声音，英文的一个单词是若干个声音。

英语有 20 个元音 20 个辅音没有音调，所以英语的声音种类不会超过 $20\times20=400$ 个。也就是说，如果一个声音对应一个事物，那么，英语的

400个声音只能表达400个事物。这400个事物之外的事物，如果要表达，就只能靠声音的重复才行，用两个或者三个声音表达。普通人的一个声音约需四分之一秒。可见，英美人要表达401种事物，就需两个声音，耗时二分之一秒。而中国人表达1200个事物，只需一个声音，耗时四分之一秒。

相同的时间，思考速度快的人，自然能够思考更多的问题，当然也就更聪明。中国人最聪明的原因就在这儿，这是中华民族的先天优势，要感恩我们伟大的祖先。还不仅仅是思考速度的问题，还有取类比象的哲学问题，汉字同音同义、同形同义，这种思维源于《易经》“同声相应，同气相求”的原理，让你懂得用“取类比象”思维思考问题，就会发现万物关联、宇宙全息的思想和原理。

我记得在初中时，课间十分钟，我和同学在讲台上玩，看到桌上有一张报纸，报纸被一摞书给压着，就露出了一角，角上正好写着“云南大学生马加爵”几个字，这是我第一次知道马加爵这个人。当我看到“马加爵”这三个字时，我的脑海里面呈现出一幅图画，我瞬间脱口说了一句，不好，这个马加爵要坐牢，搞不好还要被枪毙。同学很惊讶，问我为什么这样说。我说，马吃饱了，就会给马嘴装上嚼头，这样马就不能乱啃东西了。装上嚼头接下来就会被关进马圈，关进马圈就是“坐牢”的意思；马加爵也是“马家绝”的谐音，马家都要死绝了，不是“枪毙”的意思吗？同学和我赶紧拿出报纸，果然报道的就是他杀人的新闻事件。同学问我，那他为什么还能读大学呢？还能获得奥数奖呢？我说，因为字面意思很好啊，加官晋爵啊。

后来我经常用这种方法进行思考，发现非常非常有意思。这种全息对应的思维，只有汉字可以启迪你去进行这样的思考，思考着思考着，有一天你就能悟出很多哲学的内涵来。这种触类旁通的思维，是汉字的独有特色！进而用这种方式，启发我们在生活中随时随地去参悟，这也正是学习的最高境界。我常说，为学的境界，低层次叫作“学”，别人怎么教你怎么学，高层次的境界叫作“悟”，“悟”字是一个竖起来的心，加一个“我”字。我的心竖起来立于天地之间，与天地参，这就是“悟”。孔子讲“知之者不如好之者，好之者不如乐知者”就是这个道理。为学的三重境界：知之就是纯粹为了知道而知道，今天的教育体制，我们青少年们读书，大多数是为了考试考好，拿文凭、找工作，所以才读书，甚至连家长和老师也是这样引导。于是读成为一种痛苦，是为了获取文凭、找工作而读，能不痛苦吗？所以一旦拿到文凭、找到工作，从此不再读书。第二重境界是好知，对宇宙人生开始产生了好奇，产生了浓郁的兴趣，拦都拦不住，用西方的话说，就是“兴趣是最好的老师”。我当年学《易经》时，被全校批判，我也照学不误，因为《易经》太博大精深了，太吸引人了，到后来，完全“我行我素”，非一直钻研下去不可，任何人都阻挡不了。第三重境界，是开悟了，随时随地都在感悟，都在参悟，叫作“乐知”，学习是一种生活，是一种习惯，是生命的一部分，感受到无穷的快乐，是一种难以形容的境界。如果说“好知”可以让你“举一反三”，那么“乐知”的境界已经到了感受“天人之际”。

儒家为学的三重境界，佛家也有类似的表述，《涅槃经》里有“三兽渡河”的形容，也分别代表了三重境界，如兔过河，浮于水面；如马过河，不及象深；如象过河，深入河底。中华文化的这种思维训练，就让我们能够深入河底，通透圆满。

中华文化的伟大，主要是体现在“大道至简”的思想上。不仅是主张读书只读经典，通经就能致用；汉字也同样如此，用最简单的文字，就能表达最复杂的内容。

近代史上，黄侃和胡适就白话文和文言文谁最优越进行过多次论战和“互损”。直到今天，夸耀文言文的特点几乎都是“言简意赅”，除此别无新意。我26岁出版的《国学旨归》第一辑，是我19岁时开始写的，那时我动了个念，用纯古文的方式来写作。后来发现，写不了，为什么呢？我写了一天，才写了几百字，这样下去，根本不行。要把复杂的问题简单化谈何容易。

文言文就是要用简单的文句来表达丰富的内涵，没有很高的境界，是写不了的。读古文，心不静，都读不下去，何况写呢？所以读古文要静，写古文也要静。古文，是修行的法门！写古文，就是一个“自觉”的过程。

再就是，古人的一个“天”字，作者也许只想表达其中一个含义，比如说天然，但是有悟性的读者，竟然能从中能读出无数的含义，可以是天性、天真、天命、天道，甚至还可以用通假的方法，把意思通假到别的地方去。读者受到了启迪，这就是在“觉他”。这种修为发展下去，可能走向“觉行圆满”。

所以，你看文言文，是不是一种“自觉觉他，觉行圆满”的妙法？比凝练，即便文言文和白话文不分伯仲，但是比内涵，比厚重，比深度，比高度，白话文是远远不及文言文的。但是，白话文有白话文的好处，方便扫盲，扫盲了，大家培养起兴趣了，有白话文的基础，学文言文也很容易。所以从另一个角度看，白话文是进阶文言文的基础，我们也要感谢白话文的普及。

继续来谈文字。

现在，英语单词的数量，已经发展过百万的数量了，令人震惊，也令人可怕。普通人一辈子也记不完的。然而这些庞大的天文数字般的单词，汉字只需要三四千个就足以表达了。背诵几十万的英语单词容易还是认识三四千个汉字容易呢？傻子都知道。

那么为什么英语单词数量如此之多呢？我们来了解下，譬如，英语里猪肉（pork）与猪和肉（pig and meat）没有丝毫关系。猪肉羊肉牛肉（pork，mutton，beef）也没有丝毫的联系。公鸡是 cock，母鸡是 hen，小鸡是 chicken，这就是鸡的一家子，能看出公母和大小吗？

彼此毫无关系，不难发现，英语里的多重名词和它的分解词没有丝毫关联，英语词汇的主体就是这样的。新事物产生了，就产生相应的英文新词，例如火箭（rocket），计算机（computer）等，可是汉语就不这样，不就是用“火”驱动的“箭”吗？会“计算”的“机器”吗？可是英文就不能这样来，不能靠组词，原因是“太长了”。如“火箭”将成为“fire driven arrow”等。这样一来，每涌现一个新事物，就必定对应产生一个新词语。上百万的英语单词就是这样出来的。

中英文的不同，会导致中国人和西方人的思维差异变大。中国人的思维进入的是三维空间以及更高维度空间，因为汉字让他想象力、联想力和逻辑能力全面加强，而英语导致西方人只有直线式（线性）思维逻辑，这种思维，对欧美人产生了非常深远的影响：做事方式直接，简单，绘画喜欢用直线等。

语言文字的不同，在同样的场景里，美国人倾向关注中心物体而忽略背景（一维思维），而中国人关注物体更注重整个场景甚至是全息宇宙（多维思维）。忽略背景，使美国人看问题深刻却片面。而看问题片面的人，容易一根筋，使得做事成本过高，缺乏变通，这就是美国的研发成本高的内在原因（美国人还未必意识到）。

注重场景，使中国看问题全面且懂得变通，有宏大的宇宙视野，从高处俯瞰天下。看问题全面而且懂得变通，格局气魄又宏达，做事自然容易成功、成就。因为，事情看得透彻，复杂的问题也会变得简单。这就是中国的两弹一星等奇迹能在中国产生的根本因素。而新中国在一穷二白的情况下，居然只用了六十多年时间就已经做出了美国几百年积累的规模。很多在西方人看来根本不可能的事情，在中国都成了现实，这就是中华民族的优越性，也是中华文化自信。

我的一个朋友，读书一流。北大的本科，中科院的硕士，牛津的博士和博士后，我们交流时总觉得他思维慢半拍，我跟他开玩笑说，你是不是和我说话时都在背单词啊，反应总是那么慢。他就一本正经地说，真的是啊。他这一生，快五十岁的人了，每天都在背单词。我说你都过了博士后了，怎么还在背单词呢？他说，英文世界里，没有两万个单词量别想读报，没有三万个单词别想把《时代》周刊读顺。大学毕业十年的职业人士一般都懂八万个单词。想想看，美国人学习了两万个单词，他能享受的信息是有限的。中国人学习三四千个汉字，就可以享受几乎全部信息，学少而知多，这就是大智慧啊。如果搞科研，中国一般的理工科大学生都足够了，但是在英美国家不行啊，他有很多的专有名词，搞不懂这些，就彻底掉队了。他是学医的，博士学的单词和后来搞研究时学的单词都完全不同，医科里面又分很多科，什么牙科、内科、肛肠科、男科、妇科、精神科、神经科、眼科……不计其数。搞自己这一科的都搞不完，搞不通，其他科就不用说了，其他领域也就更不用说了。真正是隔行如隔山，我曾经问几个不是数学专业的教授，“长方体”用英文怎么讲，又问过几个博士，他们真不知道。像“四环素”“变阻器”“碳酸钙”“七边形”等词语也只有专业人士才会，根本不像汉语这样能够触类旁通。普通英国人，掌握这些词汇都是问题，更不用说用它们自由交流了。而且还容易遗忘历史，为什么呢？因为随着时间的推移，很多新鲜词语退下了历史的舞台，很多词语就不用了。人们如果不是专业搞历史研究，时间越长，越对自己的历史疏于了解，就会真的遗忘历史。

我听朋友这样一说，我就无比的感叹。难怪西方文化是分科而学，因为每一科都有专用名词，搞自己本科内的单词都搞不完，搞自己本科内的研究都搞不通，就别谈其他科目了。像达·芬奇这种博学多才的天才极为少见，西方科学也就培养专家，而由于欠缺其他领域的深厚底蕴，这种专家往往还容易成为“砖家”。

相比之下，中华文化培养的就是大才、大家、大德、大师、大人、大圣。不光中华文化，中华传统教育也是如此。所以我们就能理解中国古代为什么能批量产生那么多伟大的人物，因为这有赖于中华优秀传统文化的强大。今天我们重新拾起中华优秀传统文化，前途是大有可为，大为光明的！

教育首先要合乎人性。孔子是治学的大师，他的教育就是顺乎人性，所谓“因材施教”。但是现代的教育制度，是受到西方单线思维的影响，往往一刀切，不太注重“因材施教”。人是有天赋的，天赋各自不同。中国古代教育就注重这一点，不同天赋的人可以根据自身喜好拜不同的师父，由于有天赋，在那个领域内，学习能力就极强，既能传承师父的本事，又能在师父的基础上发展出新东西。所以有传承有发展，将越来越博大精深。有过人天赋的人，往往也在某些方面表现得相对愚钝，但是按现在的教育制度，有的人的天赋就是读书考试，有的人的天赋就是反对读书考试，那么将会有大量天才型人物被高考刷掉。有天赋的人又错过了最佳的按天赋学习某些领域的时间，最后从天才沦为庸人。这样的事例不胜枚举。而许多具有考试天赋的人，读完大学后，考试天赋对现实又似乎没什么用，结果这些具有考试天赋的“天之骄子”们，很多在跨入社会后又成为庸人。这样的事例同样不胜枚举。这都是教育上的大问题，值得我们去深思、去思量，如何去调整，这是我们迫切需要解决的大问题。教育事业，事关重大，是关乎民族存亡的大事业。

中国古代，譬如你对木工感兴趣，在这方便表现出很强的天赋，就去拜师学木工。因为有天赋，有兴趣，那么就会追求到极致，想要成为木匠的大师、大匠。要学好木工，你必须得精通几何，必须精通计算，也就是数学，还必须精通书法，必须精通养生，因为古代的红木家具那都是符合养生之道的，在后面有机会我会详细给大家介绍。还必须精通哲学，因为家具是一门文化，你如何通过家具来表达这个文化？这本身就是一门哲学。还必须精通美学，因为好的家具必须优美；必须精通国画。所以学了一辈子木工，后来终于成为大匠了，成为大师了，一不小心，顺带还成了思想家、几何学家、数学家、书法家、医家、哲学家、美学家、国画家，等等。这不就是集大成吗？所以中国的文化所培养的人，我称为，一门深入，触类旁通，最后集大成！

由于主要是给大家阐述学习的根本原理，所以关于学习的方法，我在这里就不多谈。我所讲的，都是为学之道的心法，你们去网上是检索不来的，在别处也是听不到的。

现在很多人都有很多学习的方法，大家自己可以去了解。总之，中华文化传统是很注重学习的，《礼记》上来就说："建国君民，教学为先"，说明教育决定了国家的命脉。

周文王还在娘胎时就已经开始在学习了，他的母亲太任夫人，在怀着他时，"目不视恶色，耳不听淫声，口不出傲言"。后来周文王生下来，智慧绝伦，成为中华民族继三皇五帝、三王四代之后的又一位大圣人。所以学习要从胎教开始，始终贯穿一生，活到老，学到老，用到老。学习要能够沉寂孤独，广泛涉猎，既要能够深入其中，又要能够居高临下。深入其中是深刻，居高临下是境界。为学要学出光明，学出气魄，学出担当，学出智慧，学出格局。而不是学成了书虫，学成了书呆。那样读书，就是孟子说的，"还不如无书"。

我曾经在20岁时一个人住在深圳梧桐山的深山里，结蓬而居，每天连个鬼影子都看不到，不要说人了。就是在这种环境下，耐住了孤独和寂寞，每天在里面感悟《易经》的思想，读《二十四史》，这就是学出了光明。当没有老师可以教你的时候，要善于用心去"赞天地之化育而与天地参"，可以以天地为师，以自然为师，这就是学出了智慧。

我19岁在大学里面讲传统文化时，有记者看我年轻，故意刁难我，他说，你没有文凭，没有丰富的人生阅历，凭什么站在高校讲台上讲学？我说凭两个东西，一个是经典，经典给了我智慧；另一个是历史，历史给了我格局。经典是圣人传下来的，是无上智慧。读历史我认为至少有四个方面的好处，第一个，读历史的人会胸怀天下，因为只有历史讲天下兴亡，国家与国家之间的关系。第二个，读历史的人会放眼千秋，因为每个朝代为前朝编史，都是希望能够借鉴前朝的经验和教训，让自己的执政能够千秋万代，所以读历史的人眼光会变得很长，不会鼠目寸光。第三个，读历史的人把别人的经验当自己的经验，把别人的教训当自己的教训，把别人的生活当自己的生活，历史里面那么多正面教材和反面教材，都是活生生的经验，读历史，可以拔高生命的高度，拓展生命的宽度，延长生命的长度，擢深生命的深度，培养生命的厚度，所以你们看着我只有19岁，中华民族的历史，仅仅从黄帝时代算起，是五千年，我至少有五千岁，所以你不要小瞧我。第四个，我读《二十四史》，读出一个感受来，发现历史用无数的血和泪的事实，只做了一件事情，那就是证明了经典是对的。历史讲因果，讲善恶，讲是非，讲本末，经典里面讲的也全是这些。这就是经史合参。经典里所有的论点，几千年下来的历史，全给它做了注解，做了论据。

我这样说，不要认为我口气大，这就是为学，要学出气魄，如果连这个气魄都没有，那真是可惜了。要记住一句话，有真性情，须有真涵养；有大识见，才有大文章。另外再送给大家一句话，“博学笃志，切问近思”，这本身是儒家的内容。这八个字是收放此心的功夫；“神闲气静，智深勇沉”，这八个字是干大事的本领。

读书要能养浩然之气，也要能养沉潜之气。浩然之气和沉潜之气出不来，那就不是大丈夫，是小家子，是小文人，学成一介书生去了。自古以来，书生误国，说的就是这类人。

教育家陶行知说：“教育是立国之本，千教万教，教人求真；千学万学，学做真人。真教育是心心相印的活动，唯独从心里发出来，才能打动心灵的深处。在教师手里操着幼年人的命运，便操着民族和人类的命运。教育工作中的百分之一的废品，就会使国家遭受严重的损失。”

最后我给大家一个建议，无论你喜不喜欢读书，你都一定要培养起读书的兴趣，读书是最好的一种学习方式和成长方式、成就方式。

我从小就喜欢读书，我读中学时的藏书就已经很多了，无论我人在哪里，一定有不计其数的书与我做伴。书院，是聚集很多人一起读书的地方；书屋，是我自己独自一人静心读书的地方。四观书院和四知书屋，都是我读书的场所。四知书屋一共三层，无论哪间屋子，里面都全是书。有些人不理解，觉得这么多书，十几万册，你都看过吗？我明确告诉他，虽然都没有看过，但是每当看到这么多书时，就有一种一定要去读的冲动。这是什么？这就是孔子讲的“里仁为美”。给自己造一个读书的氛围，读书的土壤，看到这么多书，不读都不行。生命就是这样积极而向上的。

你们也要给自己种下一颗读书的种子，黄庭坚说“书到今生读已迟”。其实不迟，种下这颗种子，永远你都会读下去了，总有一天，会读成功的。这样就不会堕落了。

最后给大家讲一个王阳明的故事。

王阳明那时候还小，在私塾里面读书。他问老师，“何谓世间第一等事”？这相当于问人生的终极价值是什么。老师说：“读书做官。”跟今天的教育导向一模一样。好好读书，考个好的大学，找个好的工作，讨个漂亮的老婆。王阳明说，“不是！”老师反问：“那你认为是什么呢？”王阳明说：“我认为第一等事是读书学做圣贤！”

孔子说，“学而不思则罔，思而不学则殆”，大家下去慢慢思量吧。

第四讲

中华民族如何创造伟大的奇迹

——廖彬宇先生讲“论语大义”之“知诚”

摘要：诚，不仅能成己，还能成物。就是“至诚”能让自己获得成功与成就，还能创造物质，利益世界，还能够与时偕行，永恒益世。

而佛家思想所昭示的“自净其意”，老子所推崇的“赤子”，其实都是儒家所倡导的“至诚”。数千年来，中华民族正是以这种至诚的精神，创造了一个又一个的奇迹。毛泽东有赤子之心，以一介书生创建了中国共产党，创建了中国人民解放军，创建了中华人民共和国，他正是用共产党人的“至诚”精神，亲手缔造了令世界瞩目的奇迹；新中国在战乱之后，在积贫积弱的情形下，在没有外国专家支持的情况下，就是凭着“至诚”精神，创造了“两弹一星”令世界侧目的科学奇迹；新中国在一穷二白、内外交困的形势下，飞速发展，创造了令世界震惊的经济奇迹。今天，我们重拾中华优秀传统文化，就是拾回我们的文化自信，放眼未来，必将创造更多的世界奇迹。

中华优秀传统文化已经一步一步迈向了伟大复兴，中华优秀传统文化的复兴，不仅是中国之福，更是世界之福、人类之福。

前面讲了“知学”，引申出了“中华文化为什么伟大”这个话题。现在给大家讲“大成至圣”的第三个阶梯——“知诚”。

为什么“诚”是第三个阶梯呢？我们说过了，立志是第一，志向立定了，那么就会集中起一切的力量朝着这个宏大的志向大步前行了，在达成这个志向之前的一切行为，都自然地成为一种学习，也就是一种收获。无论经验也好，能力也好，教训也好，因为你的人生有目标，所以都会自然转化成收获。也就是说，在你真正实现“大成至圣”获得圆满成就之前，这整个的过程就是一种学习或者是就是学习。所以，有志向的人生是没有遗憾的，因为一切的一切，无论是在常人看来好的或者坏的，都因你胸怀大志而化成宝贵的经验与财富。这也正是佛家故事“一切都是最好的安排”的道理所在。

当你在学习的过程中，你会逐步体会到，唯有“诚”，才能真正让你学有所获。唯有“诚”，才能开启你的生命之门，才能开启你的智慧之门，才能开启你的神奇之门，将这个“诚”始终贯彻下去，那么，最终就会让你的生命和智慧走向终极圆满。

中华文化中个人修养功夫的最高境界——“天人合一”，就是由一个“诚”字来相连接并达成，也就是所谓的“诚以通天”“至诚格天”。所以说，诚，能够让人“直道而行”，不绕弯路。而《大学》的进阶次第，也是如此。《大学》说：“致知在格物，物格而后知至。知至而后意诚，意诚而后心正，心正而后身修，身修而后家齐，家齐而后国治，国治而后天下平。”这个格物致知之后，就是诚意正心了。致知就对应了我们“知学”这一个次第，所以诚意是在为学之后提出的。

儒释道易的经典中对这个根本原理都有不同的记载和阐述，《二十四史》中更是有无数的史实来证明这个道理的正确。

《中庸》一开篇提出来真正的教育手段应该是“修道”，教育追求是“得道”。那么什么叫修道？就是一个人要追求真理、获得真知，让智慧和生命都最终得以圆满。这就是《中庸》说的：“天命之谓性，率性之谓道，修道之谓教。”那么这个通向圆满成就的教育，从哪里开始呢？《中庸》里面又讲了：“自诚明，谓之性；自明诚，谓之教。诚则明矣，明则诚矣”。

可以说整部《中庸》的核心思想就是一个“诚”字。通过这个“诚”字，可以得道，所以说“诚则明矣”，这个明，就是明天道、明心见性，也是王阳明说的“此心光明”。什么叫“此心光明”呢？就是形容智慧的圆满，对于天理人事及宇宙人生的真相，再无阻滞，再无疑惑。

我在《平心平天下》这本书里说到“一”字的时候，说“一”的最高表现形式是“和”，所有的一切都合为一个整体，叫“合一”，也叫“一统”。而“一”的基本形态是“纯”，所谓“单纯”、“纯一”即是，佛家讲“制心一处，无事不办”，都是这个“纯一”的内涵。“纯”也是“诚”，“纯”即纯粹、纯净、纯洁。心地的纯净纯粹，就是“诚”。

诚到极致叫作“忠”，故名“忠诚”，尽心竭力的意思。古代的君臣之道，孔子讲了一句话：“君使臣以礼，臣事君以忠。”就是说在上位的人对下位的人要有礼节，也就是“礼贤下士”，那么在下位的人对君王也要尽心竭力去辅佐、去执行。这个“君臣”的概念放到今天，广义地说，就是指领导和被领导的关系，所有的行业，所有的单位，不分种类，都普遍存在这种管理关系。领导对下级要好，下级对领导也要尽忠。否则就会乱套，就会失序，尤其在政治上，至关重要。因为政治的对象是国家，所以一旦政治上出现了“不忠”的现象，极可能会导致国家的灾难。历史上许多“野心家”为此做了充分证明。当然，臣下的“忠”，前提是要源于君上的“贤”，否则就是愚忠，甚至是“为虎作伥”“助纣为虐”。如果君上无道，失德，那么大臣就要劝谏，劝谏也是一种“尽忠”，如果劝谏不成，就要远离。所以古代大臣的“臣”，既是“诚”，也是“承”，也是“成”。就是说，唯有忠诚，才能承担、承载，才能执行传承，最后才能成功。君臣的关系，也由一个“诚”字紧密连接。因为有这个“诚”字，所以在领导时，才能如臂使指，机动灵活，切实有效。由此我提出了六个字：“诚则成，杂则砸。”唯有内心纯诚的人，才能真正成功，真正成就，有的人吃着碗里的，看着锅里的，三心二意，内心狂野，这就是内心“复杂”，最终也一定把自己的事业和人生给“砸”毁了。《中庸》的原文是：“诚者自成也。”所以“诚”也是安身立命，修齐治平的大经大法。《中庸》里提出来，叫作：“唯天下之至诚，为能经纶天下之大经，立天下之大本，知天地之化育。”马融说：“天下尽忠，淳化行也。君子尽忠，则尽其心；小人尽忠，则尽其力，尽力者，则止其身；尽心者，则洪于远。故明王之理也，务在任贤，贤臣尽忠，则君德广矣。”

可见“忠”和“诚”是一义二字，诚于外是忠，忠之体是诚。程颐说：“君子有大道，必忠信以得之，骄泰以失之。”

南宋理学家真德秀论述“诚”与“忠”尤其精当，他说：“天地与圣人只是一个诚字。诚者，真实无妄之谓也。昼必明，夜必暗，夏必热，冬必寒，春必生，夏必长，亘千万年如一日不曾有少差缪，此天地之诚也。仁，真个仁，义，真个义，存于心，无一念之不实见于事，无一件之不实形于言，无一句之不实而百行万善备足无余，此圣人之诚也。天地只是一个诚字，万物自然各遂其生。圣人只是一个诚字，万物自然各当其理。此乃天地圣人之事，学者未到此地位，且须尽忠恕二字。忠者，尽己之心也；恕者，推己之心以及人也。忠尽乎内者也，恕形于外者也，己之心既无一毫之不尽，则形之于外亦无一毫之不当。有忠而后有恕，忠者形也，恕者影也。在圣人则曰诚，在学者则曰忠。诚是自然而然，忠则须用着力。……然学者若能于忠恕二字上着力于尽己尽人之间，无不极其至，久之亦可以到至诚地位。”

可见诚为无妄，无妄即是忠，也是信。对诚的体悟越深，人越诚，那么他的收获也是越信实而不虚。佛家的思想倡导无妄语，无妄念，也是儒家的“诚意”之教。能做到一分诚，就一定有一分的收获；能做到十分诚，就自然有十分的收获。这就是诚而信，信是什么？就是不骗你。按佛经的说法，就是“真实不虚”。这个收获，也是真实的，真切的。佛家净土宗的念佛法门，以及反复读经、反复抄经的行为，其实就是在训练这种纯诚的精神。进入了至诚境界之后，大道自然而然就成了。当然，念佛法门与反复读经的内涵远不止于此。

所以许慎在《说文解字》中解读“诚”字：“诚，信也”；解读“信”字：“信，诚也。”在这里，我们看到，诚字与信字是互通的。唯有大家都“诚其意”了，那么也就能彼此取“信”了。如果在社会上要想有好的信誉，那么也就必须要“修其诚”。这就是“诚而信之，信而诚之”，诚与信互相关联的内涵。《孟子》讲的是，“诚者，天之道，思诚者，人之道也”。

有个成语，叫作“修辞立诚”，来自《易经》：“修辞立其诚也，所以居业也”。这就告诉我们，《易经》的文字，都源于一个“诚”，或者重点都是教人明白“诚”的重要，懂得了诚，做到了诚，就能够做出事业来了。今天的商品经济社会，就正好要在这方面下功夫，对自己的产品不要过分吹嘘，这是一个根本的问题。

“修诚”的人，能够感天动地，能感天动地，还有什么事情做不成？譬如大舜，舜的父亲是个瞽叟，很顽固，不明事理，对舜非常不好。舜的母亲叫“握登”，很贤德，但在舜很小的时候就去世了。于是父亲再娶，后母是一个没有妇德的人，生了同父异母弟“象”以后，父亲偏爱后母和弟弟。三个人经常联合起来欺负舜，甚至好几次差点杀死了舜，而舜却以至诚之心对待父母兄弟。

有一次瞽叟父亲让舜上房修屋顶，舜上去之后，父亲就把梯子给撤了，还在下面放火，准备烧死舜。就在万分危急的时刻，舜撑着竹竿跳了下来，没被烧死。

还有一次，父亲让舜凿井，舜凿到深处时，父亲和弟弟就从上面往井里拼命埋土，准备将舜活埋了。没想到舜又拼命从井的半腰处凿了一个通道爬了出来，逃过一劫。后母和弟弟猛然见到舜走出来，大吃一惊，慌忙掩饰，但舜为了一家人能和睦相处，他并未露出愤怒的脸色，依然若无其事。

舜这种至诚大孝的行为，广为天下传颂，很快就传到了尧那里。尧为时已老，他了解了舜的情况，把两个女儿娥皇和女英嫁给了舜，去辅佐舜，通过一段时间的考察，就把天下也禅让给了舜。这就是舜“至诚大孝”感天动地的由来。一个至诚之人，必能“直道而行”，看起来眼前会吃些亏，可能还有性命之忧，但是最终上天一定会厚待他。《中庸》里说：“其次致曲，曲能有诚。诚则形，形则著，著则明，明则动，动则变，变则化。唯天下至诚为能化。”

而晚清名臣曾国藩一生所信奉的，也是一个“诚”字。他的名言：“天地之所以不息，国之所以立，圣贤之德业之所以可大可久，皆诚为之业。”他又说：“人皆尚伪，我独尚诚。人以巧来，我以拙应；唯天下之至诚，能破天下之至伪；唯天下之至拙，能胜天下之至巧。”曾国藩的弟子李鸿章，在晚年回顾自己这一生时，也说我的恩师曾国藩，教了我一生中最重要的东西就是一个“诚”字，让我一生都受益无穷。

当年，曾国藩问李鸿章，你和外国人打交道，打算用什么方法呢？李鸿章就说，我跟他们耍无赖，耍痞子。曾国藩说，不好，你要跟他们用一个“诚”字，不论外国人还是中国人，都是人。人都讲道理，只要你用一个“诚”字，该怎样就怎样，对方就不会欺负你；即使他欺负你，那也是实力差距带来的正常现象，总比你耍无赖、使巧计，最后吃一个大大的暗亏要好，无论对谁，我们都应该秉承一个“诚”字。

《战天京》这本书中写了一个例子——同治九年（1870 年），两江总督马新贻遇刺，这就是晚清历史上著名的刺马案。慈禧怀疑是曾国藩和他的湘军所为，于是把曾国藩叫来，阴阳怪气地问：“此事甚奇啊！”曾国藩回答得非常简单：“我也觉得此事甚奇啊。”一个字也不多说，完全不跟老佛爷辩解。慈禧毫无办法。所以一个内心至诚的人，必然问心无愧，无愧则无畏。

还有一件事，朝廷要封曾国藩弟弟曾国荃的官，曾国荃自恃军功，嫌官小，看不上，就给朝廷上了一个表章，要求再给自己降级。曾国藩就劝他不要这样做，说慈禧、恭亲王奕訢都是明白人，千万别跟老中医玩偏方，到时候吃亏的还是自己。这就是曾国藩态度之诚。

再有，左宗棠经常在背后给曾国藩捅刀子，曾国藩的处理方式也很简单，该解释就解释，过后权当没有发生过，而该帮你左宗棠时，依然还是帮你。这就是曾国藩为人之诚。正因一个诚字，曾国藩一生中位极人臣，又建立了不世功勋，却始终屹立不倒，直至终老。

程明道说：“以诚感人者，人亦以诚而应；以术驭人者，人亦以术而待。”可以说曾国藩是深明此道了。一般人总爱以诚自饰，内又以伪自欺。真能表里如一，内外一致的人，实在是不多见。

至诚的人，容易貌似鲁钝、笨拙。曾国藩也正是这样，梁启超曾评价曾国藩：“文正固非有超群绝伦之天才，在并时诸贤杰中称最钝拙。”左宗棠也一向瞧不起曾国藩，屡屡毫不留情地批评他“才短”“欠才略”“才亦太缺”。他的学生李鸿章也当面说过他太“儒缓”。曾国藩自己也常说“吾生平短于才”“秉质愚柔”。他认为自己读书做事，反应速度都很慢，“余性鲁钝，他人目下二三行，余或疾读不能终一行。他人顷刻立办者，余或沉吟数时不能了”。然而鲁钝只是其表，因为他的关注点在于内心的体悟，所以随时处于一种“至诚”之境，就自然显得似乎有些鲁钝，然而当他真正在应用时，却又毫不“钝拙”。这就是儒家所讲求的一种功夫，唯有“静若处子”，才能“动如赤兔”。大动源于至静。王阳明提出来“诚外无物”就是这个道理。

譬如古希腊的著名哲学家苏格拉底，有一年的夏天，他为了解决一个问题，从清晨就站在庭院中间沉思，直到中午没有离开，到了傍晚也没有离开，到了半夜还站在那里，直到第二天天亮了，才有所悟，于是向天空鞠躬作揖高歌而返。

又如爱迪生，有次去税务局排队办理纳税，站在最后，他的心思一直在思考着自己的研究，不知不觉已经轮到了他，当税务人员在窗口问他的名字时他竟怅然不知所对，待反应过来想起自己的名字时，工作人员已经在办理下一位的业务了。爱迪生类似故事很多，他发明电灯，前面失败了八千多次，仍不放弃，最终成功了，这种精神，就是至诚的精神。只有进入了这种至诚无物、忘我的境界里，人才能够有所作为，有所成就。

以至诚的精神来求学求道的事例，中国历史上更是如过江之鲫，不计其数。譬如秦末汉初的张良遇到黄石公，就曾被黄石公反复考验其是否具有“至诚大善”的品格。《史记·留侯世家》记载：

> 良尝闲从容步游下邳圯上，有一老父，衣褐，至良所，直堕其履圯下，顾谓良曰：“孺子！下取履！”良愕然，欲殴之。为其老，强忍，下取履。父曰：“履我！”良业为取履，因长跪履之。父以足受，笑而去。良殊大惊，随目之。父去里所，复还，曰：“孺子可教矣！后五日平明，与我会此。”良因怪之，跪曰：“诺。”五日平明，良往。父已先在，怒曰：“与老人期，后，何也？”去，曰：“后五日早会！”五日鸡鸣，良往。父又先在，复怒曰：“后，何也？”去，曰：“后五日复早来！”五日，良夜未半往。有顷，父亦来，喜曰：“当如是。”

> 出一编书，曰："读此则为王者师矣。后十年，兴。十三年，孺子见我，济北谷城山下黄石即我矣。"遂去，无他言，不复见。旦日视其书，乃《太公兵法》也。良因异之，常习诵读之。

这段话什么意思呢？是说张良年轻时曾从容闲游于下邳桥上，有一位老人，穿着布衣，走到张良面前，故意把自己的鞋子掉到桥下，看着张良说："小子，到桥下给我捡鞋去！"张良很惊讶，想揍他，因他是老人，强制自己忍住了没发火，到桥下取了鞋。老人说："给我穿上。"张良已经为他取了鞋，因此就跪着给他穿上。老人伸出脚穿上鞋，笑着走了。张良非常惊讶，目送老人而去。老人去了一里地，又返回来说："孺子可教也！五天以后天亮的时候，跟我在此相会。"张良觉得此事很怪，跪下说："好的。"五天后，天亮的时候，张良去了，老人已先到。老人生气地说："和长辈约会，反而后到，怎么可以？"老人转身就走。走时说："五天以后早点儿来。"五天后鸡刚打鸣，张良就去了。老人又先到了，他生气地说："又来晚了，怎么回事？"老人又走了，说："五天以后再早点儿来！"五天以后，张良不到半夜就去了。过了一会儿，老人也来了，高兴地说："这才像话。"老人拿出一部书，说："读这本书便可成为君王之师。十年以后，你会发迹。十三年以后，小伙子你来见我，济北谷城山下的黄石就是我。"老人说完就走了，没有留下别的话，这位老人从此以后没有再出现。天明时张良看老人的书，原来是《太公兵法》。张良觉得此书非同寻常，便时常阅读、背诵和实践它。

后来张良不负厚望，果然学有所成，帮助刘邦扫平天下，建立了西汉。

像张良这样的故事，历史上还有不少。明朝的刘基刘伯温少年时代也经历过。说的是刘伯温"神智绝伦"，学习《春秋》及各种儒家典籍，一看便知，12 岁时逃学误入某个洞中，遇到了一位老道，道长说特意在此洞中等他，给了他一本《易经心髓》，让他好好研习，将来可以凭此治国安邦。

还有譬如禅宗的二祖慧可法师。法师出家之前叫神光，他从小就聪慧过人，饱读诗书，精通儒道思想，后来认为儒道都不能满足他，于是决心出家学佛。

于是他来到洛阳龙门香山，跟随宝静禅师学佛，不久又到永穆寺受具足戒。此后遍游各地讲堂，学习大小乘佛教的教义。经过多年的学习，他虽然对经教有了充分的认识，但是个人的生死大事对他来说仍然是个谜。

32 岁那年，他又回到香山，放弃了过去那种单纯追求文字知见的做法，开始实修。他每天从早到晚都在打坐，希望能够借禅定的力量解决生死问题。这样过了 8 年。有一天，在禅定中，他突然看到一位神人站在跟前，告诉他说："将欲受果，何滞此邪？大道匪（非）遥，汝其南矣。"就是说如果你想证得圣果，就不要再执着于枯坐、滞留在这里了。大道离你不远，你就往南方去吧。第二天早上起床，神光感到头痛难忍，如针在刺，他的剃度师宝静禅师想找医生给他治疗。这时，他依稀听到空中有声音告诉他："这是脱胎换骨，不是普通的头痛。"神光于是把自己所听到的告诉了师父。宝静禅师一看他的顶骨，果然如五峰隆起，于是就对神光说："这是吉祥之相，你必当证悟。你的诚心所感，梦让你往南方去，分明是在告诉你，在少林寺面壁的达摩大师就是你的师父。"

神光于是辞别了宝静禅师，前往少室山，来到达摩祖师面壁的地方，朝夕承侍。开始，达摩祖师只顾面壁打坐，根本不理睬他，更谈不上有什么教诲。但是，他并不气馁，内心反而愈发恭敬和虔诚。他不断地用古德为法忘躯的精神激励自己："昔人求道，敲骨取髓，刺血济饥，布发掩泥，投崖饲虎。古尚若此，我又何人？"就这样，他每天从早到晚，一直待在洞外，丝毫不敢懈怠。

这样过了一段时间，到了腊月初九的晚上，天气陡然变冷，寒风刺骨，并下起了鹅毛大雪。神光依旧站在那里，一动不动，天快亮的时候，积雪居然没过了他的膝盖。

这时，达摩祖师才慢慢地回过头来，看了他一眼，心生怜悯，问他，你久立雪中，当求何事？

神光流着眼泪，悲伤地回答："唯愿和尚慈悲，开甘露门，广度群品。"

达摩祖师说："诸佛无上妙道，旷劫精勤，难行能行，非忍而忍。岂以小德小智，轻心慢心，欲冀真乘，徒劳勤苦？"就是说诸佛所开示的无上妙道，须累劫精进勤苦地修行，行常人所不能行，忍常人所不能忍，才能证得，岂能是小德小智、轻心慢心的人所能得到的？如果以小德小智、轻心慢心来希求一乘大法，简直是痴心妄想，徒自勤苦，不会有结果的。

听了祖师的教诲和勉励，为了表达自己求法的决心，神光暗中拿起锋利的刀子，咔嚓一下砍断了自己的左臂，并把它供放在祖师面前。顿时鲜血染红了雪地。

达摩祖师被他的虔诚举动所感动，于是就说：“汝慧尚可。诸佛最初求道，为法忘形，汝今断臂吾前，求亦可在。”就是说你的智慧还可以，诸佛最初求道的时候，都是不惜生命，为法忘躯。而今你为了求法，在我跟前，也效法诸佛，砍断自己的手臂，这样求法，必定能成。

达摩祖师于是将神光的名字改为慧可。

这就是禅宗二祖慧可大师断臂求法的公案。这当中我们看到，正因他学道心诚，所以能够感应到改变他一生的梦，并根据这个梦而寻找到达摩祖师，也正因为求道心诚，所以能够立在雪地中坚定不移，并且可以用断臂的决心来学道，从而打动了达摩祖师。

曹雪芹写《红楼梦》，正是有一颗至诚之心，所以能够精益求精，所谓“十年批阅，增删五次”，终成传世名著。

《易经》里说：“精义入神，以致用也；利用安身，以崇德也。过此以往，未之或知也。穷神知化，德之盛也。”

《论语》说：“祭如在，祭神如神在。子曰：吾不与祭，如不祭。”通过祭祀，从根本来说，至少可以修炼一颗虔诚之心。而当一个人怀有至诚之心时，就会返璞归真，开发出许多的智慧，也会产生许多的感应。

现在教科书里都收入了一篇文章，叫《黄河化险》。说的是1947年秋，毛泽东率领只有几百人的中央纵队，被国民党刘戡率领的几万人逼到了黄河边上。天上下着细雨，几万追兵就在身后的山腰上，只要冲下来后果不堪设想。而前面就是汹涌澎湃的黄河，这时解放军已经把牛皮筏投进了河里，准备渡河而去。毛主席却大手一挥，说他发过誓，没有打败胡宗南之前，绝不渡黄河。而当时的情况，牛皮筏一投进黄河水中，立马就被卷翻，瞬间就被卷到了下游。毛主席在这危急关头，却说拿烟来。由于下雨，几乎都没有谁有烟了。后来从一位老兵那里掏出一个油纸袋，裹着几支烟和火柴，毛主席拿来点上，吸了几口，将烟掷在地上，大手一挥说，我就不信邪了。带领着这一两百人朝着刘戡率领的几万人的山头就直冲冲地大踏步走去。刘戡部队却集体犯愣了，在《卫士长谈毛泽东》一书中有这样的描述：

“毛泽东顺着黄河岔向前走去，走得不慌不忙，四平八稳。卫士们抢上前，被他怒声喝退。他一个人走在最前面，走在几万追兵的枪口前，身后跟了中央机关的几百人。不要说敌人乱枪齐射，就是一枪一弹，在这么对面相望的情况下也会造成震撼历史的巨大后果。但是，奇迹发生了，几万敌兵忽然枪炮齐停，仿佛整个世界都惊呆了，变哑了，就那么看着毛泽东大摇大摆从面前走过，走出几百米，走过一个小土岗，渐渐消失了。”

由毛主席率领的几百人的中央纵队，就这样在数万敌兵的眼前消失了。当他们消失以后，敌兵才回过神来，开始乱枪扫射，可惜已经没了人影。

毛主席黄河化险的故事，就充分印证了“至诚大善”的道理。而这个道理，也在毛主席身上获得了完美的诠释。

周文王的祖母太姜夫人、母亲太妊夫人都是大德的女性，周文王希望自己未来的妻子也能像祖母和母亲这样贤德，于是就对上天诚心祈祷，希望上天让他遇到像祖母和母亲一样贤德的女性作为妻子，后来他遇到了这样的妻子，就是太姒夫人。《诗经》里说：“窈窕淑女，君子好逑”，这个“逑”，我在《平心平天下・天地精神与女德修养》一篇文章里说，是指的像周文王诚心祈求一样，好的太太不是拿鲜花、不是拿房子车子去追求来的。今天社会上很多这样的女孩子，把自己打扮得花枝招展，露肚脐、露肩、露背、露大腿，就是为了吸引男孩子喜欢她、欣赏她。今天很多男孩子也喜欢这样的所谓“美女”。他们不知道，靠房子、车子、票子这样追求来的物质女孩，到最后也一定让你付出更为沉重、惨痛的代价。

孔子的父母叔梁纥和颜徵在，也是在尼山祈祷希望生一个贵子，后来就怀了孔子。《孔子圣迹图》中说，在颜徵在怀孔子的时候，还梦到了麒麟，今天我们祝福别人生儿子时，祝愿对方早生“麟儿”就是源于此。麒麟是祥瑞之物,《论语》中记载孔子晚年见到鲁国国君狩猎时得到了一只麒麟，于是立刻终止了自己正在进行的编撰工程，并感叹说:“吾道穷矣。”

相传黄帝为了更好地治理天下，希望得到贤能的人来辅佐他，怀着这样至诚的心愿，获得了一个梦。他梦到狂风过后，把天下的尘垢全刮跑了；还梦见一个大汉，手握千斤重器，驱赶着万头牛羊。他醒来后就想，风是号令，是掌握行政大权的人，“垢”字去掉土字旁是个“后”字，这个人可能姓风名后。又想，能手握重器的人，一定力大无穷，驱赶上万牛羊，一定是在放牧，这人可能叫力牧。后来还真遇到了“风后”“力牧”两位能臣。

历来中国的历史上就记载过各种各样的梦，怀着“至诚大善”之心的人，相信梦有意义，并进而影响他的价值观与行为。也有许多人认为梦没有意义。而孔子就认为他的梦有意义，孔子曾说“甚矣吾衰也，久矣吾不复梦见周公”，说明孔子常常梦到周公，并以梦到周公为乐。他一直认为自己是周人，而直到在快去世时梦到了他的灵柩停在大厅的两根柱子中间，按规矩，夏朝的人死了，灵柩要停放在东边的台阶上，周朝的人死了，灵柩要放在西边的台阶上，只有商朝的人死了，灵柩要停在两根柱子之间。孔子就告诉弟子说:“昨晚我梦到我的灵柩停在两柱之间接受祭奠，我是殷商的后人。”7天以后，孔子去世了。这是记载在《史记》里的故事，原文是:“孔子病，子贡请见。孔子方负仗逍遥于门，曰:‘赐，汝来何其晚也?’孔子因叹，歌曰:‘泰山坏乎！梁柱摧乎！哲人萎乎！’因以涕下。谓子贡曰:‘天下无道久矣，莫能宗予。夏人殡于东阶，周人于西阶，殷人两柱间。昨暮予梦坐奠两柱之间，予始殷人也。’后七日卒”。这也是关于孔子预知时至的一个记载。

美国有位名叫安东尼·史蒂文斯(Anthony Stevens)的心理学家写了本书，叫《人类梦史》。其中也记述了希特勒年轻时在前线战壕里做的一个梦。

“梦发生在1917年，当时他作为一名下士在索姆的巴伐利亚步兵团服役。这是一个噩梦：他梦见自己葬身于熔化的铁和土地的崩塌之中。他醒了，感觉需要空气，就从掩体走出去。他走出战壕，继续向前走进乡村。这是极其草率的，但他觉得不由自主：他像一个机器人或是一个患梦游病者。突然，敌人的大炮叫起来了，他匍匐在地。仅仅是一声爆炸就足以使他清醒，恢复意识。他赶忙跑回战友那里。战壕已经辨认不清。掉落的土挡住了去路，在掩体的地方是一个巨大的弹坑。他所有的战友都不见了。他们或是被直接命中炸成了碎片，或是被活活埋掉了。从那时起，希特勒确信自己被上天赋予了神圣使命。”（编者注：摘自《人类梦史》，海南出版社 2006 年 5 月第二版）

希特勒这个梦就很具有现实意义，因为从做梦到梦醒，到他起身向乡村走去，然后就在走的过程中敌人的炮弹落进了就在他刚才睡觉做梦的战壕里，他的战友全部被炸死了，他成了唯一的幸存者……

像慧可大师这种，梦境为什么能够反映出未来的现象？在后面我们讲到“知心”时，我会详细给大家阐述这其中的原理。但是前提，都必须要有一个“诚”字。这也正是《中庸》所阐述的：“唯天下之至诚，为能尽其性。能尽其性，则能尽人之性；能尽人之性，则能尽物之性；能尽物质性，则可以赞天地之化育；可以赞天地之化育，则可以与天地参。”

《中庸》里又说：“至诚之道，可以前知。国家将兴，必有祯祥；国家将亡，必有妖孽。见乎蓍龟，动乎四体。祸福将至：善，必先知之；不善，必先知之。故至诚如神。”这句话，就充分说明了，一个至诚大善之人，可以预知未来，就是“可以前知”。无论好与不好，都会提前知道，如此才能进行应对，进行调整，未雨绸缪。“至诚如神”是什么意思呢？就是能做到“至诚”，那就可以发现神奇、创造神奇，创造奇迹了。

《中庸》又说：“诚者，不勉而中，不思而得。从容中道，圣人也。”

中华民族几千年来给人类贡献了无数的神奇与奇迹。譬如，由英国科技史家李约瑟先生主编的巨著《中国科学技术史》，他认为西方科学技术 85% 以上都源于中国。但是他却无法回答近代科技革命为什么没有在中国发生。爱因斯坦在回答美国科学家斯威策对这一难题的提问时说：“西方科学的发展是以两个伟大的成就为基础，那就是：希腊哲学家发明形式逻辑体系（在欧几里得几何学中），以及（在文艺复兴时期）发现通过系统的实验可能找出因果关系。在我看来，中国的贤哲没有走上这两步，那是用不着惊奇的。令人惊奇的倒是这些发现 [在中国] 全都做出来了。”

《中庸》说：“诚者，非自诚己而已也；所以成物也。成己，仁也；成物，知也。性之德也，合外内之道也；故时措之宜也。”

诚，不仅能成己，还能成物。就是“至诚”能让自己获得成功与成就，还能创造物质，利益世界，还能够与时偕行，永恒益世。

而佛家思想所昭示的“自净其意”，老子所推崇的“赤子”，其实都是儒家所倡导的“至诚”。数千年来，中华民族正是以这种至诚的精神，创造了一个又一个的奇迹。毛泽东有赤子之心，以一介书生创建了中国共产党，创建了中国人民解放军，创建了中华人民共和国，他正是用共产党人的“至诚”精神，亲手缔造了令世界瞩目的奇迹；新中国在战乱之后，在积贫积弱的情形下，在没有外国专家支持的情况下，就是凭着“至诚”精神，创造了“两弹一星”令世界侧目的科学奇迹；新中国在一穷二白、内外交困的形势下，飞速发展，创造了令世界震惊的经济奇迹。今天，我们重拾中华优秀传统文化，就是拾回我们的文化自信，放眼未来，必将创造更多的世界奇迹。

中华优秀传统文化已经一步一步迈向了伟大复兴，中华优秀传统文化的复兴，不仅是中国之福，更是世界之福、人类之福。

第五讲

中华文化最伟大的奥秘在哪里

——廖彬宇先生讲“论语大义”之“知心”

摘要：孟子说“充实之谓美，美而有光辉之谓大，大而化之之谓圣，圣而不可知之之谓神”，这就是儒家“大美神圣”格局形成的次第。所谓“充实”，其实是从“心”的充实开始的。所以孟子这句话，就是从“心”开始。

一个内心空虚的人，就会觉得内心不踏实，没有安全感，于是拼命通过外在的包装或者伪装来让人觉得自己的强大。这就是“外强中干”。因为缺乏安全感，所以拼命攫取金钱，拼命博取地位，因为他会认为只有拥有财富、拥有地位，才能给他带来安全。其实他往往忽略了一点，内心如果没有光明，没有自信，就必定缺乏智慧，在攫取金钱和财富的过程中就容易财迷心窍，也容易不择手段，最后赚取了眼前的利益，却带来了无穷的后患，可能最终让自己头破血流，甚至身败名裂、家破人亡。所以中华文化，也是让大家充实内心的文化，也是让大家焕发出自信的文化。

前面，我们讲了“知诚”，其实当一个人懂得并做到“反身而诚”的时候，其实就是为自己安了“心”，意诚则心定，此时也就能对“心”有所感悟。我在《平心平天下》里提到，中华优秀传统文化说到底就是关乎心的文化，心具足一切智慧，是万象万物的主宰。心的境界直接决定我们精神的格局、思想的水平和思维的方式，进而决定我们人生成就的高低，演绎出命运的波澜起伏。明心就能见性，就能开启无上智慧，创造出无限的物质与科技。所以如何“明心”，就成为中华文化、中华民族、中华儿女最根本最永恒的追求。心，既是本体论，又包含了方法论。

我是读初中时，第一次读到阿基米德关于杠杆原理的名言：“给我一个支点和一根足够长的杠杆，我就可以把地球撬翻。”老师接下来就解释说这是不可能的，因为即便有了这个支点，也没有这么长的杠杆。我当时就对老师说，支点和杠杆都有的。老师问在哪里。我一拍胸膛说，就在这里。我说，人心就是支点，而思想则是杠杆。唯心可以使人站立，唯思想可以无限延长。所以内心的充实饱满，无比重要。心充实饱满了，光明了，那么这个人就有浩然之气，反之，就是猥琐污浊之气。思想源于心，可见，人心既是支点，也是杠杆，是无数个支点，也是无数的杠杆。

孟子说“充实之谓美，充实而有光辉之谓大，大而化之之谓圣，圣而不可知之之谓神”，这就是儒家“大美神圣”格局形成的次第。所谓“充实”，其实是从“心”的充实开始的。所以孟子这句话，就是从“心”开始。

一个内心空虚的人，就会觉得内心不踏实，没有安全感，于是拼命通过外在的包装或者伪装来让人觉得自己的强大。这就是“外强中干”。因为缺乏安全感，所以拼命攫取金钱，拼命博取地位，因为他会认为只有拥有财富、拥有地位，才能给他带来安全。其实他往往忽略了一点，内心如果没有光明，没有自信，就必定缺乏智慧，在攫取金钱和财富的过程中就容易财迷心窍，也容易不择手段，最后赚取了眼前的利益，却带来了无穷的后患，可能最终让自己头破血流，甚至身败名裂、家破人亡。所以，中华文化也是让大家充实内心的文化，也是让大家焕发自信的文化。

所以，现在大家为什么拼命追逐名利？就是因为内心没有力量，没有安全感。觉得只有名利地位才能给他带来幸福和安全。但是我们却发现，即便有了巨量的财富、名望和地位，却依然不幸福，依然缺乏安全感。这是为什么呢？因为我们在拼命不择手段博取名利地位的过程中，又在不断“造业”，客观上令自己对很多人、很多事都充满了亏欠，让自己心的力量不断亏损亏耗。也就是“亏心事”做多了，心的力量被削弱了，虽然有了财富、名望和地位，却反而感受不到幸福，感受不到安全。所以，财富、名望和地位，无关幸福。

真正的幸福，源于内心的充实饱满，还有光明。一个内心充实饱满的人，内心一定光明。所以他不做亏心事，认为这样会破坏他内心的光明与祥和；所以他遇事不恼，因为他内心充实饱满；所以他明白凡事都有因缘，人应该顺其自然，懂得“一切都是最好的安排”，所以他淡定从容；他待人接物，因为内心充实饱满，所以永远雍容大度，因为他不需要用装腔作势来故作强大，也不会因为见到有势位财富者而奴颜婢膝；因为他内心充实饱满，所以他与世无争，从而得到人心；因为他内心充实饱满，所以他不做无聊之事，能够聚集精神，做有意义的事情，从而容易获得成功，取得成就；因为他内心充实饱满，所以他知道君子有所为，有所不为，什么能做，什么不能做，就有了智慧……

内心充实，就不会胡作非为，就可以成长为大丈夫。孟子说：“富贵不能淫，贫贱不能移，威武不能屈，此之谓大丈夫。”有钱有势的时候，不自我膨胀，不盛气凌人，不肆意放纵；贫穷下贱和面对诱惑的时候，不扭曲人格，不奴颜婢膝，不改变志气；在面对威逼和残暴武力的时候，又能自然做到胸怀气节，甚至视死如归。这就是内心的力量，这种力量能让人屹立不倒，进而能让人立人极于宇宙之间。

我在《老子汇通》里写过一个故事，有一个国王打猎，伤了一头小鹿，这头鹿逃进了一个山洞中，正好山洞里有位高道在修行打坐。高道用自己衣服的下摆把鹿藏在自己的座下。这时候国王带着将军、扈从们按着血迹找进了山洞，其中一位将军就问高道，老头，你看到一头受伤的小鹿了没有？高道一看，就知道是国王带着人过来了，他就对将军说，国王都是我奴隶的奴隶，你是什么人，敢这样放肆，在这里大呼小叫。将军一听高道这样说，就愣住了，怎么国王还是他奴隶的奴隶呢？将军就看着国王，不知道这中间是什么情况。国王也很惊讶，就问高道说，你凭什么这样说？如果你说不出来，我就杀了你。高道淡淡地说，我的奴隶是欲望，而你却被欲望牵着鼻子走，所以你是我奴隶的奴隶。国王一听，知道遇到了高人，立马下跪要拜高道为师。

这就是一个内心充实的人，必然有定静之力，他能够控制欲望，而不被欲望所控制。

王阳明当年参加科举考试，发榜那天，他和很多考生一起看榜，榜上没有他的名字，这就说明他已经落榜了。此时很多落榜的考生都在那里边看边哭，哭得很难过，很伤心，有个落榜的同乡，知道王阳明也落榜了，就看到王阳明在那里站着，却面无表情。就很奇怪，问王阳明，我们都落榜了，我们都很伤心难过，都难过得掉泪了，你怎么却不掉泪呢？王阳明淡淡地讲了一句："你们都以落第为耻，我却以落第动心为耻。"

这个故事就说明了王阳明的定静之力，一个要想有大作为的人，必须要有一种"泰山崩于面而色不改"的大定力。

所以一个内心充实的人，是富足的，也更是幸福的。他们是能够脱掉俗气，脱掉傲气，去掉浊气，不带晦气，而能够返璞归真的人，也就必定是貌似平常的人。他们行走在尘世间，眼神是慈祥的，面色是柔和的，行为是寂静的，心地是清净的。具大智慧而若愚，有大才华而无华。福德宽厚而不浮，虚怀若谷而不躁。谦逊随和，处事不乱，不争不贪，不悲不喜，不张扬，不攀缘。能够担当责任，教化社会，匡扶人心。他们是低到尘埃里的石灰，是自在飞舞于日月的风骨。

这样的人，就是儒家所要大量培养的君子与丈夫。所以"充实之谓美"，他们是人世间最美的人，既是君子，也叫"美人"；他把这种美传递给更多人，让更多人的内心充实起来。他内心的光明也自然散发出来，让更多的人受益于他，亲近于他，能够感受到他的这种光辉，这就是"充实而有光辉之谓大"，他就已经从"美人"成长为了"大人"；当他的力量，足以影响天下人的时候，让天下人都能受益，那么这就是"大而化之之谓圣"，他就成了"圣人"；他继续努力，进入了更高明的境界，他的精神、他的智慧将永存于世间，与天地同在，这种境界无法形容，也无法描述，不可思议，却又能让人受到鼓舞，这就是"圣而不可知之之谓神"，那他就已经从"圣人"成长为了“神人”。

如果说美人有气质，那么大人就有气场，圣人能够造福百姓，算是有气势，而神人则与天地同流，是一种无法形容的气象。

这也就是我们讲《大成之道——中国精神的气质、气度、气势与气象》这个书名的渊源。

于是中华文化，一切都围绕“心”而展开。

中华文化的根源是《易经》，儒家奉之为群经之首，位在五经之上；道家奉为大道之源，冠于三玄之顶。《易经》里面说：“洁净精微，《易》之教也”，这个洁净精微，更多层面，说的就是让心更洁净，唯有洁净之心，才能使此心变得精微，能觉察一切，觉知一切，创造一切，这就是精微的内涵。怎样才能做到“洁净精微”呢？《易经》又提出来，“圣人以此洗心，退藏于密”，时时反思反省，就是“洗心”，禅宗的“时时勤拂拭，勿使惹尘埃”，也就是《易经》讲的洗心。但是《易经》的最高境界不是“洗心”，而是根本就“无心可洗”。《易经》里说：“易，无思也，无为也，寂然不动，感而遂通天下之故。”这就是无心可洗。换句话说，《易经》认为，心的最高境界就是无思无为，寂然不动。这个无思无为，寂然不动，就是说看不到，摸不着，完全没有了痕迹，没有了迹象，超越了所有的有形世界，现象世界，这个状态就叫作“形而上”，这个境界就叫作“道”，合起来就叫“形而上者谓之道”。能达到这个境界，就能了然一切，创造一切，驾驭一切，所以叫“形而上者谓之道，形而下者谓之器，化而裁之谓之变，推而行之谓之通，举而措之天下之民谓之事业”。可以以道制器，并且可以根据不同的环境任意剪裁变化（化而裁之谓之变），没有时间和空间的局限，适用于全世界，并且畅通无阻（推而行之谓之通），最后造福人类，造福世界（举而措之天下之民谓之事业）。

所以“洗心”是为了进入“无心”，正如老子所说的“无为”，“无为”是老子思想中最高境界的形容，要达到这个境界必须要通过两个“有为”才能实现。这两个有为，一个叫作“为学”，一个叫作“为道”。所谓“为学日益，为道日损。损之又损，以至于无为。无为而无不为也。”“为学日益”就是读书学习，每天都不断增长知识、增长见识，不断提升正能量；“为道日损”就是消除欲望，修养身心，每天都不断减损恶习、减除欲望，不断去掉负能量，负负得正，负能量减少，就是正能量的增加，当负能量减损到不能再减损，就进入“无为”的境界了。这就是“损之又损，以至于无为”。所以“洗心”是为了进入“无心”，“有为”是为了进入“无为”。明白了这点，就能明白为什么禅宗五祖弘忍大师认为慧能的“菩提本无树，明镜亦非台。本来无一物，何处惹尘埃”这首偈子，要高于神秀“身是菩提树，心为明镜台。时时勤拂拭，勿使惹尘埃”的偈子，慧能的偈子反映出他已经进入了“无心”“无为”这个得道的境界了，是“本体论”；而神秀还在“时时勤拂拭”，“为学为道”“修心洗心”的修道境界里，是“方法论”。所以弘忍大师一看他俩的偈子，就知道一个已经得道，一个还在修道，所以就把衣钵传给了慧能大师。这是《易经》的心法，这个无心之心，就是“道”。前面我们讲了禅宗二祖慧可大师在拜见达摩时，有“断臂求法”的经过，达摩祖师点头认可了他。于是问他，你想学什么？慧可大师说，想学一个“安心”的法门。达摩祖师就说，你把心拿来，我给你安上。就这一瞬间，慧可大师悟道了。这就是《易经》讲的“有心之心”与“无心之心”。西方解剖出来的那个心脏，就是形质之心；《易经》里的“无心之心”，就是大道、大智慧。就是把“人心”变成了“道心”，把形质之心，变成了“天地之心”。这些都是值得注意的地方。

《易经》里面讲了很多心的境界，心的作用，心的层次，心的现象，用了很多和心有关的字眼，在六十四卦中反复出现，譬如悔、惕、性、恒、愁、惠、忧、思、憧憧等等。

如何修心，《易经》里面有一些论述，譬如《坎卦》卦辞：“习坎，有孚维心，亨，行有尚。”程颐在《程氏易传》中解释说：“阳实在中，为中有孚信。‘维心亨’，维其心诚一，固能亨通。”他还说：“至诚可以通金石，蹈水火，何险难之不可亨也。”我们看“坎卦”的形状，☵，两个阴爻中间是一个阳爻，这个阳爻就好比安上了心，得了心法。安了心，得了心法，就叫作“有孚维心”，自然就智慧了，所以能够亨通，也知道怎么做事，而且事情都会做得越来越好，这就是“行有尚”。正是《易经》坎卦中这个“心”的内涵，为后世发展的心学奠立了基础。李舜臣曾说：“作《易》者，因坎离之中，而寓诚明之用，古圣人之心学也。”说明《易经》本身就是上古圣人留给后人的心法，也就是后世儒家所认为的“心学”。

《复卦》又有“见天地之心”的说法，复卦是代表大地的坤卦在上，而一阳在下，光明初生，代表此心已安，将开始光明起来。

《咸卦》“圣人感人心而天下和平”，其实就是老子“圣人无常心，以百姓心为心”的原型。《易经》又提出来“君子立心以恒”，“君子安其身而后动，易其心而后语，定其交而后求”都强调了“心”的作用，能够懂得怎样安身，怎样说话，怎样交友，怎样才能永恒等等。所以《易经》对于心的作用，就讲了“同归殊途”，什么叫“同归殊途”？无论东方人，还是西方人，虽然大家不是一个地方的，但是我们的心都是一样的，只要心是一样的，那么道理就都能够相通，都能够互相理解，都能够走向和谐，走向融合。这个思想影响了后世儒家，讲了一句话：“东海有圣人，西海有圣人。此心同，此理同。”因为根本上大家的心是相同的，所以全世界的文化也可以相通，可以大同，这就是“多元协和”。而“世界大同”“多元协和”也就是中华文化的根本追求，放到今天，就是实现“社会主义”，实现“人类命运共同体”。那么从这个道理来讲，是完全可以实现的。那么怎么实现呢？就是《易经》讲的“立心以恒”，要不断努力，不懈追求。所有的人，按孟子的说法，都有是非之心、善恶之心、恻隐之心和辞让之心，只要将心比心，以诚心相感，以文相化，就能心心相印，能够心心相印，就能够“圣人感人心而天下和平”，“天下和平”就是“社会主义的终极阶段”。这个“终极阶段”就是源于全世界人心的所向。这个过程会很漫长和艰难，但是有了“恒心”，还有《易经》提出的“精义入神”这种态度和努力，就必定能实现。

《易经》对心的功能作用，还有“一致百虑”“穷神知化”等。这都说明了，心是大智慧、大圆满的根本和泉源。

道家思想也是着重于心，所谓“圣人无常心，以百姓心为心”，这是道心的境界，说明道心无思无为，是“无心”之心，而也正因为无思无为，所以能够开启无上智慧，最终无所不为；老子又说“心善渊”，这是修心的境界，心要像大海一样渊深孤寂，有定静之气；又说“虚其心”，也类似佛家“心包太虚”的境界。我曾在《老子汇通》这本书里，对“多言数穷，不如守中”的“中”字提出来，“中”即是“心”。心居于人体之中，人居于天地之中，人为天地之心，心为万物之主。心虽然居于人体，而实涵盖万物。物体之心，名为“人心”，道体之心，名为“道心”，舜传禹的心法，开口便是“人心唯危，道心唯微”。可见中即是心，心包含了中。心的境界高明安定，所以说“极高明而道中庸”，产生了中庸；心的境界无边无量，能协和万邦，所以说“致中和”，产生了中和；心为万物之主，必先正其心，而后能正其行、正其身、正其家、正其国，所以产生了“中正”。所以数千年来，“中心”二字，往往连用。“守中”即是守心，将此心守好，使其不散乱，就能生发出中道、中庸、中和、中正的智慧。不只是“守中”，老子还提出来“静笃”，使心达到至静的境界，达到这个境界之后会怎样呢？老子说：“致虚极，守敬笃。万物并作，吾以观复。夫物云云，复各归其根，归根曰静，静曰复命。”也就是说，当心达到虚极静笃的时候，就能看到所有事物发展的本性了。这其实就是佛家“明心见性”的另类表述。老子认为，只有静下来，心才能安，智慧也才能够生发出来。他说：“孰能浊以静之徐清，孰能安以动之徐生”？

我们的民族，叫作中华民族。什么叫“中华”呢？“中”就是得了心，安了心，明了心。“華”字由十个“十”字组成，十个“十”字就是十全十美，从形象上看也是上下纵横，一以贯之，就代表了完美。这个“竖一”就是道，也就是精神智慧的象征；这个“横一”就是德，也是物质文明和社会活动的象征。“中华”的意思，就是得了心、安了心、明了心之后，就能创造一切完美的东西。既是精神文明的高度自由，也是物质文明的高度和谐。

儒家思想，更是以“心”的光明圆满为终极追求。孔子一句“从心所欲不逾矩”就足以说明其圣人的境界。什么叫“从心所欲不逾矩”？从本体论的角度而言，就是心想事成，而且合于法度之中，无懈可击，也就是完美。只有圣人担得起“完美”二字。从方法论的角度而言，所思所想都在分内之中，合乎法度，自然而然就做到了心想事成。这也正是《易经》所强调的“思不出位”，勿妄心妄想，佛家讲的“善护念”。另外，孟子说：“学问之道无他，求其放心而已矣”，这是什么意思呢？孟子认为学问的终极追求就是追求一个

“放心”，什么叫放心呢？就是让心没有挂碍，没有局限，当此心没有挂碍、没有局限，也就没有了患得患失，没有了刻意而扭曲的执着，也就没有了烦恼，没有了痛苦，同时也不被无谓与无聊的事情事物所干扰，从而生发出智慧，走向光明走向圆满。这也正是《心经》里说的：“无挂碍故，无有恐怖，远离颠倒梦想，究竟涅槃。”所以儒家的着重点，仍然是心。

儒家重视心，所以重视修心，不只是道家要让此心清净，儒家也需要此心能够定静。《大学》开篇就说：“大学之道，在明明德。在亲民，在止于至善。知止而后有定，定而后能静。静而后能安，安而后能虑，虑而后能得。”这个“明明德”是什么？就包含了“明心”的含义在。第一句话就是说儒家最大的学问，就是让人如何明心、“明明德”。那么怎样才能做到呢？那就是要懂得停止一切行为，让身心安定下来，定下来以后，人就静了。人静下来以后，没有了牵绊和挂碍，此心就安放住了，也就是佛家讲的“应无所住而生其心”。安住了此心之后，智慧就会产生，智慧就是虑，智慧产生以后，就得道了，可以创造一切了。《大学》一开篇的次第，其实就是佛家的三个字——“戒定慧”三学。

儒家的思想学术又被称为“仁学”，我在《平心平天下》里面说，“仁”的本意就是指“事物的内核所在”，如桃仁、杏仁、果仁等等，也就是核心的意思，如核桃里面的心，就叫作“核心”。这个核心被包裹于内，受到很好的保护，那么这种内外之间的关系，就是亲密的，所以又引申出“亲仁”的含义。《说文解字》说“仁”字时就说：“仁，亲也。”《礼记·经解》就说：“上下相亲谓之仁”，就是形容这种亲密和谐的关系，叫作“仁”。所以当明白了仁即心的道理以后，再来看儒家所论述的“仁”，就全都能迎刃而解。尤其在《论语》之中，关于“仁”的论述很多，各种各样，有很多学者就认为“仁”到底是个什么东西？不能具体地去定义它，只有不断去感悟，从不同的角度才能体会到“仁”的内涵。其实明白了“仁”就是“心”以后，所有“仁学”的思想，全都能够明了了。

譬如：

1.“孝弟也者，其为仁之本与。”心为万物之本，父母祖宗又为生命之本。

能知心者，必能知本，必能尽孝。

2.“巧言令色，鲜矣仁。”定心之人，其心必正，绝不为巧言令色之事。

3.“人而不仁，如礼何？人而不仁，如乐何？”试想，一个人如果心不在焉，即便学习礼乐，也无所用。

4.“里仁为美，择不处仁，焉得知？”选择居所，也是选择自己安心之处，如果对心性的修养没有帮助，那怎么可以呢？

5.“唯仁者能好人，能恶人。”心生种种法生，心能感受好恶，也是孟子讲的“是非之心”、“羞恶之心”。

6.“苟志于仁矣，无恶也。”一个人内心充实饱满了，其心必真，其心必正，真心之人不伪诈，心正之人无恶行。

7.“不仁者不可以久处约，不可以长处乐。”一个人如果没有良心，可以跟他打交道，可以共富贵、共患难吗？

8.“君子无终食之间违仁，造次必于是，颠沛必于是。”一个人内心充实饱满了，时时感受自己的真心，不管做什么，都不会违背这颗真心，这个良知。

9.“观过，斯知仁矣。”懂得觉察自己的过失，才能帮助修正自己的良知，焕发真心的光明。

用这个思维，照此类推，我把《论语》中所有有“仁”字的地方都列出来，大家可自行用心揣摩，用心感悟。

10.或曰：“雍也仁而不佞。”子曰：“焉用佞？御人以口给，屡憎于人。不知其仁，焉用佞？”

11.“我未见好仁者，恶不仁者。好仁者，无以尚之；恶不仁者，其为仁矣，不使不仁者加乎其身。有能一日用其力于仁矣乎？我未见力不足者。盖有之矣，我未之见也。”

12.孟武伯问子路仁乎？子曰：“不知也。”又问。子曰：“由也，千乘之国，可使治其赋也，不知其仁也。”“求也何如？”子曰：“求也，千室之邑，百乘之家，可使为之宰也，不知其仁也。赤也何如？”子曰：“赤也，束带立于朝，可使与宾客言也，不知其仁也。”

13. 子张问曰："令尹子文三仕为令尹，无喜色；三已之，无愠色。旧令尹之政，必以告新令尹。何如？"子曰："忠矣。"曰："仁矣乎？"曰："未知，焉得仁？""崔子弑齐君，陈文子有马十乘，弃而违之。至于他邦，则曰：'犹吾大夫崔子也。'违之。之一邦，则又曰：'犹吾大夫崔子也。'违之。何如？"子曰："清矣。"曰："仁矣乎？"曰："未知，焉得仁？"

14. 子曰："回也，其心三月不违仁，其余则日月至焉而已矣。"

15.（樊迟）问仁。曰："仁者先难而后获，可谓仁矣。"

16. 子曰："知者乐水，仁者乐山；知者动，仁者静；知者乐，仁者寿。"

17. 宰我问曰："仁者，虽告之曰：'井有仁焉'。其从之也？"子曰："何为其然也？君子可逝也，不可陷也；可欺也，不可罔也。"

18. 子贡曰："如有博施于民而能济众，何如？可谓仁乎？"子曰："何事于仁，必也圣乎！尧、舜其犹病诸！夫仁者，已欲立而立人；已欲达而达人。能近取譬，可谓仁之方也已。"

19. 子曰："志于道，据于德，依于仁，游于艺。"

20. 冉有曰："夫子为卫君乎？"子贡曰："诺，吾将问之。"入曰："伯夷、叔齐何人也？"曰："古之贤人也。"曰："怨乎？"曰："求仁而得仁，又何怨？"出，曰："夫子不为也。"

21. 子曰："仁远乎哉？我欲仁，斯仁至矣。"

22. 子曰："若圣与仁，则吾岂敢？抑为之不厌，诲人不倦，则可谓云尔已矣。"

23. 子曰："恭而无礼则劳，慎而无礼则葸，勇而无礼则乱，直而无礼则绞。君子笃于亲，则民兴于仁；故旧不遗，则民不偷。"

24. 曾子曰："士不可以不弘毅，任重而道远。仁以为己任，不亦重乎？死而后已，不亦远乎？"

25. 子曰："好勇疾贫，乱也；人而不仁，疾之已甚，乱也。"

26. 子罕言利与命与仁。

27. 子曰："知者不惑，仁者不忧，勇者不惧。"

28. 颜渊问仁。子曰："克己复礼为仁。一日克己复礼，天下归仁焉。为仁由己，而由人乎哉？”颜渊曰：“请问其目？”子曰：“非礼勿视，非礼勿听，非礼勿言，非礼勿动。”

29. 仲弓问仁。子曰：“出门如见大宾，使民如承大祭。己所不欲，勿施于人。在邦无怨，在家无怨。”

30. 司马牛问仁。子曰：“仁者，其言也讱。”曰：“其言也讱，斯谓之仁已乎？”子曰：“为之难，言之得无讱乎？”

31. 子张问：“士何如斯可谓之达矣？”子曰：“何哉，尔所谓达者？”子张对曰：“在邦必闻，在家必闻。”子曰：“是闻也，非达也。夫达也者，质直而好义，察言而观色，虑以下人。在邦必达，在家必达。夫闻也者，色取仁而行违，居之不疑。在邦必闻，在家必闻。”

32. 樊迟问仁。子曰：“爱人。”

33. 子夏曰：“富哉，言乎！舜有天下，选于众，举皋陶，不仁者远矣。汤有天下，选于众，举伊尹，不仁者远矣。”

34. 曾子曰：“君子以文会友，以友辅仁。”

35. 子曰：“如有王者，必世而后仁。”

36. 樊迟问仁。子曰：“居处恭，执事敬，与人忠。虽之夷狄，不可弃也。”

37. 子曰：“刚、毅、木、讷近仁。”

38.（宪问）“克、伐、怨、欲不行焉，可以为仁矣？”子曰：“可以为难矣，仁则吾不知也。”

39. 子曰：“有德者必有言，有言者不必有德。仁者必有勇，勇者不必有仁。”

40. 子曰：“君子而不仁者有矣夫，未有小人而仁者也。”

41. 子路曰：“桓公杀公子纠，召忽死之，管仲不死。”曰：“未仁乎？”子曰：“桓公九合诸侯，不以兵车，管仲之力也。如其仁！如其仁！”

42. 子贡曰：“管仲非仁者与？桓公杀公子纠，不能死，又相之。”子曰：“管仲相桓公，霸诸侯，一匡天下，民到于今受其赐。微管仲，吾其被发左衽矣。岂若匹夫匹妇之为谅也，自经于沟渎而莫之知也。”

43. 子曰："君子道者三，我无能焉：仁者不忧，知者不惑，勇者不惧。"子贡曰："夫子自道也。"

44. 子曰："志士仁人，无求生以害仁，有杀身以成仁。"

45. 子贡问为仁。子曰："工欲善其事，必先利其器。居是邦也，事其大夫之贤者，友其士之仁者。"

46. 子曰："知及之，仁不能守之，虽得之，必失之。知及之，仁能守之，不庄以莅之，则民不敬。知及之，仁能守之，庄以莅之，动之不以礼，未善也。"

47. 子曰："民之于仁也，甚于水火。水火吾见蹈而死者矣，未见蹈仁而死者也！"

48. 子曰："当仁不让于师。"

49. 孔子时其亡也，而往拜之。遇诸涂。谓孔子曰："来！予与尔言。"曰："怀其宝而迷其邦，可谓仁乎？"曰："不可！"好从事而亟失时，可谓知乎？"曰："不可！""日月逝矣，岁不我与。"

50. 子张问仁于孔子。孔子曰："能行五者于天下为仁矣。""请问之。"曰："恭、宽、信、敏、惠。恭则不侮，宽则得众，信则人任焉，敏则有功，惠则足以使人。"

51. 居，吾语女。好仁不好学，其蔽也愚；好知不好学，其蔽也荡；好信不好学，其蔽也贼；好直不好学，其蔽也绞；好勇不好学，其蔽也乱；好刚不好学，其蔽也狂。

52. 子曰："巧言令色，鲜矣仁。"

53. 宰我问："三年之丧，期已久矣。君子三年不为礼，礼必坏；三年不为乐，乐必崩。旧谷既没，新谷既升，钻燧改火，期可已矣。"子曰："食夫稻，衣夫锦，于女安乎？"曰："安！""女安则为之。夫君子之居丧，食旨不甘，闻乐不乐，居处不安，故不为也。今女安，则为之。"宰我出。子曰："予之不仁也！子生三年，然后免于父母之怀。夫三年之丧，天下之通丧也。予也有三年之爱于其父母乎？"

54. 微子去之，箕子为之奴，比干谏而死。孔子曰："殷有三仁焉。"

55. 子夏曰："博学而笃志，切问而近思，仁在其中矣。"

56. 子游曰："吾友张也，为难能也，然而未仁。"

57. 曾子曰："堂堂乎张也，难与并为仁矣。"

58. 周有大赉，善人是富。"虽有周亲，不如仁人。百姓有过，在予一人。"

而佛家对"心"的论述，就更是至为丰富，也至为透彻，所谓"三界唯心，万法唯识""心生种种法生，心灭种种法灭""量周沙界，心包太虚"；《楞严经》说："诸法所生，唯心所现，一切因果，世界微尘，因心成体"，《坛经》又说："一切福田，不离方寸；从心而觅，感无不通"。方寸是什么？就是心。而一部《心经》，虽仅两百余字，却早已讲完了心的全部内涵。

我的一位老友，刘丰先生。以前在美国做光学研究，我们常常探讨中华文化，他尝试用科学的理论来解读中华文化，思路很有趣，可以带来一定启发。大概在七年前，我们做过很多场关于"中华文化与科学"的对话。而早在20世纪20年代的中国，曾发生过一个著名的人生观与科学的论战，就是张君劢与丁文江的"科玄论战"，我与刘丰先生的对话，则得到了一个明确的答案，就是科学与玄学的相融相通的问题。我因此在《平心平天下》书中明确提出来，玄学、哲学和科学三者本为一体，只是因为不同的需要而产生了分别。三者的关系是，玄学是科学的高级阶段，玄学包含了哲学与科学，又超越了哲学与科学。哲学可以注解玄学，哲学也可以指导科学逐步证明玄学。我在这里就不细说了，大家可以自行去看。

刘丰先生通过光学理论，结合中华文化的思想，提出了他的观点：

人生的根本意义在于提升意识能量的自由度，就是提升维度。就好比一维它是一条线，怎么打扮它都不美；二维是一个面，我们可以画很多精美的图画；那么从美感上来说，二维要比一维美很多。可是再美的画，如果是平面的总感觉缺了点什么。那我们不如把它变为立体的，这时是不是就有不一样的体验了？这么说吧，此时我们肯定会觉得三维比二维又美太多了。所以得出一个很简单的结论："每多一维会多出无穷多倍的美感"。

那么，以此类推，我们的意识在第四维，我看到的一定比三维空间美无穷多倍。而那个比现实美无穷多倍的地方就是佛家所谓的"极乐净土"。所以

《星际穿越》里边讲到的虫洞，实际是把三维空间折叠，用我们三维不可想象的距离到第四维，可以瞬间到达。那么黑洞在美国的科学家研究结果显示是通向高维的，相当于通过这个黑洞可以进入无限纬度。

“伏羲观天”观到的河图是什么呢？实际是高维能量成我们三维的像，就是进入我们这个空间的焦点。在宇宙空间，存在不同的维度，生活在不同的维度的生命状态也是不一样的。

那从高维进入低维的时候，它可以穿越我们时间的顺序，因为到第四维时间是变量，在第四维状态下，我们三维所有的开始、结束、生和死已经完全被超越了，当被超越以后就不存在开始与结束。

这跟佛家一个概念高度契合，叫“缘起”，“缘”是什么呢？是在投影源里面的关系，一维是二维的投影，二维是三维的投影，三维是四维的投影，投影源里的关系决定了我们现实能量关系的根本内涵。其实人的身体整个全是投影的像，是能量的聚合。这就可以从量子的概念来讲了，我们看我们所有的物体，最小的化学和物理属性，只有中子、正电子和负电子三个东西组成，所以我们看到的实体，其实全是能量波成的像。

而能量波没成像的能量聚合是什么呢？是“信息”。信息是什么呢？最简单的一个信息是正弦波，正弦波我们把它叫作“简谐波”。所有的波全是正弦波，中国人为什么说是龙的传人？其实一切的最初全是正弦波。龙是正弦波的图腾，它是一切的起源。太极反应的就是正弦波的两部分，上下两部分组成太极，在太极之前是无极。所以一画开天它是什么波都没有的。

只要起一个波，其实就是我们起一念，佛家讲“一念一众生”。当一切都是正弦波的时候，我们理解这宇宙空间的一切事物就简单很多了，但是一般人我们只注重了能量波的振幅、震动强度、频率，它的色彩，忽视了一个最重要的问题，“正弦波的维度”，也就是它的自由度。它是在直线上跑还是在面上跑？还是在立体空间里跑？还是超越时空？能量波的维度比能量波自身的强度、频率重要得多，但是我们往往忽视了最重要的这部分。

而不同维度能量关系是什么呢？是投影关系，一维是二维的投影，二维是三维的投影，三维是四维的投影，这在我们线性几何运算里面都是这么用的，科学家用到一个概念叫“数学归纳法”，就是可以通过一维和二维的关系，去验证二维和三维的关系，进而验证 N-1 维和 N 维的关系。刘丰先生说，他问过很多成功的人，“你人生最重要的那几步决策的依据是什么？”得到的回答出奇的一致，是“直觉”。

直觉是什么呢？直觉是来自高维的信息，我们人类所有科学发明来自于灵感，灵感是来自高维的信息。举个例子：手是二维的像，当你把它挡在眼前，你就看不见三维世界，当把它拿开我们才看到三维世界。我们每个人的意识里充满了三维的像，当你把最后一个三维的像从你意识中拿掉的时候，你就会得到四维智慧。

科学是希望从三维到四维、五维，一维一维往上爬，但东方智慧不这么玩，它是从最高的 N 维智慧，N 趋于无穷大来看整个宇宙，它讲天人合一，它讲无上正等正觉。只有 N 维，N 趋于无穷大才符合无上，才符合无极，才符合唯一，它从整体宇宙观看，它是从上往下看的，为什么呢？3 比无穷大等于 0；4 比无穷大也等于 0；任何有限数比无穷大它都等于 0。

当你专注于一点的时候，你也可以进入这种无限的空间状态，所以不需要执着在中间任何一个维度上。但是呢，这个过程又让我们在证明另外一件事，“本自具足”，每个人内在智慧，是 N 维宇宙空间，N 趋于无穷大智慧，具足圆满的。可以用一个简单的逻辑来证明，手指甲这一个质点，既有这个灯发出的能量波，又有那个灯发出的能量波，这个宇宙空间的所有能量波，都会通过这一个空间质点，这一个质点具足宇宙中的所有信息和他们相互关系，这就是“宇宙全息率”。就是由我们的念，我们的意识，产生了无穷无尽的幻象。

根据这个投影和投影源的关系，这个 N 趋于无穷大，总的投影源，其实就是“心”。为什么呢？因为这个总的投影源是无穷大，人的心也是无穷大，这两者之间就可以画等号，也就意味着这两者是同一个东西。所有的 N-1 维都是 N 趋于无穷大所投影变现出来。那么也就是说都是“由心所变”，这就是“三界唯心，万法唯识”的道理所在。也就是说，心就是最大的投影源。

我们要改变投影出来的现象，只需要改变源头就可以了。好比改我们投影出来的 PPT 课件，只需从源头上把课件修改了，再投影出来就改变了一样。要想改变三维世界的现象，进入四维就可以了，但是四维毕竟有限，甚至五维、六维等等，这些相对于 N 趋于无穷大这个总的投影源而言，都是有限的。

改变命运的方法也是这个道理，人类的命运是体现在三维世界里的现象，要想改变我们的命运，只需要进入一个更高维度空间就可以了。四维空间是什么呢？就是在三维之上加了一个时间维度。所以，中国古人做什么事情都很重视时间，皇帝登基，要选时间；搬家，要选时间；下葬，要选时间；风水不好了，选个时间，放个物体进去，就可以改变“风水”……

他们认为用一个好的时间，对命运就会有好的帮助。

但是这种方法毕竟不是究竟彻底的，也是有限度的。因为所有 N-1 维空间都不是究竟彻底的，相对于 N 趋于无穷大这个总的投影源而言，都是“投影”，只要是投影，就是有局限。所以很多人的修为到了很高的境界，其境界就相当于进入了高维空间。我们看电影《星际穿越》，讲到五维空间的时候，过去、现在和未来，就像一幅图画展现在你的眼前，你看得很清楚。那么其境界进入更高维度空间的时候，甚至出现了佛家所谓“五眼六通”的现象，而佛经都明确告诉我们，都不能执着，都要舍掉。因为再高的维度空间，相对于 N 趋于无穷大这个总的投影源而言，都只不过是投影现象，都不是本质。所以《金刚经》说：“凡所有相，皆是虚妄”，而所有 N-1 维空间，其实就都是被投影而出的相，即现象。《金刚经》又说：“一切有为法，如梦幻泡影，如露亦如电，应作如是观。”也可以这样理解，所有 N-1 维空间，都是有为法，唯有 N 趋于无穷大这个总的投影源，是无为法。

人要改变命运，无论站在多高的维度上去修改，终究都是有限的。唯有站在 N 趋于无穷大这个总的投影源这里进行改变，才是最根本的改变。所以孟子说：“反身而诚，乐莫大焉”，唯有改变内心，才可以真正改变命运。佛家的忏悔、善护念、发菩提心、发四宏愿等等，这些才是从根本上改变内心、改变命运的方法。

当一个人真正做到问心无愧的时候，就是“至诚大善”，就直接与 N 趋于无穷大这个总的投影源相印了。这个时候的境界，是自然而然“不逾矩”的，也就自然而然能够做到“从心所欲”、心想事成。因为这个时候的心就是最大的投影源，能够投影变现一切。这就是“心包太虚，量周沙界”。同时心地也就被佛家称为“因地”，心地怎样，结果就会怎样。心地善良，命运就会结出善良之果；心地恶毒，命运就会让你自食恶果。这个“因地”，也就是投影源的含义。

只要能做到问心无愧，那真的是可以具足一切因缘，“从心所欲”，心想事成。

当代东方商业中最值得尊敬的两位 80 岁以上老人，无疑是李嘉诚和稻盛和夫二人。李嘉诚在长江商学院成立十周年的时候说：“天地间有一不可衡量、永恒价值的元素，只有具有使命感的人才能享有。”这个元素是什么？而稻盛和夫先生也说过：“在这个世界上，在宇宙的某个地方，有一个应该称作智慧宝库的地方，在无意间，我窥知了其中一点端倪。虽然只得到了一点，但已经受用不尽。”两位老人所感悟到的无量宝藏，是什么呢？其实就是我们的自心。

我前面讲“知诚”的时候，讲到了我读中学时很想买《四库全书》，但是买不起，于是连续几天都茶饭不思。那时候母亲的工资就算不吃不喝也要至少攒一年才能买，结果发生了一个因缘，很奇特的事件，我买成了《四库全书》。这件事的经历给了我一个巨大的震撼。什么震撼呢？

我就感悟到，我的身体是父母给的，父母是我的肉身父母。但是我还有一个父母，就是中华文化所强调的，天地父母。而天地父母更大，我同时也是由天地父母所生。当我有积极而美好的心愿时，我的肉身父母如果能力足够，那他们一定会帮我达成心愿。譬如小时候，我的母亲给我买过《格林童话》和《新华字典》。试想哪一个父母不会帮助自己的孩子健康向上地成长呢？同样的道理，当你的心愿很大，超出了肉身父母的能力范畴时，你就大可向天地父母开口。天地父母也一定会帮助你实现。那么对于已经读了四书五经，《诸子集成》，同时在读《二十四史》的 15 岁的我来说，很渴望读到《四库全书》，没有钱买，怎么办？内心的愿望是强烈的，也是积极向上的，肉身父母无能为力，但是天地父母一定不会坐视不管。所以，几天后发生了一个奇特的因缘，具足了条件，完成了我购买《四库全书》来读的心愿。

这件事对我的震撼是巨大的。我当时就感悟到一个道理，只要能做到问心无愧，无论你有多大的愿望，看起来似乎都不可能做到，但你一定相信，天地父母一定会帮助你。所以此后的人生之路，我学会了“扪心自问”。问心，也成为我人生路上的必修课。

18 岁这年，贵州全省的学校都在号召学习春晖精神，参与春晖行动。“春晖行动”当时是全国性的大型公益组织，多次受到中央表彰。我当时就想，如果有一天，我能成为“春晖行动”的一员就好了……几年以后，我果然成了“春晖行动”的一员，成了“春晖行动”的首席文化顾问。

18 岁退学时，我对校长脱口而出，我说三年之内我一定会站在中国最高学府的讲台上讲中华文化。而当我第一次登上清华大学讲台时，这一年，不多不少，也正好三年。

18 岁时，我忽然发现历史上许多伟岸之士都受到书院的影响，或是直接由书院培养出来，进而发现书院是传承发展中华优秀传统文化极好的一种方式，当时就动了一个念，十年之内一定要创办一座规模可观，能够影响世界的以传承发展中华文化为使命的书院。十年期到，正是 28 岁这一年，四观书院呈现了出来……

孟子说：“天无绝人之路”。要知道天地是我们的父母，试想，有哪一个父母会想让自己的孩子无路可走呢？让自己无路可走的，永远只是自己。是自己坏事做尽，是自己丧尽天良，是自己把自己逼上了绝路。

所以，正是在读中学时悟到了“天地父母”这个道理，我未来的人生道路上，就只管发愿，只管“尽人事，听天命”，而不去想太多。还是那句话，“人有大愿，天必助之；人有善愿，天必成之”。当我们的愿望很大，同时又问心无愧时，连亲生父母都不能帮助你完成时，天地父母一定会帮你实现。同样的道理，小时候我们犯了错，亲生父母一定会惩罚你，甚至这个惩罚也会让我们遭受痛苦，但是父母的期望只有一个，希望我们经历了痛苦，吸取了教训，就不要再犯错。但是当我们跨入了社会，随着年龄的增长，父母也不能再管教我们了，我们犯了错，天地父母还会来给我们略施惩罚。天地父母在帮我们时，力量也远比亲生父母要大；而在惩罚我们时，力量也同样会更大。大到我们会感觉受到了很大的打击和挫折，有的人甚至吃不消，于是选择了自尽。就是没有明白这个道理，其实上天对我们的惩罚，正是对我们的爱护，唯恐我们犯下更大的错，到时候无药可救。明白了这个道理，我便不再为痛苦和磨难而感到害怕。这就是《易经》“小惩大诫”的道理，也是高尔基《海燕》所说：“让暴风雨来得更猛烈些吧！”我把折磨和苦难当成了天地父母栽培我的一种方式。

通行本《道德经》开篇第一段话：“道可道，非常道。名可名，非常名。无名天地之始，有名万物之母。常无欲以观其妙，常有欲以观其徼。此两者，同出而异名，同谓之玄。玄之又玄，众妙之门。”

这句话按投影和投影源的关系就能很好地理解。无名就是 N 趋于无穷大，是总的投影源。这个总的投影源，投影出了 N-1 维。而所有现象又都是它的投影，所以称它为“万物之母”。人只有去除掉欲望，让内心做到“无思无为”，才能观照出其中的奥妙，如果心里还有妄想执着的欲望与念头，那么其中就全是障碍。投影和投影源其实就是一个东西，但是名称不一样，都可以叫作玄。

“玄之又玄，众妙之门”是什么意思呢？前面一个玄，后面一个玄。这两个玄字其实就代表了是同一个东西，但是又有了分别，第一个玄就是投影，第二个玄就是投影源，就是低维空间不断被高维空间所投影，由此产生了无数的 N-1 维，也就是众妙，而这个投影，也就成了“众妙之门”。演化出了纷繁复杂的万事万物。

当然，这只是借助了投影和投影源的关系来帮助我们感悟中华优秀传统文化。高维空间的说法也并未被现代科学所证实，而是按照这个原理，提出了这样的猜想。我们又根据高维空间这样的猜想，来帮助我们更好地理解和感悟中华文化的智慧。

所以每个人都有这颗真心，也就是说每个人都具有无限大的力量。但是由于我们的真心被各种欲望、烦恼等等给遮蔽了，使之不能焕发光明，也就没有大的智慧。那么怎样才能让此心光明，焕发智慧呢？那就需要修心，心越纯诚，其境界就越高，乃至直抵 N 趋于无穷大。

所以经上记载释迦牟尼最后在菩提树下，用了七天时间，在第七天早晨睹明星而悟道成佛之后，讲的第一句话，就是一个感叹："奇哉奇哉，一切众生，皆具如来智慧德相，只因妄想执着，不能证得。"

也就是说，每个人，甚至每个众生，都有这颗真心，拥有这颗真心，就有了成佛的可能。按王阳明的说法，就是每人都有此心，每人都具足良知良能，也就是说我们每个人其实都能成为圣人。这也正是《论语》所说："我欲仁，斯仁至矣。"但是因为我们内心欲望太多，充满了各种妄想和执着，所以这颗真心被严严实实地遮盖住了，境界的维度很低，根本上不去。所以要想让这颗真心焕发光明，就必须要去除欲望，不再有妄念妄想，也不要执着于所有的现象，因为这些现象都是不长久的，也就是不实的，不究竟的。不实就是假象，我们执着于这些不实的假象里，就永远活在梦中，不能明了宇宙人生的真相。

《坛经》里说："何期自性，本自清净；何期自性，本不生灭；何期自性，本自具足；何期自性，本无动摇。"

也就是说，每个人都有真心，每个人都可以成佛，那么成佛意味着什么呢？就意味着你可以无所不能。所谓"正遍知"，就是拥有一切正确的智慧；"明行足"，明，就是光明的智慧，行，就是一切善行、德行，以及福德资粮；"调御丈夫"，就是能引导、引领一切众生得度；"世间解"，就是彻底了知世间、出世间的一切实相等等。就是拥有圆满的智慧，一切的能力。也就是说，我们每个人的真心，原本都具足了一切的智慧，一切的福德，一切的美好。但是我们却自己不知道自己的身上有如此巨大的宝藏。我们迷失了，怎么迷失的呢？因为贪婪、欲望、执着等等。所以自己不在了，自己不在了，找不到自己了，当然就难以自在。所以我们要相信自己，相信自己可以成佛，可以成圣，"我欲仁，斯仁至矣"。对自己有信念，有信心，就能成功。前面我们讲"知诚"时讲过了，"信为道源功德母"，是一定能成功的，这就是自信。

老子说"知足者富"，什么叫"知足"？明白了这个道理，从心上入手，知自性具足，知道自己具足一切，那还需要去外面乞讨、去攫取做什么呢？我本来就是圣人，本来就是一尊佛，只不过我现在迷失了，把此心安放回来，不就可以了吗？

所以宋代有一位禅师，悟道的时候写了一首偈子："我有明珠一颗，久被尘劳关锁。今朝尘尽光生，照破山河万朵。"讲的就是解放了自己的真心。

要去除欲望，中医还讲了一句话："养心之道，莫过于寡欲"。我在这里送给大家四个字："收发自如。"收，就是把欲望之心收回来；发，就是把宏大之愿发出去。这样下去，我们的心胸和格局就自然打开了。

儒家讲大人和小人，什么是大人，什么是小人？大小讲的是格局，所以我常说，胸次格局大的就是大人，胸次格局小的就是小人。心胸大了，再大的事都是小事；心胸小了，再小的事都是大事。

譬如我小时候，我家旁边就是菜市场，我几乎每天都会看到一个相同的现象发生，买菜的和卖菜的，为了一毛钱，可以喋喋不休争吵一个上午，甚至大打出手，回家后，还把负面的情绪带给家人。这多么不值啊？这一辈子，每天都生活在这样的环境里，这一辈子每天都活在这种烦恼中，这一生将是怎样的一种悲哀呢？所以古人把这种生活环境和思想境界的人称为"市井小民"。

所以《易经》的思想很了不起，《易经》一上来就讲天地日月，讲的其实就是天地格局，学《易经》就会建立起天地格局，也会建立起变通思想。什么是变通思想呢？就譬如在这种市井环境中，学了《易经》，有智慧的人就会想，我干吗要用一个上午的时间在这里跟他吵呢？他讹了我一毛钱，才多少嘛？他卖菜多不容易啊，说明他比我更需要这一毛钱呢？我用这个吵架的时间去多做点正事不好吗？这样一想，就释然了，就不计较了。得，你要一毛，我给你两毛。然后集中精神，又有一个好的心态，好的情绪，去把该做的事情做好了，用这个吵架的时间，挣了无数个一毛钱回来。你看，比起在那吵架，哪一种人生更有智慧，也更幸福？所以我常说，世上本无事，庸人自扰之。因为缺乏智慧，所以总是各种纠结，智慧够了，也就能看明白了，哪有什么烦恼。

所以我说，“势利纷华，不近者为洁，近之而不染者尤洁”。一个人如果真正做到内心无染，在浊世里照样不会受到干扰和影响。这就是“心能转境”“境随心变”。

今天我们常说，祝你开心，开心不是说说而已，很多人都不知道是什么意思。以为开心就是指的快乐。其实，开心就是把心打开，一个人把心打开了，自然就看开了，自然就快乐了。所以开心包含了快乐，又超越了快乐。“开心”是一种境界，也是一种建立“天地格局”的智慧。所以，当心打开了，智慧也就打开了，格局也随之打开了。故而也叫“心安理得”，也叫“心静智生”。

所以开心既是格局，又是智慧。

心量要大，大得可以装下天地万物；心又要细，细得可以丝毫不差。容天地万物就是格局，能丝毫不差就是智慧。

又回到原来讲过的那个故事，当年日本的首相伊藤博文去看望辜鸿铭，那时候全北京都已经通上电灯了的，而辜鸿铭却点着油灯会见伊藤博文。伊藤博文不解，就问，辜先生，你怎么不点电灯呢？辜鸿铭说：“别人的光在外面，我的光在心里。今天是因为你来，我才点了一盏油灯。你如果不来，我连灯都不用点。”

这是何等的自信，又道出了人生何其重要的奥秘！

根据辜鸿铭点灯的故事，我就进行了发挥：

这个世界上，一般人都是害怕黑暗，所以到处找光，因为没有光明，所以在找光的过程中碰得头破血流。这是找光的人。

还有一种人，他有很强的能力，他能吸引光。他走到哪里，所有的光都投向他。譬如明星，他们走到哪里，镁光灯和各种炫光灯就在哪里。这是吸引光的人。

最后一种人，我本身就是光。我走到哪里，就把光明带到哪里，点亮了自己，也照亮了世界。这是自带光的人。

同样的道理——

这个世界上，一般人都害怕贫穷，所以费尽心力，因为缺少智慧，所以在挣钱的过程中让自己头破血流，甚至顶着生命危险。

还有一种人，他有很强的能力，他能吸引财富。譬如有的明星，随便唱首歌就能轻松赚上百万元。这是能赚钱的人。

最后一种人，他本身就是财富，他走到哪里，就把财富带向哪里。他给世界带来了和平，带来了美好，带来了幸福，带来了希望。

第一种人没人愿意做，第二种人虽然也很强大，但是依然有烦恼，因为有一天，也许光和财富都不再追随他时，他会瞬间崩溃。唯有第三种人，永远光明，永远幸福，永远智慧。

中华优秀传统文化，就是让每一位中国人成为这第三种人。

这种人，有一个名字，叫作圣人。

为天地立心何以立？

为生民立命何以立？

为往圣继绝学何以继？

为万世开太平何以开？

心安天下安，心净此土净，心平天下平。

心静自然天下正。

第六讲

中华民族最伟大的著作是什么

——廖彬宇先生讲“论语大义”之“知易”

摘要:《易经》是最伟大的智慧,《道德经》阐述天道而兼人道,在世界上影响巨大,然而康有为却振振有词说:“老子之学,只偷得半部《易经》”;司马迁形容孔子学习《易经》极为勤奋,终于“至圣大成”,有所谓“读《易》韦编三绝”的说法。《易经》所谓“夫大人者与天地合其德,与日月合其明”,而产生“大人之学”为“大学”,《大学》开篇的主旨正是《易经》“大人”说之主旨:“大学之道,在明明德”,这个“明德”即源于《易经》“合其德,合其明”。

同时《易经》也是最伟大的哲学,其阴阳思想,富含着最高明的辩证法及正反合原理。毛泽东曾在中共八届二次全会上郑重引用《易经》“一阴一阳之谓道”来说明事理;冯友兰在《中国哲学史》里形容:“《易经》是一个空套子,什么东西都能往里面套”、“《易经》是一本宇宙代数学”;黑格尔则说:“《易经》代表了中国人的智慧,就人类心灵所创造的图形和形象来找出人之所以为人的道理,这是一种崇高的事业。”

《易经》是最伟大的医学,孙思邈说:“不知易者,不足以为太医。”

《易经》是最伟大的兵法,其中蕴藏着兵法的神髓,《孙子兵法》说“攻城为下,攻心为上”,就是《易经》“形而上者之谓道,形而下者之谓器”、

“以道制器”的流变;《孙子兵法》说“兵无常势，水无常形”就是源于《易经》“唯变所适”的思想。

《易经》中蕴藏着伟大的科学思想，瑞士哲学家荣格说:“谈到人类智慧的唯一宝典，首推中国的《易经》，在科学方面，我们所得出的定律往往是短命的，或被后来的事实所推翻。唯独中国的《易经》，亘古常新，相距六千年之久依然具有价值，而与最新的原子物理学有颇多相同的地方。”

中华民族历史上，产生的经典无数，比如《道德经》《庄子》《尚书》《诗经》《礼记》等等。但是如果要说哪一部经典无与伦比，甚至是因为它的出现才影响了其他经典的诞生的，那么只有一部经典，那就是《易经》。一方面它产生的时间最为古老，在所有其他经典诞生之前很早就已诞生；另一方面智慧最为幽深，最为博大，起初连文字符号都没有，纯粹的“无为法”，“无上心法”，也是真正意义上的“无字天书”。后来经过伏羲之手，画出了八卦；周文王重八卦为六十四卦，并做了卦辞与爻辞；孔子苦心孤诣，悟出其中精义，作了《易传》十篇，而有所谓“人更三圣，世历三古”(《汉书·艺文志》)之说。汪洋博大的《易经》一书，历经几千年漫长过程，经过好几位圣人之手的注解，才终于能够让后人可以从中窥见一丝端倪。即便从中只是获得一丁点启发，也足以受益无穷。

而中华民族历史上几乎所有的学问，所有的智慧，也可以说都源自《易经》，或者说都能从《易经》之中找到根据。而中华民族历史上，几乎所有的圣贤豪杰之士，也都或多或少受到了《易经》的影响，甚至毫不夸张地说直接就是在《易经》智慧的滋养下才成长为了圣贤豪杰。我在中学时读《二十四史》，发现了这个现象，因此萌生了一个想法，就是把这些推动了历史进程的人物和《易经》的故事，编成一部书，用以启发更多的人，于是就有了我的《千古易人》这本书。但是远远不够，因为当时限于时间、限于精力，我只是从《二十四史》中摘选出了一些人物，附上正史的原文，加以注解和翻译，远远达不到自己的想法。在《国学旨归》第一辑出版后，我也曾与刘梦溪先生谈论过《千古易人》这本书，刘先生很赞同这个思路，觉得有做下去的必要。所以，希望在未来我还有机会进行这个工作。而几千年来，上自帝王将相，下自贩夫走卒，内心之中都莫不对《易经》心怀敬畏。《易经》，堪称经典中的经典，千古以来，被誉为“群经之首，大道之源”。

最有力的证明，那就是秦始皇焚书坑儒，唯一没有焚毁的典籍，就是《易经》。有人辩解，说因为《易经》是卜筮之书才免遭秦火，此说难以成立。因为当时《易经》的人文思想经过孔子及其弟子、再传弟子的传播，已经普遍流行开来，秦始皇不可能不知道“《易》有圣人之道四焉”，而卜筮只是其中极小的一方面。说《易经》因为是卜筮之书而免遭秦火，势必为欺人之谈。

《易经》是最伟大的智慧，《道德经》阐述天道而兼人道，在世界上影响巨大，然而康有为却振振有词说：“老子之学，只偷得半部《易经》”；司马迁形容孔子学习《易经》极为勤奋，终于“至圣大成”，有所谓“读《易》韦编三绝”的说法。《易经》所谓“夫大人者与天地合其德，与日月合其明”，而产生“大人之学”为“大学”，《大学》开篇的主旨正是《易经》“大人”说之主旨：“大学之道，在明明德”，这个“明德”即源于《易经》“合其德，合其明”。

同时《易经》也是最伟大的哲学，其阴阳思想，富含着最高明的辩证法及正反合原理。毛泽东曾在中共八届二次全会上郑重引用《易经》“一阴一阳之谓道”来说明事理；冯友兰在《中国哲学史》里形容：“《易经》是一个空套子，什么东西都能往里面套”、“《易经》是一本宇宙代数学”；黑格尔则说：“《易经》代表了中国人的智慧，就人类心灵所创造的图形和形象来找出人之所以为人的道理，这是一种崇高的事业。”

《易经》是最伟大的医学，孙思邈说：“不知易者，不足以为太医。”

《易经》是最伟大的兵法，其中蕴藏着兵法的神髓，《孙子兵法》说“攻城为下，攻心为上”，就是《易经》“形而上者谓之道，形而下者谓之器”、“以道制器”的流变；《孙子兵法》说“兵无常势，水无常形”就是源于《易经》“唯变所适”的思想。

《易经》中蕴藏着伟大的科学思想，瑞士哲学家荣格说：“谈到人类智慧的唯一宝典，首推中国的《易经》，在科学方面，我们所得出的定律往往是短命的，或被后来的事实所推翻。唯独中国的《易经》，亘古常新，相距六千年之久依然具有价值，而与最新的原子物理学有颇多相同的地方。”

丹麦物理学家玻尔是现代世界著名的物理学家，量子力学的创始人，也是诺贝尔奖的获得者。他对中国的《易经》进行过研究，发现在《易经》和现代物理学之间存在平行关系。玻尔所创立的量子力学中有一条“并协原理”，对此，同是诺贝尔奖获得者的华裔物理学家李政道曾指出玻尔的这个原理，与中国《易经》太极图有相似之处。作为一位来自西方的物理学家，其研究《易经》之后，从中汲取过多少养料，启发过多少思维灵感，我们难以说清。但有一件事却体现出这位科学家对《易经》发自内心的敬仰与推崇。他选择太极图作为他的爵士族徽，要世代传承。并且他还把《易经》的阴阳太极图印在自己的衣袖上。

德国著名的生物学家施恩伯格曾说，“人类历史上有一种最重要的发现，是关于遗传密码的发现。至今已被认识的所有动物和植物，都具有一个特殊的系统（它组合了生命样式），由 64 个密码组成，而中国早在五千年前的《易经》六十四卦中就已经表明了它的优先权”。

17 世纪欧洲著名的数学家莱布尼茨，发明二进制之后，在中国传教士白晋的引导下，无意中发现古老的《易经》六十四卦图竟然早在他几千年前就已经包含了“二进制”思想，令他感到震惊。日本学者五来欣造认为：莱布尼茨以 0 与 1 表示一切数，《易经》以阴和阳显示天地万有，都是天才的闪烁。这东西方的两大天才，借着数学的普遍的直觉的方法，互相接触，互相认识，互相理解，以至互相携手。在这一点上莱布尼茨把东西两大文明拉近了。他的二进制算术和《易经》就是象征东西两大文明相契合的两只手掌。此言颇得中外学者的赞同。

1940 年，中国科学家刘子华在法国，运用《易经》的智慧，推算出太阳系第十颗行星。

还有当代著名的《易经》科学家、中科院院士翁文波先生，曾与地质学家李四光一起受到周恩来总理的嘱托，预测地震等自然灾害。翁文波将古代的《易经》智慧与现代科技相融合，创建了许多预测模式，在他有生之年，预测自然灾害达到了惊人的准确率，引起世界的瞩目。

英国著名的科技史家李约瑟曾无比赞叹：“《易经》是万有概念的宝库”、“八卦是东方科技史上一颗闪闪发光的明珠。”

治国理政与《易经》

《易经》还是伟大的政治学，唐太宗身边的名臣虞世南曾说：“不读《易》者，不可以为将相。”因为《易经》揭示了中华文化最高的智慧与追求是“和谐”，治国理政最大的追求也是“和谐”。而《易经》不仅提出了对“和谐”的追求，也提出了如何构建“和谐”社会的方法。“和谐”思想也是《易经》的首创，《易经》中有所谓“保合太和乃利贞”的说法，这个思想传播到日本，成为日本民族的精神与追求，称为“大和民族”，日本明治睦仁天皇又化用了虞世南的名言，提出了“不知《易》者，不得入阁”的组阁原则。以《易经》思想来指导治国理政，从而开创出日本历史上极为著名的“明治维新”时代。

日本受到《易经》的影响，毗邻的韩国，更是把《易经》的太极八卦图做成了韩国的国旗，以至于《易经》在韩国当今成了几乎家喻户晓的著作。韩国国旗的由来，是 1882 年，两位李氏王朝的使臣朴泳孝和金玉筠奉命赴日本谈判，当时的李氏王朝没有国旗，这两位使者认为，作为一个国家的代表，没有国旗是不行的，两个人一合计，决定用《易经》中内涵丰富、富有深刻哲理的太极图作为国旗图案。于是，他们在去日本的船上绘制了一面太极旗。两人回国后，将绘制国旗的事情向政府做了汇报，受到了肯定和赞扬。第二年，也就是 1883 年，李氏王朝正式公布该旗为李氏王朝的国旗。1948 年，韩国政府成立，也决定将太极旗作为韩国国旗，并于 1949 年颁布了制作标准：太极旗横竖比例为 3：2；白底代表神圣的国土；太极图象征宇宙天地浑成以及单一民族构成的国家。中间太极圆代表人民；太极的两仪为上红下蓝色，分别代表阴阳。

而由于《易经》在中国历史上的地位极尊崇，为经中之王，所以历朝历代的帝王作为“人中之王”，无论是改朝换代后所起的国名，还是帝号、年号、宫名、殿名等等，几乎都是从《易经》中取材用典，目的是能够获得《易经》智慧的启发，能够让国家在自己的领导下长治久安。

如大唐贞观，就来自《易经》:“天地之道，贞观者也；天下之道，贞夫一者也。”贞字代表坚定、永恒和正确，观字代表文化、教育与观念，引申出精神和信仰，连起来的意思就是“有正确坚定而永恒的文化观念与精神信仰”，你看这个词语，就两个字，却包含这么深广的内涵。

元朝的国名，就来自《易经》:“大哉乾元”“至哉坤元”“元吉在上”“元亨利贞”；明朝:“大人以继，明两作离，明照四方”“大明终始”“天下文明”“神明之德”“天道下济而光明”；日本明治天皇的帝号“明治”也是来自《易经·说卦传》:“圣人南面而听天下，向明而治。”以及《革卦》象辞:“君子以治历明时”。日本不仅是明治天皇，自645年“大化”年号以来，247个日本年号，很多都取材《易经》。清朝，取“乾清坤宁”之象意,《易经·豫卦》象辞说:“圣人以顺动，则刑罚清而民服。”顺治为清朝建国第一位皇帝，所以“圣人以顺动”，都是渊源有自的。

清朝十个皇帝，全都从《易经》取材用典，甚至年号索性直接就是卦名，譬如“乾隆”“咸丰”。其他皇帝，如康熙，源于《易经·晋卦》象辞:“康候用锡”，“康”，在这里有尊贵、康宁、安康等含义；雍正，源于《易经》“中正以观天下”“正大而天地之情可见矣”“正位居体”“君子以正位凝命”；嘉庆，源于《易经》“亨者嘉之会”“积善之家必有余庆”；道光，源于《易经·益卦》:“其道大光”；同治，源于《易经·泰卦》象辞“天地交而万物通，上下交而其志同”；宣统，源于《易经·乾卦》:“大哉乾元，万物资始，乃统天。”

孙中山先生的辛亥革命胜利，推翻了清朝，我们都知道，孙中山先生早年的名字原本叫孙文，后来改名叫作“中山”，就是来自《易经》的《谦卦》。孙在古代通“逊”，谦逊的意思，所以他给自己起的名字就来自《谦卦》:“地中有山，谦。君子以裒多益寡，称物平施”，这当中本身就包含了“博施济众”之义，也足见孙中山先生的志向。他的追随者，继他之后而起的蒋介石，原本也不叫蒋介石，而叫蒋志清，由于他追随中山先生，在《易经》六十四卦中，《谦卦》后面紧接着是《豫卦》,《豫卦》的爻辞是:“介于石，象以中正”，于是把名字改成了蒋介石，字中正。取“耿介如石”的含义。

前段时间，我的家乡沙土镇建了一座牌坊，邀请我撰写一主一辅两副对联，准备刻在牌坊上。我当即也在《易经》中取材用典，写了这么两幅，又加了一段注解文字，作为《释文》:

主联:

沙蕴珠玑，星移斗转含弘光大;

土藏金玉，日就月将品物咸亨。

辅联:

积土作山，积水作渊，百物大壮飞龙在天，自古无双镇;

聚沙成塔，聚善成德，万民中孚同人于野，从来第一流。

释文:

沙土镇，系贵州第一大镇。虽地处偏远，然物产丰富、英才辈出。故主联以“沙蕴珠玑，土藏金玉”喻人才之鼎盛。随时推移（星移斗转，日就月将)，蚌含沙而渐成珍珠，土淘漉而始见真金（含弘光大，品物咸亨)，喻此地愈加美好兴盛，能滋养圣贤雄杰。“含弘光大，品物咸亨”，典出《易经・坤卦》。

辅联依然嵌入“沙土”二字，借荀子“积土成山，风雨兴焉;积水成渊，蛟龙生焉;积善成德，而神明自得，圣心备焉”之典，表达对沙土之寄望，沙虽小而能造宝塔，土虽微而能成高山，日积月累，循序发展，必能风云际会，飞龙在天。“百物大壮”，乃谓风雨过后，百物繁茂。又因毛泽东、周恩来、朱德率中央红军四渡赤水后驻于沙土，并永久留下钱壮飞之英雄事迹，故特于上联嵌入“壮飞”二字。

下联希冀沙土人民能够积善行德，荀子言“圣心备焉”，故下联以《易经》“中孚”为训，中孚实“圣心”。“中孚”“大壮”俱为六十四卦卦名，正可相对。“万民中孚”“同人于野”，谓虽地处乡野，然沙土人民同心同德（同人），均以“圣心圣德”为追求。自强不息，厚德载物，日新富有。名镇沙土自古以来便有此种第一流之追求，故言“自古无双镇，从来第一流”。而“飞龙”对“同人”，既蕴“龙的传人”之义，亦含人中龙凤之诉求。

毛泽东与《易经》

毛泽东先生，字润之，也是来自《易经》：“兑为泽，悦也。刚中而柔外，悦以利贞，是以顺乎天而应乎人。悦以先民，民忘其劳；悦以犯难，民忘其死。悦之大，民劝矣哉！”这是“泽”字的来源，泽是指的天降甘露，万物广被润泽。《易经》里这句话什么意思呢？就是形容这个人外柔内刚，是顺天应人而生。他能让人民快乐，虽然在穷苦劳累的时候，但是都精神昂扬不怕吃苦（悦以先民，民忘其劳）；在危险关头，人民都舍生忘死，不怕牺牲（悦以犯难，民忘其死）；悦的作用和意义极大，鼓舞了人民，鼓舞了人心，人民都拥戴他（悦之大，民劝矣哉）。你看，《易经》里这个《兑卦》的解释，成为毛主席一生的写照。“东”字呢？源于《易经·说卦传》：“震，东方也”，“帝出乎震”。“润之”这个字呢？源于《易经·系辞传》：“鼓之以雷霆，润之以风雨”。泽东的东是震，指雷霆；润之就是“泽”，“泽东”的名和“润之”的字，都是来自《易经》。

1949 年为农历己丑年，毛主席选择十月一日作为开国之日，十月一日为农历甲子日，己丑年选甲子日，甲己作合，子丑作合，寓意天地合和，国泰民安，同时甲子又是开天辟地的一组干支，寓意开创了一个全新的时代，这个时代是全新的开始，将永远延续、兴盛。毛泽东选择这一天作为开国日，又在北京时间下午三点后宣布“中华人民共和国成立了”，下午三点以后为申时，取申子辰大海局生东方木的寓意，表示生生不息、欣欣向荣。可见毛主席对《易经》天干地支之学精通之至。

1918 年，毛泽东与蔡和森抵达北京，有机会接触了一些新思潮。但他同蔡和森谈话的主题，依然还是《周易》之“道”（规律）。这是由于当时著名学者康有为、梁启超的哲学思想，对青年毛泽东产生的影响。

康有为根据《周易》的“变易之义”，强调“易者，随时变易”，“穷则变，变则通”。梁启超发挥了康有为的主“变”哲学，热情地歌颂创新，反对泥古守旧。这对青年毛泽东有着启蒙作用。而当他后来接受马克思主义理论并使之与中国革命实践相结合的时候，就更为自觉地继承和发展了《周易》固有的辩证法思想。

毛泽东在读《辩证法唯物论教程》时，在书中批注到：“完全否定，乾坤或几乎息”，就是出自《周易·系辞上》。

1956年11月15日，毛泽东在八届二中全会上的讲话里说：“有一些同志就是不讲辩证法，……我们每个人也是如此，总是有两点，有优点，有缺点，不是只有一点。一点论是从古以来就有的，两点论也是从古以来就有的，这就是形而上学跟辩证法。中国古人讲，‘一阴一阳之谓道’。不能只有阴没有阳，或者只有阳没有阴。这是古代的两点论。形而上学是一点论。”（《毛泽东选集》）“一阴一阳之谓道”，就是《系辞》中所讲的阴阳关系与阴阳的变化规律。

在1957年整风座谈会上，毛泽东说：“不好大喜功不行。但是要革命派的好大喜功，要合乎实际的好大喜功。不急功近利也不行。《易经》上讲：‘君子终日乾乾，夕惕若厉。’这都是圣人之言。”

1961年1月4日毛泽东在与何其芳谈话时说：“《易经》上有这样的话，‘无平不陂，无往不复，物极必反’”，“现在就是适得其反，欲速则不达”。在陈晋主编的《毛泽东读书笔记》中毛主席这样说：“本源者，宇宙之真理。”他在读朱熹的《朱子语类》时批注：“人人有一太极，物物有一太极，总天地万物之理，便是太极。”读《注评周易》时又批注：“易有太极，是生两仪，两仪生四象，四象生八卦，八卦定吉凶，吉凶生大业。”他的评语说：“欲动天下者，当动天下之心，而不徒在显见之迹，动其心者，当具有大本大源。……大本大源，宇宙之真理。”

1963年底，著名学者、易学家高亨教授受到毛泽东接见。毛主席说自己读过高先生关于《周易》的著作，并对他的成绩给予肯定。返回山东大学后，高亨将自己的著作《周易古经今注》等，寄请周扬转呈毛主席。不久，他收到回信。“高亨先生：寄书寄词，还有两信，均已收到，极为感谢。高文典册，我很爱读。肃此。敬颂安吉！毛泽东 1964 年 3 月 18 日。”

我们也可以发现毛泽东思想在很多方面，带着《易经》的智慧。

俗话说“国强则民富，国破则民亡”。毛主席创立了“全民皆兵”的人民战争思想，说“真正的铜墙铁壁……是千百万真心拥护革命的群众，这是真正的铜墙铁壁，什么力量也打不破的”。毛主席分析了当时的革命形势，认为城市中敌强我弱，无法站住革命的脚跟，农村敌人的力量比较薄弱的情况，创建了把革命的中心选在农村，在农村建立根据地，以“农村包围城市”的战略方针取得了抗日战争和中国革命的伟大胜利。这个思想，可以说就出自《易经·旅卦》卦辞：“旅，小亨，旅贞吉。”认为在旅途中遇到特大困难时，只有把这特大困难，分割成若干个小困难，坚持纯贞之精神，在战胜每个小困难中形成亨通无阻的绝对优势，最后就一定能够战胜全部困难，以大吉告终。按这样的原理，毛主席创立了在战略上藐视敌人，在战术上重视敌人，集中优势兵力“打歼灭战”的思想取得了一个又一个的胜利。

1935 年红军到了陕北，毛主席说：“这地方虽然穷，但穷则思变，穷就要闹革命嘛”，从而掀起了一个生产自救高潮。那么这个“穷则思变”的思想出自哪里呢？就是来自《易经·系辞传》中的：“穷则变，变则通，通则久”的易理。

1958 年毛主席又说：“中国六亿人口的显著特点是一穷二白，这些看起来是坏事，其实是好事，穷则思变，要干，要革命”，掀起了社会主义建设的新高潮。所以毛主席不仅重视《周易》的研究，更重视对“易理”的应用。不仅自己的名字取材用典于《易经》，更是运用《易经》的智慧经世致用。

我们还能从毛主席的《矛盾论》中，从阐述哲理的深度来看，无疑他是研习运用《易经》之人，当他论述矛盾的二重性，矛盾的主要方面，内外因素等关系时，辨析得非常精辟，跟《易经》的阴阳互变完全一致。

龙的传人与《易经》

2017 年 11 月 8 号，习近平总书记在故宫太和殿门外会见特朗普夫妇，其中习近平总书记谈到了我们中华民族是龙的传人。

今天很多人对龙为何物其实不甚了了，甚至西方学者提出来龙这种东西并不存在于现实之中，所以中国人如果自称是“龙的传人”，那就是骗子的传人，虚幻的传人。这种理念一度影响了很多中国人，一段时间里很少听到有人自豪自信地说“我们是龙的传人”了。所以“龙的传人”这四个字由习近平总书记铿锵有力、掷地有声地说出来。

智慧与精神也看不到，摸不着，难道智慧和精神就不存在吗？西方人很难理解，或者说蓄意误解我们的龙文化，但是我们中国人自己要懂，什么是龙的传人，传的是龙的什么精神？

龙的形象是由六种动物的身体构成的，也分别代表了六种动物：鹿角、马首、蛇身、鱼鳞、鹰爪、鸡尾。

这六种动物分别代表六种精神，鹿代表了高贵的人格；马代表了不断前进的动力；蛇代表了能屈能伸的精神；鱼代表了自由的思想；鹰代表了执行力与有所作为；鸡代表了展示美好，爱护形象。

这六种精神，也是中华民族代代相传的精神。陈寅恪所倡导的“独立的人格，自由的思想”，原本就包含在龙的精神里面。一个人光有人格没有思想会执拗，一个人光有思想没有人格就会狂妄。这六种精神都要融到我们的生命里，能融合进去，那我们就是龙的传人，就是“人中龙凤”。

“道通天地有形外，思入风云变幻中”，中华优秀传统文化的最高境界就是《易经》所揭示的：“形而上者谓之道”，明白了这个“道”之后能开创出一切的物质、科技与文明。这个“道”的特征是“形而上”的，就是无法具体形容它的形象的。《易经》里面讲：“形而上者谓之道，形而下者谓之器。化而裁之谓之变，推而行之谓之通，举而措之天下之民谓之事业。”就是说当你得道（大智慧）以后，就能创造一切物质、科技与文明了（形而下者谓之器），大智慧是无形无相的，这个智慧高到极致，超越一切有形有象的现象世界，无法形容，但是却能站在制高点指导我们创造出无比丰富的物质和科技。所以叫“形而上”，“形而上”就是超越了有形有象的现象世界。而“形而下”就是有形有象的现象世界、物质世界。通俗地比喻，就是好比用哲学的思想和原理来指导科学、科技以及发明创造等等一切行为。所以这不是“唯心主义”。通俗地理解，精神的文明程度，决定物质的文明程度，而这两者也是完全统一的。而用这个“道”的大智慧创造出来的产品，可以根据任何的需要而创造发展出来，能满足所有人的需要需求。因为它能够与时俱进，所以永不过时，只要有需要就能创造发展出来。这就叫“化而裁之谓之变，推而行之谓之通”。最后还能够为世界人类谋福祉，为全人类服务，这就是“举而措之天下之民谓之事业”。

龙是什么呢？看不到摸不着，龙就是对这个至高无上的“大道”的形容。所以“龙的传人”也就是“道的传人”“大智慧的传人”。同时还是“和谐境界”的传人。为什么说“和谐境界”呢？

这六种动物，就分别代表不同的领域。鹿对马说，你虽然跑得快，但是我头上长角，你没有，我比你高贵；马对蛇说，我能日行千里，你只能钻草，你不如我；蛇对鸡说，你虽然长得好看，但是你没有我的柔韧，我能钻草，你钻不了；鸡对鹿说，你虽然高贵，但是没我华丽优美。鱼对鹰说，虽然你能翱翔蓝天，但是你下不了水，看我无忧无虑，比你自在……

六种动物，在各自的领域里，都是好手，都互相不服。唯有龙，能把大家融合起来，化解了所有矛盾，所以就从动物升华成了能够吞云吐雾、腾云驾雾、能够呼风唤雨的神——也就是龙。所以，龙又代表了和谐。

西汉的创建者刘邦，上朝的时候就问了一个千古之问，众爱卿啊，我想问一下，论带兵，我不如韩信；论储备粮草，我不如萧何；论运筹帷幄之中，决胜千里之外，我不如张良；甚至论冲锋陷阵、力能扛鼎，我不如项羽。奇怪的是，为什么我什么都不如你们，最后却是我建立了西汉王朝，而项羽最终兵败自刎？见大家面面相觑，一声不吭，刘邦就自己回答了。因为你们都很强，所以都容不得别人，尤其项羽，因为太强了，什么事情都必须亲力亲为，不信任别人，也不屑别人，搞得刚愎自用，听不进意见，虽然得到了一个范增，最终都没有真正用上。而我貌似不如你们，所以总能谦虚接受意见和建议，你们也就能够最终为我所用了。

刘邦是历史上第一个以“真龙天子”自居的皇帝，他讲的这番话，就是“和谐”的智慧。和谐也是世上最伟大的力量，把所有的矛盾化解，把所有的敌对势力转化成朋友，把朋友再变成自己的命运共同体，你就不再是在某个领域称王称霸的动物了，而是从动物升华成龙了。

所以《易经》本身也是龙，你说它是哲学，或者说它是医学，说它是兵法，都是对它的狭隘，它明明是龙，你却把它变成了鹿、马、蛇、鹰、鱼、鸡等等。

“龙”这个字，也是《易经》第一个提出来的。在《易经·乾卦》当中，提出了“六龙”的概念。这“六龙”的概念，其实就是一个人获得巨大成功、圆满成就的法则。

第一个，叫作“潜龙勿用”。就是趁机会没有来的时候，赶紧沉到海底，就是让自己沉下心来，好好学习，积学储宝、积学储能，把所有的一切收敛起来，修炼自己，提升自己。代表了“学习的精神”。

第二个，叫作“见龙在田”。就是学习到了一定的阶段，就要把自己呈现给社会，为社会分忧解难，敢于承担社会责任。代表了“有所担当”“积善行德”的精神。

第三个，叫作“或跃在渊”。就是进退自如，进能上天，退可入海。这是处世的圆融智慧。《易经》里说：“时止则止，时行则行。动静不失其时，其道光明。”这个进退自如的智慧，可以让你立足于不败之地。代表了“能屈能伸”“知进知退”的精神。

第四个，叫作“飞龙在天”。当你具备了学习的精神，掌握了一定智慧，又对社会有所担当，同时还具有了知进知退的处世智慧，那么你就必然获得更高的社会地位，可以率众而行了，这就是“飞龙在天”。代表了“引领社会”的精神。

第五个，叫作“亢龙有悔”。当你获得了很高的社会地位以后，容易自我膨胀，目空一切，认为之所以有今天，全是自己的聪明才智与勤奋努力，加上社会地位一高，阿谀奉承的话就自然多了起来，自己也容易飘飘然。所以《易经》提出来，还需要不断反思反省自己，千万不要洋洋得意。这个“亢龙有悔”，就是反思反省的精神。

第六个，叫作“群龙无首”。当你又有学习精神、又有担当精神、又知进退、又能引领社会，关键还能保持谦虚，懂得反思反省，有自知之明，那你就可以走向圆满了。这个圆满，就是佛家“空性”的境界，道家“无为”的境界。这个境界，无法形容，所以叫“群龙无首”。进入至高的境界，实现生命的圆成了。

明白了这六种精神，懂得应用这六种精神，就能够驾驭自然之道，用自然之道来创造一切。所以《易经》里说：“时乘六龙以御天”。

龙的精神，也就成为中华民族的精神。而传承了这样精神的人，就是“龙的传人”。

而关于《易经》提出来的许多精神，其实在不知不觉间已经融入进了中华民族的血脉中，成为中华民族的整体精神。梁启超曾经在清华大学做过一篇演讲，谈何为君子，说六十四卦中，有五十三个都在讲君子。尤其以乾坤二卦为根本，即所谓“天行健，君子以自强不息；地势坤，君子以厚德载物”。从此“自强不息”与“厚德载物”成为清华大学的校训。

其实，自强不息与厚德载物，也是中华民族的精神。

我曾在2016年6月份访问过英国，并在英国的议会做过一篇演讲，演讲中谈到了三位对中华文化十分了解的英国学者，第一位是李约瑟，第二位是罗素，第三位是汤因比。汤因比指出，世界上有一类文明，经久不衰，文明的载体也始终如一，这类文明虽然古老，但充满适应和变化的能力，在面临挑战之际反而会不断重新激发活力，使自身得到更新，这样的文明在人类历史上，绝对是屈指可数的少数。汤因比所指出的特殊长久、适应能力与众不同的文明，就是独一无二的中华文明。

所以，汤因比认为，中国应对人类文明尽更大责任。

同时汤因比认为，中国的“融合与协调的智慧”给人类前途以无限启示！汤因比所谓的“融合与协调的智慧”其实正是中国的和谐智慧，也是协和智慧。这个智慧，来自于中国古老的《易经》之中。

我在演讲时，谈到中华文明之所以长盛不衰的原因，我认为，在中国古老的经典《易经》之中就已经有了全面而明确的指示。综合起来，我当即概括了以下一些《易经》的精神：

"与时俱进"的创新精神；"保和太和"的和谐精神；
"自强不息"的进取精神；"厚德载物"的包容精神；
"变通趣时"的变通精神；"俭德避难"的节俭精神；
"居下不忧"的无畏精神；"顺天休命"的随顺精神；
"能屈能伸"的柔韧精神；"师出以律"的规则精神；
"以简御繁"的统御精神；"张弛有度"的节制精神；
"同心协力"的团结精神；"信及豚鱼"的诚信精神；
"柔进昭明"的晋升精神；"龙战于野"的斗争精神；
"多元协和"的平等精神；"否极泰来"的希望精神；
"周而复始"的生生精神；"志在通天"的向道精神；
"先否后喜"的自胜精神；"言扬王廷"的雄辩精神；
"卑以自牧"的谦虚精神；"洁净精微"的修养精神；
"正大光明"的人文精神；"遁世无闷"的独立精神；
"不谗不渎"的人格精神；"居易俟命"的忍耐精神；
"革故鼎新"的革命精神；"立不易方"的信念精神；
"用晦而明"的内敛精神；"贞固干事"的坚毅精神；
"雷出地奋"的奋斗精神；"天雷无妄"的纯诚精神；
"风火家人"的整体精神；"步步高升"的渐进精神；
"博闻广见"的阅世精神；"利用厚生"的济世精神；
"无我利他"的致公精神；"神道设教"的教育精神；
"迎难而上"的吃苦精神；"见贤思齐"的比照精神；
"损下益上"的去欲精神；"慎言饮食"的养生精神；
"体仁长人"的博爱精神；"嘉会合礼"的礼仪精神；

“善世不伐”的自由精神；“学问宽仁”的学习精神；
“守中保大”的中庸精神；“惩忿窒欲”的超脱精神；
“潜龙勿用”的蓄电精神；“见龙在田”的担当精神；
“或跃在渊”的本分精神；“飞龙在天”的引领精神；
“亢龙有悔”的反省精神；“群龙无首”的无为精神；
“正位居体”的正义精神；“存不忘危”的忧患意识；
“参天两地”的感悟精神；“趋利避害”的选择精神；
“小往大来”的交易精神；“天地交通”的沟通精神；
“含章可贞”的内在精神；“神明不语”的静默精神；
“如履薄冰”的谨慎精神；“润以风雨”的奉献精神；
“探赜索隐”的探究精神；“穷理尽性”的钻研精神；
“仰观俯察”的观测精神；“大君有命”的使命精神；
“开物成务”的创造精神；“含弘光大”的气度精神；
“和顺道德”的文化精神；“以道制器”的致用精神；等等。

另外，我又曾写过一篇《周易励志铭》，借助《易经》的精神，来鼓舞人心，用《易经》的精神，来指导我们的生命走向圆满：

一

云行雨施，万物资始。幽独之贤，谦谦君子。
不谗不渎，文明以止。开国承家，通天之志。

二

遁世无闷，独立不惧。云龙风虎，俟命居易。
厚德载物，自强不息。言物行恒，朝惕夕厉。
小惩大诫，存神知几。保和太和，威名相济。
立不易方，与时消息。辨物居方，治历明时。
用晦而明，申命行事。利物同义，贞固干事。
俭德避难，高尚其事。体仁长人，嘉会合礼。

卑以自牧，朋友讲习。善世不伐，崇德广业。
穷神知化，黄中通理。学问宽仁，非礼弗履。
守中保大，惩忿窒欲。颐以养正，洁净精微。
教思无穷，正位居体。正位凝命，退藏于密。
精义入神，中正有节。日新富有，反身修德。
大人合德，存不忘危。自天佑之，吉无不利。

三

风雷激荡，参天两地。观国之光，云雷之机。
三阳开泰，日月推移。革故鼎新，高大以积。
履道坦坦，取顺舍逆。正大光明，变通趣时。
元亨利贞，大道通衢。彰往察来，一致百虑。
小往大来，阐幽显微。往来不穷，王用显比。
庸言庸行，神明不语。雷霆鼓舞，润之风雨。

四

大君有命，以道制器。雷出地奋，山泽通气。
仰观俯察，神通万类。含章可贞，文德永懿。
和顺道德，尽性穷理。探赜索隐，理财正辞。
大宝大德，曲成不遗。以文化成，善积庆余。
开物成务，无思无为。显仁藏用，无方无体。
继善成性，无咎无誉。乘龙御天，周流六虚。
道济天下，参赞化育。举措天下，通乎昼夜。
天地贞观，天下贞一。知周万物，弥纶天地。
有孚惠心，大君之宜。含弘光大，黄裳元吉。

孔子与《易经》

孔子这一生，之所以能够“大成至圣”，其实和一部书密切相关，为什么说密切相关呢？因为他一生当中，随时随地都在翻阅这部书，这部书叫什么名字？就是后来被儒家尊奉为“群经之首”、道家尊奉为“三玄之首”的《易经》。

司马迁在《史记》中这样形容孔子学习《易经》的勤奋：“孔子晚而喜《易》。……读《易》，韦编三绝。曰：‘假我数年，若是，我于《易》则彬彬矣。’”这句话就是在表达孔子读《易经》是如何勤奋。先秦时代的书都是用竹片书写，再用皮条编缀成册，不读时卷为一卷，读的时候将这一卷展开，所以叫“开卷”。而孔子是怎样勤奋的呢？司马迁用了四个字，“韦编三绝”，现在已经成了成语，泛指一个人读书无比勤奋。为什么这样说？因为先秦的书卷都是皮绳编缀的，你如果经常读，那么就必然反复地开卷、合卷，次数多了，皮绳磨损，就会断掉，那么你就必须要重新再用新的皮绳来编缀，一次编缀，就叫“一绝”，那么三次编缀，是不是就叫“三绝”呢？不是。因为在古代，“三”是广义，代表多次、无数次。所以“韦编三绝”，就是形容孔子读《易经》，极为勤奋，反复读，甚至把《易经》反复读坏，又反复把《易经》的经卷反复修整好。这整个读书、读坏书、修整书不断循环往复的过程，就用“韦编三绝”这四个字概括完了。你看古人用字，真是言简意赅，而且还形象传神。这种言简意赅的精神，我们后面会讲到，就是《易经》“大道至简”“至简至易”的精神，都是合乎《易经》的思想智慧的。

司马迁不光形容孔子读《易经》很勤奋，还形容孔子后悔自己读晚了，“假我数年，若是，我于《易》则彬彬矣。”就是说老天应该早给我几年时间让我读到《易经》，如果这样的话，我对《易经》的智慧就能了然了。大家注意，中国汉字当中，有一个字，既代表“知道”，又代表“做到”，能够代表知行合一的字是哪一个字呢？我在《平心平天下》里提到过，就是“了”字。代表知道，叫作“明了”，代表做到，叫作“完了”“了结”。所以一个“了”字，既代表知道，又代表做到。《红楼梦》里还有首“好了歌”，源于跛足道人和甄士隐的对话，并借这个“了”字来阐述人生智慧的。所以“了然”二字，就包含了“明了”与“完了”，包含了“知行合一”。因为司马迁所形容的这个“彬彬”二字，就来自孔子，就是代表知行合一，又合于中道的意思。

孔子在《论语》中讲“质胜文则野，文胜质则史。文质彬彬，然后君子”。

质就是行为，文就是智慧。行为强过智慧，智慧控制不了行为，那么这个人就会粗野；而智慧强过行为，说起来什么都懂，行为和致用方面又跟不上，那么这个人就会虚浮不实或迂腐拘泥不化。所以司马迁形容的“彬彬”是什么含义？就是道行和德行都能完全具备的意思。道行代表了智慧，德行代表了行为。“彬彬”也就代表了知行合一、道德完备、文质一流。这就是司马迁记载孔子的感叹，如果早点学到《易经》，就可以早一点成为道德完备、知行合一、文质交相胜的一流人物了。这种人是什么人？就是圣贤人。

那么司马迁记载的这个话孔子有没有讲过呢？我认为是有的，因为《论语·述而》里面有这样的记载：“加我数年，五十以学《易》，可以无大过矣。”你看孔子说的这句话和司马迁在《史记》里记载的那句话，也可以说大同小异。孔子自己说的这句话，就是感叹自己学《易经》太晚了，哪怕上天再给我一点时间，五十岁再开始学，用《易经》的道理来指导自己的行为，我这一生也不会有很多的过失了。这里的“大”，我理解为“大多”的意思，不是“大小”的大，因为如果孔子一生中犯下了大的过失，是不符合孔子的情况的。

他从小就志于学，而且很勤勉，通过他的思想就能了解，他绝不会犯下不可饶恕的大错的，但是小错，在所难免。圣人之所以成为圣人，其中一条就是“无过”。贤人之所以还不能称为圣人，因为还有一些小的瑕疵，还不完善。所以，我们可以这样理解，读《易经》以前的孔子还在贤人的境界里，读《易经》以后的孔子，则开始渐渐进入圣人的境界了。这个论述也比较符合孔子的自述。他说：“吾十有五而志于学，三十而立，四十不惑，五十而知天命。六十而耳顺，七十从心所欲不逾矩。”对世间的道理不惑相对容易做到，但是对世间出世间、天上天下一切的道理都能搞明白，就相对不容易了。所以佛家把世间的道理称为“世智聪辩”，而真正宇宙人生的真相，是不能用“世智聪辩”去蠡测和衡量的。所以佛家讲真正的智慧“不可思议”，老子则讲“道可道，非常道；名可名，非常名”。所以他到了五十岁之后，才终于明了了“天命”的内涵，天命是什么呢？这其中一个含义就是指“天道”，也就是宇宙人生的奥秘。所以孔子在五十岁之前是在一种“世智聪辩”的境界里，五十岁以后了然了世间、出世间、天上天下、六合内外的根本道理了。

六十岁以后呢？很多人解释“耳顺”是能够听得进一切话，引申为心态好了，其实还不够，仅仅心态好是还不够的，这个“顺”，是“顺其自然”，一种极为高明的境界。今天很多人提到“顺其自然”，仿佛就是一种无奈的悲观，其实不是，“顺其自然”是极高明的大智慧，后面我们会讲到。而“顺其自然”，这也是《易经》的巨大智慧之一，老子引用过，孔子也引用过。孔子在七十岁以后，完全做到“从心所欲不逾矩”，凡事都心想事成，没有滞碍，完美了。所以我们明显看到，孔子自述在告诉我们，他正是在学习《易经》之后，明了了天道，并能运用天道智慧（这也是“顺其自然”的其中一个含义）了，最后“从心所欲不逾矩”，成就完美。但是有人会说，他的人生自述里并没有提到《易经》啊。这就是读书不圆通，我们都知道他是在五十岁以后开始拼命读《易经》的，你再去对照他人生自述里各阶段的成长与收获，就完全能发现，他正是从五十岁开始，越往后，越接近天道与生命的本质，而《易经》恰恰就是揭示宇宙人生真相的宝典。

我常常说《论语》是孔子弟子及再传弟子记录他言行的书，是关于他思想的“散文”，那么对他整个系统思想的完整展现和全面反映，就见于他所写的，关于研究《易经》的心得报告——《易传》。大家注意，“传”是解释“经”的。孔子在《易传》里充分挖掘了《易经》的人文思想，也就是如何用《易经》所揭示的宇宙人生真相的智慧来指导人类最终走向生命圆满、大成至圣的思想。正因为孔子挖掘出了《易经》的人文思想，足以证明他已具有圣人的智慧，而被后世尊为“圣人”。《易传》分为“彖”上下、“象”上下、“系辞”上下、文言、说卦、序卦、杂卦一共十篇，因为《易传》的出现，使后人能够通过《易传》去感悟到《易经》的神秘智慧，掌握《易经》的神奇能力，实现生命的神圣价值，就使得《易经》仿佛插上了十只翅膀，可以自由翱翔于宇宙了。所以后人又把《易传》称为“十翼”。但是历史上从欧阳修开始，尤其到了近现代，几百年来一直有人怀疑孔子并没有这样拼命学《易经》、赞叹《易经》。

很多人认为，司马迁的祖上对《易经》极有研究，因为他自己在《史记·太史公自序》里面这样自报家门过："太史公学天官于唐都，受《易》于杨何，习道于黄子。"这里的太史公，就是司马迁的父亲司马谈。司马迁在《史记·仲尼弟子列传》和《儒林列传》里面，又都追溯杨何师承于田何，而田何的七世祖师，正是孔子。《史记·儒林列传》记载："自鲁商瞿受《易》孔子，孔子卒，商瞿传《易》六世至齐人田何。"

所以有人据此而怀疑，司马迁对《易经》有偏爱，故意拉上了孔子，甚至认为《易传》都是出自孔子手笔，这是故意抬高《易经》地位。而这样的怀疑，从古代一直到近现代的几百年来，质疑范围一直被扩大，从开始怀疑部分《易传》非孔子所作，直到认为整个《十翼》皆非孔子所作。到了20世纪上半叶，《易传》非孔子所作已经成为多数人共识。然而这一所谓的"定论"，随着20世纪末叶帛书《易传》和郭店楚墓竹简的相继出土而被彻底推翻，证明了《史记》所载不诬。还了司马迁一个清白，也还了孔子一个公道。

作为大学问家，孔子必须要博学，所以他也精于"占卜"。由于经常占卜算卦，引起弟子子贡的反感。帛书《要篇》里说，子贡曰："夫子亦信其筮乎？"就是说，先生啊，你也相信算卦吗？孔子做了肯定的回答，他说："吾百占而七十当。"就是说孔子常常拿算卦练手，算一百次的话，起码七十次都是准的。这是一种严谨的治学态度。试想，如果你都没有算过卦，自己也都不会算卦，怎么能够评判算卦到底准不准呢？这就是孔子最终能够成为圣人的一个条件，实事求是，不凭空好恶评判那些有争议的事情。

但是也因为常常算卦练手，他也充满了担忧，毕竟不是谁都能理解算卦这种事情。尤其是"世智聪辩"，自以为是的人那么多，大家理解不了算卦这背后的深意，他们只是看到你在算卦，并不能理解你是想透过算卦来达成什么心愿。要知道《易经》确实有占卜算卦的功能，朱熹给他干脆直接下个定义，"《易》本卜筮之书"，就是算卦的书。但在算卦的背后却含着深远的意义，因为透过占卜，可以感悟到宇宙人生的奥秘。所以像孔子这样，看起来是在占卜，实际上又超出了占卜的境界。但是没人能理解啊，不要说别人了，连天天跟随自己的弟子子贡都对孔子产生了动摇，产生了质疑。那别人又会怎么想呢?

《孔子家语·七十二弟子解》里甚至记载了孔子算卦准确得十分惊人的事情:

> 梁鳣,齐人,字叔鱼,少孔子三十九岁。年三十未有子,欲出其妻。商瞿谓曰:"子未也,昔吾年三十八无子,吾母为吾更取室,夫子使吾之齐,母欲请留吾,夫子曰:'无忧也,瞿过四十,当有五丈夫。'今果然,吾恐子自晚生耳,未必妻之过。"从之,二年而有子。

这个故事是孔子弟子商瞿的故事,通过商瞿表达出孔子算卦的准确。

我们翻译过来,就是:梁鳣,齐国人,字叔鱼,小孔子三十九岁。三十岁了还没有儿子,想休了自己的妻子。商瞿对他说:"不要这样做,当年我三十八岁还没儿子,我的母亲为我又娶了一房。但是,此时夫子却要把我派到齐国去,母亲请求让我留下来,夫子说:'不要担忧,商瞿过了四十岁,会有五个儿子。'现在果然如此。我恐怕你的子女晚生,未必是你妻子的过错。"梁鳣听从了商瞿的话,没有休妻,过了两年就有了儿子。

在《国学旨归》第一辑出版前,我与刘大钧先生会面交谈,刘先生用笔写了好几段话赠我,其中有这么一句:"由筮入《易》,乃传统治《易》之根本门径。"就是说按传统学《易经》的路数,必须要懂占筮,也就是占卜,否则根本连门都进不了。进不了门,对《易经》内在奥秘的理解,就是苍白而乏力的。所以说,"古之学者为己,今之学者为人"。中华文化注重实修实证,如果没有实践,就不会有修证。没有修证,就不会真正领悟。而变成一种卖弄知识与炫耀才华,不但无益,而且有害。

刘大钧先生曾经在一个对话的栏目里说过他的故事,他说:"我姥爷把《易经》传给我,我又把《易经》发扬光大。我姥爷之前曾说,你现在还不能出山,十年之后你必定出山。他给我讲这话的时候是 1968 年,我恰好是 1978 年才被起用的。在 1978 年之前的很多年里,我都只是一个纺织厂的工人。所以,中国的传统文化确实是高深的。

"老人家很有预见性,包括对我找对象,很有意思。我原先的对象曾是我高中的同学，当时我带她去见我姥爷，我姥爷连理都不理。他说，她当你媳妇不行，你真正的媳妇现在还在街上跳皮筋呢。我说，人家还未必跟我呢。因为当时我已经到了社会的最底层了，城市中的手工业工人。后来“文革”时期，我又被关了牛棚，我们果然散了。最后碰上我现在的爱人，（姥爷）他老人家说这话的时候是 1964 年，那时候我现在的夫人才十岁，不正是在街上跳皮筋吗，让姥爷说中了。

“《易经》这学问，你钻进去了，掌握了它的精髓，能帮助你预测。时间一长，你会出现第六感觉，判断一个人有才没才，禀赋高不高，一看就知道了。但是再有才的人都有他的弱项，你也可以看出来。如果一个人品德修养不好，往往会在最关键的时候，该让你露脸时你却现眼。这些年我总结一下，人一定要提升自己的德行，干的事情越大，需要的德行也就越大；要有一个宽阔的胸怀，遇到任何难事都能一笑置之。

“在这方面我有很多体会。我 20 多年来弘扬易学，从来没有被利益驱使，我写了一副对联，‘众热众冷；此际宜存主宰；独行独立；其间都见精神’，所以我在弘扬这个东西的时候并没有炒作，也没有上官方报纸，还是实实在在在做这个事，并且现在这个事情被越来越多的人接受了。

“如果你一旦通过急速炒作或者用官方来操作，你可能会适得其反，‘美而化之，德薄而化；美而慎之，不言而行’，你不用说大家都会相信你。就是我以前所讲中国传统文化最重要的精髓就在于它必须要把你的德行修养结合在一起才行。

“我以前办的《周易研究》这个刊物，开始由于各个方面的原因被停刊。但是到最后却被教育部神奇保留了下来，现在每年刊发 13000 多份，发往 28 个国家和地区。

“所以做事情就要像古人所说‘与天地合其德，与日月合其明，与四时合其序，与鬼神合其吉凶’。只要你一直这样做下去，保持好的德行修养就一定能行。

“还有一个事情就是我那里被评为‘国家的基地’（指山东大学易学与中国古代哲学研究中心为教育部人文社会科学重点研究基地）。起先我还不知道，教育部有这样一条规定，评国家基地要有三个条件，这三个条件意味着很难评上。第一，高校的研究机构要有自己办的学术刊物，而且有正式刊号；第二要截至 2000 年召开两次以上国际或国内以上的学术会议；第三，单位的年轻学者有高级职称要占到 65% 以上。最后够这三个条件的全国只有十一个单位，整个山东大学就我们一家。开始我们中心只是哲学系下设的一个研究室，他们想让我们自生自灭，但我们慢慢做大，现在想灭掉都很困难，最后转变成大力支持我们。

“所以，这些最关键的转变你根本都是没有想到的，也不在你的设计之内，但是你一直在慢慢地做，坚持下来了，自然会有这个结果。这就是所谓‘人若弘道，道自弘人’。当时我如果不出来做《易经》的话，中国的象数易学可能就失传了。”

这是刘大钧先生的讲话，也谈到了占卜的情况，更重要的是谈到了德行的重要。因为有这个德行在，一个小小的周易研究室，发展成了教育部的重要研究基地，刘先生阐述的微言大义在这里。

而关于孔子对占卜的评价，《要篇》里这样记载：

子曰:《易》，我复其祝卜矣，我观其德义耳也。幽赞而达乎数，明数而达乎德，又仁守而义行之耳。赞而不达乎数，则其为之巫，数而不达于德，则其为之史。史巫之筮，向之而未也，好之而非也。后世之士疑丘者，或以《易》乎？吾求其德而已，吾与史巫同途而殊归者也。君子德行焉求福，故祭祀而寡也；仁义焉求吉，故卜筮而希也。祝巫卜筮其后乎？

翻译过来，就是：

对于《周易》，我照着祝卜的方法做了，而着重观察它其中的德义。根据算卦而能明白其中精深的数理逻辑，明白了这个精深的数理逻辑，而能领悟其中的德义所在，之后又能守仁行义而已。隐求鬼神佐助，而不懂这其中深奥的数理逻辑和道理，这是巫的筮占；明白了其中的数理逻辑和道理，而不能感悟到德义的层面，这是史的筮占。对史的占卜和巫的占卜，我也向往但并没有照着做。基本上我是反对巫史将《周易》只做占卜用的。后人责怪我孔丘，可能就是因为我学《易经》吧？其实我只是学习感悟《易经》中的德义而已。我与史、巫等人在学习《易经》的占卜算卦方面是一样的，但学习《易经》而最终达到的目的是完全不同的。君子修养德行以求福，所以很少祭祀；践履仁义以求吉，所以很少占卜。对于《易经》，我们或许应该把祝巫占卜等行为放在次要的地位上吧？

通过孔子自述学《易经》，学占卜，我们了解了，他虽然也算卦，是为了通过算卦而真正领悟到宇宙人生的真相，领悟到完善命运的法则，就是“德行”，也是《易经》所强调的：“厚德载物”“积善之家必有余庆”。那么这个思想，也与孔子本人所倡导的“不语怪力乱神”完全一致。后来荀子所谓的“善易不占”，其实也就是孔子在这里所表达的思想了，你只要符合道义，符合德行，占卜这些事情，都是次要的，不重要。因为德行厚重了，命运自然就好。算不算卦，又有什么意义呢？

可见，孔子正是通过对占卜的学习而领悟了《易经》的智慧，进而领悟了宇宙人生的奥秘，进而敬畏天道，注重培育德行，最终至成大圣。

这也成为后来中国历史上学习《易经》的人，大致变成两类人的一大现象。有的人学《易经》，学成了圣贤豪杰，圣贤譬如诸葛亮、严君平、孙思邈、袁天罡、邵雍、张载、二程、周敦颐、朱熹、刘伯温、王阳明、王夫之，豪杰如唐朝的李泌、唐宋之间的吴越王钱镠以及清代的曾国藩、左宗棠等均是。另有一类人就是学《易经》放纵了投机心理，最后成了所谓的“牛鬼蛇神”。足可引以为戒。

道家与《易经》

前面提到，《易经》不仅是儒家的群经之首，《易经》还是道家的“三玄之首”。三玄即《易经》《老子》和《庄子》。在道家的地位也极为尊崇。

我早年曾出版过《老子汇通》一书，便是将老子的思想还原回《易经》来。郭彧先生看过该书后，说这个做法有意义，因为从古至今还没有人这样去系统阐述过。然而因该书出版较早，是我早期阶段的产物，很多思考尚不成熟，也有许多不足，只有留给将来有机会时再进行修订了。

我在《老子汇通》中谈到，《老子》所阐述的思想，完全是《易经》的内涵。犹如孔子的《易传》，然而《易传》十篇，篇篇提到《易经》。而《老子》五千言，几乎都没有提及《易》。然而当你去看《道德经》原文时，你又会感到完全就是在阐述《易经》思想的感觉，几乎每一章都能还原于《易》的思想。

“《易》以道阴阳”，“一阴一阳之谓道”，《易经》用阴阳的关系来解释一切。《老子》自己也说：“万物负阴而抱阳，冲气以为和。”《易经》的思想认为阴阳既对立，又统一，既相互对峙，又可以相互转化。这两者的转化融合，就是和谐的基础。老子的“冲气以为和”恰如《易经》的“保合太和乃利贞”。

《易经》以“乾坤”为门户，乾坤就是指天地，天覆盖一切，高高在上，周遍一切，产生了万物，万物随天时而得以生长发展，所以天代表了规律。这个规律永恒不移，而且看不到摸不着，却又真实不虚的存在，所有事物因合乎它的规律而得以长久，不合它的规律就必然产生问题。所以《易经》注重“天时”的观念，所谓：“大明终始，六位时成。时乘六龙以御天”。结果老子也说：“有物混成，先天地生。寂兮寥兮，独立不改，周行而不殆，可以为天下母。吾不知其名，字之曰道。强为之名曰大。大曰逝，逝曰远，远曰反。故道大、天大、地大、人亦大。域中有四大，而人居其一焉。人法地，地法天，天法道，道法自然。”这个“曰逝、曰远、曰反”，就犹如形容时间的流逝，渐行渐远，同时又周而复始，所以曰“反”。《易经》六十四卦，最后一卦为《未济》，就代表周而复始，循环往复之义。

老子的思想，其最高境界在于“无为”，而无为恰恰也是《易经》所揭示的最高境界与智慧。《易经·乾卦》的境界就是用九爻的爻辞：“群龙无首，吉”。“群龙无首”就是无为。这个“无为”的特征是什么呢？老子说：“大象无形，大音希声，大方无隅。”“群龙无首”就是“神龙见首不见尾”，进入了“无形无象”的境界里。《乾》为天，阳气充沛于天上天下，就代表圆满。《乾卦》也是六子之父，最为尊崇。所谓“乾坤六子”，乾坤为其余六卦之父母。

所以据说佛家悉达多太子诞生后不久，即一手指天，一手指地，说：“天上天下，唯我独尊。”老子则说：“道者万物之奥也，善人之宝，不善人之所保”，“万物莫不尊道而贵德”。

所以，老子“道德”的理念，实在就是《易经》乾坤的内涵。乾为天，覆盖一切，天道高明；坤为地，承载万物，滋养万物，大地谦卑处下、方正、安宁、厚重、包容，这些都是大地所彰显的“德行”。老子始终以谦卑、柔弱、清静、厚重、包容为其思想的主旨。他讲“重为轻根，静为燥君”就是在阐述《坤卦》的德行。所以天为道，地为德。整部《道德经》，实在就是一部《乾坤大义》。

乾卦为天，为至真至纯，所以老子的思想主张归真，所谓“其精甚真”“质真若渝”。天为虚空，至大，所以老子主张“致虚极”“虚其心”“无中生有，有生于无”；坤卦为地，为朴实、为厚重的德义。所以老子主张“实其腹”“大丈夫处其厚，不处其薄；处其实，不居其华”。

大地柔弱处下，虽然柔弱，而能包藏所有尖锐的利器，能蕴藏所有坚硬的矿藏。所以说“柔弱胜刚强”，人之生也柔弱，其死也坚强。草木之生也柔脆，其死也枯槁。故坚强者死之徒，柔弱者生之徒。是以兵强则灭，木强则折。强大处下，柔弱处上”。

《易经》阐述天地人“三才之道”，老子则讲“域中有四大，道大、天大、地大、人也大，人居其一”。老子的天地人，固然是八卦的天地人；老子所谓的道，实际也是隐藏在《易经》背后深处的易道。

《易经》以八卦相合能成，《乾卦》为最吉，如离卦，将中虚填实就是《水火既济》；艮卦，将下虚填实就是《泽山咸》；坤卦，将三虚填实就是《地天泰》；震卦，将上虚填实就是《风雷益》……

《易经》这个“充实”盈虚的思想，老子称之为：“天之道，其犹张弓与？高者抑之，下者举之。有余者损之，不足者补之。天之道，损有余而补不足。”“补不足”，就是“充实”“盈虚”之道。

如《水火既济》卦，是取坎填离。坎为水，离为火，以清净之水熄灭嗜欲之火的意思。所以老子讲“上善若水”，也就是《易经》的“习坎”。老子讲“恬淡为上”“清静自然天下正”“天无以清恐裂”，清为水之德，静为地之德。

另外，《地天泰》卦、《泽山咸》卦、《雷风恒》卦、《风雷益》卦也都是合为《乾》卦。能合为《乾卦》就是最吉。因为《乾》卦代表大道，代表无为。

如何进入无为的境界呢？老子说“为学日益，为道日损，损之又损，以至于无为，无为而无不为”。“损、益”其实就是源自《易经》的《损》《益》二卦。也就是上面《风雷益》卦的德义，震为雷，损掉欲望，代表正气的阳在下开始增长；巽为风，为学习，春风拂地，智慧如草木之生发。

《易经》以扶阳抑阴为吉，以左为阳，以右为阴，所以老子说“君子居则贵左，用兵则贵右。兵者不祥之器，非君子之器，不得已而用之，恬淡为上。胜而不美，而美之者，是乐杀人。夫乐杀人者，则不可得志于天下矣。吉事尚左，凶事尚右。偏将军居左，上将军居右”。

《易经·谦卦》六爻皆吉，倡导谦以自守，卑以自牧的精神。所以老子主张“不争”“不敢为天下先”，同样都是谦德。

乾卦之数为一，因精纯无染之象，全部合一之义。兑卦与艮卦合二为一为乾卦；离卦与坎卦合二为一为乾卦；震卦与巽卦合二为一为乾卦；乾卦与坤卦合二为一也是乾卦。所以“一”是中华文化的本体论，它的最高表现形式是“和”，基本表现形态为“纯”，由此产生了“和谐”与“纯诚”的文化。老子讲“天得一以清，地得一以宁，谷得一以盈，侯王得一以为天下正”就是阐述乾卦的内涵。

正因为乾卦纯诚无染，所以至真至纯，老子就主张去欲和“涤除玄鉴”。他说：“五色令人目盲，五音令人耳聋，五味令人口爽，驰骋畋猎令人心发狂，难得之货令人行妨。是以圣人，为腹不为目，故去彼取此。”老子又说：“绝圣弃智，民利百倍；绝仁弃义，民复孝慈；绝巧弃利，盗贼无有。此三者，以为文不足。故令有所属，见素抱朴少私寡欲”。去掉伪饰和欲望，都是乾卦纯诚的精神。

阴阳的概念，可以对应出上下、左右、刚柔、好恶、曲直、有无、虚实、前后、长短、方圆、祸福、吉凶、进退、得失、强弱、舍得、难易、明暗、彼此、攻守、主从、黑白、雌雄、荣辱、音声等等。

阴阳的哲学原理实在很大很广。

老子说："天下皆知美之为美，斯恶矣；皆知善之为善，斯不善已。故有无相生，难易相成，长短相形，高下相顷，音声相和，前后相随"，全是在讲阴阳关系。"知其雄，守其雌，为天下溪。为天下溪，常德不离，复归于婴儿。知其白，守其黑，为天下式。为天下式，常德不忒，复归于无极。知其荣，守其辱，为天下谷。为天下谷，常德乃足，复归于朴。朴散则为器，圣人用之，则为官长"。

老子又说："信言不美，美言不信。"《易传》则说："吉人之辞寡，燥人之辞多。诬善之人其辞游，失其守者其辞屈。"

我们仔细看老子的思想，他说"有无相生，难易相成"就是在阐述阴阳的对立统一；他讲"无名天地之始，有名万物之母"，也就是在阐述《易经》体与用的关系。这个体用的关系，孔子《易传》称为形而上、形而下；老子讲"福兮祸之所伏，祸兮福之所依"，就是讲阴阳关系的互存互根，也是在阐述《易经》变化的法则，物极必反，盛极必衰，否极泰来；老子说："曲则全，枉则直，少则得，多则惑"，说的也是《易经》阴阳消长平衡的关系；老子说"既以为人己愈有，既已与人己愈多"，就是《易经》阴阳的换位转化。

《易经》讲"圣人以此洗心，退藏于密"。《易经》"大人虎变，君子豹变"的革新精神，就是老子说的："孰能浊以静之徐清，孰能安以动之徐生。"

佛家与《易经》

《易经》的德性是空性，《易传》说："易无思也，无为也，寂然不动，感而遂通天下之故"、"神无方，易无体"，《乾卦》的"群龙无首"，其所揭示的最高境界都是空性。那么这个空性，也是对乾坤未有之前的象征。佛家的最高境界，也是证得空性，所谓"缘起性空"。

佛家论述空与色的关系，如同《易经》乾坤二卦的关系，也如同"道与器”的关系。佛法讲“不二法门”“一真法界”,《易经》的阴阳关系、道器关系同样是不二法门。

佛家有“一切法皆是佛法”的思想,《易经》的道理也被形容为“包罗万象”“万有概念的宝库”。

佛家言佛陀“说法四十九年，未曾说过一法”，是为了彰显佛法是无为法；《易经》“不可为典要，唯变所适”，所彰显的同样是无为法。

佛家讲“无常”，而《易经》讲“变化”。因此产生了一个耳熟能详的词语:“变化无常”。

佛家讲三界，欲界、色界、无色界;《易经》讲“天地人”三才，这三才完全与三界相应。

《易传》说“《易》之为书也，广大悉备。有天道焉，有人道焉，有地道焉。兼三才而两之，故六。六者非它也，三才之道也。道有变动，故曰爻；爻有等，故曰物。物相杂，故曰文。文不当，故吉凶生焉”。天道、地道、人道，兼三才而两之的六爻，也对应了佛家的天道、阿修罗道、人道、畜生道、地狱道、恶鬼道。“文不当”的“文”，就是人行为造作的“业”，这个业，将决定其吉凶，也就是将与哪一道相应。

佛家修行，注重“十善业道”，所谓“十善业道”，也就是“身口意”。因“身三口四意三”合为十，故称为“十善业道”。

身三，就是不杀生、不偷盗、不邪淫；

意三，就是远离贪欲、远离嗔恨、不能执迷；

口四，就是不两舌（搬弄是非）、不恶口（诅咒、骂人）、不绮语（花言巧语）、不妄语（说谎）。

《易传》则说:“言行，君子之枢机。枢机之发，荣辱之主也；言行，君子之所以动天地也，可不慎乎？”《易经》又说:“君子以此洗心，退藏于密。”均是自律之道。

佛法不可思议，无法用言语表达;《易经》也说“圣人立象以尽意，设卦以尽情伪，系辞焉以尽其言，变而通之以尽利，鼓之舞之以尽神”，“书不尽言，言不尽意”。《易经》的思想，是通过卦象来感悟天地宇宙背后的真意。

一旦感悟到真意，就不再执着于此象。所以《易经》倡导“得象忘言，得意忘象”，注重“象外之意”。所以《易经》之道依然是“不可思议”。

佛家断爱欲，割舍离，出家修行，能够独自闭关修道，以冀证得佛果，《易经》也说：“君子独立不惧，遁世无闷。”

佛家能如理如法实修实证，严于律己，《易经》也说：“君子以常德行，习教事。”

佛家有光大佛法，佛光普照的追求，《易经》同样提出来：“大人以继，明照四方。”

佛家有布施、持戒、忍辱、精进、禅定、般若六度，《易经》中乾卦精神就蕴含自强不息的精进、天道周普的般若、天道有常的戒律三度；坤卦精神中的安稳精神（禅定）、奉献精神（布施）、忍辱精神（守卑处下）。《易经》中均饱含了佛家六度的精神。

佛家有贪嗔痴慢疑五毒需要远离，《易经》的五行化为“仁义礼智信”五常，对治五毒。

佛家有“七日克期”之说，《易经》也有“七日来复”之论。

佛家的大乘菩萨精神，也是《易经》“与天地合其德，与日月合其明，与四时合其序，与鬼神合其吉凶”的大人之道。

佛家讲看破放下随缘自在，无我相无人相，无众生相无寿者相。能见诸相非相，即见如来。

《易经》也是让大家利用六十四卦的卦象来显露一切现象，透过现象又发现真相实相，最后破一切象，归于空性无相。

佛家用因果来解释一切，《易经》用阴阳来解释一切。

“阴”通“隐”，代表隐秘难见的本质；“阳”通“扬”，代表张扬呈现出来的现象。

阴也是因，阳也是果。果是呈现出来的结果，也就是现象。

孤阴不生，独阳不长。阴阳相辅相成。

因果也是如此。有因必有果，有果必有因。

阴阳同步，因果同时。

最大的因在于人的心地，所以心地也叫因地。

人心难测，所以为阴。

心性能决定一个人的行为，进而决定一个人最终的结果，所以为阳。

阴变阳必变；因变果必变。

佛家有轮回之说，而《易传》讲“原始反终，故知死生之说”。

佛家讲智慧即为神通，《易经》讲神通源于智慧。《易传》说：“知变化之道者，知神之所为乎”？“穷神知化，德之圣也”。

佛家讲唯有佛陀才具有的四种智，而这四种智，《易经》也有。

这四种智，叫作大圆镜智、妙观察智、平等性智、成所作智。

我在《平心平天下》里专门论述过：

先来看“大圆镜智”，《易经》学通达以后，象思维模式开启，一切事物均能以象的模式呈现出。如同镜子，照出了世间万象。而这面镜子，又如同一面圆满周备无死角的镜子，遍照一切现象，却于本身并无影响、并无挂碍。《易经》的原文表述为“见乃谓之象”，“在天成象，在地成形，变化见矣”，“天垂象，见吉凶，圣人象之”。高明莫及的天就犹如一面镜子，真实不虚地反映出一切的现象。所以中国古人通过观测天文，而能察知人事。就像镜子真实无误地映照万象，反映万象，事实是什么样，天道这面镜子就会反映出什么图像。《易经》的智慧是包罗万象的，就像这面圆满的镜子，照出万象，照破万象。《易经》里说：“周流六虚”；又说：“《易》之为书也，广大悉备，有天道焉，有人道焉，有地道焉”。这个广大悉备，就是大圆满的意思。《中庸》源于《易经》的思想，提出了《中庸》的总纲，所谓“君子尊德性而道问学，致广大而尽精微，极高明而道中庸”。这个“致广大尽精微”，“极高明”等都是形容她的周备圆满。《易经》的思想于是提出了“正大光明”的理念。正大就包含了周备圆满的内涵，镜子所以能照天照地，就在于其光明无染。这个思想又影响了后世，所以又发展出了古代官家常提的“明镜高悬”。

《易经》里还说：“易与天地准，故能弥纶天地之道。仰以观于天文，俯以察于地理，是故知幽明之故。原始反终，故知死生之说。精气为物，游魂为变，是故知鬼神之情状。与天地相似，故不违。知周乎万物，而道济天下，故不过。旁行而不流，乐天知命，故不忧。安土敦乎仁，故能爱。范围天地之化而不过，曲成万物而不遗，通乎昼夜之道而知，故神无方而易无体。”这都是对大圆镜智最好的形容。

其次是“妙观察智”，《易经》学通达以后，无有疑惑，可以洞悉一切，一丝一毫，不论巨细，一览无余。《易经》里说：“夫《易》何为者也？……以通天下之志，以定天下之业，以断天下之疑。”

又说：“大观在上，中正以观天下，下观而化也。观天之神道而四时不忒，圣人以神道设教而天下服。”“神以知来，知以藏往，其孰能与于此哉！古之聪明睿知，神武而不杀者夫。是以明于天之道，而察于民之故，是兴神物以前民用。圣人以此斋戒，以神明其德夫。”

这段话就表述了《易经》以四个观（大观、中正观、下观、观天之道）就能够妙观所有一切事物的发展，即运动变化的规律。“彰往察来”“显微阐幽”。明白了观的道理，开启了观的智慧，就能够掌握世界运动变化的规律，于是可以教化天下，“圣人以省方观民设教”。

而《易经》八卦的起源，就是印证了这个思想。《易经》里说：“古者包牺氏之王天下也，仰则观象于天，俯则观法于地，观鸟兽之文与地之宜，近取诸身，远取诸物，于是始作八卦，以通神明之德，以类万物之情。”

然后是“平等性智”。《易经》六十四卦，没有一卦好，也没有一卦坏，卦象只是显示一种状态，这个状态是变化的。变成好的状态，那么就好；好的状态不谨慎，不注意，稍一懈怠，就变成了不好的状态，那么就坏了。所以《易经》只讲状态的好坏，而没有绝对的好坏。这就给人类提出了改变命运的方法和程式——小心翼翼（朝惕夕厉），不断向上（厚德载物），刚健奋发（自强不息），状态就会越来越好，命运就会越来越好。如若不然，哪怕是好的状态，一旦懈怠，甚至为非作歹，立马就转变为不好的状态，相应也就招来不好命运结果了。

所以，从这点来看，六十四卦，没有好坏，都是“等无差别”、平等无别的。同时，参透了六十四卦的精神，你就会发现，每个人都是自性具足的。这个自性具足，老子悟到了，称为“知足者富”，知什么足？知自性具足。知自性具足，所以不假外求；释迦牟尼悟到了，称为“如来藏”，每个众生都具备的“真如智慧德相”；孔子悟到了，就说：“仁远乎哉？我欲仁，斯仁至矣”。也就是说，这个仁性，我们每个人都具备，只是我们平时迷失掉了，一旦想要恢复回来，立马就可以回来；惠能大师悟到了，就说“何期自性，本自清净；何期自性，本不生灭；何期自性，本自具足；何期自性，本无动摇；何期自性，能生万法”。

自性具足，自性清净；

自性真如，自性光明。

因有自性，而生实信：“文化自信、理论自信、制度自信、道路自信。”信为道源功德母，民无信不立，业无信不成，国无信则亡。自信既立，万法自生。孙子称为“不战而胜”，老子称为“不为而成”。

王阳明悟到了，就说“人人具此良知”……

既然每人都具备这个仁心，这个良知，这个真如，这个自性，也就是说，每个人都很了不起，都能成仁，都能悟道，都能成佛。明白了这个道理，以前自卑的人就不再妄自菲薄，你能行，我同样能行；以前自负的人，就不再妄自尊大，我能行，别人同样能行。所以陆九渊说：“西海有圣人出，此心同也，此理同也；东海有圣人出，此心同也，此理同也。”就是说不论西方人、东方人，这个真如自性的本体是相同的，所以道理也就相同了。这就是“平等性智”。

最后，当你出现了前面三种智以后，所有的智慧也就开启了，所有的道理自然明白了，所有事物的规律当下就明了了，做事情于是不需要谋略、不需要算计，自然就能因缘具足、福慧具足，自然而然就成功了。这就是“成所作智”。《易经》里说：“《易》无思也，无为也，寂然不动，感而遂通。”这个思想启迪了老子，老子便说“无为而无不为也”。《易经》把这个过程说得很详尽很有条理的表述是：“形而上者谓之道，形而下者谓之器，化而裁之谓之变；推而行之谓之通，举而措之天下之民，谓之事业。”

就是说这个形而上的道就是无上智慧，具备这个智慧，就能做出一切发明创造（即“形而下者谓之器”；《周易·系辞》：“备物致用，立成器以为天下利”)。

具备这个智慧，还能适用于任何时间、任何空间，随时空的变化而相应地调整变化，换句话说，就是说“放之四海而皆准”(化而裁之谓之变)。

具备这个智慧，就能够畅通无阻且行之有效，“往而不害”(老子语)、无往不胜(推而行之谓之通)。

具备这个智慧，就能自然而然地必然成功，并且会获得巨大的成功。可以治平天下，教化万世。这也就是“无不为也”(举而措之天下之民，谓之事业)。

易占的原理与意义

《易经》里说:“易有圣人之道四焉：以言者尚其辞，以动者尚其变，以制器者尚其象，以卜筮者尚其占。”

这里的“易”字，指只有约五千字的《周易古经》。《易经》在远古出现了三个版本，我们又称为“三易”。古代的启蒙读本《三字经》中就已经普及到了，“曰《连山》，曰《归藏》，曰《周易》”。这就是《易经》的三个版本，现在一般认为是产生于夏商周三代，即夏代的《连山易》，商代的《归藏易》，以及周代的《周易》。而今天我们所说的《易经》，及市面上通行的所谓《易经》，实际上是《周易》。因为《易经》更早的两个版本《连山》和《归藏》，就目前的考古等各种资料来看，基本可以说是失传了。

《周易》经过孔子增加了《易传》，也就是《十翼》之后，成为儒家重要的经典，于是将孔子的《易传》与《周易古经》合并到了一起，到汉代以后，罢黜百家，独尊儒术，所谓的《易经》，也就是包含了《周易古经》与《易传》的《易经》。所以我们今天说的《易经》实际由两个部分组成，一个是《经》，一个是《传》。

“以言者尚其辞，以动者尚其变，以制器者尚其象，以卜筮者尚其占”，这四项我们简称为“辞、变、象、占”。这句话就是说，《易经》这本书，蕴含了圣人最常用的四种“道”，蕴含了四个方面的智慧，四种高级的行事哲理。

“以言者尚其辞”，“以”就是利用，或者根据。根据《易经》发表言论、建立理论的人，“尚其辞”，“尚”就是崇尚、采用，“辞”就是文辞。这里的文辞，指《易经》的卦爻辞，尤其是爻辞。所以朱熹直接把这个“辞”字解作“爻辞”，解作“卦辞”也是可以的。这句是说要采用《易经》的言辞作为言论、理论根据的人，特别崇尚《易经》的卦辞和爻辞。这是有道理的，例如最明显的是，《系辞下传》第一章就说到“圣人之情见乎辞”，圣人内心的思想感情，就表现在《易经》的卦爻辞当中。甚至我们快要读到的《上传》第十二章，也说到《易经》能够“尽言”，也就是能够通过《易经》的文字尽量将圣人的思想表达出来。既然《易经》的文字表达了圣人的思想，当然就能够作为言论、理论的根据。这是否是《系辞传》作者一人的私言？肯定不是。例如孔子在《论语・子路》里曾提到人要有恒心。他说：“南人有言曰：‘人而无恒，不可以作巫医。’”意思是尽管要当一个巫医（以禳祷之术替人治病的人），没有恒心去学习也做不了。接着，他引用《易经》恒卦九三的爻辞“不恒其德，或承之羞”，最后说“不占而已矣”。当孔子说到恒心时，就引用了恒卦的九三爻辞，借爻辞说明恒心的重要。前面我们已经讲过了，孔子强调了《易经》本不应该注重占筮的，他的后学荀子也特别强调“善为《易》者不占”，善于应用《易经》的人不需要占筮。为什么呢？因为真正明白了《易经》的道理，你就知道未来事情发展下去的最终结果，又何必需要占筮呢？于是就发展出了《易经》的义理。但是这个义理的得出，又是通过占卜来感悟到的，但最终又超越了占卜。

那么引用《易经》的文辞来作为事理的根据，是不是从孔子才开始呢？不是。

春秋时代，《易经》虽然仍然用来占算祸福吉凶，但有识之士已经将《易经》的词句变成了道德教训、人生行事的格言。记载春秋史事的《左传》已经有所讲述，我们随便举一例，大家体会一下，自然就会明白。例如鲁昭公三十二年，那一年鲁昭公客死于外地，它记载了晋国对这历史事件的看法。

这件事的缘由是什么呢？鲁国除了国君有权外，执政大夫季氏同样也有大权。可能鲁昭公所作所为有问题，结果季氏驱逐鲁昭公出国，另立新国君。就在这一年，鲁昭公死于国外。这当然是大事。晋国当时是霸主，为了这件事，执政的大夫赵简子就请教史墨，问他对这件事的看法。史墨认为宇宙间的事物永恒处在变动之中，君主变成臣子或臣子变成君主都是常态。正好比夏商周三代君主的后代，现在都变成了普通老百姓。他引用了《诗经·小雅·十月之交》的一句“高岸为谷”（高高的陆地陷落变成山谷），“深谷为陵”（陵即丘陵，深谷又会上升变成一座小山）。大地的地貌会由高变低，由低变高。地是如此，天也一样。他提到《易经》的大壮卦，“雷乘乾曰大壮，天之道也”（《左传》鲁昭公三十二年），这个《雷天大壮》卦，反映的天道也是这样。为什么呢？天高还是雷高？肯定天高。但现在雷在天之上，可见宇宙间的事物永远处在变化之中。尊贵的变成卑贱，卑贱的变成尊贵，这是很正常的事情，这也是“天之道也”。

而把这个“天之道”引申到人事行为上，就是孔子所说的“人之道也”。其实到了春秋时候，已经从只注重天道，开始注重人道。通过上述一例可知，到了春秋时代，《易经》不仅变成了人生的规律、道德的教训，甚至已经进一步变成用天道来解释人道的规律。所以孔子作《系辞传》继承了春秋学术思想的传统，用《易经》解释天道、人道、地道，这是人类思想的发展，并不是《系辞传》的作者胡乱臆造出来的。大家要注意，史墨在这里不是预测未来的祸福吉凶，而是讨论一宗事情，根据这个理论来说明鲁昭公为什么有此下场。世世代代的鲁国君主不关心民众，而季氏世世代代关心民众，所以鲁国民众只知有季氏，早就忘记了国君，虽然他们的国君被驱逐出境，另立新君，人民都认为是正常合理的。因此，这件事本身来说是正常合理。它也说出了在中国，尤其是儒家，并不是统治者的帮凶，统治者做得对，可以继续做；如果做得不好，在下的人也可以起来推翻他，乃“天之道也”，是合理的。

所以，今天我们都不要误会中国儒家没有良心，是统治阶级的帮凶。其实儒家极具良心，是对人类命运的终极关怀。只是我们现代人自己没有良心，没有学习好自己的传统文化，断章取义，一知半解，而误认为古人没有良心，其实是我们自身的问题。这个例子就是“以言者尚其辞”，指《易经》的语句，变成了我们言论、理论的依据。

“以动者尚其变”，“动”就是行动。根据《易经》的道理，有所行动或者希望有所行动的人，“尚其变”，崇尚《易经》所指示的变化变动之道。

“变”字原本是指卦爻的变化。《易经》占筮数据有四个可能性：六、七、八、九。

“六”是“老阴”，“九”是“老阳”，“七”是“少阳”，“八”是“少阴”。由少阳开始变，是变向老阳，变化少。好比由少年变向老年，变化不太多，因此《易经》不以少阳少阴为变，认为它变化小。但老阴变少阳，阴变为阳，或者老阳变少阴，阳变为阴，变向相反的事物或性质，变化就大了。因此，当我们利用《易经》求到的卦，如果没有变爻，就叫静卦，代表暂时不变动，是指事情暂时还没有大变。见到九或者六，即老阳和老阴，就是变爻。例如，以《雷天大壮》卦来说，如果初爻变，就变成另一个卦，那就是《恒卦》。初九阳爻变为初六阴爻，是即时变化了。现在这“变”字就指爻的变动。由爻的变动，指出我们由目前的状况转向另一状况。因为是转向另一状况，就有不同，不同代表了变动。所以通过这个爻的变，就可以知道未来怎样变。最初只好像查表一样，哪一个爻变，就查那一爻的爻辞怎样说，就知道怎样变。

总之，《易经》把天地间最复杂的事物的演化现象、事情的变化，宇宙万物的变化，全部都用阴阳的变化来表达，都可简化为阴阳的变化。如果我们明白阴阳变化的规律，细心分析任何一卦，卦中六爻阴阳的性质、阴阳变动的可能性，将来会变成什么情况，那种情况用阴阳的变化规律来解释是好是坏？会是怎么一回事？那我们就可以知道未来可能会有怎样的变化。初级的就是查变爻爻辞，《大壮》初爻变，就查《大壮》卦的初九爻辞，看爻辞怎么说，以此来对应所问的事情，并推理出未来的状况。但如果进一步知道阴阳变化，掌握这个规律，你就能预知未来的变化，天地万物以及自己和他人的变化都能够明白，这是易学后来的发展。掌握了《易经》所阐述的道理后，不需要占卜算卦，就能知道其事情能不能做，做了是什么结果等等。

“以制器者尚其象”，“制”就是创制，创造的意思。“器”就是工具，为人类所用的各种工具。具体而言就叫“器”。如果是注重创造器具的人，他就该崇尚体会《易经》的象。所谓《易经》的象，最简单的就是指《易经》两种不同的符号：阴和阳的符号。当阴阳符号组成三画卦的时候，这些符号就分别代表天、地、雷、风、水、火、山、泽等事物。当它组成六画卦时，它就根据三画卦的类象，再产生复杂的类象。这些象就变成了那个卦最重要的精神和性质。因此，这个象既有表面具体形象的象征，更重要的是“象其物宜”，将这件物件最重要、最有特色、最关键的性质和背后的规律，通过这个抽象的符号反映出来，这就是象。创造事物，就要体会这些象。《系辞下传》第二章整章都是说“观象制器”，观察《易经》六十四卦卦象，体会它的原理，就可以创造出新的、有用的器物，其中还罗列了十三个具体的例子。

到了民国时代，疑古派的学者如顾颉刚、胡适等在内，则认为“观象制器”的说法没有道理。他们提出的理由很简单，《易经》的卦象都是描摹实际已经存在的事物，然后将事物抽象化变成象而已。事物创制的发明在先，《易经》的象却是牵强附会于后。彻底颠倒过来，把先发明了的事物说成是根据《易经》的象来发明的，相反古人应该说《易经》的卦象是根据已有物件的形象来摹写的。所以，他们把“观象制器”说看得一钱不值，认为毫无道理。

其实他们这种说法，可以说有道理，也可以说没有道理。为什么？因为《易经》六十四卦的卦象最初是否都是摹写实际的物象呢？相信不是。因为《易经》有些象是真实存在的，有些象则根本没有可能存在，例如谦卦，地中有山。实际大地上，有没有地中有山的现象？似乎很难找到，有也可能是特例。《易经》的六十四卦卦象，其中一部分的确摹写真正的物象，但大多数卦象是没有物象可以比附的，只是借卦象来说抽象的道理。所以唐初的孔颖达早已说明白了，《易经》的卦象其实分为两类；一类叫作“实象”，一类叫作“假象”。“实象”就是《易经》六十四卦所反映出来的物象是天地间所有的，而“假象”就是天地间所没有的，或者是现在没有的。但为何《易经》的六十四卦要用这些“假象”？因为要“假象以显理”。这句话不是孔颖达说的，而是后人补充的。

意思是假借这些象来将深奥难明的道理表达出来。例如地中有山的谦卦，虽然没有这个象，但通过这个不存在的虚像，显出高大的高山降到地下，以象征谦逊，这就是“假象以显理”。

明白《易经》“假象显理”的话，又假设这些象在三四千年前已经有了，当时可能还没有这些发明，因此，当有人看见一个卦，例如《涣卦》。“下卦”是水，“上卦”是风，风吹水可能没有意义。但这个“上卦”本身也代表木，卦象是木浮在水上被风吹动，于是可能从此“假象”得到灵感，创造出船只。

例如，中国第一次得到诺贝尔物理学奖的物理学家李政道、杨振宁教授，他们当时看了西方拉波特（OttoLaPorte）的“选择定则”，说当中铁的分子本身比例是恒定的，即比例不变的。《易经》的原理总是说任何事物是由多到少，或由少到多，永远在变动之中。《易经》的卦，是否每一卦都是平均的三阴三阳？不是的。有一阴五阳、有五阴一阳、有二阴四阳、有四阴二阳、有三阴三阳等，比例是经常变的。没有理由铁的分子的比例是不变的，用《易经》的理论来看就不对了。

西方没有人这样想，但李政道、杨振宁运用《易经·系辞下》“为道也屡迁，变动不居，不可为典要”的理论，于是两个“傻子”勇气十足，用中国古代《易经》的哲理来指导科学研究，结果令拉波特的理论出现问题，因而拿到诺贝尔物理学奖，李杨二氏的科学创见是否可作为“观象制器”的事例呢？这也《易经》所强调“以道制器”的思想。

《易经》的核心思想是“阴阳”，《易传》说“一阴一阳之谓道”。前面在讲道家与《易经》那里时，列举了很多，如：上下、左右、刚柔、好恶、曲直、有无、虚实、前后、长短、方圆、祸福、吉凶、进退、得失、强弱、舍得、难易、明暗、彼此、攻守、主客、黑白、雌雄、荣辱、音声、男女、老少、清浊等等。

八卦就是来自阴阳。阴阳是一个概念，一个对立的概念。阴阳也是气的概念，这个气充塞于宇宙之间。气分清浊，清气为阳，浊气为阴。

阴与阳也是奇偶的关系。阴为偶，阳为奇。所以用一条横线“—”代表阳，读作“阳爻”；而用两条横线“--”代表阴，读作“阴爻”。由于天为一个领域，地为一个领域，天地之间也为一个领域，这就是“三才”的法则，代表上中下。而阴阳在三才的空间里都有，所以按上中下的法则画上阴阳爻，替换不同的排列模式，一共能排列成八种模式，这就是八卦，也叫八纯卦，又叫八经卦。如坎卦（☵）。八个卦再相互重叠在一切，一共能排列出六十四种模式，就叫作六十四卦。又叫六十四别卦。就是八卦与八卦就像别针一样，互相别在一起。

清气上浮成为天，浊气下沉而为地，于是有了天地。天地的学名叫作乾坤。乾卦的画法为☰，三个阳爻，代表天上天下，阳气充沛；坤封的画法为☷。

天上也有阴阳，天上的阴阳是日月，日月交替，产生了白天黑夜，进而产生了一年四季与二十四节气，历法和天文也随之产生了。日月的学名叫作离坎。离卦的画法为☲；坎卦的画法为☵。

地上也有阴阳，地上的阴阳叫柔刚。柔的是江湖河海，简称泽；刚的是高山大石，简称山。山泽的学名叫艮兑。艮卦的画法为☶；兑卦的画法为☱。

天地之间也有阴阳，也是一股气充盈于天地之间。这股气以动静的形式存在着，静态的时候，就是空气，叫作风；动态的时候，尤其高速运动的时候这股气就会产生摩擦，进而产生雷电，所以就叫作雷。学名叫作震巽。震卦的画法为☳；巽卦的画法为☴。

八卦就是这样来的。这也是自然界最大的八种物象，所谓“天地日月，雷风山泽”，再也没有比这八种物象更大的物象了。

阴阳的原理是相应，《易传》里说“同声相应，同气相求”，这是一个极重要的原则。只要形象、特征等相似，就可以归属于同类。万事万物都可以按这个原理进行分类，随便你怎么分，都在八卦的范畴之中。由此产生了取象比类的类比思维。所以说八卦包罗万象，其奥秘就在这里。

比如乾卦，代表天，天的特征是高、大、上，形状是圆，颜色是白（因为一般白天才能感受到天的存在）；天“首出庶物”，先于万物而生，所以数字是 1；到了社会上，地位高的是政府，可以归属于乾卦；家庭中，谁的地位最高，传统观念是父亲，所以父亲可以归类为乾卦；如果父亲的父亲还在，那就要把爷爷归类为乾卦；天道运行不息，在动物世界中，马也奔跑不息，所以马也可以归属于乾卦……

天地日月四个卦，产生了一个成语，叫作“正大光明”，为什么这样说？

因为天比一切都大，它覆盖了一切；大地方正，所以能承载一切。这也是天圆地方的由来。而不能按现代地理所说的来衡量，嘲弄中国的古人不能完整地认识宇宙，从而产生了错误的观念，不知道天不是圆的，地球才是圆的而不是方的。“天圆地方”是一种类比思维，而不是具体地说天是圆的地是方的。只是一种类比的思维方式。天能覆盖一切，能覆盖一切的只有圆盖可以；大地必须是平整的才可以立足，才可以造屋，如果大地倾斜，或者今天一个地震，明天一个天坑，那就是灾难，根本无法造屋居住。所以凡是看到方的形状的事物，都可以归属于坤卦，比如书本。所以做人智慧、心胸和格局要像天一样博大，圆融，人格也要像大地一样方正，像太阳一样光辉，像月亮一样明亮皎洁，让人可以赏心悦目。

所以“正大光明”就代表了一个人的智慧格局、德行和修养像天地日月一样。古代皇帝的宝座后面挂着“正大光明”这四个字，就是源于《易经》。韩国国旗用的四个卦，也正是这代表了“正大光明”的“天地日月”四个卦。

《易经》认为天道是覆盖一切的，所以宇宙也是全息的，万物关联，牵一发而动全身。而且这种关联是根据“取象比类”来区分的，《易传》说“方以类聚，物以群分”。这种关联现象，《易经》称之为“相应”。西方还有人用“蝴蝶效应”来加以比附说明。我身边有搞《易经》与科学的朋友，譬如中国科学院的董光璧先生，中国科协的王国政教授，认为现在最流行的量子纠缠现象就是《易经》的阴阳相应原理。大家如果感兴趣，可以去了解。

怎么理解相应原理呢？打个通俗的比方，就好比我们用的印章。印章上刻的是“龙”字，印到纸上一定是“龙”字，不可能变成“凤”字。章上刻有什么，印到纸上就会显现什么，这就是阴阳的统一，也是阴阳的相应。如果刻的是条龙，印到纸上就变成凤了，这就叫“不相应”，要么是魔术，要么是骗术。而这种相应，代表了一种诚信无欺，所以“印”，也叫“印信”，成了信任的一种象征。皇帝给你官做，给你一枚相应的大印，代表皇帝信任你，对你委以重任。写字画画结束，作者亲自盖一枚印章，代表是自己所作，这当中都体现了一种诚信的理念。

根据这个“印”，而能理解“应”。“应”的关系有这几种，其实都是指的“相应”。有阴必有阳，阴阳是相应的。你的起心动念为阴，你的行为结果为阳。你的发心善，行为结果一定善；你的发心邪恶，行为结果就会邪恶。这两者是相应的。如果想要获得善果，那就要善护念，改变自己的发心，让自己的发心纯善，那么相应就会得善果。所以这个相应的原理，一点也不玄。如果你的发心好，那么自然会有好的人懂你的好，不好的人自然不懂你的好，自然就会有好的人来帮助你、支持你，那些看不懂你的人自然也就和你没有缘分。这就是孔子讲的“德不孤，必有邻”，“致其大德者，必得其名，必得其禄，必得其位，必得其寿”。这句话听起来像算命，感觉很玄，其实一点不玄。你的德行厚重了，自然也会有有德行的人看懂你，并且来支持你、拥护你，甚至提携你。这就是内在的逻辑。当然这只是一个方面的逻辑，还有其他的逻辑在里面，全部的逻辑综合起来，你就能明白，为什么必然得其禄、得其名、得其位、得其寿。在这里不去赘述了。

话说回来，阴阳是相应的，有上必有下，有东必有西，有男必有女，有天必有地，同样，有问必有答。

问是什么呢？问就是疑惑，是询问，答呢？就是答案。问和答本身就是一对阴阳，也是相应的。所以占卜的原理就产生了。占卜通常都是有所疑惑，然后借助卦象来解答，这个答案怎么样呢？往往也是与你相应的。

根据资料的记载，荣格在 20 世纪初就全面开始研究《易经》，当时他决心要弄明白“《易经》中的答案是否真有意义”。过程中，他为自己所见到的“惊人的巧合”而感慨，因为他发现《易经》的答案有意义乃是常例。从 1920 年起，荣格开始在精神治疗中参考采用《易经》中描述的方法，疗效显著。而到了 1925 年，荣格对《易经》已经非常熟悉，并对其中富含意义的答案产生了很大的认同和信任。

故事的背景是，清末民初，有一位非常著名的德国汉学家，他的中文名字叫卫希圣，字礼贤。他在世时间不算长，只活了57岁，但其中却有二十多年是在中国度过的。最初他以传教士的身份来到中国，之后深入学习和研究了中国的文化，先后翻译了《大学》《中庸》《论语》《孟子》《家语》《礼记》《吕氏春秋》《道德经》《列子》《庄子》《太乙金华宗旨》等一系列传统经典，当然，也包括《易经》。

《易经》的翻译本，是卫礼贤在向中国晚清时期的著名学者劳乃宣深入学习的基础上，并结合他自己的西学背景而译成的，是卫礼贤耗费心血最多的一部作品。从1913年开始翻译，到1923年完成，仅翻译的过程就花了10年，更遑论之前学习的时间。1924年，卫礼贤翻译的德文版《易经》，在欧洲出版，得到了西方学界的高度认可，认为这个译本超过之前所有的欧洲文字译本。

1930年，卫礼贤在他的家乡德国斯图加特去世。1950年，美国博林金基金会在已有好几种英译本的情况下，仍请了当时美国最优秀的德译英专家贝恩斯将卫礼贤的德译本《易经》转译成英文，并于次年在英国和美国出版。时年76岁的荣格为这个英译本写了一篇序言，名为《〈周易〉与中国精神》。有趣的是，在这篇序言中，荣格还提到自己关于此事的两次问卦，其中第一次问卦的问题，是“把《易经》引荐给英语世界的读者，结果会怎么样？”

这是一个很有意思的问题。

荣格当时用3枚硬币起卦，得到的结果是《鼎》卦，九二和九三爻变，变卦为《晋》卦。而荣格主要是以《鼎》卦九二和九三的爻辞来进行判断。

鼎卦的九二爻辞说：“鼎有实，我仇有疾，不我能即，吉。”这句话的字面意思大概是：鼎中有食物，但与我交往的人却非善类。如果能远离这样的人，则会吉祥。鼎卦九三爻的爻辞则说：“鼎耳革，其行塞，雉膏不食，方雨亏悔，终吉。”这句话的大概意思是说，鼎耳的位置不当，导致鼎耳太烫而不能拿起鼎，也就无法享用其中的食物。需要等待下雨，降低鼎耳的温度，才可以取食。

荣格对于这两句爻辞有自己的理解，他最终得出的结论是：《易经》的内容深奥而丰富，大部分西方读者可能暂时还无法完全领略，需要等待时机，最终则一定会被西方世界所认可和接受。

虽然一般两爻变的卦，很少会参考完整的变卦，但荣格在这里还是用到了变卦《晋》，他着重解释了晋卦的基本卦意和晋卦六二、九四两爻的爻辞，做出了自己颇有见地的解释。

在问卦这一篇幅的最后，荣格写道："《易经》冷静地面对着自己在美国市场的命运，这种态度和任何有理性的人面对自己备受争议的著作时没有两样。这样的期望非常合理，也合乎常识，要找出比这更恰当的答案反倒很不容易。"

在序言的最后，荣格这样写道："《易经》的精神对于某些人可能像白昼一样明亮，对另外一些人则像晨光一样熹微，对于第三者来说，也许就像黑夜一样暗昧了。不喜欢它最好别去用它，如果对它怀有排斥心理，那就不必从中寻求真理。为了那些能明辨其意义的人，且让《易经》走进英语世界中来吧。"

荣格和其他一些心理学家对心理学和潜意识领域进行过临床研究，在一些案例中，有的能够梦见将来要发生的事情、有的能够感应到另一个人的心思，这些就是被称为预言、心灵感应的现象。

荣格认为，人的意识其实可以超越时间和空间的限制，虽然我们的大脑在头颅里，但是大脑运作起来所产生的意识却可以发散出类似信号、电波的东西，由于不受空间限制，所以一个人的意识可以与其他人相联结从而产生心灵感应，由于不受时间限制，我们也可以预见到可能的未来。

荣格在对梦境中的一些现象进行观察的同时，还对生活中的一些现象进行过研究。例如有一次，当荣格在和一个人谈论象征符号中的埃及圣甲虫的时候，正好看到了爬在窗户玻璃上的甲壳虫，如果这种现象放到古代，古人就会认为这是神给予的讯息，是一种预兆，但是现在荣格给予这种现象一个新的更科学术语——Synchronicity（共时、同步）。在单词 Synchronicity 中，前缀 syn 意为"共同"、chron 意为"时间"，再加入后缀 icity 使其属性成为名词。

荣格说到，"共时"现象是指发生在现实世界中的事件与我们脑中想到的事件恰好一致。这种现象的发生并没有很特别的原因，仅仅是因为客观物质世界与人的内心世界互相联系而致。荣格也意识到，用共时原理也可以来解释《易经》占卜的原理。于是他也花了很大精力来研究《易经》的占卜。

这就是荣格所提出的“同时性原理”。其实明白了“阴阳”的相应原则后，就能够明白这背后的机制了。荣格经常运用《易经》占卜的方法来给他的心理患者进行治疗，并且他宣传“卓有成效”。

而历来《易经》占卜也有一个“四不占”的原则，那就是“不诚不占，不动不占，不正不占，不问不占”。这“四不占”原则恰好反映了一个现象，就是“不相应”现象。

心越诚，问得越虔诚，答案越真实；问得越急切，答案越直接，因为你的心是阴，答案是阳，你越诚恳，答案也越诚恳，你的心越急切，答案也越急切，这两者是相应的。所以如果你漫无目的，只是觉得好玩，也没有什么问题可问，就去占卜，得到答的案也是漫无目的，似是而非，含糊不清。这种也是相应。比如某人在问你事情的时候，突然你看到有人在打篮球，你根据打篮球的现象，就能起一个卦，并根据这个卦推理出他所问的事情的结果。根据荣格提出的同时性原理，为什么别人问你事情的时候，你正好看到打篮球而不是踢足球呢？打篮球是一种现象，代表了一种意义；踢足球又是另一种现象，代表了另一种意义。这两者之间是有区别的，因为一个是用手打，一个是用脚踢。按《易经》万物类象的法则，归属的卦象和类别都不同。如果别人问你事情的时候，没有相应的现象发生，那么就不能用这种方式进行占卜了，可以换成别的占卜方式。

“不正不占”，就是你的心术不正，是不能占卜的。没必要问。因为《易经》模拟的是天道法则，也就是自然规律，你的心术不正，本身就违背了天地自然规律，什么是天地的自然规律呢？文天祥说：“天地有正气，杂然赋流行。”正气就是天的法则。为什么这样说？因为《乾卦》就是三个阳爻，代表纯阳之气充沛宇宙。纯阳之气也就是正气。你的发心违背了天道，强制用《易经》的占卜，反而容易被天道制裁。本来想借助《易经》投机取巧钻空子，结果反而容易受到惩罚。这就是《易经》说的“小惩大诫”。后人讲“《易》为君子谋，不为小人谋”也正是这个道理。我以前有个朋友，易学家霍斐然先生的儿子霍能匡先生，他很多年前给我讲过一个故事，说他和易学专家刘广斌等几位朋友去香港玩，闲来无事，就去赌马。他们都懂《易经》，就用《易经》来算下一场出什么，算出来了就赶紧跑去买，但是很奇怪，每次算到的结果都是对的，但是要在下下场才开出来，他们就学乖了，难道要到下下场再买吗？他们这次又算出来了，正在议论，有个老太太路过，听到他们在这算，就问，你们会算吗？他们点头，老太太就说，算到开几号？他们就告诉老太太了。结果老太太赶紧跑去下注，他们就等着准备下一场再买。结果开出来，老太太中了，还来找他们，要请他们吃饭。而这场他们却没有买，又错过了。霍能匡先生就感叹，"会算的，给不会算的做了服务。不正不占，确实有道理啊"。所以《易经》里面讲："君子居易以俟命，小人行险以侥幸"。学《易经》要学到"顺气自然"这个"居易"的境界里，不要学到心存侥幸、投机取巧去了。所以孔子讲"乐天知命故不忧"，学出了大人气魄，而不是一天只想着侥幸、投机，把自己学成了猥琐的小人了。

"不问不占"，就是别人不问，你不要主动去说。因为这之间是不相应的。《北京日报》2017 年 8 月 8 日刊登了一篇文章，题目叫《饶宗颐：大先生，小故事》。作者是香港饶宗颐学术馆的常务副馆长郑炜明教授。由于 2017 年我曾去香港看望过饶宗颐先生，与郑先生有过交流，也听起过饶先生占卜的故事，现在把《北京日报》里关于饶先生占卜的这件趣事转载过来。

易卜救命

选堂先生从来不是一位迷信的人，但他在年轻的时候，曾在非常危难的关头，以《易经》占卜，救了自己和朋友们的命。孙立川博士在《避难蒙山的文人们——饶宗颐、简又文、梁羽生的一段难中轶事》一文中曾这样提及此事：

与饶公谈到这些往事，他颇有不堪回首之慨。他说曾在蒙山以《易经》卜卦，得离卦，卦云"突如焚如"。果不其然，日军入蒙山实行三光政策，烧杀掠抢，无恶不作。其中以此桥所在的文墟街的“五·一六”血案尤为血腥……《瑶山集》中有诗句记云：“余生悬虎口，尽室寄龙头（村名）。万户多荆杞，孤村有戍楼。”《文墟早起》又云：“支颐万念集萧晨，独立危桥数过人。一水将愁供浩荡，群山历劫自嶙峋。平时亲友谁相问，故国归期倘及春。生理懒从詹尹卜，荒村只是走踆踆。”逃难之中，饶公又牵挂国事，《哀桂林》《哀柳州》《交墟行》等诗中，都因战火下的国破山河在，生灵涂炭的惨景而每每执笔而起，忧患诗篇，读之催人泪下。

上引文字，有些地方说得不够清楚。离卦乃《易经》中的第三十卦，主吉：“离，利贞。亨。畜牝牛，吉。”意即利于卜问，大事顺利、吉利。卦体上离下离，离为火，象征遭遇光明，因此属一吉利的卦。但老先生当时占得的其实是离卦的九四爻：“九四：突如其来如，焚如，死如，弃如。”此乃居离卦第四位的阳爻，意即遭遇突袭，烧抢杀戮，尸横遍野，实乃大凶之预言。先生乃毅然决定立即离开蒙山。离开后翌日，他原来居住的地方，即被日军夷为平地。先生的易学学问，救了自己一命，当时相信他而跟着一起走的朋友们，都因此侥幸避过了一劫。又据黄伟《阎、饶两教授避难蒙山追忆》一文所记载：

1944 年冬（原历十二月初二）蒙山县城沦陷，饶宗颐老师避居文圩乡龙头村李家……不过三四个月，日寇已由蒙山县城撤退，不久日寇宣布投降，饶老师即南下广州……

因此可考知，先生此事，应该发生在 1944 年冬前后。

这段趣事，可以看出《易经》卦象当时与选堂先生的相应性来，很多人认为不过只是巧合，其实不然。

孔子在《易传》里说：“《易》与天地准，故能弥纶天地之道”，说明《易经》是在用一种方式在模拟天地宇宙的运行法则，并能根据这种所模拟的方式来进行推演。也就是冯友兰所形容的“宇宙代数学”，只是这个代数学，代入的是天地万物。而爱因斯坦晚年也猜想这个宇宙有一个法则，万事万物都在遵循这个法则发展变化，也都受这个规则所支配。他称之为“统一场论”，并且耗尽晚年的时间直至老死都没有完成这篇论文。而根据孔子的《易传》，我们却发现孔子感叹的“《易》与天地准，故能弥纶天地之道”实际上就是在表达《易经》中已经具备了如爱因斯坦所谓的“统一场论”。《易经・乾卦》讲“大哉乾元，万物资始，乃统天。首出庶物，万国咸宁。”《易经》这里统天施化的思想就是对“统一场论”的描述，天道先于万物而出，它一出来，万事万物（万国）都遵从于它。

《易传》又说：“圣人有以见天下之赜，而拟诸其形容，象其物宜。是故谓之象。”“是故易者象也。象也者，像也。”就是说，圣人看明白了万物的本质规律，而用卦象的方式来比拟、模拟，来形容这个天道自然的规律法则。所以《易经》整个就是在用各种卦象在形容天道的规律，所以卦象的象，就像镜子，把所有的事物最真实的一面映照（像）出来。

百姓日用与《易经》

前面给大家讲到了佛法与《易经》的相应。佛法是“百千万劫难遭遇”的“无上甚深微妙法”，而《礼记》里赞叹《易经》也是“洁净精微”之教。《易经》历来众说纷纭，直至近现代，又在外国反华势力的鼓动下，饱受争议，备受磨难，使得许多人不知其为何物，要么把《易经》庸俗化，要么把《易经》妖魔化，要么直接给《易经》扣以“迷信”的帽子，甚而谈《易》色变，讳莫如深。其实，这不是《易经》的悲哀，而是全体中华民族的悲哀。

对于今日崇洋媚外之各种风气，近代学人牟宗三先生也曾鲜明提出批判，将此类人等视为“国际游魂”：

不能通过历史陈迹而直透文化生命之源，不得谓能接通华族之慧命。接不通慧命，不得谓为有本之学，其学亦不能大，不得谓为真实之中国人，其为中国人只是偶寄之习气之存在。其偶寄之习气之存在是中国的，而其意识观念，即其义理之性情一面，则是非中国的。非中国的，中国不受。但他亦不能即是真实之英国人、德国人或美国人。是则英美德法等亦不受也。此为不能做主之存在、夹缝中之存在，甚至为国际之游魂。不能接通慧命，不能为真实之中国人，吾华族即不能自尽其民族之性而创制建国。一国不能自尽其民族之性而创制建国的民族，是弃才也。不能为真实之中国人，不能创制而建其国，亦不得贸然谓为天下人。或曰：何必为中国人？我直作世界人耳。此言虽大，实则荡耳。此是国际游魂，何得谓为世界人？未有割截其根而能大者，只是飘荡耳。

而对于如何成为真正的中国人，牟宗三先生也有明确的态度：

夫以中国知识分子皆歧出而乖离，真可谓阒其室，无其人矣。谁是炎黄之子孙？谁是真实之中国人？谁来给华族与中原河山做主人？有谁能直通黄帝尧舜以来之大生命而不隔？皆陷落于躯壳、习气，窒息以死，而为行尸走肉，为偶寄之存在，生命已不畅通矣。而自五四以来，复假借科学与民主以自毁其根，自塞其源，是则本窒息不通而益增其暌隔也。未有生命不通而可以有所建树以自立者。……华族至是乃彻底死矣。绝途逢生，非直通文化生命之本源，不能立大信、昭慧命。

《易经》是中华文化、中华文明之根，中国的天文历法源于《易经》，中国的地理堪舆之学源于《易经》，甚至日常百用也与《易经》息息相关。孔子在《易传》里说："百姓日用而不知，故君子之道鲜矣。"

汉字同样源于《易经》的象数思维，许慎在《说文解字·序》中说："古者庖牺氏之王天下也，仰则观象于天，俯则观法于地，视鸟兽之文，于地之宜，近取诸身，远取诸物，于是始作八卦，以垂宪象，及神农氏结绳为治，而统其事，庶业其繁，饰伪萌生，黄帝之史仓颉，见鸟兽蹄迒之迹，知分理之可相别异也，初造书契。"许慎的说法源于《周易·系辞下》，他认为圣人伏羲（庖牺氏）取法天地之间的物象创造出八卦，而文字就是在八卦的基础上发展而成。八卦符号也常为后人视为汉字的起源，宋代赵汝楳《周易辑闻》说："伏羲之卦，盖文字之祖，象数之宗，理之寓而辞之所由出也。仓颉作字皆离合卦画而成文，则字实祖于卦也。夫理无形也，形于辞则有画，故圣人立象数以形之尽之耳。"

许慎在《说文解字·序》中又说:“《周礼》:八岁入小学，保氏教国子，先以六书：一曰指事。指事者，视而可识，察而可见，上下是也；二曰象形，象形者，画成其物，随体诘诎，日月是也；三曰形声，形声者以事为名，取譬相成，江河是也；四曰会意，会意者比类合谊，以见指。武、信是也；五曰转注，转注者，建类一首，同意相受，考、老是也；六曰假借，假借者，本无其字，依声托字，令、长是也。”所谓造字六法，其实完全就是《易经》象数思维，“指事”“象形”即《易经》“设卦观象”的本源；“形声”“会意”“假借”即《易传》所谓“同声相应，同气相求”的本源；“转注”即《易传》“方以类聚，物以群分”的本源。

汉字从甲骨文甚至更早的文字开始，后来有了金文、大篆、小篆，又经过漫长时间演化，而终于形成了今天的点、横、竖、撇、捺、横折、提、勾等笔画，汉字分上下结构，左右结构，包围和半包围结构，源于《易经》的阴阳。汉字用“天地日月人”“金木水火土”将汉字分为各大类，就是《易经》取类比象的思维。

所以汉字源于《易经》，中华文化方方面面都出于《易》，在外国反华势力有形无形的破坏下，现在的国人提到《易经》就是封建迷信，提到《易经》就是“怪力乱神”，提到《易经》就嗤之以鼻。且不说能否正视它，连提都不敢提，谁提《易经》就觉得丢人现眼，就觉得不登大雅。这与中国古代，为文著史，动辄引用《易经》，不知《易》，不读《易》则引以为耻形成鲜明的对比、强烈的反差。这正也是西方反华势力所乐于见到的。《易经》一旦被推翻，中华文化将全面坍塌，成为无根之木，无源之水。所有的中华文化是怎么产生的？是凭空而来还是臆想而出？不要说文化自信根本无从建立，连整个中华文化都将全盘毁绝。这绝不是故作新论、骇人听闻。所以《易经》即便经过圣人之手，能够让大家去看懂，去悟道了，但是也不是所有人都能明白，都能感悟。可以说《易经》也是“百千万劫难遭遇”的“无上甚深微妙法”。

而禅宗为中国佛教之最大特色，在诞生之初，有所谓“拈花微笑”的典故。当时的情况是释迦牟尼佛面对众弟子拈花微笑，大家都不知道是什么意思，没人吭声。此时迦叶尊者微微一笑，佛陀就说："我有无上妙心，涅槃妙法。不立文字，教外别传，付嘱摩诃迦叶。"这就是禅宗的起源。为什么佛陀会传给迦叶尊者？因为佛陀的微笑与迦叶尊者的微笑，也就是《易经》所说的"相应"。所以禅宗是"无上妙心，涅槃妙法，不立文字"，也就是不立文字的无上心法。禅宗经达摩祖师传入中国以后，又经六祖大师而发扬光大。六祖本人，却恰恰就是一字不识的"白丁"，尽管不识字，却又能证悟无上佛法。为世人充分证明了"佛法广大，非关文字"。而恰恰《易经》的起源也是"不立文字"，甚至连卦爻符号都没有，或者是因为众生慧根浅薄，福报不够，不能理解，所以伏羲才画出八卦；即便有了八卦，数千年之后周文王还是"两两相重，非覆即变"，而成六十四卦，并加上了卦爻辞。如果不是因为众生慧根浅薄、福报不够，又怎么会演出六十四卦并配以卦爻辞加以说明呢？文王之后再过五百年，孔子出，此时礼崩乐坏，更见乱象，福德慧根更显不足，虽有卦爻辞，也仍然不能全然了解《易》之思想精髓。因而才有孔子读《易》，韦编三绝，最终作成《易传》，全面阐述《易》道，众生才能明了其中内涵。孔子至今，又数千余年，甚而连《易传》也不读不懂了，可悲可叹。所以《易》本为《易》，正如佛家所言，"不生不灭，不垢不净，不增不减"，也正因为伏羲、文王、孔子悲悯众生，留下了卦爻、文辞以及《易传》，使众生才得以亲近天道之本原，而被尊奉为圣人。

禅宗的思想着重参，而恰恰"参"字，就是源于《易经》。《易传》说："赞天地之化育而与天地参"。禅宗借《易经》的字以表达自家的思想，"参"是什么呢？"天地人"为三才，将人自己融入天地之中，去感悟天地之道，最终悟得天地之道，这便是"参"。而禅宗参禅的法门，也与《易经》八卦"参赞天地"的思想完全一致，无怪乎禅宗能成中国之一大特色，能成世界佛教之一大奇葩。禅宗为何能为中国所光大？正是因为中华民族代代相传这一部《易经》的缘故，早已成为中华民族之思维特色。所以中国人强调，生活无处不是禅，提倡生活禅。

按《易经》这种相应原理的分类法则，人们开始感悟到，你习惯展现什么，就会得到什么。比如，你习惯展现性感，你得到的就是各种性骚扰；你习惯展现孤独，那么你得到的就是孤独。你展现的是另类，那么你就将被归在另类之中。所以如果我们展现阳光，得到的就是幸福；展现正气，得到的就是尊敬。不要给自己负能量，你坚信一切都是美好的，那么一定会越来越美好。

中国人的财富观念，也是和人的人格、精神、智慧融合在一起的。中国古人造币，都用《易经》的思维，铜钱外圆内方，就代表了天圆地方的乾坤二卦，代表了天地精神，做人智慧要圆融无碍，做事人格要方正贤良。唯有具备圆融智慧和方正人格的人，才能拥有财富、驾驭财富。否则就会掉进当中那个“钱眼”里去，困窘一生。“外圆内方”的铜钱，标志着天地的精神。天地的精神是无私的，所谓“天无私覆，地无私载”，所以人也要将钱无私地拿去帮助别人，有舍才会有得。通过布施、善财，培养自己不贪执的天地格局，进而懂得怎样花钱，如何花钱，掌握花钱的智慧，最后就能够经天纬地，经世致用。所以你别看一枚小小的铜钱，都蕴含着中华民族几千年的财富观。

来看看衣食住行。中国古人居住的房子都由大木所造，以象征“生生不息”，而大木参天，立于天地之间，象征人住在木屋之中，就会与“大木”相应，让自己的人格也屹立于天地之间，成为参天栋梁，也就是儒家所谓“立人极”；树木根深叶茂，还能开花结果，寓意家族兴盛，子孙满堂、金玉满堂；古人房屋多为“人字顶”，代表“以人为本”，“人民的利益高于一切”。古人选择地方居住，十分讲究，还要“卜宅”，尽量严格按照《易经》“左高右低”、“坐北朝南（向明而治）”的规则。

古代堪舆学，其实就是古代的建筑学。《淮南子·天文训》说：“堪，天道也；舆，地道也。”“堪舆”的原意就是指天上的十二位神名，与地上的十二个区域相对应，通过观察天象，再用阴阳、八卦、五行生克、气论、天人合一等理论，以定某个地域建筑物的吉凶，这是古代的建筑理论。后来却越来越多的掺杂进了迷信色彩，越来越神秘，越来越玄虚。所以对待古代文化要剔除糟粕，取其精华，古为今用，不能采取简单否认的做法。

堪舆的渊源很早。《系辞下》说：“上古穴居而野处，后世圣人易之以宫室，上栋下宇，以待风雨，盖取诸《大壮》。”就是说远古时期，人们选择有山、有水、有草、有树的地方居住。山可以穴居、防水灾，水是人生存的最基本条件，有草的地方可以种地，有树的地方就有可供捕猎的野兽，这就是“风水”。

《大壮》卦上震下乾，天上有雷雨，为了防风雨，人们用支起木架、苫上草，盖起了房子。

《尚书》记载了洛邑的建筑情况。武王伐纣后，就昼夜难眠，忧虑“未定天宝”，即没有一个顺从天意的国都，他把“定天宝，依天室”的任务交给了周公。周公在平定殷叛后就着手建新的国都，他与召公一起“朝至于洛，卜宅”，“卜河朔黎水……卜涧水东瀍水西……卜瀍水东”，最后决定在洛建国都。这就是一个堪舆的过程。在“逸尚书·作雒解”对洛邑的建筑规模做了如下记载：

周公敬念于后曰：“予畏周室不延，俾中天下。及将致政，乃作大邑成周于土中，谓天下中。立城方千七百二十丈，郛方七十里。南系于雒水，北因于郏山，以为天下之大凑。制郊甸方六百里，因而土方千里。”

由此可见洛邑规模之大！这里北靠黄河和郏山，是涧水、瀍水和洛水会合之处，水源充足，交通方便。周公说“中天下”“于土中”“天下中”，都是一个意思，即是天下的中心。

洛邑建成后一直没有作为国都，周仍都镐京。公元前 771 年，周幽王被杀于骊山之下，西周灭亡，平王才迁都到洛邑（成周），使周王朝又延续了五百多年，这大概就是周公所说的“畏周室不延”才建的洛邑，而最后有了应验。

自东周之后，东汉、三国魏、西晋、北魏、隋、武周、五代唐先后都定都于此。且不说风水如何，至少它的地理位置是非常重要的。

我国古城，如北京、西安、南京、山西平遥、徽州乃至诸葛亮八卦村等，都是按《易》的理论建造的，就连每个个体建筑也是一样。北京天坛圆丘台砌石用九的倍数递增，表示以地达天的含义。中国传统的房屋及屋顶建筑体现了太极、两仪、四象、八卦之理。

包彬《易玩》说：“上言户者，尾之户也，此言太极者。即屋在其中，以为喻也。太极生两仪，如屋有两背两面。两仪生四象，如屋之四面也。四象生八卦，如极之四面有四正四隅也。”屋檐四角形，为太阳、太阴、少阴、少阳四象；八角形取象于八卦。就连建筑的颜色也多是用青、黄、赤三色，青属木为震卦，居东为春，草木萌生；黄属土为坤卦，居中，厚德载物；赤属火为离卦，明照四方。用青、黄、赤则木生火、火生土，相生之象，大吉大利。如此等等，均体现了《易》的智慧。

最为典型的还有北京城。

北京城始建于明代，其设计和布局依八卦而定。城分内城和外城，外城在南呈椭圆形，为阳为乾，象征天；内城在北呈正方形，为阴为坤，象征地。内外城体现了天圆地方、乾坤相应、阴阳合德、天人合一的思想。皇城居内城之中，紫禁城又居皇城之中，为地之中。

皇宫有太和殿、中和殿、保和殿，象征天阙三垣。后宫有乾清宫、坤宁宫、交泰宫，取意来自《周易》，乾为父而清扬，坤为母而下宁，乾坤交而成泰。围绕三宫又有东西十二宫，以应十二时辰，加三宫之数合而为十五，与《河图》中心之数合。

外城七门，为少阳之数；内城九门，为老阳之数，天子是“九五”之尊，居内城，故内用九，外用七。城门也以八卦形制冠名，南有天安门，北有地安门，东有东华门，西有西华门，与先天八卦乾天坤地、离日坎月之格局相合，又象征朱雀、玄武、青龙、白虎“四仲星”。

外城东南崇文门，西南宣武门，象征左文右武之道；东北安定门，西北德胜门，象征文治武功；东直门、西直门，象征日月出没的阴阳大道。城设五坛，天坛是祭天的地方，设在城南，为圆形，为乾为阳，象征天；地坛是祭地的地方，设在城北，为坤为阴，象征地；日坛在东，月坛在西，社稷坛在城中央，五坛布局合《河书》《洛图》中枢之制，又合阴阳五行之法。

我国的建筑文化充分体现了易学思维，这种独特的建筑艺术已引起世界的广泛关注，我们应该很好地继承和发展它。而不是去国外请一个所谓的设计大师来，要么给你按照《花花公子》杂志上女模特的屁股给你设计一个大裤衩，就成了你的标志性建筑；要么给你的航站楼设计成一个大乌龟又成了你的标志性建筑。简直成了人尽皆知的笑话。这就是传统文化的丢失，崇洋媚外之后随之出尽了洋相。

所谓千年树木，寓意人宜胸怀广大，着眼长远。树木有六德：

第一是扎根深，根深才能叶茂，寓意人要沉淀、学习，《易经》云“潜龙勿用”。

第二是向上生长，唯有纵向提升，才能直插云天，拥有无限空间。寓意人要积极向上，生命的意义在于纵向提升自己的生命境界。

第三是向阳，树木无阳光之照射而不能生长。寓意人也应有光明的气魄，不可内心阴暗，暗则消极而患生。

第四是有定力，树木之生长，绝不是今日栽种，明日挪窝，寓意人也应当有定静之力，而不可浮躁。轻易改变志气，扭曲人格，则必难成材。

第五是有耐心，参天大树之长成，非一朝一夕之功，而是坚定不移，日积月累，持之以恒，寓人应凡事有耐性，任何事情，都是点滴积累，日益打磨浸润，才能成大器。所以老子说“大器晚成”即是此意。

第六是饱经风霜，树木若不经受风霜，也难成参天之木。所以人也应当勇于吃苦，乐于吃苦，能直面惨淡之人生，才能焕发生命之辉光。印度诗人泰戈尔说：“只有经历过地狱般的磨砺，才能练就创造天堂的力量；只有流过血的手指，才能弹出世间的绝响；没有暴风雨中的拼搏，就没有豪迈的飞翔。”

树木代表生机，符合《易经》“生生不息”之思想。故而中国古代以卯榫结构建造的木屋建筑，拆掉仍可重建，代表文化可以复活。树木全身是宝，即便废弃，也可化身干柴，为人类带来光明、带来温暖。

住在木屋之中，便是一种养生，人的身心灵浸润其中，可充分得以滋养。

木又代表仁寿，仁爱长寿之义。表示若常与木相伴，人将变得仁爱长寿。

今日之人，住于冰冷的钢筋混凝土建筑之中，毫无温情可言，甚至邻里之间，不相往来，形同陌路。且房屋寿命，不过七八十年，则朽坏老化，成为废墟。岂似巨木之大用？

《易经》奠定了中华传统文化的基础，形成了后代对前代道统承接的传统，也形成了我们融入社会各个方面的价值取向，形成了中华民族每一位中国人的观念体统。以这个体统来指导我们的衣食住行及各个方面，让我们契合于大道，使生命臻于圆满。

《易经》当中这种生生不息的文化观念，形成了中华民族几千年重视家族传承的制度和祖宗崇拜形成一种特殊的文化观念。这种文化观念以社会集合单位的整体性为主，讲求宗族和文化的普遍传承；将个人短暂的生命完全融入延续不断的整个家族、社会的发展过程之中，从而使个人的时间视野超过了个人的生命长度，达到家族的香火不断、血脉相传；进而达到民族的生生不息，繁荣兴盛。这也是天道在地道和人道中的一种体现。

再看吃的方面。

西人尚方，华人尚圆。西方人吃饭是长桌餐，吃独食，由此彰显个性，主张“个人财产神圣不可侵犯”，由此引申出个人主义、拜金主义、自由主义种种。皆与个性有关。与方相应，人的表现行为就会显露棱角，个性分明，直来直去，算账清楚，AA 制，不注重圆融变通。

中国人吃饭吃的是圆桌餐，亲朋好友欢聚一堂，其乐融融。一桌餐分而食之，主张共产共享。与圆相应，所以注重变通，圆融益世，说话含蓄，留有余地，令人深思，引人遐想。对吃亏的态度是心知肚明，而雍容大度，不作计较。所以中国古人不是不懂得算账，算账何其简单，但是时刻都要算账，必然让自己变得凡事斤斤计较，精于算计，所以讲求“吃亏是福”，“大舍大得”，注重德行和格局的培养，所以甘于吃点小亏。于是中国人的特点是小事上大度容忍，大是大非上立场鲜明，态度坚决。

根据《易经》阴阳的原理，进而古人发明了筷子。筷子的标准是七寸六分，代表人有七情六欲，以示人与禽兽类动物有本质的不同。今天有些不懂自己文化的人，很羡慕西方人用刀叉吃饭，觉得这种姿势和仪态有品位，但学了之后也只是偶尔用用。在日常生活中，每餐都用刀叉的中国人，想必也都很“奇葩”。

有些人觉得用筷子吃饭老土，反复用，不文明。这也是误解。要知道刀叉是冶金术成熟以后才有的用具，而西方冶金术是 15 世纪才发明的，在广泛应用于日常生活之前，西方人其实是在用手吃饭。

相比之下，筷子的文明史显然要长得多得多。

筷子是两根，称呼却是一双。这就是《易经》“合二为一”的思想。说“两只筷子”的，一定是外国人，说“一双筷子”的，一定是中国人。

为什么明明是两根筷子，却叫一双筷子呢？这里面又太极和阴阳的理念。太极是一，阴阳是二；一就是二,二就是一；一中含二，合二为一。这是中国人的哲学，西方人不懂。

筷子在使用的时候，必须配合协调。一根动，一根不动，才能夹得稳。两根都动，或者两根都不动，就夹不住。这是中国的阴阳原理，也有西方力学的杠杆原理。使用筷子，就是在按摩手指上的穴位，进一步起到养生的作用。

所以筷子还有点穴、按摩和刮痧的作用。古代人们行走江湖，身上只要随身带一双筷子，有什么毛病都能自己搞定。就算忘了带，就地取材，随手折断树枝或芦苇，折断后，在石头上磨一磨，在水里洗一洗，就能当筷子用。

中华文明和西方文明都有神话。西方人神分离，做事靠科学，做人靠宗教。中国不是这样。中国什么都合在一起：铁拐李、吕洞宾、何仙姑、关云长、姜子牙、二郎神、李天王等等，这些神仙也是人，他们就在茫茫人海中；中国人的理想和现实、灵魂与肉体也是合二为一的，每天用筷子里面就是一种信仰，举手投足都是理念。这是一种通达和智慧。

所以，中国人不需要专门到某个地方去清洗灵魂。因为从小长辈就告诉他，如何做人做事，知道只有做好人才能做好事——这两者也不能分。

我们现在很多人，每天握着筷子指指点点，口无遮拦地自嘲自己和同胞没有信仰，西方如何如何，还以为这是幽默，是谦虚，是境界，其实是无知。无知才无畏，无知才无耻。

按《易经》的相应原理，吃饭时，筷子不能插在碗里，这叫“上香”，不吉利；筷子掉到地上了，一定要说“快乐”，是为了图个吉利；吃饭不能砸吧嘴弄出很大声响，也不能用筷子敲碗，因为敲碗，就与“乞丐”相应……

中国的服饰文化也有讲究，也是源于《易经》的内涵。古人的衣服都是一件长袍或者一袭长衫，这叫“一以贯之”，又叫“上下一统”。衣裤是合一的，省掉了在腰部系一条又厚又重的皮带，皮带长期紧紧勒在腰上，容易导致丹脉不通，经络淤堵。西方人不相信经络，而中医则认为经络不通，则百病滋生。长期系皮带在腰上，会导致消化不良，代谢阻滞，肚子增大。同时现代营养学也提出来了，人的寿命和肚子的大小成反比，肚子越大，寿命越不长。

古人的服饰都比较宽松，那种宽袍大袖，寓意格局广大，俗话说“财多善贾、长袖善舞”，宽袍大袖的衣服穿在身上，你就有种放松自在的感觉，想要翩翩起舞，这就符合中华文化的追求——自在。这种放松的自在的感觉，让人的心胸格局是开放的，显得大气从容，不拘谨；古人的服饰几乎都不在衣服上破洞，钉扣子也是“盘扣”，直接把扣子做在衣服上，寓意做人不要有缺陷和漏洞。

衣服的扣子一般是五颗或者七颗，五颗代表金木水火土五行，也代表仁义礼智信五常，七颗代表“北斗七星”，人的身体就对应泰山，连起来，就是“泰山北斗”，寓意这个人做人如泰山一般厚重，做事方向明确、正确而坚定；穿衣服要系扣子，从下往上系，叫作升华，系到最上面紧临脖子处，就是脑袋，脑袋是圆的，为《乾卦》，代表圆满。所以穿衣服，系扣子，就是寓意不断升华，最终获得圆满。脱衣服，也要解扣子，解扣子要从上往下解，上面代表“形而上”，下面代表“形而下”，也代表道和器、精神和物质，这叫“解脱之道”。从上到下，从精神到物质上，都解掉自己的束缚，去掉自己的欲望，“无挂碍故，无有恐怖。远离颠倒梦想”（《心经》）而归复于安详。

古人的服饰有 Y 字领和圆领，圆领和 Y 字领都代表月亮，圆月和弯月。脑袋为乾卦为天，也为日，头部和脖子连接而成“日月齐辉”，都是《易经》的相应原理。古人每逢盛大的节日，一定着盛装。凡是盛装一定有非常复杂的扣子等程序，穿衣服极为缓慢，这是因为每逢盛大节日，人都容易激动，激动则易浮躁，所以工序多，就是为了锻炼人具有定静之气，能够不疾不徐。中华文化认为“大静至动”，“以静制动”。只有“静似处子”，才能“动如脱兔”。没有静气而一味求快，往往心浮气躁，难成大器。所以说“心急吃不了热豆腐”，现在什么都向西方学，一味追求所谓的“效率”，其实并不见得多高明和智慧。所谓“欲速则不达”罢了。

这种智慧，融于中国人生活的方方面面，让我们在生活之中，慢慢养成了这种良好的习惯，变成了一种美好的修养，美好的气质，也就是厚重的德行，最终必能开启无上的智慧。

琴棋书画与《易经》

前面谈到日常百用，其实琴棋书画也源于《易经》。《易经》让人建立天地格局，实现圆满智慧，而由《易经》影响发展出来的各种相关文化，也都是在帮助大家提升修养，进而打开格局，圆成智慧。传统节日、琴棋书画等等均富含着这种思想与智慧。

琴棋书画叫“四绝”，又叫“四艺”，琴是排在第一位的。我们一般讲的琴，是指古琴，不是琵琶、古筝之类。为什么古琴排在第一位呢？

《易传》里说：“形而上者谓之道”，老子说：“大音希声，大象无形，大方无隅。”意思就是，无形无相的东西要比有形有相的东西高明。我们所有的物质、器具，都是源于人的智慧的创造。所以智慧高于器物。

画和书明显是有形的，它们不会变，山水便是山水，花鸟便是花鸟，非常直观；棋相对于书画，那就无形多了，有千年无同局的说法，在没有棋谱的时代，棋子挪开，存在着输赢高下，但当中的运筹帷幄、经营算计就全都烟消云散了。

棋相对于无形的琴音而言，又逊色一筹。所以排在了第二位。我们当代，产生了一位了不起的大画家，是真正的大师巨匠，是我的贵州老乡——刘知白老人，已经去世了。他的学画经历很传奇，从小就在过云楼学画，极为刻苦，也极为正统，二十出头就已经很有造诣了。中年以后移居贵州，直到去世。一生都非常清贫，与世无争，所以淡泊名利，甚至连名利的概念都没有。他居住的地方极为狭小，一生都在读书和进行艺术研究、艺术创作。晚年的时候，他创造了泼墨大写意的画法，很多画家看了他的画，评价是："难道老糊涂了吗？过去的画画得确实不错，很有笔墨功夫。怎么到了晚年反而不会画了？"他也不辩解。他是被冯其庸先生发现的。有次冯其庸先生无意中在路边看到了他的一本私印的画册，是刘知白老的儿子刘维时先生正拿去准备出版的样稿，冯其庸先生随手拿起来看，这一看，就被震撼了。赶紧问刘维时，这个画是谁画的？刘维时就据实以告。冯其庸先生随即前去拜访，先后登门拜访过刘知白老多次，情不自禁，连连撰文赞叹刘知白老，为中国画开创了新天地，是数百年一出的人物。但是冯其庸先生也说，要完全认识、懂得刘知白老的作品，要五十年以后。由于冯其庸先生在国内是文化泰斗，几乎一夜之间，刘知白老闻名中华大地。冯其庸先生这一生最佩服的他所见过的画家，并成为知交的，一位是刘海粟，另一位就是刘知白。正好两位都姓刘。我第一次见到刘知白老的作品，就禁不住地赞叹，因为他的画作进入了"大象无形""形而上者谓之道"的境界，他的作品宏观可以无比宏观，宏观到了混沌状态；微观又无比微观，具化到能看到很多细微传神的东西。这是谈到画顺带一提的。

而琴，发出的是声音，瞬间即逝。我们能够感觉到琴声的方圆、厚薄、虚实、浓淡等等。我们虽然看不到琴声的"形"，可是，优美动听的琴声却可以感染我们一生一世。这无形，也就胜于有形。

从古老的哲学思想上看，琴棋书画这么排列有其合理性，并非纯属念得顺口。

《礼记》有云"君子无故不彻琴瑟"。春秋时代，琴就成为文人雅士的必修乐器。很多王公贵族也喜好古琴，上行下效，这也促使职业琴家出现于历史舞台。史载，春秋时就有了专业化的琴师，如钟仪、师旷、师文等，师襄子（孔子的古琴老师）等人，自西汉起，历代均设有琴待诏的官职，唐代著名职业琴家薛易简所著《琴诀》对后世琴学规范影响很大。此外，历代还有很多历史文化名人均通晓古琴或擅长抚琴。

再谈谈书法。

清代学人刘熙载《书概》说："圣人作《易》，立象以尽意。意，先天，书之本。”就是说书法也是一种象，这个象是在表达书者内心的境界、智慧与思想。所以书法是一个人内心修养的外化，内心宁静的人，写出来的字就干净清爽；内心饱读诗书的人，写的字就有强烈的书卷气；内心有力量的人，写出来的字就厚重有力，甚至让你感受到一种“力透纸背”的劲道；内心清明空旷的人，写出来的字虽然潦草，但是也自有法度，让人看到赏心悦目。内心境界博大，智慧圆融，具有“上下五千年，纵横十万里”气概的人，写的字就超凡脱俗，无拘无束，极度自由，却又酣畅淋漓；内心返璞归真，超越世俗的人，所写出的字就透着拙朴。现代启功先生的字就极干净，赵朴初先生的字就很厚重有力，毛主席的字就纵横捭阖，无拘无束。总之，好的字，都透着一股清气、正气、英气和大气。

而一个内心苍白，缺少文化的人，他所写的字，犹如一盘散沙，给人以易散架之感；一个恶俗浮躁的人，写出来的字也必然恶俗不堪，所写的字透着一股浊气、俗气、晦气和邪气。

书法作为一种特别的，诉诸视觉的抽象艺术，那上面的黑白（墨色与空白）的有效交融，正是体现着《易经》中阴阳互相交错、消长的生命意识。他也是建立在人文情怀中的一种哲学，最能体现人的生命底蕴。从点到线，由线成字，再通过字的结构组合，成为一幅完整的书法。这与《易经》理论一样，遵循了宇宙造化之理。从无极到太极，由太极生两仪、四象、八卦、六十四卦……循环不尽，意蕴无穷。

书法非常讲究笔墨和章法，在笔墨上讲究虚实、刚柔、大小、曲直、干湿、浓淡、黑白等相互转换、和谐统一等问题；字又讲究肥瘦、欹正、俯仰、顺逆、疏密、避让、向背、连断、缓急、开合、长短、大小等。其中的“一点一画”“一招一式”无不与《易经》“一阴一阳之谓道”相融通、相渗透。

刘熙载《艺概》中说：“书要兼备阴阳二气。大凡沉着屈郁，阴也；奇拔豪达，阳也。”又说：“画有阴阳，如横则上面为阳，下面为阴；竖则左面为阳，右面为阴。惟毫齐者能阴阳兼到，否则独阳而已。”他将书法与阴阳之间的辩证关系阐述得尤为精细。天地合而万物生，阴阳接而变化起。书法艺术讲究的就是在运笔的动静、在变化对立中求统一，达成和谐共存，方为上乘。

否则，不讲阴阳，不讲变化的书法，只能算写字，而谈不上艺术！

曾国藩说："予尝谓天下万事万理，皆出于乾坤二卦。即以作字论之，纯以神行，大气鼓荡，脉络周通，潜心内转，此乾道也；结构精巧，向背有法，修短合度，此坤道也；凡乾以神气言，凡坤以形质言。礼乐不坤。作字而化游自得真力弥满老，即乐之意也；丝丝入扣者，转折合法者，即礼之意也。"

谈了书法，我顺便再谈个题外话，中国古人读书，都是从左往右翻，按照《易经》尚左的思想，意思就是把阳气（正气）翻开，压住阴气（邪气），这样读书就越读越有浩然之气；另外，中国古人的书册，都是从上往下读，然后从右读到左，从上往下读，是点头，读到肚子里装着，所以叫"满腹经纶""腹有诗书"，现在学习西方的方法，读书是横着读，脑袋左摇右摆的摇头，摇头是什么意思呢？有人说是否定，我也不知道，自己去感悟。从右读到左，右是阴，左是阳，也就是越读越有正气，越读越有德行，通过读书去掉了欲望。这些都是古人按照《易经》相应的原理来创制的，我们今天传统文化类似这种思想失传了，很可惜，很遗憾，也很无奈。不光读书是左压住右，穿衣服，古人那种 Y 字领的衣服，也是左边压住右边，今天我还看到商场里面卖的所谓传统服饰，标价还很高，我们书院也有几个女性去买来穿，结果被我看到了，我就叫她们赶紧去换了，为什么呢？她们那个衣服，是右襟压住了左襟，这在古人眼里，叫作什么呢？就是"扶阴抑右"，孔子讲过，"披发左衽"，形容没有文化的野人的。中国古代，死人穿的衣服才是"左衽"，所以今天的商人，也都是急功近利的，看到国家倡导传统文化，就来投传统文化的机来了。

再来谈谈棋与《易经》的关系。这个棋，主要是指围棋。下棋又称"弈棋"。

清朝汪缙的《弈喻》明确地说："弈之为言，易也。弈之数，周天之数也。弈之黑白，阴阳之象也。"

《易传》开篇《系辞上》第一句话就说："天尊地卑，乾坤定矣"，就是天地定位了。天地的属性是各有其特点的，它的位置一旦确定，那么动静刚柔也就表现出来，不同特质与属性的相互区分，就产生了吉凶，即有利或不利的区别，由于不同的形状与现象的出现，就必然产生出不同的变化，它们之间内在发生摩擦，产生激荡变化，与时推移，推动事物的发展变化。

在围棋棋子还没下在围棋盘上之时，围棋是以太极完整形式展静静地躺在棋盘上（《易·系辞上》说："易无思也，无为也，寂然不动，感而遂通天下之故，非天下之至神，其孰能与于此？"《易经》本身不去思虑，也不会有行为，它寂静不动，却能通过阴阳的变动通达天下的万事万物，如果不是天下最神妙的道理，又有谁能达到这样的地步）。而一旦投下了黑子与白子，则生两仪（即阴阳或黑白）于是棋局就按它本身的规律发展下去了，两仪生四象：如自挂小飞角是白白对应，对方挂小飞角是黑白对应，这样由黑白二仪产生四种组合棋形，后面的发展就是由四种组合棋形产生八种基本变化更为复杂的棋形，整个棋局的发展就是由局部到整体，产生千变万化种棋形变化，在棋形变化较量中胜负动荡，慢慢走向结局。

《易经·系辞》说："一阴一阳之谓道，继之者善也，成之者性也。"又说："是故《易》有太极，是生两仪，两仪生四象，四象生八卦，八卦定吉凶，吉凶生大业。是故法象莫大乎天地，变通莫大乎四时，悬象著明莫大乎日月，崇高莫大乎富贵。备物致用，立成器以为天下利，莫大乎圣人。探赜索隐，钩深致远，以定天下之吉凶，成天下之亹亹者，莫大乎蓍龟。是故天生神物，圣人则之；天地变化，圣人效之；天垂象，见吉凶，圣人象之。河出图，洛出书，圣人则之。《易》有四象，所以示也；系辞焉，所以告也；定之以吉凶，所以断也。"

可见《易经》的思想认为宇宙是由阴、阳两种相互对立的属性组成。而在围棋中，黑、白双方恰好也是相互对立的。古代围棋，有黑白四座子，象征四季。以白子先行，黑子后行，象征以白昼开始，夜晚结束。白子其实就是代表了《易经》中的阳，黑子代表了《易经》中的阴。可以说，阴、阳与黑、白两色棋子相对应，象征黑夜与白昼的交替。

用天元来象征宇宙的中心——太极，用黑、白子来象征阴、阳两种对立、矛盾、对抗的属性，用八颗“星”来象征东、西、南、北、东北、西北、西南、东南，与乾、坤、震、巽、坎、离、艮、兑等八卦代表的方位几乎是如出一辙。

另外,《系辞》中说:“乾之策，二百一十有六；坤之策，百四十有四。凡三百有六十，当期之日。二篇之策，万有一千五百二十，当万物之数也。”易经理论里面，以9代表阳，6代表阴，一年有四季。因此，阳的四季数9×4=36，阴的四季为数6×4=24。因为《易经》每卦皆有6爻，因此，纯阳之数为6×36=216。纯阴之数为6×24=144。阴阳二数之和为:216+144=360 。围棋中心的天元，象征宇宙的中心。除去天元外的360个点，恰好与农历一年的日数相同。

而《易经》的思想是“和谐”，围棋的最高境界也是“和谐”。

《吴清源棋谈》中有这样一句话:“与其说围棋是竞争和胜负，不如说围棋是和谐。”围棋若黑白双方保持和谐进行，围棋的本质就是一种自然，总之，和谐相依，方成棋局。

这就是吴清源对围棋的观点。

日本江崎诚致的《敬论吴清源的围棋观》就认为:吴清源可以说是谋求理想和谐，委身于浩大时空宇宙中，领悟到接近和谐方法的少有棋手。

围棋学者胡延楣在其《吴清源:在倾斜的世界里寻找和谐》一文中是这样解释的:其实这是围棋的很多的矛盾的调和，是一种中庸之道。完全在围棋的规律流势中能自由漂流的棋手，才会真正有这样的平衡的感觉，厚薄、快慢、攻防、进退，甚至在比赛中很多微妙之处，如全局与局部，某一阶段和全部棋局、棋手的一贯棋风和这一盘棋人个性、刚与韧、坚强和弹性等等，都有一个最佳综合切入点，这就是和谐，只有和谐才能做到平衡。第一步妙棋都是和谐的产生。无论从什么角度来观察，它都能很自然地和周围的棋成为一体，又是每一盘棋的平衡的砝码。

这是从棋的规律及棋技本身的角度来阐述“和谐”二字的内涵，而《易经》的最高境界其实也就是和谐。这一点在太极图上得到了最为生动的体现，阴极则阳生，阳极则阴生，阴阳永远保持在一种动态的平衡当中。任何违背和谐原理的，都会破坏其中的内在规律，从而导致颠覆。

《易经》的政治观

孔子希望“天下和平”，他对国家政权建设提出了许多想法和设想。孔子的这些思想，在《易经》中完全得到答案。

忧患意识

孔子认为:“《易》之兴也，其当殷之末世，周之盛德邪？当文王与纣之事邪？是故其辞危。危者使平，易者使倾。其道甚大，有物不废。俱以始终，其要无咎，此之谓《易》之道也。”

孔子对《易经》的这种认识是对的。周文王一生坎坷，为完成灭商大业，屡遭磨难，卦辞和爻辞多危厉之言，孔子由此作了许多发挥。其实我们也可以因此而明白，“人间正道是沧桑”。人生在世，危险重重，应该要时刻保持警惕。如果贪图享乐，可能稍一松懈，就又退转或者堕落了。孔子在看到《否》卦爻辞“其亡其亡，系于苞桑”时说:“危者，安其位者也；亡者，保其存者也；乱者，有其治者也。是故君子安而不忘其危，存而不忘亡，治而不忘乱，是以身安而国家可保也。”在解释《乾卦》爻辞“亢龙有悔”时说:“知进而不知退，知存而不知亡，知得而不知丧，其唯圣人乎？知进退存亡，而不失其正者，其唯圣人乎”！

所以《易经》的思想是建立了一个模拟天道运行的模型出来，做什么用呢？首先就是要看到未来的结果如何。结果好，那么就继续保持，结果不好，那么就要未雨绸缪，赶快进行调整，让它往好的方向变化。

所以《易经》是一本变化之书，几乎六十四卦每一个卦都有一句“利艰贞”类似的话，并不只是客套话。前面我们讲过，每个人都有佛性，也就是说每个人都有无限的可能。只要你朝着正确而光明的路上不断前进，就一定会成功，会成就。所以六十四卦不讲结果的好坏，只讲状态的好坏。状态的好坏，是可以调整的。所以中华文化是自然论，不是必然论。必然论就是给你下了一个结论，必然怎样怎样，这是绝对论，是不对的。事物是在发展变化中的。结果好，如果你不努力，到时候好的结果也变坏了。结果坏，但是你调整方向，朝着正确的方向改变，而且不懈努力了，那坏的结果也会变好。所以从这个道理出发，命运就是可以改变的，不努力不修德，好命也会变坏；努力了，方向也对了，坏命也会变好。你努力了十分，就会有十分的因缘来和你相应，你就会获得这个相应的十分的收获，譬如影响力、地位和财富等等。如果你地位很高，但是你却没有努力，贪图享受，那么你的地位和你的德行就不匹配了，不匹配就是这两者不相应。按《易经》相应的原则来看，上天就一定会让你的地位降低下来与你的德行相匹配。所以我们看到周永康等人出了问题，就是因为他的德行和他的地位不相应不匹配了。跟他德行相匹配相应的地位是什么呢？那就是“秦城监狱”。所以中华文化不是必然论，也不是偶然论，是自然论。偶然论是认为这个世界上发生的很多事情是巧合，这也是缺乏智慧的一种认知，他没有完整而正确的世界观，所以得出了偶然论。自然论包含了必然，也包含了偶然，但是又超越了必然和偶然。你做了，有十分的努力，必然就有十分的收获和你相应，这是必然，但更是自然。因为如果你又不努力了呢？它还会继续变。持偶然论者也要想想，为什么这些好事发生在他的身上呢？因为他积德了，努力了，准备了，他天天琢磨着这些问题，所以同样的机会来了，他能抓住，别人抓不住，为什么？因为机会跟他相应了，他能看懂机会，别人看不懂啊。所以你看马云的成功，是偶然的吗？好像是必然的。真是必然的吗？好像是偶然的。其实不是必然，也不是偶然，是自然而然的。你努力了，自然就有相应的缘分来了，自然和你相应，你就能抓住。你都没有努力，自然也是没有善缘来和你相应。不是没有，而是来了你也不知道，因为你跟善缘不相应。你在多大的境界里，就与多大的善缘相应。所以孔子说“尽人事听天命”，很多人觉得顺其自然很消极，很无奈。恰好错了，而是你懂得了自然之道，自己是问心无愧的，何必去问结果，那是水到渠成、自然会来的事情。所以《易传》讲：“乐天知命故不忧”。

作为一个统治者要有忧患意识，有安就有危，有治就有乱，有存就有亡，有进就有退，这是矛盾对立的两个方面，它们在一定条件下是可以互相转化的，未雨绸缪。所以《礼记》说“凡事豫则立，不豫则废”，这个“豫”，就是《易经》的豫卦，代表预测和决策。只有先预测了，才能做出决策。不能预知到结果而盲动，那是非常可怕的事情。

申命行事

孔子认为，统治者要运用法律、命令治理国家，法律、命令具有严肃性、权威性、强制性，“惊远而惧迩也，出可以守宗庙社稷，以为祭主也”，使远近都惧怕，这样就可以守宗庙，保社稷。运用法律、命令时应以教化为主，要“命告四方”“申命行事”，明确地告诉百姓什么不能做，什么可以做，增强人们执法的自觉性。

明罚敕法

孔子对刑罚做了许多论述，他的观点主要有：

一是要“明罚敕法”，“明”，明确。“罚”，处罚。“敕”同饬，整饬之意。就是说，在立法时要明确处罚规定，规定要清楚，处罚要准确，并将其公布于众，“刑罚清而民服”。

二是要“以明庶政，无敢折狱”，这是孔子观《贲》卦时的体会。在执法时，要明察各项政事，防止片面性；在断狱时，不能只听一面之词，更不能用粉饰的办法，不要轻易断案。

三是“明慎用刑，而不留狱”，明察案情，分辨是非，慎重用刑，判决要果断，不能久拖不决，让犯人长久地囚在监狱里。

四是“赦过宥罪”，对犯有一般过错的人，应该赦免的就要赦免；对犯有严重罪行的人，也要减轻其刑罚，“以讼受服，亦不足敬也”。

五是“议狱缓死”，对于犯有死罪的犯人，还是应该再核实证据，进行充分的论证、评议；如果证据确凿，也不要马上处决，可以缓期执行。在缓期期间如发现审判有误，尚可纠正；如若人头落地了，就再没有改正的机会和可能了。

这些论述比较全面地反映了孔子“道之以德，齐之以礼”的思想，主张德教，不要滥杀人，他对季康子说：“子为政，焉用杀”（《论语·博颜》）。就是非杀不可，也要先教后杀，“不教而杀谓之虐”。这反映了孔子及其儒家对刑罚的基本思想。

建万国，亲诸侯

孔子在观《比》卦象时，看到“地上有水”，水地亲比，卦中唯一一个阳爻处尊位，由此想到“先王以建万国，亲诸侯”。“建万国”，就是分封诸侯国，武王伐纣胜利后，就开始分封诸侯，共立七十一国，这是周王朝的一个基本国体，在当时的历史条件下是有积极作用的。但是如何管理这些诸侯国，协调各诸侯国与中央集权的关系，这确是一个难题，孔子提出“亲诸侯”，即用亲比的方法安抚诸侯，“能以众正，可以王矣”。“天地不交而万物不通也，上下不交而天下无邦也”，君臣和睦，则国泰民安。

除戎器，戒不虞

在国家安全问题上，孔子也提出了自己的一些看法。他观《萃》卦是“泽上于地”，想到泽水大了也有决堤之时，人们聚集在一起也有生变的可能，因而提出“君子以除戎器，戒不虞”。“除”为修，“戎器”即兵器，“戒”戒备，“不虞”即不测，这是在说：要修治好兵器，以防不测之乱的发生，这是说国内之事。

在国与国之间，孔子提出“王公设险以守其国”，这是孔子的超前意识。在商周时期，还没有设险防御的设施，武王伐纣时，很顺利地就渡过了古黄河，过河后至牧野约三百里是平原地带，原是商王的狩猎区，一马平川，武王的军队没有受到阻拦就到了牧野。“设险守国”至战国时才普遍得到运用，所以说孔子的这一思想是超前的，用他的话说是“思患而豫防也”。

不伤财，不害民

这是孔子的重要的财政思想。衡量一个国家是否富足，主要是看国库的积蓄。《礼记·王制》载：“国无九年之畜，曰急；无三年之畜，曰国非其国也。”孔子认为，这些财政来源是“损下益上”，来自老百姓的税赋，“积中不败”，财物源源不断地充实国库，任其食用，永不衰竭，这是好事。然而，在财物的使用上应该是“节以制度，不伤财，不害民”，要管好用好这些资财，并以制度、法规的形式确定下来，其基本原则就是：不奢侈浪费，又要不伤害百姓，要“损上益下”，用聚敛上来的财物为老百姓服务，做到“虽有凶旱水涝，民无菜色”，遇到了自然灾害，老百姓也不吃糠咽菜。这些思想是积极的，但也是统治者难以做到的。由此可见，孔子提出的国家政权建设的想法和设想是多方面的、全方位的，这些思想有它的积极意义，对后世影响很大。

《易经》与文学

前面我们说过了“易有圣人之道四焉”，其中就有“以言者尚其辞”。《易经》的文辞非常优美，也非常富有哲理，真正的经典，都符合文以载道的特征。可以说《周易》和《易传》具有令人惊叹的文学美，其中的每一段辞、每一篇文字，都显示出对仗工整、押韵谐和、文字古雅、精奥、取象优美，手法高明，表达丰富，以至于随意摘选出来欣赏，都可以说是一篇美轮美奂的绝佳文学范文。

《易经》的文辞，可以说是“立象尽意”，用简单的符号让你产生联想和想象，表达出极为深远的意蕴。由此产生了“诗歌”的体例，诗以言志，“诗以意会”而形成了诗意。诗，借景抒情，借物咏志等等手法，都是源于《易经》的“立象尽意”思想。古诗有四言、五言、七言，四言是因为《易经》为八卦，八分为四，朗朗上口，比如“天地日月”为一句，“雷风山泽”就是另一句。曹操的《短歌行》《观沧海》，都是这类体例；五言，是《易经》的五行观念，发展出了五音、五色、五味，用五言可以把“宫商角徵羽”五音涵盖进去，抑扬顿挫，十分美妙；七言，是《易经》的三才四象，同时也是遵循“七日来复”的规律。

《易经》主要用“阴阳”来阐述事理，八卦、六十四卦都是相对而言。关于六十四卦的相对，大家如果感兴趣，可以去看我的《老子汇通》，我在里面有过阐述。八卦我们前面讲了，就是天地是一对阴阳，日月是一对阴阳，雷风是一对阴阳，山泽是一对阴阳。有了这个对举的概念，进一步成为对联的源头。从最初的字意相对，发展到了后面的字形也相对，字音也相对了。字意相对好理解，《笠翁对韵》里面说得很多，古代《笠翁对韵》都是启蒙读物，你看看那个文辞多么优美：“春对夏，喜对哀。大手对长才。风清对月朗，地阔对天开。游阆苑，醉蓬莱。七政对三台。青龙壶老杖，白燕玉人钗。香风十里望仙阁，明月一天思子台。”反观现在我们的孩子启蒙读物是什么呢？小画书，什么“一只鸭两只鸭”，数来数去有意义吗？

我在少年时代曾写过一篇短文，叫“《周易》思想乃对联之渊源”，也一起转过来看看：

余幼年尝喜对对联。不过自娱而已。并未深究。年稍长，为求对联之渊薮，而探求汉字之意蕴原理。盖天下之事，不问不知，一探方知其间乾坤广大。夫中国之文字，尤为奇特，与世界各国之语言文字相较，其丰富实是无与伦比之极。音形象神，圆融完满之至，由此及彼，意味悠长，底蕴深远，多元统一，非外国单一之论调可与匹及。时至今岁，汉字历经岁月染指，愈显堂奥，乃齐集艺术、哲学、文学、声学、金石学诸学于一身，神光迷彩，引人入胜。

吾国之易学卦符者何？言乎象也。主审者理、明理者象、对待者数、流行者气也。此乃吾国易学之核心。汉字之化生，乃堪与语言相结合、且可书写语言之名称、表现具体名称对象事理之符号。故，汉字非仅记录语言之文字耳，诚负载自古以来文化智慧之全息标志。

吾国之汉字，同形同宗，同音意同，字形字音皆为象。形乃象之阳，音乃象之阴，字与字间一分为二、对立统一、互为其根、分层扩展，乃为八卦次序图之结构模型。

是乎。易学理论乃吾国传统理论之基石。汉字受易学思维调控，故能道器浑一、阴阳合一、五常统一、形意象一、象数归一、表意表音也。

吾国之文字，始乎象形。而象之范畴，源乎《易》也。《系辞上》云：“圣人设卦观象，系辞焉而明吉凶。”易理出而汉字始。故汉字之魂，乃《易》之神也。今尤可于汉字而略窥易之堂奥。汉字通身上下莫不尽显《易》之精神。

汉字尤将《易》之阴阳论引而申之，运用成文，故对联由是生矣。乃其势必然之故也。

经云《易》有太极，是生两仪。两仪之阴阳矛盾而统一，故衍生万物。此宇宙万物运动之性也。相互对峙、相互作用、相互转化而成。此“两仪”者，阴阳也。

是故对偶之形式出矣。

无论《诗经》《尚书》《老子》《淮南子》……皆屡见对仗鲜明之佳句而不鲜。以至两汉后之赋体文学，魏晋南北朝之骈体文学，直至唐宋格律诗词，对偶类精美之修辞格式，渐而发展为古典文学之崇尚。甚或《周易》之经传文字亦有“同声相应，同气相求”，“水流湿，火就燥”，“女承筐无实，士刲羊无血”、“上下无常，刚柔相依”；“损以远害，益以兴利”；“知小而谋大，力少而任重”；“存而不忘亡，治而不忘乱”；“君不密则失臣，臣不密则失身”；“化而裁之谓之变，推而行之存乎通”之载。

此乃早期对偶型之句式。刘勰于《文心雕龙·丽辞》篇云：“造化赋形，支体必双，神体为用，事不孤立”。所言即为举凡事物，皆存对偶之态，体现于文体，即为对偶句也。

由是而观之，对偶句式之理念，乃为对联形成之基。再经不断之理性化、标准化、系统化而加以推进发展，终成独立文体。

汉字易符学之理论亦极为简单，每一字皆有其具体之象，象以明理，一分阴阳，象为阳，理为阴，推象敲理；二分阴阳，形为阳，音为阴，看形明理，听音通意；三分阴阳，形有阴阳，音有阴阳。形阳为象形，形阴为象意……汉字笔画结构字形之分，乃左阳右阴，下阴上阳是也，每一汉字均为阴阳结合之产物。据此法则而知联之义也。

初观对联之形体结构，若以上联（出句）为阳，下联（对句）则为阴，按阴阳之法则，上、下联之结构则既能相互对立，复能相互依存，互为其根。有上联者，必当有以相应之下联，方能合为完整之联。此乃一出一入，天地之道之故。孤阴不生，独阳不长之谓。故单句不成联也。

复观对联之意，上下之联，其理念当相联或相关也。此亦合阴阳之法。乃对联之本讲究对仗之故，而对仗之本则要求于出句及对句之中，将同类型概念或相关相对之概念置于两句对应之位。乃“合掌”之谓。观其意，尤不可内容相重，否则于其理意，破坏对立统一之辩证，乃撰联大忌。刘勰论对仗之方式曾云：“丽辞之体，凡有四对：言对为易，事对为难，反对为优，正对为劣”。因反对尤能反映充满复杂矛盾之客观存在，且能表现作者之辨证思维，揭示事物之本质。故一副完整之联乃为一具体之象，其象形则为阳，象意则为阴，达此阴阳平和故能构成“达标和乐”之联也。

终以音律究其阴阳之法。须知字有阴阳五行之理存焉，语音有平、上、去、入四声变化。如元音与辅音即为阴阳，以平上为阳，以去入为阴。亦即平声为阳，仄声为阴，故联之格律亦易之物也。

上下联末字之音决不可同，方合阴阳之道。上以仄结尾，下必以平完局。仄声短促、低回，有余意未尽之感，平声高昂洪亮，有升华震撼之势，一阴一阳，一刚一柔，美故能存焉；再以联意之气概论，上联属起、承，下联属转、合；下联常比上联高、大、厚、重、深、远，方能衬托、承载上联。

其次，联当充分体现“重阳必阴，重阴必阳”之法。对句之平仄必与出句相反，方合易道。余之平仄，依此类推。倘有特例，遇“拗句”须“补救”，亦须以“阴阳消长”之法理之，方臻平衡谐和之美。

另外比喻、拟人、衬托等文学修辞手法，也是源于《易经》“取象比类”“象其物宜”“象者像也”“引而伸之，触类而长之”的思想。比喻是“取象比类”思维，比拟是“天人合一”思维，借代、夸张、对偶、反复、排比、设问、反问、反语等均是各种阴阳关系之转化。写作方法、手法、写作方式，都运用了《易经》的阴阳思维和象数思维，譬如赋比兴、衬托、对比、渲染、卒章显志、画龙点睛、以小见大、欲扬先抑、联想、想象、语序颠倒、铺垫、象征、虚实结合、正侧描写、融情于景、动静结合、以动衬静、白描、点面结合、悬念、伏笔等等。

在文学方面，《易经》不光产生了对联、诗词，还有我们耳熟能详的很多成语，我大概列举一些：

潜龙勿用 《易・乾》："初九，潜龙勿用。"蛟龙隐伏不为世所知。

朝乾夕惕 《易・乾》："君子终日乾乾，夕惕若厉。"乾乾，自强不息的意思。形容从早到晚勤奋谨慎，兢兢业业，不敢懈怠。

飞龙在天 比喻得到重用和很高的地位。《易・乾》："九五，飞龙在天，利见大人。"

亢龙有悔 《易・乾》："上九，亢龙有悔。"意为居高位的人要戒骄，否则会因失败而后悔。比喻盛极必衰。

群龙无首 比喻人多而没有领头的人，形不成统一的行动。《易・乾》："用九，见群龙无首，吉。"

履霜坚冰 《易・坤》："履霜坚冰至。"踩在霜上，即可知冰冻的节令将至。比喻从事物的征兆可以看出事物发展的结果。

即鹿无虞 《易・屯》："即鹿无虞，惟入林中。"即，接近，这里有追逐意。虞，掌管山泽的官。意思是追逐山鹿时，没有熟悉地形的虞官帮助，那只是空入山林。后比喻做事如果条件不具备就草率从事，必然徒劳无功。

泣血涟如 谓哭泣出血，悲痛异常。《易・屯》："上六，乘马班如，泣血涟如。"

不速之客 速，邀请。指没有邀请而自己来的客人。《易・需》："有不速之客三人来。"

拔茅连茹 茅，白茅。茹，草根互相牵连的样子。比喻互相引荐，擢用一人就连带引进许多人。《易・泰》："拔茅茹，以其汇。"汇，类。

谦谦君子 谦虚而严于律己的人。《易・谦》："谦谦君子，卑以自牧也。"

衍生“谦谦下士”“谦逊下士”“谦恭下士”“谦以下士”。指谦虚有礼貌，尊重别人。

无妄之灾　无妄，出其不意，不能预料。指意外的灾祸。《易·无妄》：“六三，无妄之灾。”亦作“无妄之祸”。

虎视眈眈　像老虎那样贪婪而凶狠地注视着。形容心怀不良，伺机攫取。《易·颐》：“虎视眈眈，其欲逐逐。”

枯杨生稊　稊，通“荑”，植物的嫩芽。枯萎的杨树又长出了嫩芽。比喻老夫娶少妻或老年得子。《易·大过》：“九三，枯杨生稊，老夫得其女妻。”

枯杨生华　枯萎的杨树又开出了花朵。比喻寡妇再婚。《易·大过》：“枯杨生华，老妇得其士夫。”

突如其来　突然来到或发生。《易·离》：“突如其来如，无所容也。”

羝羊触藩　羝羊，公羊。公羊去触篱笆，角被缠住。形容进退两难。《易·大壮》：“羝羊触藩，羸其角。”

匪躬之节　《易·蹇》：“六二，王臣蹇蹇，匪躬之故。”蹇，难。意谓王室之臣能履涉蹇难，匡扶王室，不以私身之故而退避不前。后指不顾自身利害而尽忠王室的节操。

洗心革面　《易·系辞》：“圣人以此洗心，退藏于密。”《易·革》：“君子豹变，小人革面。”后比喻彻底悔改。

匪夷所思　夷，平常。《易·涣》：“元吉，涣有丘，匪夷所思。”不是根据常理所能想到的。

云行雨施　比喻广施恩泽。《易·乾》：“时乘六龙以御天也，云行雨施，天下平也。”

一谦四益　《易·谦》：“天道亏盈而益谦，地道变盈而流谦，鬼神害盈而福谦，人道恶盈而好谦。”后谓谦虚能使人获益很多为“一谦四益”。

神道设教　《易·观》：“圣人以神道设教，而天下服亦。”本谓按照自然之势教化万物。后谓借鬼神之道以行事。

日月丽天　日月悬在天空。比喻光明照耀四方。《易·离》：“日月丽乎天，百谷草木丽乎土。”

顺天应人 美言帝王创业登基是上承天道，下合民意。《易·革》："汤武革命，顺乎天而应乎人。"

日中则昃 昃，太阳偏西。太阳过正午就要向西偏斜。比喻事物盛极则衰，或到了一定限度就会转向反面。《易·丰》："日中则昃，月盈则食。"

月盈则食 《易·丰》："日中则昃，月盈则食。"盈，指月亮圆。食，指月亏。月亮到了最圆的时候，就开始缺损。比喻事盛则衰，物极必反。也作"月满则亏"。

自强不息 努力上进，决不停息。指一种积极的人生态度。《易·乾》："天行健，君子以自强不息。"

厚德载物 物，万物。《易·坤》："地势坤，君子以厚德载物。"后用以指道德高尚的人能够承担重大任务和承载物质福报。

遏恶扬善 制止和隐匿缺点，宣扬长处。《易·大有》："君子以遏恶扬善，顺天休命。"衍生"惩恶扬善"。

赦过宥罪 宥，宽容，饶恕。赦免过错，宽恕罪行。《易·解》："君子以赦过宥罪。"

惩忿窒欲 惩，惩戒。克制愤怒，遏止欲念。《易·损》："损，君子以惩忿窒欲。"

思不出位 位，职位。《易·艮》："兼山，艮，君子以思不出其位。"谓考虑问题不逾越自己的职责范围。

风行水上 《易·涣》："象曰：风行水上，涣。"比喻自然流畅，无矫揉造作之弊。

进德修业 原为提高道德修养功业。《易·乾文言》："君子进德修业。"后谓提高道德修养，进修学业。

同声相应 《易·乾》："同声相应，同气相求。"原谓乐声相和，后比喻意见相同的人互相响应。

同气相求 《易·乾》："同声相应，同气相求。"同气，同类。原谓具有相同性质的事物互相感应。后比喻志趣相投的人自然结合在一起。亦作"同类相求"。

风从虎，云从龙　《易·乾》："云从龙，风从虎，圣人作而万物睹。"比喻圣主贤臣的遇合。亦指同类事物相互感应。亦作"云龙风虎"、"风虎云龙"。衍生"风云际会"、"风飞云会"、"际会风云"。

知几其神　几，几微。《易·系辞》："子曰：'知幾其神乎'"，人能够预知事情萌发的细微迹象，就能与神道结合。

龙吟虎啸　《易·乾》："云从龙，风从虎。"孔颖达疏："龙吟则景云生……虎啸则谷风生"后以"龙吟虎啸"比喻同类事物互相感应。亦作"虎啸龙吟"。

进退存亡　前进、退却、生存、死亡。泛指各种处境。《易·乾》："知进退存亡，而不失其正者，其唯圣人乎。"

积善之家，必有余庆　多行善举，必有后福。《易·坤》："积善之家，必有余庆；积不善之家，必有余殃。"亦作"积善余庆"。

一朝一夕　形容很短的时间。《易·坤》："臣弑其君，子弑其父，非一朝一夕之故，其所由来者渐矣。"

乐天知命　顺应天意的安排，安于自己的处境。《易·系辞》："乐天知命，故不忧。"亦作"知命乐天"。

见仁见智　对同一问题各人有不同的看法，各有道理。《易·系辞》："仁者见之谓之仁，知者见之谓之知。""智"本作"知"。

二人同心，其利断金　二人心齐，力量如同锋利的刀剑，可以切断金属。谓团结的力量无敌。《易·系辞》："二人同心，其利断金；同心之言，其臭如兰。"

慢藏诲盗　谓收藏财物不慎而招致盗贼。《易·系辞》："慢藏诲盗，冶容诲淫。"亦比喻疏于守备而引起奸人觊觎。

冶容诲淫　指女子妖艳的打扮容易招致淫邪之事。《易·系辞》："慢藏诲盗，冶容诲淫。"

诲淫诲盗　《易·系辞》："慢藏诲盗，冶容诲淫。"后以"诲淫诲盗"表示祸由自招。亦用作教唆引诱人去干奸淫盗窃等坏事。

触类而长　《易·系辞》："引而伸之，触类而长之。"长，增长。掌握了某一事物的知识或规律，就能据此增长同类事物的知识。

触类旁通 《易·系辞》:“引而伸之，触类而长之。”又《易·乾》:“六爻发挥，旁通情也。”后用“触类旁通”谓掌握了某一事物的知识或规律，就能推而了解同类的其他事物。

极深研几 极，穷尽。研，探索。几，细微。谓探讨研究事物的深奥隐微之处。《易·系辞》:“夫易，圣人之所以极深而研几也。”

开物成务 通晓万物之理，并据而把事情办好。《易·系辞》:“夫《易》，开物成务，冒天下之道，如斯而已者也。”

知来藏往 《易·系辞》:“神以知来，知以藏往。”后以“知来藏往”谓深晓未来与过去之事。

探赜索隐 赜，幽深玄妙。探索深奥的道理，搜寻隐秘的事迹。《易·系辞》:“探赜索隐，钩深致远，以定天下之吉凶。”亦作“探奥索隐”“探幽索隐”“探幽穷赜”。

钩深致远 谓能钩取深处之物和招致远处之物。喻指探索深奥的道理，或指治学的广博精深。

言不尽意 《易·系辞》:“书不尽言，言不尽意。”谓语言难以表达思想的全部内容。

神而明之，存乎其人 《易·系辞》:“化而裁之存乎变；推而行之存乎通；神而明之，存乎其人。”谓人不但要懂得事物的道理，还要能运用其道理。

穷则思变 谓事物发展到极点时就要发生变化。《易·系辞》:“易穷则变，变则通。”后谓人处于十分穷困无路可走之境地时就会努力改变现状。亦作“穷极则变”。

穴居野处 居住洞中，生活在荒野。形容原始人类的生活。《易·系辞》:“上古穴居而野处，后世圣人易之以宫室。”

同归殊涂 涂，同“途”。《易·系辞》:“天下同归而殊涂，一致而百虑。”比喻采取不同的方法得到相同的效果。亦作“异途同归”“异路同归”。衍生“殊涂同归”“殊途同归”“殊路同归”“殊涂同会”“殊途同会”“殊涂一致”“殊涂同致”。

一致百虑　《易·系辞》:“天下同归而殊涂，一致而百虑。”趋向相同，考虑却各不相同。

日往月来　《易·系辞》:“日往则月来，月往则日来，日月相推则明生焉。”

寒来暑往　《易·系辞》:“寒往则暑来，暑往则寒来，寒暑相推，而岁成焉。”夏天过去，冬天到来。泛指时光流逝。

穷神知化　谓研究事物之精微道理。《易·系辞》:“穷神知化，德之盛也。”亦作“穷神观化”。

治乱存亡　安定、祸乱、存续、灭亡，指国运的各种情况。《易·系辞》:“君子安而不忘危，存而不忘亡，治而不忘乱，是以身安而国家可保也。”亦作“治乱兴亡”。

见几而作　几，细微的迹象。看到事物的细微迹象即有所动作。《易·系辞》:“君子见几而作，不俟终日。”亦作“见机而作”。衍生“见机行事”。

知微知彰　既知道事物萌发之初极微小的现象，又知道事物发展的显著后果。《易·系辞》:“君子知微知彰，知柔知刚。”

彰往察来　指记载往事不使湮灭，据以考察未来。《易·系辞》:“夫《易》彰往而来，而微显阐幽。”

原始要终　原，推究。探求事物发展的起源和结果。《易·系辞》:“《易》之为书也，原始要终以为质也。”

思过半矣　已想过半了，即大半已明白了。《易·系辞》:“知者观其彖辞，则思过半矣。”

穷理尽性　穷究天地万物之理性。《易·说卦》:“和顺于道德而理于义，穷理尽性以至于命。”

数往知来　《易·说卦》:“数往者顺，知来者逆。”数，算。根据过去推测，便可预知将来。

穷大失居　《易·序卦》:“穷大者必失其居。”谓居大位者骄奢无度，必覆败而失所居。后指多而不适用。

革故鼎新　《易·杂卦》:“革，去故也。鼎，取新也。”革除旧的，建立新的。旧多指朝政变革或改朝换代。

九五之尊　九五，卦爻位名，术数家以为是人君的象征。因指帝王的尊位。亦作“九五之位”。

中馈乏人　《易·家人》:“妇人……其所职主在于家中馈食供祭而已。”中馈，指厨房之事，引申为妻子。后称尚未娶妻为“中馈乏人”。

泰极而否　否泰，皆卦名，否是坏的卦，泰是好的卦。谓事物发展到一定程度，就要转化到它的对立面，好事会变成坏事。亦作“泰极生否”。衍生“泰然处之”“泰然居之”“泰然自若”。

否极泰来旧多指朝政变革或改朝换代形容坏到极点好的就来了。

《易经》的宇宙观

宇宙这个词语不是外来词语，古已有之，《淮南子》中就说:“往来古今曰宙，上下四方曰宇”。往古来今讲的就是时间，上下四方讲的就是空间。所以宇宙就是讲的时空。这个概念是来自《易经》的。空间就是位置，位的内涵，《易经》里面非常重要的概念就是时、位。时位就是时空，也就是宇宙。所以《易经》一上来，就讲了宇宙观、时空观。

《乾》卦第一爻叫“初九爻”，开始的意思，最后一爻叫“上九爻”，为什么不叫“九六爻”呢？这个“初”就是时间，这个“上”就是指的上下，代表空间。所以《易经》八卦，既要从时间上去看问题，也要从空间上去看问题。在《易经》里，宇宙，也就是时空是一个不可分割的整体。

谈到“宙”的时候，就得谈到天时。那么天时这个概念和文化概念一样，都是出于《贲》卦的《彖传》:“观乎天文，以察时变，观乎人文以化成天下”。注意，这也是“天文”“文化”“人文”三个词语的来源。这句话实际上是包含两个层面、两个内容。天行和时间就是天时。

大家知道，希腊神话的太阳神，我们翻译叫宙斯。伏羲圣人针对乾卦说了这样一句话:“大明终始，六位时成。时乘六龙以御天。”这个乾卦的六位空间是依据时间的先后顺序体现出来的。

余世存先生也强调时位的问题。他说时、位是《易经》两个最核心的观念。

其实不仅仅是中国文化，放眼世界也是如此。从小到大，不管你是跟人打交道还是自己填档案，最重要的元素就是时间和空间，即你是什么时候出生的，什么地方的人。空间和位置代表了你的坐标，也体现了你同别人的差异。我说差异即是能量，有差异就有爆发创造力的可能。但同时差异也凸显了不平等，彰显了一个人能力的高下。

所以时差和位差是相互的，一旦你跟别人发生了时差，比如诸位跟我有10年、20年的时差，其实也就代表了社会位置和人生位置的差异。如果把时差和位差理解清楚了，就知道该怎么去理解这个世界，参与这个世界，否则只会固守自己的一点本能去生活，跟时间和空间的运行轨迹发生碰撞，头破血流。

给大家举一个例子，男人和女人是有时间差异的。其实我们每个人都有生理周期，但是从概率学上来讲，男人有男人的生理周期，女人有女人的生理周期，差异一般是一年，叫作女七男八。也就是说女人的生理周期是以7为一个循环，女孩子到7岁、14岁以及21岁的时候，人生会有一个转折，这就是一个生理周期。男孩子是8，以8年为一个周期。

男孩子到16岁才有萌动，而女孩子是14岁，所以同样是青春期，女孩子要比男孩子早熟一点。这就导致了一种时差，同班的女孩子不一定看得上男孩子，觉得他还是一个小孩。

我们继续分析。男人到了40岁，已经是5个8年，早就成熟了，所以孔子说四十不惑。但我们看中国的近现代史，发现很多男人在40岁的时候根本没有做到不惑。我们说不惑其实有两层含义：一个是困惑，还有一个是诱惑。这两个“惑”，我发现很多中国男人在他40岁的时候都交了白卷，没有及格。这其实就是一个时差——他跟自己的生理周期发生了差异。

举几个例子，比如曾国藩到40岁的时候还在日记里面透露他跟同僚聊天时很不正经，爱听黄段子，爱讲黄段子。左宗棠也是，到四十三四岁的时候还没有建功立业，还在为女色和饮食所惑。包括蒋介石，他在四十多岁时候的日记里面写，说自己今天又逛了几次窑子，找了几次小姐，他还在受这种诱惑。

从中我们可以看出，一个中国的男人在现代化的转型当中是如何落后于他的生理周期，要求他负起的责任的。这个时差问题，在当代更严重。你们看身边有很多那种五六十岁的男人，甚至有的已经七十多了，还立不起来，还有那么多困惑，经受不了诱惑。

当然也有做得好的，比如梁漱溟先生。他在十几岁的时候就严格要求自己，等到了二十多岁时，忽然有一天发现内心还有天人交战的东西，还有私欲横流的东西。用他自己的话说，当时就惊出了一身冷汗，把以前学的东西毁掉，重新拜师去学。后来他在佛学和儒学之间出入自如，成为一代宗师。

还有就是熊十力先生。他当年参加革命党，武昌起义时是新军的一个士兵。辛亥革命成功后，他在广东跟一帮革命党人住了半年，彻夜长谈革命理想，畅谈革命之后怎么办？后来有一天，他忽然反求诸己，发现自己是个糊涂蛋，身边那些人也不怎么样，从人品、个性和道德几个维度看，都立不住，于是心想中国革命难道靠这批人就能成功吗？他表示怀疑，进而脱下军装，离开革命队伍专心去做学问，希望搞清楚一些根本问题，后来也成了大家。

有人意识到了时差，有人没有意识到时差。意识到和意识不到有什么区别呢？古希腊有句名言，说意识到自己本能的人，会主动地参与社会进程，去做历史的推手；而如果意识不到的话，就会被这个社会推着、拉着甚至拖着往前走——这是两种人生的活法。

再说国家与国家，中国和西方的差异确实非常大，而且到现在为止，怎么弥补这个差异，我觉得可能很少有人在思考这方面的问题，更多的人还是浑浑噩噩地过日子。

但其实在学术界，尤其是西方学术界，这个问题已经讨论了几百年。自法国启蒙运动起，他们就意识到了中国和西方的差异，甚至有一种非常极端的说法，说西方要比东方早两千年。也就是说东方人迄今为止还没有达到古希腊人的那种精神层面，时差两千年。

但是如果我们把几千年的中华优秀传统文化传承好了，发展好了，就是我以前讲到的，读历史至少可以有几个方面的好处，一是胸怀天下，二是放眼千秋，三是得到经验和智慧，历史用几千年无数血泪的事实只做了一件事，就是证明了经典是正确的。所以读《易经》可以放大我们的时空观、宇宙观，可以让我们纵横十万里，上下五千年。这就解决了我们目光短浅和西方人时差的问题。

《易经》讲了大观、中观、下观的问题，所谓“大观在上”“中正以观天下”“下观而化也”。这三观就是西方所谓的宇宙观、人生观、价值观。而《易经》的这三观内涵更深广，这三观到最后共同指向一个观，那就是“天下观”。也就是我创办四观书院的一个初衷，在建立正确的三观之后，又形成一种站高立远、胸怀天下，为全人类命运何去何从的终极关怀。这就是《易经》所强调的“天下观”，也是佛家所讲的“悲天悯人”的大情怀。

所以《易经》能帮助我们建立起无限的天地格局，也就是宇宙大格局，从这个角度来看，就是究竟的、彻底的、圆满的。所以《易经》里说：“观天之神道，而四时不忒；圣人以神道设教，而天下服矣。”

数千年生生不息的中华优秀传统文化，就好比一株枝繁叶茂的参天大树。这棵大树的种子是《易经》，从《易经》上生根发芽，树干是儒释道，树皮是中医，保护这株树木的生命得以延续，不受伤害；树枝是诸子百家，树枝上的花椏果叶就是诗词歌赋、琴棋书画、诗酒茶花香等日常百用。而这株树木的生长壮大，就是史学，中华民族的历史观，也是源于或印证于《易经》的生生不息之道。

《四库全书》里讲：“易道广大，无所不包，旁及天文、地理、乐律、兵法、韵学、算术，以逮方外之炉火，皆可援易以为说。”

“书不尽言，言不尽意”，我们今天讲《易经》，重点也不是跟着谁学，而是启动自己的良知和觉悟，尽心去“参赞化育”，则自有所成。我曾经写过一句话，也可以赠给大家：

怀抱大道时空小，心存中庸境界高。

最后，我用我写的一首《易赞》来与大家共勉：

易道广大，周流六虚。无所不有，变动不居。
彻上彻下，亦实亦虚。肇自伏羲，传于黄帝。
三王四代，莫不相继。文武周公，光大其义。
春秋之际，王室衰微。礼乐不兴，大道将绝。
多方学者，不获其全，分途异趋；
道怀柔弱，儒得仁义；墨崇慈俭，法尚规矩；
农以生息，调和为医；名与阴阳，得之玄虚；
神谋鬼谋，纵横兵机；寓言小说，类象之意。
传之不纯，而杂其余。群经之首，大道之极。
包罗万象，不执于一。执之则偏，不执无遗。
百家虽众，统归于易。

附录

附：廖彬宇先生17岁所作词一首

卜算子·咏易

大易肇洪基，日月悬天际。王者心传开万世，神圣精微义。
独幸百家焚，自古群经帝。铸就中华千秋魂，却被儿孙弃。

第七讲

中华民族最伟大的追求是什么

——廖彬宇先生讲“论语大义”之“知命”

摘要：《易经》提出了一个最核心最根本的命题，就是关于命运的问题。而同时“命运”也是中华文化所要解决的最为根本的问题。《中庸》开篇就说“天命之谓性”，命是天之所命，天然生成的，也就是人的本性。知命，就是知天命，知本性。天，指天道天理；性，指本性良知。知命，就是掌握、明了了天理良知的奥秘，明了生命之真相、宇宙之实相。穷达性天。知命，是真正有了自知之明，知道了自心本性的光明。知道虽然不是证悟，却是证悟的起步。信解行证，知命相当于“解”，深度的理解。知命，就是知道人性有本性和习性的分别，本性至善而习性易恶，掌握存养的功夫，用温良恭俭让的修为来对治贪嗔痴慢疑的习气。中华文化最伟大的追求，不仅是让自己的命运走向光明与圆满，也要让全人类走向光明与圆满。

前面讲了“知易”，谈到了《易经》的很多方面，大家对《易经》有了一定的认识。《易经》提出了一个最核心最根本的命题，就是关于命运的问题。而同时“命运”也是中华文化所要解决的最为根本的问题。

佛家乔达摩·悉达多太子看到人有生老病死的折磨，于是出家修行，经过漫长的时间，终于在菩提树下悟道成佛，由此发展出整个佛家的系统，从佛家的系统来解决人类命运的问题。

老子的思想贵生、守柔、处顺、卑下、守中、守静、处厚、保重、冲和等思想，也是在为人类命运臻于圆满而开出的药方。

儒家《论语》在中间部分，借子夏之口讲了一句："死生有命，富贵在天"；《季氏篇》里孔子又讲了一句："君子有三畏：畏天命，畏大人，畏圣人之言。小人不知天命而不畏也，狎大人，侮圣人之言。"最后一章，孔子又总结性地讲："不知命，无以为君子。"如何解决人类命运的问题，儒家将之放在了首要位置。而其实人类的根本问题，归根结底，就是最终命运归宿何去何从的问题。命运的问题解决了，一切问题也就迎刃而解。

我在多年前出版《国学旨归》第一辑时，谈到了这个问题，认为中华优秀传统文化就是立足人类未来命运归宿何去何从进而产生的终极关怀，这种关怀，是站在"道"的制高点上，自上而下俯瞰人类，清晰地把握住人类命运蓝图，如同卫星导航一般，指引着人类走向光明、走向幸福、走向成就、走向圆满。这就是智慧的引领。具备了这种智慧的人，就是"得道"的圣人，他们留下的思想和文字，被称为经典。而我们学习经典、效仿圣人，就是获得智慧，走向圆满。我把这样的终极关怀，定为《国学旨归》的副标题，也就是揭示中华文化的伟大追求，叫作"天人视野下的终极关怀"。

而通本《易经》，其实也是在解决人类命运的终极问题。成中英先生认为《易经》既是预测学又是决策学，其实这个说法，不是现代人的首创，古已有之。《礼记》里说："凡事豫则立，不豫则废。言前定则不跲，行前定则不疚，道前定则不穷。"这个"豫"，就是源于《易经》六十四卦的卦名，《豫》卦。豫，也是今天河南省的简称。

"豫"这个字，本身就包含了预测和决策含义。"豫"通"预"，即指预先，有先见之明，也就是预测；凡事能预见到结果，就能根据结果的好坏来进行方向性的决策以及计划的拟定，所以"豫"又代表了决策，并代表了计划。"凡事豫则立，不豫则废"，就是要目光长远，看到未来的结果，不能预见到结果而去做，就是盲动，就是草率，老子将之称为"妄作"，由此产生一个成语，叫作"胆大妄为"，形容一个人做事没有智慧，不顾后果。

而能够看到结果，结果好，就要努力去保持它，壮大它，《易经》里叫作“守中保大”；看到结果不好，就要未雨绸缪，努力去改变它，使它从不好，最终变成好。

《易经》就是一本变化之书，教人如何把不好变成好，提出了自强不息、厚德载物、革故鼎新、洗心革面、积善余庆、先否后喜、如履薄冰等等理念，目的就是要把预见到的不好变成好。

能够预见到结果，这样的事情才能去做，这就叫“豫则立”；不能够预见到结果，这样的事情就做不得，是心存侥幸，是冒险主义，这就叫“不豫则废”。所以“犹豫”是什么意思呢？犹，好像的意思。就是好像能决策，又好像不能决策，在决策与不决策之间徘徊不定，就叫作“犹豫”。

《易经》最终揭示了一条让命运走向圆满吉祥的法则：无论是保持好的结果还是将不好的结果变为好，都只有一个方法，就是前面提到的那一句：“自强不息”“厚德载物”“革故鼎新”“积善余庆”“先否后喜”“如履薄冰”等等。因为预见到了好的结果，则放松懈怠了，那么好的结果也会变坏，我们不让它变坏，反而还要让它变得更好，那就唯有朝着正确而光明的道路继续努力；预见到了坏的结果，那就更要赶紧调整方向，一方面战战兢兢、如履薄冰、洗心革面，另一方面自强不息、厚德载物、行善积德，就会慢慢转化变好过来。所以当一件事合乎道义、合乎常理就去做，不问结果，结果也好，就是这个道理，为什么呢？因为合乎道义、合乎常理，不需要问结果，结果自然好。因为无论结果好坏，你都已经“自强不息”“厚德载物”“如履薄冰”了，所以在做事之前你并不知结果到底是好是坏，最终都一定会是好的，因为你的道路没有走错，那么结果本来是好的，就会更好；结果本来是坏的，也照样会变好。这就是马克思主义为何能预见到共产主义必然实现的内在逻辑。好比当年的中国共产党，在种种不利的形势下，四处被围追堵截，根本看不到未来的结果，硬是凭着小米加步枪，一步步走向成功，赢得了最终的胜利，创建了新中国，让中国人民从此站起来了。

这是什么原因呢？就是中华优秀传统文化所揭示的，只要时刻以人民为本，发心至善至大，所作所为自然符合道义、符合仁义，就必定会走向成功、走向成就。这也就是《易经》最终得出的结论:“汤武革命，顺乎天而应乎人。”仁义之师，是战无不胜的。也就是“人民拥护的军队和政党，是战无不胜的”。这不是唯心主义，也不是算命，而是有能够“自证”的逻辑蕴藏其中。什么意思呢?就是问心无愧，不问结局。自天佑之，吉无不利。

习近平总书记讲:“中国共产党所做的一切，就是为中国人民谋幸福、为中华民族谋复兴、为人类谋和平与发展。”这句话诠释了中国共产党“立党为公，执政为民”的宗旨，而推动构建人类命运共同体、建立新型政党关系，是中国共产党作为世界最大政党和五千年中华文明传承者的天下担当。共产党“立党为公，执政为民”的宗旨，既是中华文化的根本追求，也是马克思主义的根本追求。

今天，新中国建立起来，从站起来，到富起来，到强起来，还将继续沿着成功的道路走下去，辉煌起来、伟大起来。因为只要真正走在中华优秀传统文化所揭示的这条道路上，就必然如此。这是中华优秀传统文化的命运观，也是马克思主义的命运观，这个命运观，也叫作“辩证唯物主义”和“历史唯物主义”。中华优秀传统文化是关乎人类命运归宿何去何从的终极关怀，共产主义也同样是关乎人类命运归宿何去何从的终极关怀。后面我会给大家再来解读。

个人的命运

“凡事豫则立，不豫则废”这个思想，就源于《易经》的“忧患意识”,《易传》说:“作《易》者，其有忧患乎?”要预见到未来命运的好坏，如何让未来的命运变好?就成为《易经》的核心问题。所以《易经》的追求，是“趋利避害”“趋吉避凶”,就是如何改变命运的问题。

命运的现象，是客观存在的现象，我在多年前出版过一本书，叫《干支哲学》,就探讨过这方面的话题。

在古代对命运有过较多阐述的人，首推汉代的王充，他客观发现了命运存在的现象，却没有发现“革命”“造命”的思想，而陷入了命定论、宿命论。

王充的命定论思想主要集中在其著作《论衡》的《逢遇》《累害》《命禄》《气寿》《命义》《偶会》等诸篇。主要有以下几种：

幸偶是宇宙生成的决定者。

王充用各种事例反复说明，人和万物“遭祸福”都是因为“有幸有不幸”“有偶有不偶”，就是说都是偶然的。如：“凡人操行有贤有愚，及遭祸福，有幸有不幸”。

“并时遭兵，隐者不中；同日被霜，蔽者不伤。中伤未必恶，隐蔽未必善。隐蔽幸，中伤不幸。”

“蝼蚁行于地，人举足而涉之，足所履，蝼蚁苲死；足所不蹈，全活不伤。”

“非唯人行，物亦有之。长数仞之竹，大连抱之木，工技之人裁而用之，或成器而见举持，或遗材而遭废弃。非工技之人有爱憎也，刀斧如有偶然也。”自然界与人类社会体现出来的这种偶然性又都由偶然承受的气不同而形成，并非是天施放气时有所偏袒。

逢遇是人生前途的决定者。

这里提到《论衡·逢遇篇》所讲的故事：周朝有个人想做官，屡次都没有被任用，年纪老了头发白了，在路边低声哭泣。过路人有的问他：“为什么哭啊？”回答说：“我想做官却屡次不被任用，自己悲伤年老错过了时机，因此哭了。”有人问：“你想做官为什么一次也不被任用呢？”回答道：“我年少的时候，学的是文。到文治之德成就了，开始想做官，而当时君主喜欢任用年老的。爱用老年人的君主死了，后继君主却又要任用会武的，于是我改为习武。武艺刚学好，重用会武的君主又死了。年少的君主刚即位，喜欢任用少年，我的年纪又老了，因此一次也没有被任用过。”

幸偶与逢遇皆由命定。

从理论上探讨了一个人“逢遇”或“累害”的根本原因。王充提出：“凡人遇偶及遭累害，皆由命也”“有死生寿夭之名，亦有贵贱贫富之命”，命分决定死生寿夭的寿命，与决定贫富贵贱的禄命。“自王公逮庶人，圣贤及下愚，凡有首目之类，含血之属，莫不有命。命当贫贱，虽富贵之，犹涉祸患矣。命当富贵，虽贫贱之，犹逢福善矣。故命贵，从贱地自达；命贱，从富位自危。”

人命国命皆由天定，而国命胜人命。

“人有寿夭之相，亦有贫富贵贱之法，俱见于体。故寿命修短皆禀于天，骨法善恶皆见于体。”即是说，人有长寿短命的相，也有贫富贵贱的相，这些都能从身体面貌上表现出来。所以，寿命的长短全在于从天上承受的气，骨相的善恶全可以从身体面貌上表现出来。骨（骨骼、形体）相（相貌）能反映人的命和性，又“国命系于众星。列宿吉凶，国有祸福；众星推移，人有盛衰”。即是说，国家的命运决定于众多的星宿。各星宿的凶吉，使得国家有祸有福；众星宿的移动，使得人有盛有衰。

这里王充又举例论证：秦国大将白起活埋赵国降兵在长平地下，四十万人同时死亡。长平坑中的老少同时被活埋了，万数之中，一定有长命不该死的人，遇上时世衰败，战争四起，就不能正常活完他的寿命。人命有长短，时世有盛衰，时世衰乱，人就容易得病死亡，这正是遭受灾祸的证明。宋、卫、陈、郑四国同一天一起遭火灾，四国人民当中一定有禄命旺盛不该衰退的人，然而都跟着一齐受灾祸，这真是国祸高于禄命。所以，国命胜过人命，寿命胜过禄命。

国命系于时数，非人力所能为。

王充认为国家的治乱，世事的变迁是由自然条件决定的，自然条件的变化有一定的周期，所以国家的治乱就有一定的期数，与统治者的德行才能无关。“命期自然，非德化也”。

我们据此发现，王充提出了一个“偶然决定一切”的命题。在王充看来，这种偶然性，对物来说就是自然性；对人来说，就是命，“偶然决定一切”在此即“必然决定一切”“自然决定一切”。

在王充看来，自然性、偶然性、必然性就是一个道理。他就整个世界来说，天地之施气、人物之出生，都出于“自”或“自然”，并非有上天在主宰，也并非出于神的某种目的；就个别的物或人来说，那么，它的生成发展是一开始就已经决定了的，这种决定即是一种自然性的决定，而非由于某种外力所加；这种决定，在人即谓之“命”。再回过头来，就个别物，人的相互关系而言，则表现为一种偶合的形态或表现为偶然的形态，这种偶合并非是神或人故意造成的，而是自然。王充这种命定论的错误就在于把自然的必然性绝对化。所以他的宿命论只是对客观事实的反映，因为在当时黑暗的社会背景下，贵贱高下并不决定于才能德行。尊卑荣辱并不决定于人的贤愚智不肖。即所谓“才高行洁，不可保以必尊”。王充不愿承认这种情形的合理，又看不到合理时代的曙光，便诉之以“命”。他如实地揭露出社会的矛盾，至于怎样变革这样的矛盾，则是他所不知道的。

而中华优秀传统文化的思想恰恰是反对命定论、宿命论的。前面我们所谈到的《易经》中关于改变命运的话题，就是对命定论、宿命论的坚决否定。《易经》革卦的思想，提出来“大人虎变”“君子豹变”就是指一个人从内心的改变到行为的改变最后演化出对命运的改变。所谓“否极泰来”“穷则思变”等等，均是对这种变化情状的描摹。

《易经》六十四个卦，没有一个卦是讲结果的好坏，都只是讲状态的好坏。所以《易经》不给你下好坏的结论，只给你描摹出状态的好坏。只要是状态，就可以调整，状态不好，调整好了，朝着好的方向继续发展下去，结果自然就好。状态哪怕现在很好，但是你沾沾自喜，懈怠了，状态就会变坏，朝着坏的方向继续发展下去，结果自然就坏了。所以要保持好的状态，就要坚持两个根本原则，一个是“自强不息”，一个是“厚德载物”。“厚德”决定了正确的方向性，“自强”决定了持续性。这两者结合，就决定了命运必定获得圆满成就的可能性。

所以这种思想，不是必然论，也不是偶然论，而是自然论。必然论就是必然如此，必然这样，王充的命定论、宿命论就是必然论。偶然论是认为一切发生的现象都是巧合，而忽略了“天时”“地利”与“人和”的交互作用。无论必然论和偶然论，其实都是极端论，都是对世界的认知缺乏完整性的片面与偏激。

命运的必然论让你感到没有了变化的空间，容易让人消极；命运的偶然论让人觉得人的存在没有意义，同样容易让人消极。这两者都是不可取的。

而什么是命运的自然论呢？你方向又是对的，又付出了十分的努力，就自然会有十分的收获与你相应。你方向是对的，付出了五分的努力，就自然会有五分的收获与你相应。这两者之间是成正比而匹配的。因为你付出了五分，就能看到并抓住这五分的机会。机会对于每个人都是一样的，但是因为你付出的越多，对机会的观察及把握就越多越深。而你付出的少，对机会的观察及把握就相应的少。所有机会是充满于世界的，能否获得机会，取决于你对机会的认知有多少。你对机会的认知，取决于你的方向及努力。前面说了，方向就是“厚德”；努力就是“自强”。你付出了十分的努力，自然就有十分的收获，付出了两分的努力，就不要奢望百分的收获。

如果你身居高位或者拥有巨大财富，却并未做出过多少付出，那么自然会有相应的祸患发生在你的身上，这就是《易经》强调的“德不配位”。你的德行和地位远远不相配时，就产生了巨大的反差。如果德行在低位，而地位在高位，那么你必将从高位上拉下来与德行的低位相匹配，这种巨大的反差，在某一时间爆发的时候，往往让人难以承受，让你强烈地感到从人生的高处摔下来，甚至摔得粉身碎骨。所以《易经》的这个思想，也就从中华文化的角度证明了为什么无产阶级必定能够夺取政权，推翻剥削阶级。中华民族的历史上，朝代与朝代之间的更迭也几乎都毫无例外地充分说明了这一现象。每一个朝代都是无产阶级怀着神圣的初心夺取了政权，由于家天下的制度，子孙们渐渐忘掉了这个初心，甚至背离了这个初心，从无产阶级的初心又演变成了剥削阶级，于是又走向覆灭，一个新的无产阶级又起来推翻了它。中国共产党看破了这个现象，以历史唯物主义为武器，从这种历史的宿命中走了出来，一方面从纵向上打破这种家天下的封建帝王专制制度，另一方面又从横向上超越美式民主制度，建立了全新的中国特色社会主义制度，始终不忘初心，牢记使命，就必然能够走向遥远的未来和胜利的辉煌。关于帝王专制的家天下制度和美式民主制度方面的论述，我在《平心平天下》一书《传统文化与国家战略》文章里有过阐述，大家可以去了解。

所以我常常讲，自然中包含了必然和偶然，又超越了必然和偶然。自然是你随时可以觉察自己，调整自己，改变自己，进而觉察到命运、调整命运、改变命运。“必然”是命定论、宿命论，偶然是对世界的认知不完整，具有片面性；而唯有“自然”是安身立命、归根复命、“我命在我不在天”的宏论至论。

孟子讲“天时不如地利，地利不如人和”，改变命运，也要懂得这三者的交互关系。命定论和宿命论都是过分强调“天时”和“地利”的作用，却完全忽略了“人”这一主体的能动性。孟子吃透了中华优秀传统文化，看到了“天时”和“地利”固然重要，但人本身至关重要。所以他讲“天时不如地利，地利不如人和”就是层层推进，让人明白这三者当中最重要的还是人本身。

天时有了，地利有了，但人自身却烂泥扶不上墙，这是怪命运吗？还是怪自己太不争气。天时不对，地利环境也很糟，但是人以超强的自身能动性，照样可以克服重重困难，最终驾驭命运，历史上，这样的事例也不胜枚举。

孔子，生于乱世，可谓不得其时；一生动荡不安，可谓不得其地，但是有一颗匡时济世的发心，照样可以“不怨天，不尤人”，照样可以“不惑”“知天命”，照样可以“耳顺”“从心所欲”，没有烦恼，可以将思想散播天下，培养出七十二贤人，为中华民族立人极。周文王，被纣王囚于羑里，可谓不得其时。身陷囹圄，可谓不得其地，但是发挥超强的自身能动性，在狱中编定《周易》，从而使得之后文化大繁荣，奠定了周朝八百年根基，这是最倒霉的人生，却创造了最辉煌的事业。司马迁和周文王一样，身陷囹圄，甚至遭受宫刑之辱之苦，却依然没有放弃，最后编撰了中国第一部纪传体史书——《史记》，传诵千古。司马迁在《任安书》里有这么一句话：“文王拘而演《周易》，仲尼厄而作《春秋》。屈原放逐，乃赋《离骚》。左丘失明，厥有《国语》。孙子膑脚，兵法修列。不韦迁蜀，世传吕览。韩非囚秦，说难孤愤。诗三百篇，大抵贤圣发愤之所为作也。”这个“发愤之所为作”是什么？就是改天换地、扭转乾坤的“人和”精神。

人只有有了这种坚守正道又能发扬正气的精神，甚而可以改变“天时”和“地利”，使“天时”和“地利”都能为“人”所用。化被动为主动，化不利为有利。毛泽东及其带领的工农红军在井冈山时期，在长征时期，都可谓失尽天时、失尽地利，但是怀着对共产主义的坚定信念，怀着对中国人民亿万万同胞未来命运的关怀，彻底激发了中国共产党人自身的潜能和力量，化被动为主动，化不利为有利，使“天时”和“地利”全然为我所用。地利方面，尤其长征时期，第五次反围剿失败后，连根据地都没有，成天被国民党的各大部队围追堵截，只能翻雪山、过草地，钻密林，却恰恰在这种失尽地利的情况下，运用最恶劣的地理环境，充分运用“人和”的智慧，打游击，保持有生力量，在运动中歼灭敌人的主力，化被动为主动；天时方面，抗日战争爆发，蒋介石一门心思推行“攘外必先安内”的错误政策，倒行逆施，大失民心，中国共产党积极抗日，大得民心，使国民党内部有识之士侧目相看，致使蒋介石最“亲密”的兄弟张学良，发动了“西安事变”，挟持蒋介石联共抗日。这是“人和”改变“天时”，中国共产党从反围剿战争到长征，从长征到抗日战争，从抗日战争到解放战争，从解放战争到建立新中国，让中国人民从站起来到富起来，再到强起来，一步步扭转乾坤，一步步改天换地，从一开始，靠的就不是天时，不是地利，而是共产党人的信念，正是这个不朽的信念激发了共产党人的智慧与力量，化被动为主动，化不利为有利。可以说，中国共产党人，从一开始，就用这种“人和”的力量，一路走来，彰显了理论自信、道路自信、制度自信与更重要的文化自信。世界上从未有一个党，可以如中国共产党这般，如此自豪自信，中国人民也必将在中国共产党的带领下自豪自信地屹立于世界之巅。这种自豪自信，不是凭空而来，是历史的锤炼，是文化的积淀，既有马克思主义的指导，更有五千年中华文明的智慧传承。

我在《干支哲学》这部书中，对命运提出了“三命”的理念。即所谓“知命、革命、复命”，“知命”就类似于苏格拉底所说的“认识自己”，当然“知命”的内涵比“认识自己”深刻广泛得多。“革命”就是改变命运，“革”字源于《易经》的《革》卦，革新的意思。革命就是勇于与自己的命运做斗争，敢于与自己的习气做斗争，敢于作自己命运的主人。引申开来，就是敢于与邪恶的势力做斗争。所以革命本身就有立命、造命的含义在。“复命”的境界更高，“复”字也是源于《易经》的《复》卦：“复见天地之心”，是指明心见性。复命就是让自己的生命圆成，让自己的智慧圆满。这“三命”的理念，知命是为了更好地革命，革命是为了实现复命的目标。所以知命是方法，革命是手段，复命是追求。

我的《干支哲学》书中，涉及了算命方术，但是我本人从始至终并不赞同也并不主张算命，我在书中，借助算命的方术，来帮助更多人启发对命运的感悟，对天道规律的感悟，进而培养自己的德行，驾驭命运、完善生命。

西方哲学讲“性格决定命运”，其实在中华文化中早已讲得很清楚。即所谓“厚德载物”。这个德既包含德性，也包含德行。德性本身包含了性格，而德行又是性格的表现。性格好的人，其德行就容易好，性格恶劣的人，其德行就容易败坏。性格的好坏，往往决定一个人价值取向和行为方式，进而产生命运的结果。价值取向同时又决定了他的朋辈，朋辈又反过来决定他的成长。所谓“物以类聚，人以群分”，有好逸恶劳价值取向的人，就容易和窃贼、赌徒聚集，十赌九败，选择的行业错了，命运还能好吗？所以俗话讲“男怕入错行，女怕嫁错郎”。佛家特别重视择业的问题，八正道的提出就是针对于此。

那么问题来了，性格又是怎么产生的呢？西方心理学就有许多解释。比如小时候父母关系不和，就容易导致孩子某些方面的心理缺陷甚至障碍。这种解释有一定的道理，但是也不完全。比如古代舜的父母对他极为残忍，曾多次加害过他，但是他最后却成了圣人和王者。

佛家的思想，对于解答命运的问题可以有很好的启发。佛家认为人在眼耳鼻舌身意六识之外，还有第七识末那识和第八识阿赖耶识。人所有造作的业，都会存储于阿赖耶识。阿赖耶识就好比飞机上的黑匣子，飞机毁坏了，黑匣子还在。阿赖耶识也并不随人的身体的毁坏而毁坏。当它继续发挥作用时，就决定了你的天赋，你从小就莫名其妙喜欢某些东西，并对此表现出有过人的天赋，这是为什么呢？这是因为你过去做过这样的事；同时阿赖耶识又决定了你的喜好。在不同的阶段，会出现一些人，有些人莫名其妙就会来帮助你，有些人莫名其妙就会来阻碍你，人的命运往往会因为某个人的出现而改变，某一个阶段，因为某些人的出现，而改变了一生。为什么会这样呢？

佛家的开解就是四个字："缘分使然。"无论是这些出来帮助你的，还是伤害你的人，都是你过去自己造作的业和缘。所以人的命运是由"缘分"产生的，缘分又是怎么产生的呢？缘有善缘，有恶缘，有增上缘种种。归根结底，还是跟你的德行有关。你过去德行好，善缘、增上缘就多；你过去德行浅薄，恶缘、逆增上缘就多。所以，命运还是由自己的德行所决定的。这也从侧面印证了孟子所讲的话："天时不如地利，地利不如人和。"什么样的命，取决于你是什么样的人，什么样的发心，什么样的德行。

换句话说，改变命运，主要就是修养自己的性格，完成自己的人格，与自己的积习和恶习做斗争。所以改变命运的方法，让命运臻于圆满的方法很简单，那就是"自强不息""厚德载物""如履薄冰""革故鼎新"等等。只管去做就对了，不问命运如何，问心无愧，这就是"尽人事，听天命"。也是孔子讲的"乐天知命故不忧"。常人往往对未来充满恐惧，是源于对未知的恐惧。而知命的人，知道命运的道理，加强了德行，同时问心无愧，知道未来一定差不了，所以没有畏惧，相反内心充实愉悦，命运也会越来越好，一切的吉祥，都是水到渠成，自然而然的。所以，一个注重德行的人，不去算命，因为自己问心无愧，对未来也就没有了困惑；为什么常听人说"命越算越薄"？因为内心没有底气，缺乏自信，希望通过算命来获得一点精神上的慰藉，结果往往受人摆布，经常算命，就经常在意算命先生的言论，自己的命运被人所操控，不"薄"才怪。

《中庸》开篇就说"天命之谓性"，命是天之所命，天然生成的，也就是人的本性。知命，就是知天命，知本性。天，指天道天理；性，指本性良知。知命，就是掌握、明了了天理良知的奥秘，明了生命之真相、宇宙之实相。穷达性天。

知命，是真正有了自知之明，知道了自心本性的光明。知道虽然不是证悟，却是证悟的起步。信解行证，知命相当于"解"，深度的理解。知命，就是知道人性有本性和习性的分别，本性至善而习性易恶，掌握存养的功夫，用温良恭俭让的修为来对治贪嗔痴慢疑的习气。

《荀子·子道》记载：

子路入，子曰："由！知者若何？仁者若何？"子路对曰："知者使人知己，仁者使人爱己。"子曰："可谓士矣。"子贡入，子曰："赐！知者若何？仁者若何？"子贡对曰："知者知人，仁者爱人。"子曰："可谓士君子矣。"颜渊入，子曰："回！知者若何？仁者若何？"颜渊对曰："知者自知，仁者自爱。"子曰："可谓明君子矣。"

能让人知己、知人，都是智慧；而自知，则是更大的智慧。

性有本性和习性的分别。先天之性也就是天命之性，为本性；后天之性为习性。本性至善，习性易恶。习性有善习、恶习、无记习三种。一般人善习难养而恶习易成，习性就容易滑向恶的一面。不断涤除恶习，不断存养善习，就恢复出"本性"的面目来，这就是"明心见性"。

涤除恶习，存养善习，复见天地之性，就是"立命""造命"。

著名的"横渠四句"大家都很熟悉："为天地立心，为生民立命，为往圣继绝学，为万世开太平。""横渠四句"我称为"四为追求"，它所体现出来的社会关怀、历史责任、道德勇气与智慧追求都是无与伦比的，堪称中国人的"四宏愿"。由于这四句话过于宏大，今天社会环境道德匮乏，金钱至上的形势致使斯文扫地，许多人不学无术，要么将这四句话视为大话空话，"狂而不信"，要么成为官腔之外另一种"假大空"和口头禅，被伪君子、伪大师们用来鹦鹉学舌。能够真正透彻理解并实行实践的人少而又少、难乎其难。

立命，就是大本确立，找到了安身立命之所。只有知命者才能立命，既为自己立命，也为人类立命。习近平总书记庄严地说："中国共产党是为中国人民谋幸福的党，是为人类进步事业而奋斗的党"，就是"为生民立命"。

儒家有制天命和造命之说。王艮曰："天民听命，大人造命"；颜钧曰："御天造命"；焦循曰："天下之命，造于君子，已之命听诸天，而天下之命任诸己"；颜元曰："造命回天者，主宰气运。"王夫之曰："圣人赞天地之化，则可以造万物之命。"

所以古代提出的"天人感应"论并不神秘，今天，大家一谈到"天人感应"就条件反射认为是迷信，是因为不能正确理解"天人感应"的内涵导致。人按照天道行事，就是按照自然规律来休养生息乃至生活，在内心上表现出来就是真诚，在行为上表现出来就是大善，在仪容上表现出来就是美好，综合起来就是道德厚重。一个德行厚重的人，自然符合天道，符合法度，那么就与天相应，自然就越来越好。所谓道乃天地万象主，德为人间富贵根。人的德行浅薄，人格卑劣，与天相应，其命运结局自然就不好。所以人的德行厚重了，可以转移天命。人的德行缺失了，也会失去天命。这就是造命。这就是为什么中国共产党最初不得其时，不得其地，而最终却能成功的根本原因。而国民党虽然占尽了天时地利，但是执政者内部腐败，沉迷享乐，互相之间为利益钩心斗角，不以人民为重，自然就失去天命。这个天命不是上天赐予谁的，而是自然规律必然如此。是自己德行厚重了，自然将“天命”转移到了自己身上。我们解释起来是一堆文字，但是对于古人书写不便，就用四个字“天人感应”来表达。我们今天不善于思考，不善于感悟，不学无术，所以望文生义，认为天和人根本无从联系，怎么能感应？殊不知这个“感应”二字就包含了交互作用的含义。人的行为作用，符合天道自然的规律就会好，不符合天道自然的规律，自然就不会好。这就是“感应”的内涵。如同人不违法就没事，违法了自然就会招灾一个道理。

《资治通鉴·唐纪》中记载了一个故事，是唐代名臣，白衣宰相李泌与唐德宗讨论“建中之乱”的对话。唐德宗认为“建中之乱”是天命，与宰相卢杞无关，李泌则说：

天命，他人皆可以言之，惟君相不可言。盖君相所以造命也。若言命，则礼、乐、刑、政，皆无所用矣。纣曰：“我生不有命在天”，此商之所以亡也。

王夫之在《读通鉴论》卷二十四中就李泌的说法加以发挥。他说：“君相可以造命，邺侯（李泌）之言大矣。……唯能造命者而后可以俟命，能受命者而后可以造命，推致其极，又岂徒君相为然哉？天之命有理而无心者也。”认为不仅君相，普通百姓也可以造命：国家兴亡是君相所造，人生祸福是百姓自造。

所以“天人感应”“天命”的内涵，本质上是天理与人事的交互关系。重点在于人，而天时天命，不过是据人而定。所以天时地利人和共同构成了命运，但是，“天时不如地利，地利不如人和”。人本身才是最大的关键，所以算命无益，算命若不为知命、革命与复命而算，不但无益，而且有害。

所以在“知命、革命、复命”之外，我又提出了另外一个“三命”，即“使命、天命、生命”。知命之后，人就有了使命与担当，所以知的是使命；革命，革的是固有的“天命”，要将自身的命运变得更好，而不听天由命；最后复命，归复的是生命本来的面目，生命的本性，也就是明心见性。

使命源于知命，也源于信仰。有信仰才会有使命，有使命才会有担当。也只有信仰能够“使命”——使用生命、使唤命运。做生命之主宰，做命运之主人。中国共产党人信仰共产主义必定能够建立一个物质高度发达、精神高度文明的文明和谐的新世界，所以“生的伟大，死的光荣”、“杀了夏明翰，还有后来人”，敢于使用生命、使唤命运，在这种精神的引领下，终于建立了新中国，并一步步实现伟大中国梦、世界梦、构建人类命运的共同体。

曾国藩为自己定墓志铭，有六个字：“不信书，信命运”，很多人很奇怪，曾国藩一代大儒，怎么会强调这个呢？其实当你真正看懂了“天人感应”“天命”的思想，你就懂了，曾国藩很了不起，是真正“知命”的大儒。因为表面上信命运，其实背后信的是深厚的德行。唯有德行厚重才敢说信命，因为他已经安身立命、回天造命了。很多人光信书，不能落实到人格的修为上，不能落实到生命的德行上，夸夸其谈，照本宣科，那样信书，还不如无书。同时曾国藩也传递了另一个更深的含义：提醒那些成功人士别狂，命运是一个大裁判，你暂时成功，如果德行跟不上，你照样要倒霉；也鼓舞那些尚未成功的人士，别泄气，提升德行，厚德载物，命运不会亏待你。

提出三命的同时，我在《平心平天下》里又提出了“三生”，我们经常讲“三生有幸”，是哪三生呢？本来是讲过去、现在和未来三生。但是我讲的三生是生存、生活和生命。一个人缺乏智慧，就是用生存和生活在毁坏生命。因为智慧低劣，所以在生存线上挣扎；智慧高了一点，就在追求生活的品质，搞好物质生活。而一个在感悟生命、追求生命本质的人，根本就不存在生存的问题，生活方面也比许多富裕的人研究得多。我们从未见过哪一位圣贤之人为生存担忧过，为生活犯愁过。如果有，那都是有意的示现，佛家这样示现的高人很多。所以中华文化解决的是生命的问题，生命的问题解决了，生存和生活还是问题吗?

佛家的智慧，对于造命方面，更是大有心得。佛陀甚而禁止弟子算命。不算命，是避免落入宿命论中，佛家是立命、造命、复命的典范。

唯大圣人能造命，是真佛子敢回天。佛教的“转业”论与儒家的造命说近似。佛家强调定业不可转，因果有报应。但佛家到底不是宿命论。佛家认为人的命运取决于自己的行为，幸与不幸，祸与福由自己身口意造作的业决定，归根结底由自心决定，所谓业由自心作，果由自心变。

业有强有弱，有大有小，有定有不定。有些业的“果报”与“受报”的时间还不确定，称为“不定业”，这是可以转的；有些业的“果报”与“受报的时间”都已确定，称为定业。据佛经介绍，杀父母亲的业极重，必定入地狱，任凭如何拜佛忏悔，都无法改变，一定要受报。

定业不可转业不是绝对的。佛世时有一位阿世王，杀父篡位，后来忏悔皈佛，广种善因，广结善缘，死后虽入地狱，但很快就脱狱了。尽管入地狱之报已定，没变，但“提前出狱”，某种意义而言，也是一种“转业”。这叫“重罪轻报”，类似我们俗话讲的“大事化小，小事化了”。

转化恶业的唯一办法，就是善护念、发善愿、起善心、出善言、做善事、当善人、行善举、造善业。心能造业，也只有心能转业。只有大慈悲心，才能转变未定之恶业、减轻已定之恶报。

印度的世亲菩萨就是一个勇于“转业”的典范。世亲菩萨，是无著菩萨的弟弟。最开始学习小乘教理。曾讥讽大乘佛法及修持大乘佛法的哥哥。无著就派两个弟子携带《十地经》及《无尽意菩萨所说大乘经》悄悄跟随世亲。趁晚上的时间，两个弟子躲在世亲的隔壁轮流大声诵读携带的经卷，世亲听入迷后，深感大乘佛法无比精妙，痛感自己犯下了诽谤大乘佛法的重罪，意欲割舌以谢。无著菩萨说：“即使割下舌头，于世何补？不如跟我学习大乘教法，共同将大乘佛法弘扬于世。”于是，世亲悔过自新，转而大力弘扬大乘佛法，后来世亲被尊为“印度二圣六庄严”之一。

前面我们讲到，命运的现象，往往是我们不断地遇到一些人，然后把我们变化到生命的另一阶段里，然后经历过一些事，就形成了命运的现象。我们回过头来，往往会发现，每每在关键的转折点上，要么遇到一些人，或者遇到一些事，命运就是把这些生命中的每一个节点串联起来，成为我们的人生。但即便最坏的境地，也不过是遇到一些人，出现在你的生命里，教会你一些事，然后转身离去。

生命是美妙的，命运是不可思议的。虽然不可思议，命运也是可以掌握，可以由自己主宰的。我们喜欢说“命里的贵人”，其实，命里的贵人首先是自己，其次才是别人。正是因为你的高贵，才能吸引了别人对你的欣赏，才会发现你、帮助你、提携你。如果你自己都不是贵人，哪会有什么贵人来帮你呢？即便帮你，也是一时的。只有自己做自己的贵人，才是永恒的。培育自己的德行，树立崇高的人格，就既是别人的贵人，也是自己的贵人。必然会有更多的贵人与你相聚。正如《国际歌》的歌词：“从来就没有什么救世主，也不靠神仙皇帝。要创造人类的幸福，全靠我们自己。”靠别人，是他信，靠自己，就是自信。他信，靠不住，还容易成为别人摆布的棋子和傀儡。而中华民族几千年的文化，就是教会了我们“自信”。说得更彻底点，就是“文化自信”。

记得我最初退学的时候，有很多人替我担忧，后来我到了北京，认识了来京后最早的一位朋友，郭招金先生，当时他任中国新闻社社长。我们第一次见面就是在他的办公室，聊了很久。他曾问我一句话，你没有文凭，没有学历，没有背景，生活怎么办？不为生计担忧吗？我就借孔子的话回答了郭社长，我说：“大德必得其位，必得其禄，必得其名，必得其寿”。这句话不是空谈，也不是算命，这当中有实实在在的大道理。当一个人注重德行的培育，有了厚重的德行，自然会有厚重德行的人会懂得他，会去帮助他。这就叫“德不孤，必有邻”。所以我最早在退学的时候，想在全国游学，动了这个念，结果认识了一位“生命中的贵人”，他把我的身份证号给了某家航空公司，我坐了差不多一年免费的头等舱去游学……这样的事例，还有很多。充分证明中华文化的力量，圣人之言，真实不虚。

所以一个真正有追求的人，会去为生计和生活担忧吗？不会。孔子在

《论语》中说：君子谋道不谋食，忧道不忧贫。这句话值得我们很深地去进行思考和体悟。

中华文化是人类命运的终极关怀，所以立足点全是如何让我们的生命走向光明、走向幸福、走向圆满。

中华文化让我们注重细节，往往细节决定命运。我记得以前看过这样一个新闻，有一家知名企业招聘人员，有很多优秀的人去竞聘。在招聘办公室门口，不知是谁掉了一张废纸，进进出出这么多应聘者，却视而不见。其中一位条件并不算太好的应聘者，在得知自已落选退出办公室时，发现了废纸，于是轻轻捡起丢进了垃圾桶。就凭这个动作，企业改变了结果，决定录用他。原因就是通过这样的小事，真正反映了他平素的修养。这个故事讲的就是一个细节，而这个细节，却决定了他的去留问题。中华文化让我们敬慎、存养、慎独等等修养，其实都是在培养我们养成这样一种善习。一方面培养善习，一方面去除恶习，生命至善的本性就该自然流露出来了。

不光是细节决定命运，战略尤其决定命运。战略是宏观视野，把握方向，方向错了，那么生命的小船，便将划入命运的深渊。

中华文化认为，生命的永恒是要能够做到“生生不息”。所以人类要繁衍，人类的命运才能延续。对于国家而言，文化的慧命也需要传承，还需要发展。需要“创造性发展和创新性转化”。所谓“周虽旧邦，其命维新”。用这种“其命维新”的精神，就能够让国家永远焕发活力，永葆青春，永不落伍。

中华文化认为，个人的命运要与人类的命运共振，就是要建立“天下情怀”，这就是“民胞物与之量”。中华文化的特点也在于此。一个人再了不起，再厉害，再有本事，只要没有情怀，就不算真正的了不起。没有情怀，你的本事和能力，对于社会而言，可能就是危害或者灾难。情怀，让你的生命变得有意义，有价值。有伟大的情怀，才会绽放伟大的生命。对于中华民族而言，孔子最伟大的地方，就是对中华民族的情怀；对人类而言，释迦牟尼最伟大的地方，就是对众生的悲悯情怀。佛因一大因缘而住世，这一大因缘是什么？就是对众生不舍不弃的伟大情怀。个人的幸福再大，都是有限的。只要是有限的，就是短暂的。所以个人的幸福要投身于人类的幸福之中，人类的幸福是无限的。把人类的幸福当成自己的责任与使命，同时也就让自己的幸福也无限地放大。

所以，中华文化最伟大的追求，不仅是让自己的命运走向光明与圆满，也要让全人类走向光明与圆满。

人类命运共同体

“让和平的薪火代代相传，让发展的动力源源不断，让文明的光芒熠熠生辉，是各国人民的期待，也是我们这一代政治家应有的担当。中国方案是：构建人类命运共同体，实现共赢共享。”习近平总书记 2017 年 1 月在世界经济论坛年会和联合国日内瓦总部的两场历史性演讲，向世界描绘了一幅构建人类命运共同体的宏伟蓝图，在全世界产生了强烈反响、意义深远。在第 71 届联合国大会主席彼得·汤姆森看来，中国所倡导的构建人类命运共同体理念，是“人类在这个星球上的唯一未来”。

这两场历史性的演讲表明，人类命运共同体理念是对和平与发展这一时代主题的深刻把握，着眼的是各国共同繁荣而非纠缠于国家利益的分歧和冲突。中国提出的人类命运共同体理念，指明了全球治理、国际合作的新方向，彰显了中国的世界情怀和天下担当。

美国前国务卿基辛格曾经感叹，在每一个时代，政治家们都尝试着寻求和平，然而“和平总是地区性秩序，从未能建立在全球的基础上”。回望近代以来的人类历史，威斯特伐利亚体系以来，国际秩序变迁背后的西方世界观始终无法突破一己利益的考量，持久和平与普遍繁荣成为难以企及的梦想。在中国共产党十九大报告中，“人类命运共同体”的概念被提及 6 次。这一理念是中国发挥负责任大国作用的重要体现，是中国积极参与全球治理体系改革和建设、不断贡献中国智慧的结晶。同时，中国共产党的十九大报告向全世界宣示，中国共产党是为中国人民谋幸福的政党，也是为人类进步事业而奋斗的政党。中国共产党始终把为人类做出新的更大的贡献作为自己的使命。

构建人类命运共同体理念，集中体现了中国共产党人的人类整体观。

中国人民大学王义桅教授撰文指出：在构建人类命运共同体理念的指引下，中国把越来越多的公共产品贡献给国际社会，并欢迎其他国家“搭便车、搭快车”，展现出作为世界和平建设者、全球发展贡献者、国际秩序维护者的应有担当，提升了新兴市场国家和发展中国家在国际治理体系中的议程设置权、国际话语权和规则制定权。构建人类命运共同体理念越来越凝聚起广泛共识，人类曾经难以企及的持久和平与普遍繁荣梦想终将照进现实。吸收了中国“和合文化”的精髓，传承了新中国成立以来独立自主的和平外交实践，强调构建以平等公正、合作共赢为核心的新秩序，人类命运共同体理念为国际秩序的革新完善提供了新的话语体系和路径选择。

随着世界多极化、经济全球化、社会信息化、文化多样化深入发展，全球治理体系和国际秩序变革加速推进，各国相互联系和依存日益加深，国际力量对比更趋平衡，和平发展大势不可逆转。

同时，世界面临的不稳定性不确定性突出，世界经济增长动能不足，贫富分化日益严重，地区热点问题此起彼伏，恐怖主义、网络安全、重大传染性疾病、气候变化等非传统安全威胁持续蔓延，人类面临许多共同挑战。对此，党的十九大报告明确指出，“没有哪个国家能够独自应对人类面临的各种挑战，也没有哪个国家能够退回到自我封闭的孤岛”。

未来世界要如何更好地发展？“人类命运共同体”，这是中国领导人基于对历史和现实的深入思考向全世界给出的“中国答案”。

其实，中华文化自古以来就推崇“天下”情怀。从“保合太和”“以和为贵”“协和万邦”的和平思想，到“己所不欲，勿施于人”“四海之内皆兄弟”的处世之道，再到“计利应计天下利”“推到一世之智勇，开拓万古之心胸”“达则兼济天下”的胸襟气度……中国传统文化强调和谐，主张天下为公，推崇不同国家、不同文化“美美与共、天下大同”，这当中已经蕴含了丰厚的“命运共同体”基因。

习近平总书记在“四个讲清楚”中强调：“中国特色社会主义根植于中华文化沃土，反映中国人民意愿，适应中国和时代发展进步要求”，其智慧光芒穿透历史，思想价值跨越时空，历久弥新，成为人类共有的精神财富。

因而，中华文化也是“人类命运共同体”这一理念的沃土。

中华文化的最高追求其实还与实现共产主义的追求不谋而合，《易经》的“群龙无首”与“天下和平”，儒家的“大同社会”与“天下为公”，道家思想《道德经》最后二章所描绘的天下理想蓝图：“使有什伯之器而不用。使民重死而不远徙。虽有舟舆无所乘之。虽有甲兵无所陈之。使民复结绳而用之。甘其食、美其服、安其居、乐其俗。”虽然有了一切高度发达的物质，却并不贪图享乐（有什伯之器而不用、有舟舆无所乘之），社会和谐，远离利益之争与战争（虽有甲兵无所陈之），人人安居乐俗，生活简单纯粹，具有高度文明（复结绳而用之。甘其食、美其服、安其居、乐其俗）。

共产主义社会将是古代氏族社会自由、平等、博爱的精神在更高物质基础上的回归。人类将真正掌握自己的命运，从必然世界走向自由世界。共产主义的本质就是人的自由全面的发展。共产主义社会的实现只是生产力及相应的生产方式进步的必然结果。

共产主义社会是物质高度发达、生产方式极为高级、进步的社会，用高级的生产方式自然淘汰掉资本主义的生产方式，从而淘汰掉资本主义，彻底消灭剥削阶级。这个理念在中华文化中比比皆是，最耳熟能详的就是管子的名言：“仓廪实而知礼节”，以及古训“有余力，则学文”。在精神高度文明中创造物质、驾驭物质，又在高度的物质文明中升华精神，实现全人类的高度自由，这就是共产主义的伟大追求，也是中华优秀传统文化的永恒使命！

共产主义的本质是人的自由全面的发展，它绝不是要消灭人的个性，而是使每个人的自由和能力都能够得到充分的发展。个人的个性与社会的共性高度和谐共振。每个人的自由和能力都能够得到充分的发展，就是“群龙无首”的最高境界，每个人都是一条“龙”，而没有剥削阶级（无首）。共产主义的实现就是儒家所追求的“圣人满街走”这样高度文明和谐的社会。

在马克思主义哲学中，人既非道德完备的人，也非天生自私的人。人的本质是社会关系中地位的变化而变化的。没有天生的好人，也没有天生的坏人。所以，马克思主义哲学强调，人应该在社会实践中不断完善自己、提升自己，在改造客观世界的过程中改造自己的主观世界。

马克思主义哲学所揭示人类命运向好的方向前进的道理在于此，恰恰中华文化让人如何安身立命也是如此表达。如《易经》整个就讲变化、变通，与时俱进、与时偕行，以及革命的思想、创新的思想、革故鼎新、自强不息、厚德载物的思想等等。孔子讲“里仁为美”，就是讲社会环境的重要。孟子讲“天时不如地利，地利不如人和”就是天时地利都要为人所用的思想，强调个人要在生活的磨砺中来锤炼生命的意义，完善生命的价值。如孟子所说的：“天将降大任于斯人也，必先苦其心志，劳其筋骨，饿其体肤，空乏其身，行拂乱其所为，增益其所不能”。

所以共产主义必胜，不是一种算命和盲目的崇信，而是符合必然胜利的逻辑。

这个道理，就是中华文化所强调的：“天不亡，道亦不亡。正道不衰，正学不亡。”它是历史演进的必然，是人类发展的必然。

共产主义主张合作，共融共生，正是中华文化和谐的价值理念与追求，化解一切矛盾，所谓“仇必和而解”。

共产主义道德观和人生观就是中华文化儒家思想所彰显的三重境界。

共产主义的道德观其实就是中华文化最为崇高的天地精神。共产主义的道德观，本质特征是集体主义全心全意为人民服务的革命精神，要求人们具有坚定的无产阶级革命意志，把个人利益服从于共产主义事业的利益，把自己的幸福建筑在使别人同享幸福的基础上，致力于全人类的解放斗争，并在斗争中解救自己，消灭一切剥削制度和私有制度。它要求人们在实现共产主义事业的过程中，具有大公无私、舍己为人热爱劳动的高尚品质，具有彻底革命精神和严格的科学态度。

我曾经讲过儒家文化的三重境界，第一个是“文化儒”，儒家文化好比阳光空气和雨露，是人类需要的文化。儒家文化为人类揭示了一条正确而光明的道路，只要沿着这条道路走下去，就必定走向光明、走向幸福、走向圆满；儒家文化的第二个境界是“君子儒”，儒家文化是需要你做人。做人的标准就是“君子”，这个标准以上是“圣贤”，以下是“小人”。成为君子，就自然脱离了小人，自然成长为圣贤；儒家文化的第三个境界是“大人儒”，不光要做人，还要做社会需要的人。这就是“己达达人”的人，“兼济天下”的人。

而同样，共产主义人生观解答了人到底为什么活着，人生有什么意义，人应该怎样度过一生，应该成为一个怎样的人等问题。归结起来，有三个基本特点：

1. 以解放全人类，最终实现共产主义为奋斗目标和最高理想，并为实现这一远大目标而努力奋斗。

2. 以集体主义为核心，以全心全意为人民服务为人生目的，其本质是大公无私。

3. 以革命乐观主义为人生态度。以乐观精神和英雄气概对待人生道路上的各种问题。共产主义人生观是巨大的精神力量。它一旦形成，必须按自己的面貌改造现实，造福人类，为实现共产主义远大目标做出自己应有的贡献。

这第一个特征，就是“文化儒”的境界；第二个特征，就是“君子儒”的境界，包含了“孔颜乐处”的精神，同时更包含了“君子群而不党”的集体主义精神；第三个特征，就是“大人儒”的境界，“己达达人”“兼济天下”，可以孟子所谓“天下无道，以身殉道”，具有“杀身成仁”“舍生取义”的精神。

共产主义的劳动观就是中华文化的无私奉献精神。这种劳动观由有一定自觉的人士带头作为榜样，带领更多的人将这种价值观融入于生命与血脉之中，从而实现全人类的高度文明与和谐。共产党人的追求，也正是中华优秀传统文化对“圣贤”特征的描述：

《中庸》云：“君子之道，本诸身，征诸庶民，考诸三王而不谬，建诸天地而不悖，质诸鬼神而不疑，百世以俟圣人而不惑。质诸鬼神而不疑，知天也；百世以俟圣人而不惑，知人也。是故君子动而世为天下道，行而世为天下法，言而世为天下则。”

所以，中国共产党人，本身就符合，也唯有如中华文化所标举的“圣贤”，才能够实现中华文化所谓的“平天下”，共产主义所标举的共产主义社会。

我个人愚见，共产主义的无产阶级一方面是指广大的困难群众，儒家“民贵君轻”的精神及“民本思想”，其着眼点就是“无产阶级”，另一方面，共产主义的无产阶级就是中华文化所倡导“自然无为”的最高境界者。无产阶级专政就是不断培养从精神上达到“自然无为”，具有天地格局及智慧，能创造物质、驾驭物质的人。这样的人在儒家称为“大儒”，在佛家则称为“大乘菩萨精神”，共产主义则称为“伟大的无产阶级革命家”和“共产党人”。

共产主义消灭私有制的理念就是中华文化“天下为公”的精神，因为完全强调私有、私欲，只会将人类引入堕落。

共产主义的按需分配原则，就是实现儒家所提出的“大同理想”，按需分配不是无原则地满足欲望。“天下不患寡而患不均”，按需分配就是在解决中华文化几千年来所重视的均贫富的问题。

马克思主义是唯物主义，强调物质第一性，恩格斯说：“‘不是人们的意识决定人们的存在，相反，是人们的社会存在决定人们的意识。’这个原理非常简单，它对于没有唯心主义的欺骗束缚住的人来说是不言自明的。但是，这个事实不仅对于理论，而且对于实践都是最革命的结论。”

注重物质第一性，就是实事求是的科学精神。这与中华文化思想依然高度契合，中华文化的原典《易经》，讲六十四卦卦象，就是抓住事物这个物质本身的根本特征进行分类，卦象所涵盖的就是各种事物现象，现象就是物质，透过现象从而看到事物的本质。所以唯物主义恰恰是根据客观事物来分析其内在本质的规律，从而得出准确的结论，一切都从实际出发。《易经》所阐述的“道器关系”也正是如此。“器”是物质，透过物质的特征来反推物质背后的规律，就验证了“道”。战国荀子：“天地合而万物生，阴阳接而变化起。”东汉王充：“天地合气，万物自生。”明朝王夫之：“气者，理之依也”，“天下唯器”，“道者器之道”，“无其器则无其道”。而“道”本身也是物质。所以《易经》提出了三易原则，恰恰就是马克思主义所论述的思想：“世界是物质的，物质是运动变化的，运动变化是有规律的，规律是可以加以掌握并利用的”，这里说起来是一段话，在《易经》那就是六个字：不易、变易和简易。简单地说，“不易”就是道，“变易”就是物质的运动变化，“简易”就是掌握并利用规律。当你达到“不易”的这个最高境界，也就是“道”的层面时，你就看懂了一切事物发展的变化规律，这就是“变易”，当你看懂了事物发展的根本规律时，你就能把复杂的问题简单化处理了，就能运用这个规律创造、发展出一切事物了，这就是“简易”。

从物质角度出发，才能够客观地反映世界，进而推导出其中的内在规律，并掌握此规律再进行对一切需要的创造。如果不从唯物角度出发，则极容易发展出历史虚无主义和务虚主义，搞出“屠龙之技”，而中国古代“闲来无事谈心性，临危一死报君王”就是最好的证明。所以马克思的辩证唯物主义与历史唯物主义是实学，与中华优秀传统文化所主张的“经世致用”精神高度契合，与“子不语怪力乱神”的精神高度契合。同时，中华优秀传统文化所强调的思想，是“心物一体”，道器不二。老子所阐述的“道”，本身也具有“唯物”性。他说:“有物混成，先天地生。独立而不改，周行而不殆”，他所阐述的“道”，本身就是物质。

唯物主义就好比一面照妖镜，把一切不切实际的空想、骗术都照个明白，而将一切思想学说都变得实际，“从实际出发”。这恰好也是中华文化的根本追求，“道”的高明，是要创造发展出“器”的高明。没有“器”的“道”不是道，是骗术。

对于人类正确认识世界和改造世界而言，这是最具有科学性和实践性的哲学观点。

譬如算命先生学《易经》，只学会了占卜，孔子学《易经》，却感悟了天道。同样是学《易经》，结局却迥然不同。这就是孔子所感叹的“通途而殊归”，最后历史选择了孔子。资本主义和社会主义同样都搞经济和物质，但是社会主义的物质高度发达是与人的精神境界成高度的和谐与共振，而资本主义则不然。故而历史将如同选择孔子一般选择社会主义。这也就是为何在“千年未有”之历史变局中，中国共产党为何能奇迹般地创建中华人民共和国，并一步步让中国站起来、富起来、强起来、伟大起来的根本原因。

有远大的构想和梦想才会有伟大的成就。共产主义就是宏大的人类未来构想，我在前面讲“知志”的时候讲过，“志”通“质、智、置、治、制、致、至”。一个有远大志向的人，一定能用理想照亮现实，也一定能将梦想变成现实，现实也就是实质，所以“志”通“质”，实质的意思；一个有远大志向的人，一定懂得什么能做，什么不能做，能够集中精力去做能做的，这种辨别是非的能力，就是一种智慧，也会不断拓展出伟大的智慧来，所以“志”通“智”，有志向的人会开启智慧；有宏大的志向，会懂得如何处理事物的关系，掌握相应的方法，这个“置”既代表“措置”的置，即方法，也代表“位置”的置，即地位，有宏大理想的人才能够有机会获得崇高的地位；“志”通“治”，有宏大志向的人，一旦在人生路上走偏，就会自觉发现并及时纠偏，因为他自觉到一旦走偏，必定实现不了志向与理想，所以通“治”，就是具有自我革命的精神。习近平总书记强调的“四个全面”，即“全面建成小康社会；全面深化改革；全面依法治国；全面从严治党”，四个全面中，后面三个都符合这一特征；也就必定能建立起相对完善的制度，所以“志”通“制”；有远大的志向，就必定会多方考虑，注重周祥和细致，所以“志”通“致”，全面、周备、精细的意思；最后，一切条件成熟，终于实现这个伟大的理想、伟大的梦想，这就是“志”通“至”，达到的意思。所以中国共产党人，互称“同志”，虽然这个词语源于《易经》“天地交而万物通，上下交而其志同”，但是一个“志”的内涵已经说明了一切。

因为有中华优秀传统文化的伟大土壤、共产主义的伟大指引，则必然有中国梦这一伟大构想的提出。这是中华民族的中国梦，更是中华文化为全人类描绘的世界梦。拥有宏伟的使命，就必定能在前行的道路上自动纠偏（全面深化改革、全面依法治国、全面从严治党等），从而以制度自信、理论自信、道路自信昂扬地行走在中国特色社会主义道路上，一步步坚定有力地迈向中华民族的伟大复兴和让全人类获取幸福、生命成就这一伟大目标。

什么是国学？《现代汉语词典》中定义是“一国固有之学”，照此看来，中国国学只是世界各国国学中的一分子，并不能完整体现中华优秀传统文化的思想特征及与世界学术的根本区别。所以我曾经为“国学”做了一个新的诠释，所谓国学，就是“治国平天下之学”的简称。很多人说“治国”是把一个国家治理好，“平天下”是把无数个国家治理好。其实不对，首先，把无数个国家治理好本身就是对“治国”概念的重复，而治国是治国，平天下是平天下。两者岂能混为一谈？另外，在先秦时代可以这样定义“平天下”，周天子高高在上，所有的诸侯国都听命于他。但是到了现在，就不能再这样去理解，否则就会发展出霸权主义。我在《国学旨归》第一辑和《平心平天下》里面都有过新的诠释，平天下就是指一个人内圣的修养达到了与天相持平的境界，这个时候看到的一切都在自己的眼界和境界之下。平天下是指内圣的修养达到了极致，内圣修养达到极致，必定开启了无上的智慧，运用无上的智慧，自然就能创造出一切丰富的物质与文明。同时内圣的修养达到极致，也就是树立了崇高的人格，必然受到人们的拥护，所以内圣的修养达到极致，自然就能开创出外王的事业。“平天下”三个字，既包含了内圣的修养，又包含了外王的事业。

那么中华文化平天下的追求，就是习近平总书记所倡导的构建人类命运共同体及共产主义社会的伟大实现。

今天，我们探讨马克思主义与中华优秀传统文化的融合，将具有伟大的现实意义与历史作用。

从中华优秀传统文化的根本精神出发，就某种意义而言，中华民族其实已在朝着社会主义、共产主义方向行进了数千年，也有过无数的曲折和血泪。随着十月革命一声炮响，为中华民族带来了马克思主义，正因为中华文化本身就与共产主义所高度契合，所以临门一脚，结合历史经验、文化积淀与基本国情，踹开了中国特色社会主义、共产主义的大门。鉴古知今，彰往察来，正是有数千年的历史经验与文化积淀，习近平总书记自信并自豪地向世人宣告——今天，我们比以往任何一个时代都更接近于中华民族的伟大复兴！（注：在《平心平天下》中我曾论述过中国古代的帝王专制与西方所谓美式民主都不可能真正实现古代圣人所倡导的“天下为公”“世界大同”宏伟蓝图，也即“共产主义”社会，而唯有现行的中国特色社会主义道路可以实现，感兴趣可以看该书。）

马克思主义中国化、时代化、大众化的最新成果，从国际视角来看，不仅体现在构建人类命运共同体和“一带一路”等倡议上，还在于中国共产党人不做资本主义掘墓人，而旨在造福包括中国人民在内的全人类，这是对马克思主义的丰富和拓展，也使得马克思主义超越社会主义国家范畴，在世界范围内具有指导意义。

“中国共产党是为中国人民谋幸福的党，也是为人类进步事业而奋斗的党。”推动构建人类命运共同体和共建“一带一路”，推进新型全球化和新型全球治理，在再造政党政治、创新人类政治文明的过程中，不仅有利于世界政党间的对话，也将使中国共产党发展壮大，使马克思主义焕发出蓬勃生机。

这是一个伟大的时代，因为我们站在中华民族这个古老而伟大的巨人肩上，我们正昂首阔步于一个伟大新时代的道路上！

第八讲

复兴中华优秀传统文化
是中国特色社会主义新时代的伟大事业

——廖彬宇先生讲“论语大义”之“知常”
兼论中华民族最伟大的初心和根本精神

摘要：古人把“知常”的“常”，又称为“常道”。就字面义来说，“常道”就是“常”与“道”的组合，“常”就是日常，一切的事物，代表“形而下”；“道”就是大道，代表“形而上”，是事物发展的根本规律（基本原理）。因此，常道也是唯物主义，确切说是辩证唯物主义。“常”就是常见，也就是事物。因为事物与物质才常见；“道”就是规律，通过事物的发展变化而掌握背后的规律，并用此规律来创造及驾驭事物。所以“常道”是和谐之道，也是中庸之道，不走极端，既顾此，也瞻彼。所以“常道”是人生之道，是生活之道，是处世之道。道在日常百用之中即为常道。在日常之中感悟道、发现道就是常道；用“道”来指导日常生活就是常道。常者，长也。道为恒远长久所存，即为常道。常道常道，道既平常，又恒常。常者，长也。一切为了谋求长远发展之道就是常道。常道是大道在方方面面的体现，始终贯穿了一个统一的价值观和根本精神，体现在教育上，叫作学统；体现在政治上，叫作政统；体现在生活和修养上，叫作体统；具有延续性和传承性，叫作传统。所有这一切，都体现着一个穿透历史、跨越时空的共同的核心价值追求，所以又叫道统。中华文化方方面面其实都贯穿着常道的精神，这个精神也就是中华文化的核心价值观。文艺作品、百姓日用之中都深刻蕴藏着常道的精神。孔子将此称为“吾道一以贯之”。

大道、正道，常道、道莅天下

前面讲了知易（知道）、知天等内容，我们知道了中华文化极为注重并推崇自然规律，这个自然规律称为“道”，也叫作“天”。中华文化当中有一个词语，叫“大化流行”。简单地说，“大化”就是大道，因为大道无形无象，难以具体形容和描摹，大而化之，所以又叫“大化”。但它又是一切事物发展的根本规律（基本原理），一切事物都遵循着这个规律而进行生成发展的变化。这个发展变化就是“流行”。“流行”本自“大化”，“大化”主导“流行”。符合“大化”，也就是遵循自然规律来作为，就能够“流行”，违背自然规律就寸步难行。

老子说“执大象，天下往”。“大象”，也就是“大化”、大道，它主导着天下的一切，所以叫“执大象，天下往”。意思就是只要你抓住了大道，那么天下都会跟着你走。“大象”就是“大化”，“天下往”就是流行。所以古人讲的“天下”的概念，也不只是空间的概念，还是“所有一切”的概念。

老子又讲:“致虚极，守静笃。万物并作，吾以观复。夫物芸芸，各复归其根。归根曰静，静曰复命。复命曰常，知常曰明，不知常，妄作凶。”老子这句话就是讲，他在宁静到极致的状态下，看这纷繁复杂的万事万象，看到了它们背后发展变化的规律究竟是什么。“归根”就是回到事物发展的根本上，“复命”就是回到事物背后主导事物发展变化的根本规律。我曾经在《干支哲学》里面谈论“天命”，“命”字怎么写？“命”字就是口令二字组合而成。命不只是人之命，还有物之命。万类莫不有命。命是“听令而行”，那么这个口令是谁的口令？是天的口令。天的口令，古人称为“天命”。听起来很玄，其实说白了就是听从天道所揭示的自然规律，每个人都符合这个自然规律，或者都在这个自然的规律中生活、发展、变化，因个体差异的不同而表现出形式各异的现象。这个现象，就统称为“命运”。老子接下来又讲：“复命曰常，知常曰明，不知常，妄作凶。”什么意思呢？就是把这个根本规律看懂了，就叫知常；看不懂，就是不知常，不知常，就会违反自然规律，违反大道，违背规律，就叫作“妄作”，也就是胡来、胡作非为的意思，那么最终一定会招来大凶、大祸。

“大化”与“流行”的关系，也就是《易经》所强调的“形而上”的“道”与“形而下”的“器”的关系。“道”的层面越高，“器”的层面也就越高。《易经》里说：“形而上者谓之道，形而下者谓之器。化而裁之谓之变，推而行之谓之通，举而措之天下之民谓之事业。”“道”是形而上的，超越了一切有形有象的现象世界，所以是“大化”；“器”是形而下的，就在有形有象的现象世界之中受道所支配。符合大道的器，就是大器，大器能够任意剪裁变化，具有普适性，还能够畅通无阻地推行，最后成就为大事业，所以叫作“流行”。我们通常讲的成大器，其实也就是对成大道的另一种说法。因为大器源于大道，没有对大道的追求，是不可能成大器的。而恰恰中华优秀传统文化，就是让我们既能成就大道，又能成就大器。道在器中，器在道中，道器不二。

器在道中，就是“以道制器”，说明道高于器，“道”是“器”的根本，事物背后的规律主导着事物的发展变化；道在器中，就是变化发展的一切事物本身蕴含着道的内涵和规律，也就是透过现象抓住本质。道不离器，器不离道。我们在前面讲“知命”时讲到了，不能创造“器”的“道”绝不是道，而是骗术，是屠龙之技。这就是“道不离器”“器在道中”，所以真正的“道”必能经世致用。而器不离道呢？就是马克思主义所说的“世界是物质的，物质是运动变化的，变化是有规律的，规律是可以掌握并利用的”。这里的器可以理解为万事万物，也就是马克思所说的“物质世界”。透过物质世界运动变化的现象，发现其背后主导其发展变化的根本规律，这就是中华文化“道在器中”“器不离道”的思想。

所以古人把“知常”的“常”，又称为“常道”。就字面义来说，“常道”

就是“常”与“道”的组合，“常”就是日常，一切的事物，代表“形而下”；“道”就是大道，代表“形而上”，事物发展的根本规律（基本原理）。因此，常道也是唯物主义，确切地说是辩证唯物主义。“常”就是常见，也就是事物。因为事物与物质才常见；“道”就是规律，通过事物的发展变化而掌握背后的规律，并用此规律来创造及驾驭事物。

所以“常道”是和谐之道，也是中庸之道，不走极端，既顾此，也瞻彼。所以“常道”是人生之道，是生活之道，是处世之道。

孔子很重视“道”，他说：“志于道，据于德，依于仁，游于艺。”就我个人的理解，一个有道心追求的人，其言行举止，就会由道所规范，那么表现出来就是一种德行，这就是“据于德”；因为对道有追求，那么其发心就至大至善，这就是“依于仁”；对道有追求，那么生活中的一切就都是在为求道而服务，就懂得了生活的艺术与艺术地生活。正是因为对道有追求，所以生活中所经历的一切也都变得不同寻常，也都是在帮助我们悟道。喝茶也能悟道，这就是茶道；品香也能悟道，这就是香道；写字也能悟道，这就是书道；插花也能悟道，这就是花道……所以“游于艺”，一方面是指不以“艺术”为追求，而是“游心于艺”，借助这些生活日常用来让自己悟道；另一方面是指，当你有道之后，就对很多东西游刃有余，能够更好地、完美地驾驭它。所以艺术从于道，服务于道。所以道在日常百用之中，而日常百用也可令人悟道。

日常的常，还代表生活与现实。习近平总书记说：“要系统梳理传统文化资源，让收藏在禁宫里的文物、陈列在广阔大地上的遗产、书写在古籍里的文字都活起来。”这个“活起来”就是“常道”。而中华民族历史上的这些文物、遗产与古籍里的文字，其实都起着一个载道、传道的作用。当我们在观看、欣赏这些艺术品和历史遗产时，去发掘其中的内涵、思想、智慧与精神，其实就是在传承发展中华古老的优秀传统文化。能这样做，就是梳理传统文化资源，能够将其中的思想古为今用，借古开新，就是让它“活起来”。

我在《平心平天下》里提到“六品”的概念。即我把世上的产品分为六个等级，分别为神品、艺术品、工艺品、次品、废品和毒品。今天我们讲的产品就是古人讲的“器”，器的优劣高低取决于他对道的体认。对道的体认越高的人，那么他创造的产品层次也越高。

神品，是无可比拟、无法形容的产品，它是绝对完美的东西，可谓至真、至善、至美，而且是人人都可以拥有的无价之宝，符合这个标准的只有道，所以也只有得道的圣人才能创造这样的产品。譬如《金刚经》《道德经》《论语》《易经》，这些就属于神品。它们成为人类思想的宝库，指引人类走向光明。

次一等，就是艺术品。创造者对道的体认落了一层，对于真与善的体现相对薄弱一点，不能尽善、至真，而侧重于对美的表达。重金难求，甚至价值连城。艺术品能燃起大家对美好事物的追求，与对美好生活的渴望向往，但是艺术品不像神品那样，能够让人们脱离苦难，获得圆满的幸福与光明。

再次一等，是工艺品。创造者对道的体认，只是体现在实用上，在“真善美”方面体现得还远远不够。但毕竟还有用处，所以它属于六品中的上三品之末。

第四等，就是次品。创造者对道已经谈不上有所体认，创造的产品以次充好，将就还能用，只是产品的寿命不长或者有副作用。

第五等，就是废品。创造者不但不追求“道”，甚而已经开始走向“道”的对立面，给社会制造垃圾，拖累、阻滞社会的进步与进化。今天拜金主义、娱乐至死观念等等，这种对“不道”的传播，就是在拖累、阻滞社会的进化，就是在给社会制造垃圾，如果不警惕不反省，继续滑落，那么就会落入最后一等。废品就是不作为、懒惰的代表。社会不要说推动对真善美的传播，连用处都已经寥寥无几。而废品一旦聚集多了，本身就成为污染，也就成了毒品。

第六等，毒品。创造者已经走向“道”的反面和对立面，没有了底线，任意践踏良知，什么赚钱做什么，把地沟油端上餐桌，在奶粉里添加“三聚氰胺”，甚至为了发财去制毒贩毒……这都是因为道心的缺失所以做出丧心病狂的事情。所以，复兴中华优秀传统文化，就是挽回“道绝师丧”的局面，让人人有追求，有梦想，有信念，也就显得势在必行。

道在日常百用之中，就是常道。所以常道就是“从实际出发”，具有现实意义。常道让我们做事时不脱离现实，根据实际情况而进行价值的判断与取舍。《中庸》里孔子说“道不远人，人之为道而远人，不可以为道”，所以做人的常道就是实事求是，放大到一个国家，形成所谓国家的常道，就是必须要结合历史的传统、文化的积淀、基本的国情。常道不是想当然，不是生搬硬套，而是融合融通，形成自己的特色与道路。这也是国家的一种“实事求是”。

因而，道在日常百用之中即为常道。在日常之中感悟道、发现道就是常道；用“道”来指导日常生活就是常道。常者，长也。道为恒远长久所存，即为常道。常道常道，道既平常，又恒常。常者，长也。一切为了谋求长远发展之道就是常道。所以常道要为长远发展服务，凡是不能长远发展的理念都不是常道，也不是道，而是反常。所谓“不谋万世者，不足以谋一时；不谋全局者，不足以谋一域”。常道，是“计利应计天下利，求名当求万世名”的长远眼光，就是顾全大局，而不鼠目寸光，是为了完成大我而勇于牺牲小我，是要有大局意识，同时还要有核心意识、正确意识（也为政治意识）、看齐意识与忧患意识。而忧患意识会令我们常常反思反省，帮助我们在取得一点成绩时不沾沾自喜，在还没取得成绩时既要小心谨慎，又要奋力前进，让我们在通往成功的道路上走得更稳健。所以我们在注重四个意识之外，也需要注重忧患意识。

那么为什么注重常道，还要注意“四个意识”呢？刚才我们讲过了大局意识，不顾大局，那么一切都不长久。“人无远虑，必有近忧。”着眼大局，才会深谋远虑，才会忍辱负重，赢得未来。俗话说“树倒猢狲散”“覆巢之下，焉有完卵”“皮之不存，毛将焉附”？这就是大局意识。对于个人而言，个人的大局是一生的成就，要想让命运吉祥美好，就要“修诚立德”；对于社会而言，社会的大局就是家国天下，家国天下是以人为根本，所以“为人民服务”和“人本主义”就是中华文化的大局意识。习近平总书记说：“人民是历史的创造者，群众是真正的英雄。人民群众是我们力量的源泉。我们深深知道，每个人的力量是有限的，但只要我们万众一心、众志成城，就没有克服不了的困难；每个人的工作时间是有限的，但全心全意为人民服务是无限的。责任重于泰山，事业任重道远。我们一定要始终与人民心心相印，与人民同甘共苦，与人民团结奋斗，夙夜在公，勤勉工作，努力向历史、向人民交出一份合格的答卷。”

所谓“正确意识”，就是要有明辨是非的能力，“君子有所为，有所不为”。十九大报告指出：“中国共产党自诞生之日起，就把全心全意为人民服务作为自己的根本宗旨。中国共产党的初心和使命就是为人民谋幸福，为民族谋复兴。”习近平主席在十八大履新时发表重要讲话，讲到：“人民对美好生活的向往，就是我们的奋斗目标”。“正确意识”说到小处，就是“常道”，就是我们的价值观；说到大处，就是政治意识。这样一个全心全意为人民服务的政党，如果我们不懂得真心去拥护，就是反常，就是反动。作为中国人，作为中华民族的一员，应该具备这样的正确意识和政治意识。只有这样，才有可能保证不在有意无意之间，成为分裂势力、反华势力的帮凶，成为国家民族的罪人，甚至犯下“颠覆性错误”。

习近平总书记严正地指出：“绝不能犯颠覆性错误。”所谓“颠覆性错误”，就是在关系党和国家、民族“信仰、宗旨、方向、道路”等根本性问题上的错误。如果说一些小错误是“认识”问题，那么颠覆性错误则是根本性问题。而这个具有颠覆性的根本性问题又往往是从小错误上积累而来的，所以要防微杜渐，从一开始就要树立正确意识。

而我们这里所说的核心意识，一方面是指要具备核心价值追求，就是古人所说的“求道”“尊道贵德”；另一方面就是指带领全体中国人民实现伟大中国梦、实现中华民族伟大复兴的核心领导人。对于国家民族而言，不仅党员干部要有核心意识，全体中国人民更要有核心意识。唯有有了核心意识，才能够让全体中华儿女、中国人民凝聚起来，万众一心，众志成城，才能够无坚不摧、无往不胜。核心意识，源于《易经》的思想：“二人同心，其利断金。同心之言，其臭如兰。”

党的十八大以来，以习近平同志为核心的党中央，面对世界经济复苏乏力、局部冲突和动荡频发、全球性问题加剧的外部环境，面对我国经济发展进入新常态等一系列深刻变化，在经济建设、政治建设、文化建设、社会建设、生态文明建设等方面提出一系列新理念、新思想、新战略，形成了习近平新时代中国特色社会主义思想。在这一重要思想指引下，我国经济保持中高速增长，对世界经济增长贡献率超过 30%；社会主义民主不断发展，中国特色社会主义法治体系日益完善；思想文化建设取得重大进展；人民生活不断改善，人民获得感显著增强；生态环境治理明显加强，环境状况得到改善。实践充分证明，习近平新时代中国特色社会主义思想是党和国家各项事业蓬勃发展的行动指南，是我们在新时代进行伟大斗争、建设伟大工程、推进伟大事业、实现伟大梦想的强大思想武器。这一系列瞩目成就，得益于“以习近平同志为核心的党中央”，如果继续加强核心意识，那么我们在实现中华民族伟大复兴的征程上就将走得更加坚实有力、更加自信从容。

习近平新时代中国特色社会主义思想的形成，始终伴随着与人民同呼吸、共命运、心连心，它始终代表着党心所向、民心所向。所以具有“核心意识”，自觉维护核心，拥护核心，就是拥护民心，拥护天心，这样才能够上下一心，万众一心，在实现伟大中国梦的征程上无懈可击，最终完美实现中华民族的伟大复兴。

看齐意识，就是在实现中华民族伟大复兴的事业进程中，全党、全军、全民、全国保持的一致性。这个一致性，就会产生如同物理学上所谓的“同频共振”效应。全体中华民族，心往一处想，劲往一处使，所谓“人心齐，泰山移”。

1945 年，毛泽东同志在党的七大预备会议上说：“要知道，一个队伍经常是不大整齐的，所以就要常常喊看齐，向左看齐，向右看齐，向中间看齐，我们要向中央基准看齐，向大会基准看齐。看齐是原则，有偏差是实际生活，有了偏差，就喊看齐。”

中国共产党之所以从小到大、从弱到强，不断从胜利走向胜利，其中至关重要的一条就是全党上下有着很强的看齐意识，有了偏差就喊看齐，就自觉看齐。在新的形势下，面对复杂多变的环境和艰巨繁重的任务，就更加需要强化看齐意识，与以习近平同志为核心的党中央保持高度一致，才能同心同德实现伟大中国梦。

看齐意识，渊源有自，来自中华优秀传统文化的思想。孔子在《论语·里仁》中说：“见贤思齐，见不贤而内自省也。”这是儒家所倡导的“看齐意识”，也是榜样的力量。《礼记》中说“以三王四代唯其师”，就是以三王四代为师，向他们看齐，向他们学习。“三王四代”通俗地说就是有道德的人，在古代称之为圣贤之人，四代就是“尧舜禹汤”。圣贤向世人证明了，道是可以学到，也是可以致用的。普通人向圣贤学习，也一样可以成为圣贤，圣贤不过就是常人的榜样罢了。所以中华民族有了“看齐意识”，就有了榜样的力量，就有了学习的楷模，就有了成长的动力和正确的方向。

我们弘扬革命精神、井冈山精神、长征精神、延安精神、西柏坡精神、两弹一星精神、雷锋精神、焦裕禄精神、抗洪精神、抗震救灾精神、载人航天精神等等，其实就是在宣扬看齐意识。具体地说，就是中华优秀传统文化中圣贤精神在各个方面、各个领域的具体体现。这些精神都是源于中华优秀传统文化的基因。所以传承发展中华优秀传统文化，就是在培养具有四个意识（还加忧患意识）的人，只要成为真正的贤人，无论在哪一个领域，都会体现出各种令人敬佩的精神来。古人说“豪杰未必圣贤，圣贤必定豪杰”就是这个道理。比方说能抗洪抢险的必定是英雄，但不一定是圣贤。而圣贤则一定能抗洪抢险。

我们还通过习近平总书记的人生经历来看他的人生观、世界观、价值观、财富观、爱情观、家庭观、命运观、天下观，其都充满了一种浩然正大的精神。从他身上，我们能强烈感受到一股浩然正大之气。其符合中华优秀传统文化所倡导的圣贤精神。所以，就看齐意识而言，习近平总书记更是全体中国人要看齐和学习的榜样。

今天，我们中国人应该有对“四个意识”的自觉。“四个意识”不是为了统一思想、消除多元，而恰恰是用“四个意识”来丰富思想、匡正言行，用四个意识来进行自我升华，让生命臻以圆满。如果中国人都具有了四个意识，那么各行各业都将涌现出具有家国情怀和天下担当的“大丈夫”。所以“四个意识”是永不过时的思想。如果说“大局意识”是“为生民立命”“居庙堂之高则忧其民”，那么“核心意识”就是“为天地立心”“处江湖之远则忧其君”，“看齐意识”就是“为往圣继绝学”和“见贤思齐”，“正确意识”（政治意识）就是“为万世开太平”。

不仅是“四个意识”，习近平总书记关于“三严三实”的讲话也是“常道”精神的体现。2014年3月9日，习近平总书记在第十二届全国人民代表大会第二次会议安徽代表团参加审议时，关于推进作风建设的讲话中，提到“既严以修身、严以用权、严以律己，又谋事要实、创业要实、做人要实”的重要论述。“三严”就是用“道”的思想来要求自己，完善自己，“三实”就是符合“常”的精神，要落到实处，实事求是而不弄虚作假。

所以，常道讲道器的关系，也讲虚实的关系。道是虚，常就是实。常道的思想是充满辩证的。常道揭示了世间的无常，既让人争取，也让人随缘。阴阳就是常道，逻辑也是常道。看懂了常道的辩证关系，也就明白了为人处世的智慧。常道就是用辩证思维来分析事物的发展规律。

如体用关系，明体才能达用，全体才能大用。要想有创造，就必须要有智慧。想要伟大的创造，就要有伟大的智慧。没有体，也就没有用。体用是不二的，无体之用难以久存，无用之体也不存在。所以体用关系符合辩证唯物主义思想。所以中华文化的特征，向来是“立足本来，吸收外来，面向未来”。这就是有体有用、明体达用和全体大用。

如虚实关系。虚如果是想，那么实就是做，孔子说“学而不思则罔，思而不学则殆”。想和做要统一，光想不做是空想家，光做不想是愚人。只有用思想来指导实践，在实践中去检验思想才能取得进步和成就。

如被动与主动。有些事情，太过主动了会变得被动；适当的被动，却往往能掌握主动。诸葛亮高卧隆中是被动，但是他专注于自身智慧的提升，却吸引了刘备三顾茅庐。诸葛亮就化被动为主动。而刘备虽是主动访贤，却大为被动。这就是明白了常道背后的辩证关系，就懂得了在人事上如何化被动为主动的智慧。同时，对于很多事情，该主动的要主动，该被动的要被动，这也是智慧，是一种“君子有所为，有所不为”的智慧。

如高低上下的关系。高高在上自以为是的人，往往招人厌恶；而谦逊卑下的人，却往往赢得好感。明白了常道背后的辩证关系，就懂得了真正让自己崇高的是谦卑的德行，而真正让你卑微的却是那种不可一世、自视甚高的姿态。

所以明白常道的人，会有一颗谦下之心，谦下使人高尚；明白常道的人，会有一颗平常之心，而甘于平常之人，往往有非常之能。因为甘于平常，心态归于宁静，能静下心来打磨、修炼，就必有非常之能与过人之处。老子所推崇的“被褐怀玉”之人，就是这种人。这种人看起来很平常，但可能却是一位得道高人。

拥有这种“平常心”之人，就是一个无欲无求的人。所谓“无欲则刚，无虑则坚”。什么叫作去除私有制？去除私有制不是让一个人没有积蓄，而是当一个人境界提升以后，自然超越了物质和物欲，自觉地发心为公，物质与财富只不过是他实现生命意义、彰显生命价值的工具，而不是追求。达到这个境界以后，你才会感受到“良田万顷，日食不过三餐；大厦千丈，夜宿不过八尺”。物质越接近绚烂，内心越趋于平淡。这个平淡就是常道，这个平淡就是去除了“私有”“私欲”。老子讲“生而不有、为而不恃、长而不宰”“少私寡欲，见素抱朴”，就是去除“私有”“私欲”，就会明白仅仅追求物质的繁华奢华是不究竟彻底的，甚至到头来是烦恼痛苦的，要去除烦恼痛苦，获得生命的解脱与达到高度的自由，就要从自私、欲望中超脱出来，不断放大格局、提升智慧，用智慧既能创造物质又能超越物质，实现人类自由的大解放。这就是社会主义与资本主义的根本区别，也是中华优秀传统文化的根本精神与永恒追求。

故而“全心全意为人民服务”并非一句口号，而是发自内心感悟了生命的真义以后，自然做到了超越物质与财富，生发出一种“己达达人”的悲悯情怀与终极关怀，自然产生的一种正大发心。如果只是把“为人民服务”当成一种口号而没有内心的共鸣，那么就是虚伪的门面装点，所以学习中华优秀传统文化，就是让我们的内心走向自觉。

所以常道不自欺，也不欺人。因而艺术也在常道的范畴。因为艺术让你知道它源于生活又高于生活，它从不对你进行欺骗，或者说它让你明确地知道它在用高明的方式欺骗你，正因为它让你知道它在欺骗你，所以就不是欺骗。因此，魔术也属于艺术。所谓魔术，就是你明明知道它在欺骗你，但是你却仍然乐意被它欺骗。还有小说、电影等等，你都明知它是骗你，却依然乐意被它欺骗。这是为什么呢？因为你看魔术表演，它会激发你的求知欲；你看小说和电影，它会去启发你的觉知与良知，这些都可以让你的生命得以升华，这就是艺术。

但是常道包含常理、常识、常情和常规，并形成于常态。常道是为生命的幸福圆满服务。所以常道者，尝道也，也就是悟道、证道、得道的意思。所以艺术也要为“常道”服务。有些所谓的行为艺术、后现代艺术、超后现代艺术等等，却值得警惕，也需要注意甄别，因为其本身很可能就是“反常”。

因为常道就是正确的价值观，把这种价值观变成行为习惯，自觉维护，不需外力干涉。在社会上看到假丑恶的东西就会本能地排斥或者悲悯，并决心要将这些假丑恶的东西转变成美好的事物。所以老子讲“六亲不和有孝慈，国家昏乱有忠臣”，就是看到了恶劣的事件与现象，就希望通过努力去改变它。凡是具备这样价值追求与发心的人，在古代，就被称为“忠臣孝子”。

在我看来，中国人过中国节就是常态，不了解而盲目跟风过洋节就是反常态。关于过中国节和西洋节，我在《平心平天下·传统文化与国家战略》一文中有过阐述，现在再补充一点。

对于洋节，我的态度是，中国古代的圣贤是智慧的化身，他们懂得如何为中华民族剔除糟粕的节日而留下有意义的节日。所以对照西方的节日，如果是中国传统文化中本来就有的，我们也可以过，如果是中国传统文化中本来所没有的，我们要谨慎，不要盲目地过。

哪些是中国本来有的节日呢？譬如感恩节。中国虽然没有专门列出来有一个节日叫感恩节，但是并不代表中华民族不知感恩。恰恰相反，中华民族的感恩蕴藏在日常百用之中，蕴藏在生活点滴之中。过去每家每户都供奉着一个牌位，上面写着五个字——“天地君亲师”，人们每天都会在这个牌位处虔诚地上三炷香，这就是感恩，人们将发自内心的感恩变成了习惯。感恩天地，因为天地孕育了一切；君代表了国家，也代表了发心要让我们过上幸福生活、实现圆满人生的核心领导，感恩君，就是每天都在过国庆节；亲包含了父母、夫妻，还有兄弟等亲人。我们来到这个世界，离不开父母的养育、伴侣的陪伴与照顾、兄弟的帮助，所以我们要心怀感恩。一个“亲”字，包含了父亲节、母亲节、情人节。关键是，中国的“天地君亲师”天天都在过，都在感恩，抬头不见低头见。西方崇尚独立、自由，所以夫妻之间各有各的独立和自由，这主要体现在夫妻双方都外出工作，要保证独立首先是保证经济的独立。而一般孩子成人以后，父母往往和子女都是分开住，各住各的，平时很难聚会一次，所以父亲节、母亲节就显得尤为重要。很多人据此说中国人不孝养父母，真是无稽之谈。孩子大了，把父母接来和自己一起住，赡养父母是中国子女的天职。我们每天都在感恩父母，谁说中国不孝养父母呢？“天地君亲师”的师，就包含了西方的教师节，中国人感恩老师，给我们树立了正确的世界观、人生观和价值观。而且中国人是天天感恩，不是一年之中就隆重地搞那么一个感恩的活动。中国人有“常道”的精神，把这种感恩发扬在生活之中、日常之中，将其变成一种习惯，使其成为一种良知。但是现在，伴随着传统文化的缺失，很多家庭已经没有了这种感恩“天地君亲师”的行为。

那么，哪些是中国传统所没有的节日呢？譬如愚人节、狂欢节、万圣节、圣诞节、情人节等等。我在《平心平天下·传统文化与国家战略》一文中有过论述，揭示过这类节日未必适用于中国。相反，这些节日可能会给中国带来一些负面影响和副作用。

须知中国的传统节日，都饱含着深厚的文化底蕴、人文主义、终极关怀与道德精神。如清明节，是发扬那种“慎终追远、民德归厚”的精神；如端午节，是诚意正心、破邪显正的精神，又以忠直的屈原为怀念的对象；除夕节，是发扬革故鼎新、日新盛德的精神；重阳节，是发扬登高望远、培养正气的精神；中秋节赏月，是为了做人既能像月亮一样被人欣赏，也懂得让自己去欣赏生活，同时月亮的圆，也让自己感悟到生命的阴晴圆缺、世事无常，进而思考如何让自己的生活走向幸福美好，让自己的生命走向吉祥圆满……

常道是大道在方方面面的体现，始终贯穿了一个统一的价值观和根本精神，体现在教育上，叫作学统；体现在政治上，叫作政统；体现在生活和修养上，叫作体统；具有延续性和传承性，叫作传统。所有这一切，都体现着一个穿透历史、跨越时空的共同的核心价值追求，所以又叫道统。中华文化方方面面其实都贯穿着常道的精神，这个精神也就是中华文化的核心价值观。文艺作品、百姓日用之中都深刻蕴藏着常道的精神。孔子将此称为“吾道一以贯之”。

所以常道是正确的三观，反常就是毁三观。

在生活中，什么是正常，什么是反常呢？注重仪容仪表就是正常（但是有的人过分追求仪容仪表，过分追求奢侈品，也是反常），“披发左衽”就是反常，还有乱穿衣服就是反常。什么叫乱穿衣服呢？不按规矩穿、不分场合穿就是反常。譬如一次，有位著名大学的女老师，穿着长腿丝袜和超短裙就站到了大学的讲台上准备发表讲话，结果引起很大的反响，新闻报道说被轰下台来了。

今天还有很多女孩，以暴露为荣为美，各种裸露。女孩子爱美，固然不错，但是要展现优雅与高贵，不能错把不雅当美观，将低俗当高贵。要让男孩子见到你都生起尊重之心，而不要让人心生冲动，想入非非。于人于己，这都不是好事。

《论语》中，孔子说：“群居终日，言不及义，好行小慧，难矣哉！”什么意思呢？就是说和很多人凑在一起待了一天，什么都没做，说话漫无边际，不着调，不上道，又好卖弄小聪明，这样的人，真是让人无奈啊。这种人，饱食终日，无所事事，言不及义，又喜欢将一些道听途说来的“八卦”段子四处宣扬，卖弄小聪小慧，这就是“反常”。

孔子在《论语》中又说“务民之义，敬鬼神而远之，可谓知矣”“敬鬼神而远之”就是“知常”，也是正常。喜欢装神弄鬼，或者宣扬迷信，就是反常。

“唯仁者能好人，能恶人”“君子义以为质，礼以行之，孙以出之，信以成之”“君子有九思，视思明、听思聪、色思温、貌思恭、言思忠、事思敬、疑思问、忿思难、见得思义”“八佾舞于庭，是可忍也，孰不可忍也”“君子思不出其位”“贤贤易色；事父母，能竭其力；事君，能致其身。与朋友交，言而有信”“攻乎异端，斯害也已”（批判假丑恶及异端邪说，为社会除害）“君子周急不继富”等就是“知常”。

“居上不宽，为礼不敬，临丧不哀”“里仁为美，择不处仁”“士志于道而耻恶衣恶食者”就是反常。

“君子泰而不骄，小人骄而不泰”“君子周而不比，小人比而不周”“君子和而不同，小人同而不和”“君子中庸，小人反中庸”“君子成人之美，不成人之恶。小人反是”等等，在这里，君子就是“知常”，小人就是反常。

《论语》中记载，孔子晚年回到鲁国，去看望他的发小原壤，原壤坐在地上叉开双腿见孔子。孔子见他坐没有坐相，站没有站相，就讲了一句：“幼而不孙弟，长而无述焉。老而不死是为贼。”这句话就是说原壤这个发小，小时候就不懂礼貌，不知道谦逊，长大了也没什么能为人所称道的事情，从小到大对社会都没什么贡献，老了还不死，就像社会的蛀虫。孔子讲这话，放到我们今天，也很形象，很多人都是“莫名其妙生，稀里糊涂活，无可奈何死”。这一生就这样浑浑噩噩过去了。为什么来到这个世界，来到这个世界要做点什么，或者完成什么心愿？他都不知道。混到晚年，百病丛生，到医院里拼命挽留自己的生命，也终究是徒劳。很多人，从小就被父母宠，三十岁了还在家里打电脑游戏啃老，有的甚至啃老到老。家庭的责任，社会的义务，一律谈不上。原壤就是这类人的原型。孔子骂得重，是为了让更多人吸取教训，原壤就是一个典型的反面教材。这就是反常的人生，这种人现在有个称呼，叫作“巨婴”。

《论语》中孔子说“古之学者为己，今之学者为人”，做学问，为己是正常，为人则是反常。知识的渊博，不是为了征服别人，而是为了认识自己的渺小；财富的丰厚，不是为了炫耀奢华，而是增加扬善的担当；地位的显赫，不是为了高高在上、孤芳自赏，而是为了率众前行；力量的强大，不是为了欺凌弱小，而是为了守护正道。一个人有能力，是为了承担更多的责任、行使更大的使命。也唯有拥有这种精神，才会获得更多的学识、更高的地位、更大的力量、更强的能力。

常道讲常识，不反常识；讲逻辑，不反逻辑。《大学》里说：“物有本末，事有终始。知所先后，则近道矣。”“知所先后”，就是逻辑。所以常道就是本末主次，有条理、有次序。懂得了常道，也就懂得了如何通过讲次序而构建社会秩序。

关于反常，在春秋时代有这么一个故事，发生在齐桓公的身上。这个故事记载于《韩非子》中。齐桓公就是春秋五霸之首，他在贤相管仲的辅佐下，“九合诸侯，一匡天下”，最终却毁在三个人手上。这三个人是谁呢？就是竖刁、易牙和开方。

竖刁，为了能够时时不离桓公左右，而又不让桓公猜忌其与后宫有染，于是自行阉割。易牙，齐桓公的厨子。一次，桓公戏言遍尝美味，只是不知道人肉什么味道。易牙就把自己年幼的孩子烹调成美食，送给桓公。开方，本是卫国的长公子，放弃卫国储君不做，而到齐国侍奉齐桓公 15 年，即使是亲爹病故，他也不回家看一眼。

这三个人，给人的感觉就是忠心耿耿。然而，细思极恐。为什么呢？因为反常。怎么反常呢？管子在去世前就告诫齐桓公，这三人绝对不能重用。

管子说，人爱自己的身体胜过爱别人的身体，这是人之常情，但竖刁不惜阉割自己来讨好国君，这是违反常情常理的；易牙为了满足国君的一句戏言，不惜烹了自己的儿子，没有人性，这也是违反常理的；开方舍弃了做千乘之国长公子的机会，屈奉于您 15 年，父亲去世都不回去奔丧，他是无情无义的人。请国君务必疏远这三个人。宠信他们，国家必乱。

齐桓公听从管仲的建议，将三人驱逐。但三年后，他又把三人重新召回到身边。他的说法是，这三个人不在身边，连吃饭都没滋味了。仅过了一年，桓公生病，竖刁、易牙和开方就不给齐桓公饭菜吃，任其困厄哀呼。桓公死时，以衣袖蒙脸，表示死后无脸面对管仲。而竖刁、易牙、开方赶走了太子，齐国大乱。直到两个多月后，寝宫里的蛆虫爬得到处都是，尸臭熏天，齐桓公才得到下葬。一代豪杰霸主，含恨九泉。经过这场内乱，齐国的霸业不复存在。

这就是反常的教训——反常之处，暗藏祸心。

反常就是反逻辑、反科学、反自然。刻舟求剑、缘木求鱼、掩耳盗铃、南辕北辙、拔苗助长、侥幸心理等都属于反常行为。反常表现出来就属于痴心妄想、颠倒梦想。反常的行为必有问题，从反常处着手则可发现症结所在。所谓大忠或藏大奸，要能够用智慧来辨别。正如老子所说“信言不美，美言不信”，“天下皆知美之为美，斯恶也；皆知善之为善，斯不善也”。王莽篡汉也正是一个典型。

道统、传统、体统，一统天下

常道源于生活，又高于生活。辩证唯物主义源于现实，又能指导现实。常就是生活，道就是高于生活。依此道理，常道的含义就包括，吃饭是为了活着，但活着并不只是为了吃饭。西方重物质重资本，可以简单地理解就是“吃饭”（也包括一般意义上的娱乐），吃饭固然很重要，但还有比吃饭更重要的。把这个更重要的搞明白了，如何吃饭、如何吃好饭，就是非常简单的问题。因为当你掌握了智慧，厚重了德行，自然就能创造并驾驭物质。《论语》中记载：“子贡问政。子曰：‘足食，足兵，民信之矣。’子贡曰：‘必不得已而去，于斯三者何先？’曰：‘去兵。’子贡曰：‘必不得已而去，于斯二者何先？’曰：‘去食。自古皆有死，民无信不立。’”这段话是什么意思呢？就是说子贡去问孔子政治方面的问题，孔子就说，有三样东西很重要，一是搞好生活和经济建设，二是搞好国防和军事建设，三是搞好文化，加强诚心、信仰和信念的树立。子贡说，如果不得已要在这三者中去掉一样呢？孔子说那就去掉兵，不搞军事了；子贡又说，如果不得已又要把剩下的两者去掉一个呢？孔子就说去掉生活这一项吧，自古以来谁都有死，没有精神地活着还不如死了。我们要注意，在这里孔子不是主张只搞文化建设而不搞其他的建设，他只是强调文化的重要。因为真正的政治，是不可能绝对不搞经济，不搞国防的，一般的统治者都会过分注重军事和经济方面的发展而往往忽略了文化建设的意义。所以，孔子结合现实的情况，为了突出文化的重要，才故意这样说。这就是我们读书需要特别注意的地方，而不能对其产生误解。

明白了这个道理，也就明白了资本主义与共产主义的区别就在于此。一个是“吃饭是为了活着”，一个是“活着并不只是为了吃饭”，那还是为了什么呢？是为了要让全人类精神和物质都获得高度的自由，是为了“为万世开太平”、实现共产主义与大同世界。这是共产主义的追求，更是中华优秀传统文化的追求。

很多人受西方反华势力蛊惑，认为共产主义社会不可能实现，是乌托邦，其实当你了解中华优秀传统文化思想以后，你就会明白，共产主义社会也好，大同世界也好，都是能够实现的，但是实现的这个过程是很艰辛，也很漫长的，是有一个过程的。

我在前面给大家讲“知命”时已经介绍过，共产主义社会是社会主义社会的高级阶段，在这个阶段实现了精神与物质的高度自由和高度文明。一个人精神高度自由之后，随之而起的就是智慧的高度发达。一个精神高度自由的人，其欲望是极低的。这符合老子所讲的“知足者富”的理念。因为精神高度自由了，内心无比充实，对事物的渴求和需求变得理性，也就是减损掉欲望了。历史上无数圣贤之人，真正做到粗茶淡饭、安步当车，却比任何一个常人都幸福，就是这个道理。而只有当一个人精神空虚时，才会滋生欲望，希望通过对财富、地位的攫取来充实自己。当一个人精神高度自由与文明，同样就能创造物质的高度自由与文明。道器是统一的。有多高明的“道”就能创造多高明的“器”。高明的“道”就是高度自由的精神，高明的“器”就是高度发达的物质。所以共产主义社会的物质是高度文明、高度发达的。又因为共产主义社会具有高度发达的物质，使人类没有了生存和生活的恐惧，人类的生命安全得到了保障，进而社会反过来升华人类的精神。所以共产主义社会的人，精神高度自由，就是指他们高度理性、高度智慧与高度幸福。一个高度理性的人，是讲秩序、讲礼仪、讲文明的；一个高度智慧的人，是能创造高度物质，并能驾驭高度物质的；一个高度幸福的人，其需求是极低的。这就构成了一个生产力极为发达，而人们的需求又极低的社会。这个社会因为精神和物质都高度发达，所以人们高度理性、高度智慧、高度幸福，于是不再有政府。共产主义社会是没有政府的。这在中华文化最高经典《易经》中有一个形容，同时这个形容也是《易经》所描绘的人类最美好的生活图卷，《易经》只用了四个字来形容——群龙无首。“群龙无首”来自乾卦。乾坤二卦是《易经》的门户，所谓“乾坤生六子”，从而演绎出八卦与八八六十四卦。而乾卦又是《易经》中最重要的一个卦，“大哉乾元，万物资始，乃统天。首出庶物，万国咸宁”。乾卦中最高的境界就是“群龙无首”。什么叫群龙无首呢？从文化的角度来理解，就是进入了中华文化所形容的最高明的境界，儒家叫天人合一，道家叫自然无为。从社会的角度来理解，就是每个人都是一条龙，而不需要首领，也就是没有了政府，没有了领导，大家多元和谐，这也是《易经》描述的“保合太和乃利贞”的境界。所以和谐社会，懂了《易经》，你就明白“和谐”这个词语源于《易经》，《易经》就是为构建和谐社会服务的。但是这个“和谐”有三重境界，有保和，有中和，有太和，这就是今天故宫里的三座大殿的名称。按我的思考，保和，就是资本主义社会，有丰富的物质和资本作为保障，是太和的基础；中和，就是社会主义社会；太和，就是共产主义社会。这三和与三种社会形态的关系，留给大家去思考。

共产主义社会不是乌托邦，而是有必定实现的必然逻辑。如果你还是觉得复杂，那么我简单归结成一句话你就懂了。即：如果社会上像范仲淹这样的人越来越多，甚至满大街都是，那么共产主义社会就快实现了。为什么呢？因为范仲淹就是精神上高度文明，物质上又具有高度创造力的人。这种人就是中华文化所标榜的圣贤。所以共产主义社会不是乌托邦，共产主义社会的实现有赖于人。一部分先懂得这个道理的人联合起来做带头示范作用，带动越来越多的人共同实现共产主义社会。这些人就是儒家讲的君子和圣贤，马克思讲的共产党人和伟大的无产阶级革命家。

我在前面讲“知命”时讲过，马克思主义基本原理中有一条是：“世界是物质的，物质是运动变化的，运动变化是有规律的，规律是可以掌握并利用的。”这在马克思主义哲学中讲起来是一句话，但是《易经》就是三个词语六个字：“不易、变易、简易。”“变易”就是一切的事物都在变化；“不易”就是规律，透过事物的运动变化而发现背后的根本规律；“简易”就是当你掌握了这个根本规律后，看一切事物就简单了，并能运用这个规律去创造、驾驭一切事物。

马克思主义强调物质第一性，这与中华优秀传统文化保持高度一致。《易经》就是透过六十四卦所揭示的一切现象世界、形质世界去发现真相实相，也就是透过现象抓住本质，这个本质就是根本规律（基本原理）。儒家在《大学》里有所谓“八条目”：“格物致知，诚意正心，修身齐家，治国平天下。”平天下就是世界大同，也可以说就是中华民族对“共产主义社会”的追求。要实现共产主义社会或大同世界，第一条就是“格物”，强调物质的第一性，透过物质的现象变化，来掌握其背后的根本规律，所以掌握这个规律，明白这个道理了，就叫“致知”。这与马克思主义哲学是否高度一致？

我们知道，中华文化主张道器不二，道在器中，器在道中。“道在器中”是说事物中蕴含着“道”的内涵；“器在道中”是说物质的发展变化符合“道”（规律）。所以主张以道制器，器以载道。

但是在中国历史发展的某个阶段上，将“形而上者谓之道，形而下者谓之器”错误地理解为道高于器，于是开始过分强调心性的作用，而忽略了对实物的创造，甚至将很多实物的创造视为“奇技淫巧”。其实，“形而上者谓之道”说的是看不到摸不着但又客观存在的规律，以及精神和智慧；“形而下者谓之器”说的是运用这个规律、精神和智慧就能创造出形质之器。所以明确提出了“以道制器”的理念。但是很多古人却都只注重“论道”，而不注重“制器”，出现了“闲来无事论心性，临危一死报君王”的情况。由于过去过度强调精神层面，结果导致了只侧重于精神而忽略了物质的情况出现。精神与物质，在中华文化中本来是并重的，所以马克思主义到来，帮助我们反思反省，告诫我们不仅要注重精神层面，更要注重物质层面。用物质来检验一切，也就是说用器来检验你的道，不能创造器的道，就绝不是道，而是骗术。所以唯物主义是极科学的理念，是一切骗术、不切实际的空想和牛鬼蛇神的克星。所以马克思主义，本身也符合中华文化思想，它帮助我们更好地、更完整地、更透彻地认识我们自己的传统文化。

过去的几千年来，我们一直走在实现世界大同的道路上。从某种层面而言，也是一直走在实现共产主义社会的道路上。但是历史已经证明了，要实现世界大同，光有思想理念是不够的，还要在制度上完善。中华民族过往的历史上，往往是一批有着圣贤追求的无产阶级起来推翻了剥削阶级，但是由于家天下的制度，子孙们生来就是做帝王的，从出生开始就是锦衣玉食，不知民间疾苦，而逐渐失去了圣贤的追求与发心，拼命享乐，于是从最初的无产阶级（圣贤）演变成了资产阶级（违背圣贤）。但是家天下皇权至上的制度，你要么敢怒不敢言或者逆来顺受，要么就再联合起来推翻它。一旦再起义推翻旧政府的时候，历史的循环就开始了。

中国共产党的缔造者们看透了这个历史，要打破它，跳出这种循环和周期，于是建立了民主共和制，废除了家天下的制度。废除家天下的制度，是为了保证“不忘初心”。唯有不变初心，才能牢记使命、继续前进。尧舜禹三代之间代代相传一句话，《论语》中孔子也如此转述：“尧曰：‘咨！尔舜！天之历数在尔躬，允执其中。四海困穷，天禄永终。’舜亦以命禹。”什么意思呢？尧传位给舜时就说：“舜啊，天命已经落到你的身上了，你要坚守中道、正道和大道（允执其中）。如果你把天下四海搞得民不聊生、困顿贫穷了，那么上天给你的禄位也就永远的终止了。”后来舜又把这句话传给了禹。这句话，换到今天，用毛主席和习近平总书记的话说就是“为人民服务”和“为中国人民谋幸福，为中华民族谋复兴”，这就是中国共产党人的初心和使命。

所以我常说，越懂中华文化，就会越懂共产主义和马克思主义。两者是融通融和的。中华文化是大道，但是把这个大道落地下来，融入生活之中，就成了常道。大家在生活中感悟中华文化，用中华文化来指导生活，所以中华文化成了中国人生命中的一部分，它与中国人血脉相连，深入骨髓，深入精神，二者息息相关。古代的官方与人民容易相互理解，就是因为有一个共同的中华文化价值观。那么对于今天，在中国共产党的领导下，一方面要着重宣传共产主义和马克思主义思想，另一方面我们也要让这种宣传更接地气，更容易被理解，更容易为人民所广泛接受，就是要着眼于马克思主义的中国化。怎样中国化？十八大后习近平总书记倡导传承发展中华优秀传统文化就为我们指明了方向。

习近平总书记说："中国共产党人是马克思主义者，坚持马克思主义的科学学说，坚持和发展中国特色社会主义，但中国共产党人不是历史虚无主义者，也不是文化虚无主义者。马克思主义基本原理必须同中国具体实际紧密结合起来，应该科学对待民族传统文化，科学对待世界各国文化，用人类创造的一切优秀思想文化武装自己。"

习主席将中华优秀传统文化视作解决人类共同难题的思想库。他举出了可以古为今用的15种优秀古代思想：

（1）道法自然、天人合一；

（2）天下为公、大同世界；

（3）自强不息、厚德载物；

（4）以民为本、安民富民乐民；

（5）为政以德、政者正也；

（6）苟日新日日新又日新、革故鼎新、与时俱进；

（7）脚踏实地、实事求是；

（8）经世致用、知行合一、躬行实践；

（9）集思广益、博施众利、群策群力；

（10）仁者爱人、以德立人；

（11）以诚待人、讲信修睦；

（12）清廉从政、勤勉奉公；

（13）俭约自守、力戒奢华；

（14）中和、泰和、求同存异、和而不同、和谐相处；

（15）安不忘危、存不忘亡、治不忘乱、居安思危。

"常道"是唯物主义，是一切从实际出发，所以儒家文化本身是唯物主义的，其思想本身是切中现实的，而且具有前瞻性，是能够经世致用的。习近平总书记在阐述中华核心思想文化的三大特点时说："一是儒家思想和中国历史上存在的其他学说既对立又统一，既相互竞争又相互借鉴。虽然儒家思想长期居于主导地位，但始终和其他思想学说处于和而不同的局面之中；二是儒家思想和中国历史上存在的其他学说都是与时迁移、应物变化的，都是顺应中国社会发展和时代前进的要求而不断发展更新的，因而具有长久的生命力；三是儒家思想和中国历史上存在的其他学说都坚持经世致用原则，注重发挥文以化人的教化功能，把对个人、社会的教化同对国家的治理结合起来。”

习近平总书记所概括的这第三个特征非常关键，说明了中华儒家文化的功能就是大道、正道与常道三位一体，道统、传统和体统熔为一炉。

过去一段时间以来，社会上有很多比较反常的现象。各行各业各领域都是一切向钱看，这导致很多人忘失了初心，丧失了操守，唯利是图。医生唯利是图，就不再救死扶伤，而可能敢于谋财害命；科学家唯利是图，就不再专注于科技发展，有可能卖国求荣；学者唯利是图，就会迎合钻营，不做真学问；官员唯利是图，就不再执政为民，而可能贪污腐化；整个社会唯利是图，就会麻木不仁，急功近利，不顾后果。在“金钱至上”的利益驱动下，大家误以为“有钱就是王道”，所有人都想做商人，甚至很多主导社会正向发展的领导干部在遭受一点挫折或委屈后也想“下海”发展。很多保持高尚情操能为国家做出超越金钱贡献的人不受尊重，而很多人不学无术，在炒作包装之后却能大受追捧、大发横财，君子道消、小人道长，使得贤人隐而乱象生。

社会一旦演变成一个“笑贫不笑娼”的社会，就是一个反常的、伦理颠倒的社会。所以孔子说成大事不图小利（《论语·子路》“子曰，欲速则不达，见小利则大事不成”）。国家要追求大局，不谋大局者不足以谋一域，不谋万世者不足以谋一时。所以，习近平总书记说，大时代需要大格局、大智慧和大担当。而大格局、大智慧、大担当，其实就是中华优秀传统文化所培养的大丈夫所具备的能力。过去我们逐利，不顾后果，用绿水青山换取金山银山，破坏了生态环境，也就破坏了我们赖以生存的土壤与命脉，所以习近平总书记从根本上为我们指明本末的关系：“保住绿水青山，才有金山银山。”保住国家的正气，才有社会的生机。

而有正向追求的人，也就是国家正气的化身，国家对此格外珍惜，这也正是对常道、对正道的重视。《论语》说“举直错诸枉，则枉亦直”，弘扬正气，才会使人民有信仰、民族有希望、国家有力量。

习近平总书记号召全国人民立足中华优秀传统文化，培育和践行社会主义核心价值观就是在新时代培育新常态，让中华文化回归，就是开辟中华民族未来。

《论语》说："周有大赉，善人是富。"这就是说周朝搞分封搞制度，就要让善良的人、贤德的人都富起来。这才是一个光明的社会。

传承发展中华优秀传统文化，什么是优秀？

对于中华优秀传统文化中"优秀"二字，我有三个层面的理解。

第一，传统文化中包含了优秀的与糟粕的，我们要去粗取精，传承、弘扬优秀的一面。

第二，优秀是对传统文化的一个形容，意思是说中华传统文化是优秀的，譬如优秀的张三，中华优秀传统文化就是形容中华文化很优秀。

第三，体现出传统文化的优秀性。其实，常道就是体现优秀、积极的一面。要能够体现出传统文化的优秀性，要正本清源，化腐朽为神奇、化拙劣为优秀。

孔子说"人能弘道，非道弘人"就是彰显"优秀"的含义。不能将中华文化庸俗化、神秘化、妖魔化、狭隘化，这些都是体现中华文化的优秀性。

譬如，对"男尊女卑"的理解，很多人就将其理解为古代社会女性社会地位低下，这样理解，当然会认为中华文化是糟粕。其实，从始至终中华文化就没有歧视过女性，"男尊女卑"的说法是源于《易经》天尊地卑的理念。天地是同等重要、同样重大的，天地有各自的分工，在家庭中，夫妻双方也像天地一样，有各自的分工。丈夫像天一样把家撑起来，遮风挡雨；妻子像地一样承载起家庭、家族的责任，这样才能让家庭天长地久、幸福和睦。

又如，对"龙的传人"的理解，很多人认为龙是现实世界中并不存在的动物，是中国祖先臆想的一种动物。中国人自称龙的传人，就是骗子的传人。我在前面讲"知易"时给大家讲过了，龙是代表一种精神、一种和谐的精神。龙看不到摸不着，人的精神和智慧也看不到摸不着，难道你就认为精神和智慧并不存在吗？

再如，"三从四德"的"三从"，所谓"未嫁从父，已嫁从夫，夫死从子”。很多人将其理解为服从和服侍，中国古代的女性从生下来到老死都没有社会地位，出嫁以前要服从服侍父亲，嫁人了要服从服侍丈夫，丈夫死了要服从服侍儿子。这样去理解简直就是对中华文化的污蔑。“三从”真正的含义是什么呢？女儿生下来，父亲要为女儿负责，同时也要为未来的女婿家负责，不让女儿去社会上接触，被很多男孩子追求、污染，所以就在家里教学，到了出嫁的年龄，就完好地出阁了。这样的女孩，到了丈夫家，才会得到幸福。贞操是自重自爱的象征。一个自重自爱的女性，才会真正获得幸福。因为任何一个男性都希望自己的妻子是一个自重自爱的人。这个“从”指的是主从关系，就是有主有从，指的是分工。就好比企业里面，老板为主，员工为从。从就是辅佐、帮助的意思。你去帮助老板执行他的理想和理念，这样齐心协力，就能成功。你听从了老板的想法，这个想法才能贯彻。如果你不听，企业就没法搞了。你为老板负责，老板反过来也要肩负起对你的责任，给你工资、奖金、福利以养家等等。所以这个从，不是单方面的，本身就包含了双面性。未嫁从父，就是父亲要肩负起保护、照顾女儿的责任；已嫁从夫，就是丈夫要肩负起保护、照顾妻子的责任；夫死从子，就是儿子要赡养母亲，肩负起保护、照顾母亲的责任。这个道理，天经地义，偏偏被别有用心的人用来污蔑中华文化，居心叵测，不问可知。

所以，要把中华传统文化优秀的一面还原回来。中华文化本身就是优秀的，但是在传承过程中，被人蓄意扭曲了、歪曲了，我们有责任将之还原回来，去除掉它的神秘性，彰显它的优秀性、神圣性。

弘扬中华优秀传统文化，还要懂得运用“常道”的精神，要能够把中华文化讲清楚，还要用喜闻乐见的方式来表达。习近平总书记提到了“四个讲清楚”：

讲清楚每个国家和民族的历史传统、文化积淀、基本国情不同，其发展道路必然有着自己的特色；

讲清楚中华文化积淀着中华民族最深沉的精神追求，是中华民族生生不息、发展壮大的丰厚滋养；

讲清楚中华优秀传统文化是中华民族的突出优势，是我们最深厚的文化软实力；

讲清楚中国特色社会主义植根于中华文化沃土、反映中国人民意愿、适应中国和时代发展进步要求，有着深厚历史渊源和广泛现实基础。

所以要让常道成为常态，不能将反常作为常态，更不能让坐视反常成为常态。只要弘扬常道，就自然涤除了反常。当你具备了这种常道的价值观，就自然具备了辨别是非的能力。看到反常的现象，你就不会受其干扰。这就是弘扬中华优秀传统文化对于当下的意义。

有人喜欢在网上骂政府，譬如这样一段话："我们看什么电影你要管，看什么电视你要管，看什么书你要管，上什么网你要管，说什么话你也要管。但是，我们吃什么你不管，住哪里你不管，孩子上不了学你不管，生病了你不管。总之，该管的你不管，不该管的你全管！"

当你具备了"常道"的价值观后，你就会发现，这个论述真是似是而非，其实它恰好说明了政府的义务与责任，是要将人民引导向正确而光明的道路上。所以什么电影能看，什么电影不能看，当然有必要管，这是政府的责任和义务。《论语》中孔子说："不教民而战是弃民。"这句话就是说你不教人民，就让他去为生活而战斗，那是在抛弃人民，让他们去送死。引申出来，意思就是你让人民没有正确的价值观、人生观、世界观，就让他们到社会上去工作，就是在抛弃他们，害他们。要知道每个人都不是生而知之的，都要学习，都要引导。你把他引导向好的方向，他就变好，引导向坏的方向，他就变坏。中华优秀传统文化就是教人变好，"君子有所为，有所不为"。那些娱乐至死的东西，那些不堪入目的电影，看多了人的思想就会萎靡，人就会堕落。如果放任不管，就是政府抛弃人民的行为，那才是不负责的政府。所以中国共产党的领导，从这个角度而言，是无微不至的，是真心为民的。尤其是在十八大以来，以习近平同志为核心的党中央全方位取得的成绩，更是让人民备受欢欣和鼓舞。

然而，每个国家也都有每个国家这样或那样的难处，也都在向前发展之中，都不是尽善尽美的。如果尽善尽美，那就已经是共产主义社会了。所以，既然在发展之中，就要看到希望，多一份鼓舞，少一分埋怨。"一言可以兴邦，一言可以丧邦”，人的情绪是可以感染的。你带头埋怨，就会让更多冲动的人一起起哄，一起埋怨，形成一种“人怨沸腾”的假象，反而给国家的发展带来不必要的麻烦和障碍。当然，除非这个国家已经病入膏肓，让人民失去了信心和希望，你可以出来呐喊。除此之外，在具有“常道”精神的人看来，那都是一种哗众取宠或者唯恐天下不乱的叫嚣。广大有识之士和人民应该对这种恶意唱衰中国、辱骂国家和政府的行为坚决打击。让这种东西“无缝可钻”“无孔可入”。所以，要培养这种有识之士，就有赖于大力弘扬中华优秀传统文化。

还有就是“伪君子”的问题，需要辩证来看待，不能一概而论，也不能等闲视之。这当中有常道的倡导者和践行者的区分。

只倡导而不践行，甚至常常违反其所倡导的价值取向，那么就必然是“伪君子”。由于人性是有恶习的，没有谁能在未经任何改造下就能成为圣贤，所以偶有违反，也不能就定性为“伪君子”，否则将不再有人敢倡导，因为谁倡导，谁就最容易成为“伪君子”。所以对于“伪君子”的帽子要慎用，要辩证地看。

自由是以正道为基础的，是大家的境界都普遍高超了以后才能达到的状态。所谓言论自由更是必须以弘扬正气为前提，以自爱爱国、维护国家形象、主权统一为前提。家丑不可外扬，国家固然存在一些问题，但更不宜肆意宣扬甚至将其渲染夸大。不要以爱国之名骂国，任何一个国家都没有达到尽善尽美的程度。所以言论自由不是口无遮拦，不是低俗泛滥、宣扬迷信、蛊惑人心，那不是言论自由，是祸国殃民！

要将常道变成常态，首先要注重氛围环境的营造，也就是古人常说的“风气”。社会风气一旦形成，人们就会自觉要求和自觉遵守。谁若有反常行为和不雅行为，也许不会触犯法律，但可能却会触犯众怒。在这种众怒难犯的社会环境中，互相都是监督者，这就让社会进入自我净化的状态里。这种状态，就是在培养常道的常态。这就是政治上的“自然无为”的状态。常道就是要将此种正确的价值观深入人心，其一旦深入人心，人们就会形成自觉并养成习惯。然而，风气和习惯是慢慢养成的，不能一蹴而就。所以，这也是一项长期而艰巨的伟大事业。

我是一个无党派人士，并不是为中国共产党唱赞歌，而是当我了解了历史和现实，感受到了十八大以来在以习近平同志为核心的中国共产党的领导下，它给中国所带来的一种前所未有的新风气和新气象，我情不自禁对中国共产党发出一种由衷赞叹与衷心祝愿。这种由衷赞叹和衷心祝愿还源于中华优秀传统文化所给予我的正义与良知。

就像前面所说的，越懂中华优秀传统文化的伟大，就越懂得共产主义和马克思主义的伟大，就越懂得中国共产党领导中国的重要和必要。

所以，我认为，要将传承发展中华优秀传统文化，成为在习近平领导下的中国特色社会主义新时代的新风尚。

《论语》中孔子说："恶紫之夺朱也，恶郑声之乱雅乐也，恶利口之覆邦家者。"

学习中华优秀传统文化，就必定反感那些哗众取宠、标新立异的人（恶紫之夺朱也）；必定反感那些三观不正、有辱斯文、践踏中国道德与良知的人（恶郑声之乱雅乐也）；必定反感那些在网络上以爱国之名骂国、唱衰中国、诽谤英雄、污蔑中华优秀传统文化的人（恶利口之覆邦家者）。

常道是正知正见与良知。儒家文化就是树立人的正知正见，给人以大仁、大义、大勇。让人在穷困时有乐天的气概，不以物喜，不以己悲，胸怀天下，放眼千秋。即便不能中道而行，也有狂狷之气。狂者进取，狷者有傲骨，对奴颜婢膝、扭曲人格之事不屑为之；儒家在显贵时不膨胀、不骄狂，中正自守，永远怀着己达达人的情怀，让人有浩然之气、中正之气。有人问我为何如此推重儒家，因为儒家是大道，是正道，是常道！你越了解，就越钦佩！高山仰止，景行行止，自然就会推崇。谁不尊重儒家，就是反常。要么别有用心，要么就是被人利用。儒家之道德，非仅为伦理，非徒为智慧，既包含之，又超越之。儒道至大，至精，大人见则为大人儒，小人见则为小人儒，鸡犬辈见则成犬儒。所以你认为儒家有问题，那我告诉你，问题不在儒家，就在你本身。还是那句话，"人能弘道，非道弘人"。

《论语》又载："子谓伯鱼曰：女为《周南》《召南》矣乎？人而不为《周

南》《召南》，其犹正墙面而立也与？”

《周南》和《召南》是《诗经》里的篇目，都属于《国风》，反映的是周公、召公治理下的时代风貌与风土人情，也是人民歌唱周天子的美德，歌唱周朝和谐社会的诗篇。孔子认为这种诗篇可以起到教化的作用，可以鼓舞人心。所以叫自己的儿子（孔鲤，字伯鱼）一定要学这两篇文章。如果不学，就好比人生的道路上无形中竖着一道墙，让你寸步难行。引申出来，就是如果不学习中华优秀传统文化，那么就难以建立正确的世界观、人生观、价值观，在人生的道路上，就会遭遇重重阻碍和磨难。

2018 年 3 月 8 日，全国“两会”期间，习近平总书记在参加山东省代表团讨论并回应一位教师的发言时表示：“我们的学校，特别是中小学校，要多讲传统文化，不能最后教出一批数典忘祖的人，这方面的教育工作要继续加强。”而“两会”期间，也有很多政协委员、人大代表，热议中华文化，但主要还是从传承发展中华优秀传统文化的重要性这个方面来谈。对于如何落地，如何更好地传承发展中华优秀传统文化，这是一个现实问题，值得我们去用心思考。

近年来，也有很多有识之士给中国的教育改革出谋划策。有人提出来国学连个专业都不是，毕业的时候连国学的文凭都没有，还是拿的中国历史或者中国古代哲学的文凭。没有国学的专业文凭，就不会真正被重视，因为不能当饭吃。有了国学专业的文凭，大家要找工作，就可以把学国学当饭吃了。这个建议当然不错，但是学国学也一定不是为了有个职业，使其成为一个行当，而应该是运用国学的思想和智慧来指导自己的人生成长，让国学的内涵与人格的塑造、自己的精神融为一体。如果把它当成一种专业，那还是在“今之学者为人”的层面。

还有的人主张搞实验班，关起门来专门学传统文化，纯粹就主张读经。

我不赞同这种行为。因为纯粹读经，极容易脱离时代，最后读成书呆子。而中华文化的思想，本身是主张与时偕行的。要符合“常道”的精神，结合实际，结合现实，而不是孤立地学，否则最后学了不能致用，不能变通。所以对于中华文化，我们是要复兴，而不是复古。

我有自己的想法，当然不一定成熟。

今天中国的学校教育，都是向西方学来的。学习西方好的东西当然很好，但是要注意不能生搬硬套。中华文化的特征是“和”，但是西方“分科而学”的方式进来以后，立马把中华文化肢解了，使其四分五裂，我形容为“五马分尸”，一点不过分。中华文化什么都是合在一起的，注重整体性和系统性。一旦拆分开，就往往“断章取义”了，就容易让人误解，这样片面去看中华优秀传统文化，不是迷信和糟粕才怪。

中华文化中，文史哲不分，一部《史记》，虽然是史书，记录了史事，但其中既包含了大道思想，有哲学的内涵，又有优美的文学性，被誉为“无韵之《离骚》”。《论语》同样如此，里面有史料，也有哲学思想，更有优美的文学价值。

中华文化的根本在于其思想精神，从这个思想精神发展出智慧，又通过这个智慧来创造物质、驾驭物质。但是西方反华势力一上来就全盘否掉了你的思想精神，这样中华文化就成了附庸风雅，成了无根之草、无本之木，就成了一些喜好舞文弄墨无聊文人的诗词歌赋、琴棋书画。当然不是说诗词歌赋、琴棋书画不好，而是中华文化最根本最核心的东西被抽筋扒皮一般抽离了，一旦抽掉这个根本的内涵，诗词歌赋都是华丽的辞藻堆砌，而缺乏精神；琴棋书画也都流于形式而无内容，美其名曰“锦绣文章”。但是中华文化真正的核心，在于“道德文章”。

几十年来的教育，教科书上从来没有系统阐述过中华文化的思想。

教科书上但凡出现的，儒家有一点，我印象中只有《论语》，且都是选段，主要是让学生感受其文学性；唐宋元明的诗词和一些写景、抒情的散文，这些东西不是直接体现中华文化根本思想的内容，体现中华文化根本思想的内容当然也有，但不是最主要、最重要的。比如《岳阳楼记》，千古名篇，很好。但是跟《道德经》相比，没有可比性。然而《道德经》这样蕴藏着中华民族博大精深智慧的经典，教科书上好像全然没有。所以我当年学老子，学《易经》，只能被批判，被批判了，你还无处喊冤。

我的想法是什么呢？

九年义务教育加三年高中教育，语文全部换成儒释道经典，比如，12年学10本，第一年学《中庸》，第二年学《大学》，第三年第四年学《论语》，第五年第六年学《孟子》；初一学《道德经》，初二学《诗经》，然后学《礼》，高中以后再学《尚书》《金刚经》《易经》。学语文就重点学习经典的文学性，经典学好了就能写古文，说话是白话文，能写古文，一定能写白话文，但是能写白话文未必能写古文。能写古文了，就能看懂古书了，就可以去挖掘古代的思想宝藏。我认为语文教科书里选了那么多现当代作家的文章进去，没有太大意义。但当一个人树立了正确的价值观、人生观、世界观，掌握了思想和智慧，要写好文章那是件很容易的事情。语文教科书里那些白话文就可以作为课外书阅读。现在到处都是白话文书籍，学写白话文是不难的事情。

历史教科书，就换成《二十四史》选读，加上中国通史、世界历史、近现代史。用语文上所学的古代经典的思想来分析历史，这就是经史合参。

思想政治教科书的内容不变，只是加上用传统经典的思想来理解共产主义、马克思主义、社会主义等等。

这样，语文就学习了中华优秀传统文化经典的文学性，历史就进一步加强理解了中华优秀传统文化的历史观，思想政治课程既让大家深刻理解了传统文化的思想，又让大家用中华优秀传统文化来理解了什么是共产主义、社会主义，为什么共产主义好，好在哪里等等。

其他的数理化内容，照学不误。同时还启发大家用中华文化思想去解读数学、物理、化学。这就能做到，从小培养“人能弘道，非道弘人”的精神，读书读活了，格局读大了，境界读高了。

当然，这只是一点点想法，不一定正确，不一定成熟。只是因为中华文化具有“和合性”，不宜分解、分裂、独立，所以我构想出一个既能保存中华优秀传统文化思想的完整性，又不与现实脱节，还能启发智慧、融通中西，又能紧密结合中国政治、中国国情、世界大势以及未来意义的一个简单方案。

习近平总书记说：“大时代需要大格局，大格局需要大智慧。”中华优秀传统文化所培养的人，就是有大情怀、大格局、大智慧、大担当的人，这样的人，被称为大人君子，被孟子称为“大丈夫”。中国特色社会主义新时代，必将大量涌现这一类人才。而复兴中华优秀传统文化，也必将成为中国特色社会主义新时代的伟大事业。

“这是一个需要理论而且一定能够产生理论的时代，这是一个需要思想而且一定能够产生思想的时代。我们不能辜负了这个时代。”

第九讲

中华文化最伟大的智慧核心在于如何知人和做人

——廖彬宇先生讲“论语大义”之“知人”

摘要：中华文化所强调的“天地人”三才之道，就分别代表了本体、现象和作用，同时也代表了“真善美”——天真、地美、人善。在中华文化中，人处于至关重要的地位，明白了人，就明白了事，用好了人，就做好了事。这就是“知人论事”。老子说“知人者智，自知者明”，其实“知人”就是识人，“自知”就是做人。而整个中华文化，其实也就是围绕着如何做人、如何知人而展开。围绕着人，这就是“人本”；人是怎么回事，这就是“论人”和“人论”，以及“人性”；人与自然、人与人、人与物的关系，就是“人伦”，而如何处理好这个关系，就是“人道”，能遵循此道，人就能站立起来，成为一个合格的人，这就是“立人”；这个站起来的人不断成长，就是大人之人、圣贤之人，这就是“人极”。这一切关乎人如何成为完人、大人、圣人的文化，就叫作“人文”。中华文化所培养的人，就是从“美人”（君子）开始，使其逐步升华，最终成为具有天地格局、超越天地格局的人。

前面我们讲“知易”和“知天”时了解了，西方哲学所谓的“真善美”——本体、现象和作用，其实就是中华文化中的“天地人”。天无形无相，看不到摸不着。所谓“看不到”，就是无法具体形容天的形象；所谓“摸不着”，就是没有具体的触感。虽然看不到摸不着，它却真实客观地存在。“天”代表了规律，一切事物都遵循着这个规律发展，若不遵循，人就会生病，甚至出大事，事物也如此。所以又叫“天道”。这个“天道”规律，既真实存在，又如同于“真理”，所以“天”代表了“真”。这个“天道”是根本规律，是基本原理，所以代表了“本体”。

而地呢？大地孕育了五彩斑斓、各种形质、形态各异的事物，给世人呈现出了一幅美丽的自然风光与自然图卷，所以“地”代表了“美”。“美”是呈现出来的“现象”，所以又代表了“现象”。

天地的特征是“天无私覆，地无私载，日月无私照”，所以天地的精神是无私，人由天地所生，自然具备天地的基因，所以人的头圆以象天，脚方以象地，两眼以象日月，毛发以象草木，鼻以象山岳，四肢以象四季……所以人若向天地学习，学习天地无私的精神，那么无私在行为上表现出来就是“大公”，就是“至善”。这个造作的行为，就叫作“作用”。所以“人”就代表了“善”，那么人也就回归于天地格局，具备了天地精神，这就是中华文化所强调的“天人不二”“天人合一”。

中华文化所强调的“天地人”三才之道，就分别代表了本体、现象和作用，同时也代表了“真善美”：天真、地美、人善。

历史是人类自觉活动的产物，所以人的问题，自古以来就是一个极其重要而复杂的问题，也是最早引起中外哲人注目的问题之一。

关于人与自然天地关系，早在春秋时期老子就曾说过：“道大，天大，地大，人亦大。域中有四大，而人居其一焉。人法地，地法天，天法道，道法自然。”老子认为人为宇宙世界四大之一，在宇宙世界中具有重要地位。

《尚书·泰誓上》说：“惟人，万物之灵。”《白虎通义》卷五说：“天地之性人为贵（《孝敬》同）。”《列子·天瑞》又说：“天生万物，唯人为贵。”

战国时期的荀子对人的问题论述更为精辟。他说：“水火有气而无生，草木有生而无知，禽兽有知而无义，人有气有生有知亦且有义，故最为天下贵也。”荀子认为：水火只是物质；草木虽有生命，但无知觉；禽兽有知觉，但无道德观念；而人则不但有物质，有生命，有知觉，更有道德观念，所以在宇宙世界中具有更高贵的地位。荀子还明确提出“明于天人之分”和“制天命而用之”的命题，认为“从天而颂之，孰与制天命而用之”，主张积极发挥人的主观能动作用，去控制、改造、征服自然，使之为人类服务。

汉代董仲舒极言人在世界间的重要地位，他说：“天地人，万物之本也。天生之，地养之，人成之。……人之超然万物之上而最为天下贵也。”他认为没有人，那么万物无以成，所以人超万物之上，最为天下贵。

唐代刘禹锡发挥了上述诸家特别是荀子的思想，提出了“天与人交相胜，还相用”的著名学说，在此基础上分析了“人之能胜天之实”，认为“天无私，故人可务乎胜也”“人能胜乎天者，法也”。(《天论》)

何承天《弘明集·达性论》说：“人非天地不生，天地非人不灵，三方同体，相须而成者也。”周敦颐《太极图说》：“唯人也得其秀而最灵。”王船山《张子正蒙注》说：“物莫不含物而具性，人得其秀而取灵者尔。”方苞《望溪先生文集·原人上》说：“孔子曰，天地之性，人为贵。董子曰，人受命于天，固超然异于群生。”

我在多年前出版的《老子汇通》这本书里，阐述“域中有四大”这一章时，把人分成了“人论”“论人”“人本”“人性”“人伦”“人道”“立人”“人文”“人极”等来说明，充分表达了在中华文化中，人处于至关重要的地位这一思想。明白了人，就明白了事，用好了人，就做好了事。这就是“知人论事”。老子说“知人者智，自知者明”，其实“知人”就是识人，“自知”就是做人。而整个中华文化，其实也就是围绕着如何做人、如何知人而展开的。围绕着人，这就是“人本”；人是怎么回事，这就是“论人”和“人论”，以及“人性”；人与自然、人与人、人与物的关系，就是“人伦”，而如何处理好这个关系，就是“人道”，能遵循此道，人就能站立起来，成为一个合格的人，这就是“立人”；这个站起来的人不断成长，就是大人之人、圣贤之人，这就是“人极”。这一切关乎人如何成为完人、大人、圣人的文化，就叫作“人文”。

所以儒家文化是世界上最具有人文精神的文化。我曾经概括儒家的内涵，对“儒”字做了全新的诠释与定义：儒字的构成，一个“人”，一个“需”，就代表了儒家的三重境界，即文化儒、君子儒、大人儒。

第一，儒家文化好比阳光空气和雨露，须臾不可离，是人类之需。儒家文化为人类揭示了一条正确而光明的道路，只要沿着这条道路走下去，就必定获得成功、取得成就。所以，儒家文化是人类需要的文化。这就是文化儒。

第二，儒家文化需要你做人。合格的人，叫作君子。君子以下，叫作小人，甚至“禽兽”；君子以上，叫作大人，或者“圣贤”。“君子”是一个合格的人的标准。孔子一上来不和你说做神，因为离人太远，一方面容易把大部分人给吓跑，另一方面要做神就要对自己要求极高，男女之事就免谈了，吸风饮露，正常东西也不吃了，一般人做不到，所谓“世人都晓神仙好，唯有金银忘不了”。所以儒家让你做人，把人做好，也谈男女之事，但是合乎礼法；也谈吃的，但是不暴饮暴食，甚至吃得更讲究，更健康，更精致，更养生。所谓“食不厌精，脍不厌细”。这个很好做到，只要把度收敛一点回来，你就成君子了。这个度过分了，你就是小人。所以君子很好做，一旦成为君子，行为就是优雅的，为人就是谦和的，君子尊重人，也受人尊重。这就是君子儒。古人云：天地者，生之始也；礼义者，治之始也；君子者，礼义之始也。为之、贯之、积重之、致好之者，君子之始也。故天地生君子，君子理天地。君子者，天地之参也，万物之总也，民之父母也。无君子则天地不理，礼义无统。上无君师，下无父子，夫是之谓至乱。

第三，一个人一旦在生活上养成了良好的习惯，就是君子。而真正养成了习惯，那么就不再满足于这一点要求，对自己的要求就会自然提高，他就会有更高的追求，接下来就会追求成为圣贤。圣贤就是立“人极”的人，为世人做榜样，能够引领社会正向发展的人。这就是大人儒。

孟子说：“充实之谓美，美而有光辉之谓大，大而化之之谓圣，圣而不可知之之谓神。”他把有修为的人分成了四个境界，即“大美神圣”，美人、大人、圣人、神人。

美人就是有儒雅的君子，凡事有礼节、有法度。我称之为“气质”。

大人在言谈举止之间带着一种无形的气场，这种气场能够感染人，感召人，还能够让人心生敬畏，这就是孟子所谓的“光辉”，我称之为“气度”，包含了气场和气概。

圣人能够影响大多数人，他登高一呼而应者云集，形成一股势能，这就是孟子所谓的“大而化之”，我称之为“气势”。

神人与天地为一，无法形容，无可比拟，孟子所谓“圣而不可知之”，我称之为“气象”。

中华文化所培养的人，就是从“美人”（君子）开始，使其逐步升华，最终成为具有天地格局、超越天地格局的人。

以这个标准来衡量，就可以看出，一个人有没有气质，有没有气度，有没有气势，有没有气象。有怎样的气质，有怎样的气度，有怎样的气势，有怎样的气象，根据不同的气质、气度、气势和气象，而能判别出这个人的胸次、格局、境界与成就，这就是“知人”。

历史上择婿的故事

孔子是喜欢鉴人的，《论语》中就有记载他通过鉴人来选择女婿、侄女婿等情况。《论语》中有这么句话：“子谓公冶长，可妻也，虽在缧绁之中，非其罪也。以其子妻之。”“缧绁”就是捆绑犯人的绳索，代指坐牢。这句话的意思是说，公冶长坐牢了，孔子却把自己的女儿嫁给了他。在古代，“子”统代“子女”，无论男性女性，都可以称为“子”。“以其子妻之”就是说把自己的女儿嫁给公冶长做妻子。孔子为什么把女儿嫁给一个坐过牢的人呢？《论语》中没有明说，但是我们通过“非其罪也”这四个字就知道公冶长坐牢是冤枉的，再通过《论语》其他章节来了解孔子的性格，知道孔子是一个有道德的人。而孔子所处的时代又是一个礼崩乐坏的乱世，在这么一个乱世里，有一个被冤坐牢的人，一定是为民请命或者是其他坚持伸张正义的做法，所以才引来了牢狱之灾。孔子本人也在这样的乱世环境中有过“厄于陈蔡”的厄运的经历。这从反面反证了公冶长的了不起。孔子欣赏这样的人，“为人子者，善继人之志”。女婿也是半个儿子，甚至是托付女儿终身的人，那择婿更是十分重要、十分谨慎的事情。所以公冶长坐牢，从反面证明了公冶长了不起，他赢得了孔子的欣赏和青睐，所以孔子把女儿嫁给了他。

《论语》中还有句话，记录了孔子把侄女嫁给南宫适的事情："子谓南容，邦有道不废，邦无道免于刑戮。以其兄之子妻之。"《论语》中好几处提到过南容，还说到南容"三复白圭"，孔子才把侄女嫁给他。(《论语·先进篇》："南容三复白圭，孔子以其兄之子妻之。")

南容就是南宫适，白圭就是白玉，"圭"就是做官的人上朝时手上拿的手板，秦汉以后又经改变形式为"竹简"，所谓"朝笏"就是这个东西。"朝笏"做什么用呢？第一这是礼仪的规定，第二它作为大事的记载。我们今天可以用日记本记录，古代没有日记本，遇到朝政大事，像对皇帝报告，如果忘记了怎么办？就把重要事情写在朝笏上，这是它的第二个用处。所以我们看上古图画中的帝王，手里也都拿一块长型式的手版。它类似今天很多电视节目里主持人手里拿的提示卡。

古人之所以重玉，是有其意义的，并不像现代人爱好宝石的心理，说它是稀世珍宝，拥有了就可以拿来炫富。古人重玉，是因为"玉洁冰清"，人品要做到像玉一样洁白，拿玉来比喻自己的人格学问和修养，所以重玉。玉的纯洁源于《易经》的乾卦，乾卦纯阳，代表纯正、纯洁、纯白。《乾卦》说"大哉乾元，万物资始乃统天"，统就是统御，随身佩戴白玉，就表示自己要有很高的智慧，可以统御一切事物。所以"玉"通"御"、通"驭"。

《诗经》里说："白圭之玷，尚可磨也；斯言之玷，不可为也。"意思是白玉上的污点还可以磨掉，我们言论中有毛病，就无法挽回了。这是告诫人们要谨慎自己的言语。

《论语》中说的"南容三复白圭"，就是说南宫适多次吟诵关于"白圭"这句诗。为什么多次吟诵呢？那当然是有感而发，或者是把这句诗当成了自己的座右铭，提醒自己做人说话，都要谨慎、慎重，做人做事尽量要像白玉一样没有缺点，要尽善尽美。孔子善于观察，他发现南宫适喜欢这句话，这就说明南宫适这个人内心向往这样的境界，而内心向往这样的境界，早晚是能够做到的，所以孔子就把侄女嫁给了南宫适。

我们要了解一点，孔子出身很苦，他的生母是继室，孔子的前娘留下来一个残废的哥哥，家里很贫穷。孔子在十一二岁间，就负担起了家庭生活，一切艰难困苦他都尝过。《论语》中孔子自己说："吾少也贱，故多能鄙事。"他是从艰苦中成长起来的一个人。他因道德、学问、文章而被后世尊为圣人，这不是偶然的。孟子说："天将降大任于斯人也，必先苦其心志，劳其筋骨，饿其体肤，空乏其身，行拂乱其所为，增益其所不能。"所以看一个人能否有大成就，要看他能否吃得大苦，受得大辱。孔子对哥哥留下来的这个女儿，也是尽心照顾，最后将这个侄女嫁给了南容，也就是南宫适。

这是孔子的知人，知道公冶长和南宫适是什么样的人了，就知道他是否配得上做自己的女婿了。所以知人很重要。知人，你就知道什么样的朋友可以交，什么样的朋友不可以交。孔子说："益者三友，损者三友。友直，友谅，友多闻，益矣。友便辟，友善柔，友便佞，损矣。"这是孔子提出来的"损益三友"的原则，交朋友，要交正直的、包容的、有学问的，这就是友直、友谅、友多闻；不能交走邪道的（便辟），喜欢钻营的（善柔），惯于以花言巧语、和颜悦色讨好的（便佞）。佛家有"亲近善知识"的教导，所谓"善友难遇"。能够遇到正直、包容、有学问道德的朋友是福分，很多人一生都很难遇到，或者遇到了不珍惜又容易错过。而往往最容易交的是酒肉朋友，吃喝玩乐，哥们义气。交到好的朋友，可以一生受益；交到不好的朋友，可能染上恶习，甚至走上歧途，毁掉一生。

交朋友如此，找伴侣更是有过之无不及。因为朋友毕竟不是朝夕相处，而伴侣则不然。俗话说"妻贤夫祸少，子孝父心宽"。妻子上管父母，中管家庭丈夫，下管子孙后代，所谓"现代女性"，很多简直就是悍妇、泼妇的代名词，要么飞扬跋扈，要么贪得无厌。找到这样的妻子，上不孝父母，则是儿子之过；中不敬丈夫，则丈夫必定庸碌无为，有的甚至大祸临头；下不能给子女树立榜样，子孙后代，都难以挺胸抬头。原因何在？这就是今日社会在引导如何做人的问题上出了问题，在如何知人的问题上也缺失了智慧，就势必如此。"一叶障目，不见泰山"，说的就是男孩如果只看重容貌，那么你也许会错过贤妻；女孩如果只看重能力，那么你也许会错过能让你真正仰仗之夫。

今天的男孩子，大都喜欢容貌美艳的女孩，却不能看到美艳背后丑陋的一面；而女孩子呢，大都会考察一下男孩子的背景、收入等等，都只是注重了外在的东西，而忽略了人性中光辉的一面。片面的认识，却把一生的幸福赌上，不亦悲乎？

知人，要知其所远，观其所长，不能鼠目寸光，注重眼前。否则因小失大，一旦祸患降临，追悔莫及！

我们都知道“东床快婿”这个成语，它出自《世说新语》，说的就是择婿的事情。

东晋重臣郗鉴有个女儿，名叫郗璿，郗鉴爱如掌珠。郗鉴要为女儿择婿，他觉得王导家子弟多，又听说个个都才貌俱佳，于是希望能在王导家的子弟中择婿。

一天早朝后，郗鉴把自己择婿的想法告诉了王导。王导说：“那好啊，我家子弟很多，凡你相中的，不管是谁，我都同意。”郗鉴就命管家，带上厚礼，来到王导家。

王府的子弟听说郗太尉派人来觅婿，无不铆足了劲，仔细打扮一番，希望被选中。

郗府管家看来看去，感觉王府的青年才俊个个都很好，最后，郗府管家来到东院的书房，就见靠墙的床上躺一个袒腹仰卧的青年人王羲之。原来王羲之在来王府半路上一直赏玩东汉著名书法家蔡邕的古碑，沉迷不已，相亲之事早忘光了。当他急急忙忙赶到王府，因天气太热，就随手脱掉外衣，袒胸露腹，边躺着边想着蔡邕的书法。管家见他这般神情，惊呆了，问话他也不搭理。

郗府管家回到府中，对郗太尉说：“王府的年轻公子二十余人，听说郗府觅婿，都争先恐后，唯有东床上有位公子，袒腹躺着若无其事。”郗鉴说：“哈哈，我要选的就是他了！”郗鉴来到王府，见此人既豁达又文雅，才貌双全，当场下聘，择为快婿。

这就是“东床快婿”的典故由来。郗鉴是当朝太尉，可以说位高权重，听说他要择婿，很多人都趋之若鹜，唯有王羲之，虽然也是女婿的人选之一，自己却毫不关心，专注于自己所做之事。从这点来看，一方面他是一个能独立自主，不趋炎附势之徒；另一方面，能做到不趋炎附势，必是自信于心之人，这种人也定有过人之能。果不其然，王羲之后来成为书法之圣，名留千古。

上古三代，有尧舜禹的禅让故事。尧年老时，准备找人继位，大家都推举他的儿子丹朱，但是尧却认为丹朱的能力和品行不适合掌管天下，他听说了来自民间的舜，是大孝子，有很好的名声，也有很好的学问，就对他进行了考察，觉得确实不错，就把自己两个女儿娥皇和女英都嫁给了舜，辅佐舜，最后把天下也禅让给了他。这里主要就是尧看重了舜的德行，国家注重德行，那么天下的人民也就会注重德行了。后来舜又把天下禅让给了大禹，又是怎么禅让的呢？大禹的父亲以前是治水之官，却没能把水患治好，于是论罪被杀。大禹主动请缨，继承父亲之志，继续治水，他治水期间，兢兢业业，有三过家门而不入的典故，最终治好了水患，功勋卓著，也显出了过人的智慧。舜于是把天下禅让给了禹。舜一方面是看重了他的智慧，另一方面也看重了他“三过家门而不入”“毫不利己，专门利人”“毫不为己，专门为公”“全心全意为人民服务”的精神。唯有具有这样的精神，才可以担当重任，才可以领袖群伦。这就是尧舜禹三代之间论事知人、托付天下的佳话。

还有一个择婿的故事，比较有意思，是陶澍择婿的事情。

胡林翼出生于官宦家庭，且是独子，从小就生活在优裕的环境里。这一点，同是晚清四大名臣的其他三人远远不能与之相比。他的很多恶习也因此养成。豪饮阔赌、冶游狎邪是胡林翼青年时代最喜欢的活动。此恶习甚至在他娶妻成家，做了陶澍女婿之后仍然没有什么改变。《凌霄一士随笔》里曾这样记载过：

当初，陶澍想将女儿许给胡林翼，夫人反对，陶澍不听。新婚之夜，快入洞房了，遍寻陶府都找不到新郎官。后来还是平时跟随胡林翼的仆人，从一条小巷的酒楼上找到了他。那时，胡林翼已经烂醉如泥，只得强行扶入洞房，勉强行礼。陶夫人气极，埋怨丈夫误了女儿一生。陶澍却说：“此子是瑚琏之器，今后必成大事，年少纵情，不足深责。”

易宗夔《新世说》里还有这样的记载：

胡林翼有一年护送岳母去南京，与时任两江总督的岳父陶澍团聚。见到南京繁华，就不愿回湖南老家，赖在岳父家不走，终日沉湎于秦淮河畔歌台舞榭的醉生梦死中。有人劝陶澍教训女婿。陶澍却笑着说：“润之今后将担大任，那时辛苦，无暇娱乐，趁着现在年少无事，就让他快活几年吧。”陶澍始终不管不拦。

有岳父如此，胡林翼更是有恃无恐。但是他的父亲胡达源反而看不下去，在一次胡林翼花酒夜归时，胡达源不顾众人泣劝，关起房门，把儿子暴打一顿，又命他一年之内不许走出家门，好好温习功课，以应次年的乡试。

胡林翼畏惧父亲，每天在家，闲着也是闲着，就以读书为乐，第二年果然乡试高中，翌年又连捷中了进士点翰林，年仅 25 岁。

身为翰林的胡林翼仍不改旧习，黄濬《花随人圣庵摭忆》里这样记载：

某天，胡林翼与同乡善化籍翰林周荇农一同逛妓院，正在性起时，忽闻巡兵来了。周机警，赶紧躲进厨房，穿上别人的衣服冒充厨子，逃过检查。胡林翼则被拘捕到兵马司进行审讯。他不敢暴露自己的身份，招了一段假供，罚款了事。

这就是一个浪荡子弟、纨绔公子的成长史，但是后来由于他太过不羁，四年后闯下大祸，当时他担任江南乡试副主考，却违规携带别人入闱阅试卷之事被告发，结果主考官文庆被谪戍新疆，胡降一级左迁内阁中书。此事对胡林翼的父亲打击很大，其父很快就因郁病逝。

胡林翼为此深自悔恨。丁忧期间，他痛定思痛，反躬自省，下决心痛改前非，从此全心向学，发愤图强，于是有了后半生的功勋成就。诚可谓“浪子回头金不换”。而在早前就能清晰地看到胡林翼将有此变化的，当然是其岳父陶澍本人。

但是能看到女婿从浪子变雄杰的，也不止陶澍一人。我在很多年前曾写过一篇小文，叫《三吕预天下》，其中提到了中国历史上三个姓吕的人，决定了历史的方向。一并附在这里给大家了解。

天下兴亡，吕氏趣谈
——吕尚、吕不韦、吕公三吕预天下

闲来无事，思及吕字。两口之象，正合《易》之《中孚》。然口乃乾象，悉由 O 演化而来。上下皆乾，又符《乾为天》卦。

按《说文》，吕字本指脊梁骨，两口皆为脊梁骨形象，中间一竖相连，从而贯通。以此引申，则有上下交通、天地安泰之寓。且脊梁骨乃人身大节，犹屋宇之柱栋。故上古音律，以黄钟大吕并称，各为阴律阳律之首。

吕姓之人，有三者引人瞩目。考其渊源，俱通于《易》。此三人皆于《史记》有载。

第一乃吕尚，又称姜太公、姜子牙，别号飞熊。太公精通《易经》，将《易经》智慧用于兵法。八十岁垂钓于渭水之滨，后助武王克商，建立周朝。

他以易理用兵，此法辗转传于后世。至于秦朝后期有张良者，得圯上老人传授，助刘邦用兵，其宝典便为《太公兵法》，虽名兵法，实为易理。圯上老人实乃易学大家，世人不知其名姓。他预知张良将助刘邦建汉，故有意寻之，独留下宝典而去。此自是师父觅徒弟之传统。离别时张良问其姓名，其答曰“读此则为王者师矣。后十年兴，十三年孺子见我济北，谷城山下黄石即我矣”。其后果如其预言。更奇者，十三年后张良路过济北谷城山，果见一黄石，乃以为师。圯上老人逆知来事，可见一斑。 盖吕尚乃武王亚父，周朝建立之脊梁骨！

第二人乃吕不韦。史书载其为商贾。然余则以为，商贾只是其表，一来掩人耳目，二来积蓄财富，图谋大业。故此人富有雄才并精通《易经》。

仅作商人，绝难有“奇货可居”之见解，岂能预料到“异人”将来必定会成为秦国帝君，并为促成异人上位倾囊相助？若其仅为商人，亦绝不会对治国安邦有兴致，率众编辑《吕氏春秋》。而《吕氏春秋》又乃黄老之学，与《易经》一脉相承。

史书记载吕不韦邯郸献姬于异人，先一步珠胎暗结，腹中胎儿便为后来

嬴政。此后异人得吕不韦之助终为秦庄襄王，重用吕不韦。吕灭东周、收魏国，一系列举措为秦国将来吞并六国、一统天下奠定基础。其任职期间大赦天下，大搞改革，足见其并非纯为商贾之流，少年时代目睹天下分裂、连年战争之乱局，便暗中储蓄巨资，乃是有远大抱负之人。太史公贬之为商贾，恐是耻其投机异人，又暗中借献美姬种下自己种子，以谋秦国。嬴政即位，吕为仲父，与吕尚亚父之称何所别异哉！

第三人为吕公。时刘邦仅为一混混亭长，处处混吃混喝。家中长嫂等皆恶其行。吕公携家人避仇至于沛县，县令是其故旧，命县中官吏前往迎贺。刘邦又率众借机前往混吃喝。县中功曹萧何故意为难刘邦，说送钱不满一千贯者立于堂下。刘邦佯称送钱万贯。吕公素会相面，出来见刘邦相貌出众，奉为上宾，众皆不解。饭后又亲送刘邦出门，临别时说："未知公可有婚配？"刘邦其时三十余岁，因名声不好，没人愿嫁，故以实情相告。吕公大喜，言："若不嫌弃，愿将吾女嫁你！"吕公回来告诉妻室，吕媪大怒，言："君尝谓吾儿大贵，必配贵人，将来母仪天下。县令与君交好，求婚不允。为何无端许与无赖？"吕公言："吾儿之贵，将来全凭此人。"

吕公非但将女儿吕雉嫁给刘邦，甚至将小女儿吕嬃嫁给了同县狗屠户樊哙，使樊哙与刘邦连襟，将来辅佐刘邦。樊哙后随刘邦南征北战，封大将军，功勋卓著。且于鸿门宴中，舍命救刘邦，足见吕公有知人之能！

吕公跃亚父、仲父之上，乃成岳父。故三吕者，三国之父也！ 余尝好奇，未知吕公所避何仇，远走他乡？又突发奇想，此吕公恐为秦相吕不韦亦未可知。吕氏当年并未自杀，借自杀保全性命，暗中保护秦皇，孰料秦皇暴毙，天下易辙。赵高专权，假传圣旨，公子扶苏、将军蒙恬遭赵高杀害。

吕有识人之能，非寻常人等。其子竟有天子之命，必为厚德之家。而今天下倾覆，其曾能预知秦能统一天下，势必亦能推知沛县当有天子再出。故以女儿配与刘邦、樊哙，再为秦朝复仇亦未可知？然此纯为臆想，无足凭证。

还有明朝时朱棣夺权，便受高僧姚广孝之助。姚广孝预知朱棣大命在身，前往助之。因其为僧侣，故为后世诟病。

此间诸多史事，余未能录入《千古易人》一书，以为憾也。

以上是三吕趣说，然吕公之女吕雉亦会观气望云。刘邦逃难时，吕雉能凭天上云气而知刘邦藏匿何处，若非正史所载，岂敢信之。

后世亦有吕姓者，多出奇人。譬如五代时吕洞宾，乃道家真人；宋代名臣吕端，亦富雄才。此不多论矣。

到了近代，杨昌济先生择毛泽东为婿也足可见“知人”之智。

1912 年春，毛泽东考入湖南省立高等中学学习。这所学校是当年湖南最大的普通中学，集中了一批优秀教师，校长是符定一，在新中国成立后，担任第一任中国文史馆馆长。

毛泽东爱好史学、文学，文史相通，炼成一色好文字，受到国文教员柳潜的器重，柳潜引导他学习梁启超的文风、新闻评论家的笔锋，借给他一部《御批通鉴辑览》，鼓励他多读课外书籍。见到毛泽东写得好的作文，柳潜常写上评语交全班同学“传阅”。《商鞅徙木立信论》是其中的一篇，今已收入《毛泽东早期文稿》，列为首篇。

商鞅“徙木立信”，是流传悠久的历史故事，最初见于《史记·商鞅列传》。相传战国秦孝公在位时，宰相商鞅力主变法，但阻力很大，老百姓对新政也有疑虑。商鞅为解除人们的疑惧，在国都南门树立一根木桩，宣称谁能将木桩徙置北门，赐金十两。但人们不信有此种轻而易举的好事，不去徙置。商鞅在秦孝公的支持下，又宣布，谁能徙置，赐金五十两。这时，果有一位手粗脚壮的大汉将木桩由南门搬迁至北门。商鞅当即给大汉赏赐黄金五十两，以示不欺骗。随后颁布新法，表示要如徙木赏赐一样，取信于民。毛泽东看到这故事，联系当时社会实际，挥笔撰写《商鞅徙木立信论》，抒发胸怀。

文章紧扣“立信”二字，从立法的角度论述法与民的关系。他说：为政者要取信于民，法律、政策必须有利于人民。有益于人民的法律、政策，人民会自动地去实现与维护；如果法律违背了人民的意志，政策有损于人民的利益，那就会把政府与人民对立起来。商鞅立法变革，严惩奸邪以保护人民的权利，奖励耕织以增进国民的富力，鼓励军功以树立国威，清除贫困衰弱，造福人民，这是秦国从未有过的大政策，人民为何“惮而不信”呢！原来是变法前的秦国政府早已失信于民，“黎民惧焉”，尽管执行者煞费苦心，人民依然“立而不信”。于是，毛泽东将笔锋折转，写道：人民中的守旧观念、胆怯心理，执政者的腐败、欺压，是导致我国几乎“蹈于沦亡惨境”的深层原因。

毛泽东这篇论文仅600字，国文教员柳潜阅后，做了七个眉批和总评，计150字。批语认为：该文“切实社会立论，目光如炬，落墨大方，恰似报笔，而义法亦骎骎入古”；“精理名言，古未曾有”；“逆折而入，笔力挺拔”；“议论潇洒，积理宏富”；“力能扛鼎”；“历观生作，练成一色文字，自是伟大之器，再加功候，吾不知其所至”。柳潜不愧为一位有眼光的教员。文章末尾的总评是：“有法律知识，具哲理思想，借题发挥，纯以唱叹之笔出之，是为压题法，至推论商君之法为从来未有之大政策，言之凿凿，绝无浮烟浓墨绕其笔端，是有功于社会文字。”并在作文首页大写“传观”二字。

几十年后，毛泽东在接待美国记者斯诺时还提到柳潜，“那时的一个国文教员对我帮助很大，他因为我有文学爱好而愿意接近我。这位教员借给我一部《御批通鉴辑录（览）》”，“我读了《御批通鉴辑录（览）》以后，得出结论，不如自学更好”。

新中国成立后，毛泽东询问符定一是否知道柳涤庵（柳潜）的下落。符回答：“此人早已谢世，子孙后代情况不明。”毛泽东深感遗憾，叹道：“可惜了。袁大胡子不喜欢的梁启超式的新闻记者的手笔，是我向柳涤庵老师学来的。那篇《商鞅徙木立信论》，他给了我100分。”

由于湖南省立高等中学开设的课程不能满足毛泽东的求知欲，学校的烦琐校规又使他反感，他在该校住了6个月，便退学，到湖南图书馆自学去了。

由于父亲毛顺生不同意毛泽东在湖南省图书馆自学，以为他在外游荡，荒废学业，便断绝伙食费的供应。毛泽东在湖南图书馆自学半年后，于1913年下半年，考入湖南第四师范，次年春第四师范并入湖南第一师范。他在第一师范读了5年。他在这里遇到一位贯通古今、融合中西、思想开放的学者杨昌济。

杨昌济，曾留学日本、英国，前后达9年，研究哲学、伦理学、教育学。

1913 年归国后，湖南省督军兼省长谭延闿请他任教育司长，他断然谢绝。他在《达化斋日记》里记载："今日之事，当从底下做起，当与大多数国民为友，凡军人官僚政客，不当与之为缘。不当迎合恶社会，当创造新社会，当筑室于磐石之上，不当筑室于沙土之上也。吾辈救世惟赖此一支笔；改革思想，提倡真理；要耐清苦，耐寂寞。"他决心"自闭桃源称太古，欲栽大木柱长天"，献身教育事业，培育人才，进行"磨血革命"。

1918 年暑假，杨昌济调任北京大学哲学、伦理学教授。他刚到北京，就致信毛泽东、蔡和森、萧子升，通告蔡元培等正在组织留法勤工俭学预备班的消息，建议毛泽东赴北京，一方面负责湖南留法勤工俭学的组织工作，另一方面去北京大学工作，解决学习、生活问题。经他介绍，毛泽东在北京大学图书馆馆长李大钊手下工作了半年，任图书、报刊管理员，负责登记来图书馆的阅读人员。

不幸，杨昌济于 1920 年元月 17 日在北京病逝。逝世前，他曾致信好友章士钊，介绍毛泽东的"学、品、行"，赞扬毛是"海内人才，前程远大。君不言救国则已，救国必先重二子（即指毛泽东、蔡和森二人）"。杨昌济先生独具慧眼，堪称近代伯乐。

1936 年毛泽东与斯诺谈话时，曾回忆："给我印象最深的老师是杨昌济，他是一位从英国回来的留学生，我后来同他的生活有密切的联系。他讲授伦理学，是一个唯心主义者，但是，他是一个道德高尚的人。他对自己的伦理学有强烈信仰，努力鼓励学生立志做一个公平正直、品德高尚和有益于社会的人。在他的影响下，我读了蔡元培翻译的一本《伦理学原理》，而且在这部书的启发下，写了一篇题为《心之力》的文章。我当时是一个唯心主义者，杨昌济从他的唯心主义观点出发，高度赞赏我那篇文章，给了 100 分。"

毛泽东在第一次离开老家韶山冲时曾留给父亲一首他改写的诗："孩儿立志出乡关，学不成名誓不还。埋骨何须桑梓地，人间无处不青山。"可见其以天下为己任的志向。我在《平心平天下》的随笔里有这么一段话："古之至人，唯民之忧。饮食梦寐，四海九州。行求无愧于圣贤，学必有济于天下，古之所谓大人者，有体有用，无过于斯。有际天人之学，斯可服天下之望；有扩宇宙之量，斯可成天下之务；有坚金石之操，斯可任天下之重。丈夫之志，隆然晔然震耀于世道者也。”

此时的杨昌济年事已高，自问以此年龄，天不假年，很难扭转乾坤，解救中华于倒悬，然而爱国之情有增无减。在拒绝官僚政客的邀请后，他写了一副对联自勉：“自闭桃源称太古，欲栽大木柱长天。”就是说我把自己的房门一关，这个小小的书斋就是我的桃花源，我就是一个从远古而来的人，我要培养一个参天栋梁屹立在天地之间。

孔子说：“德不孤，必有邻。”有什么样的志向，一定会有什么样的缘分与其相应。我访问安龙县参观张之洞纪念馆时曾写过一句话：“学者当揽天下国家于己任，丈夫必为苍茫宇宙之皇极。”这句话用在这里的青年毛泽东身上，我认为也是很贴切的。他离开家乡外出求学，就是怀着这样一种志向，一定要成为参天栋梁。他的志向与杨昌济的理想相应了，这两者的相遇看似偶然，实是必然。杨昌济发现了毛泽东的大才，并着力培养，自己调到北京大学任职了，也写信安排毛泽东来北京。因为，只有北京，这个当时的文化、政治中心，才能让青年毛泽东打开格局、打开视野，才能让他更好地成长。所谓“海阔凭鱼跃，天高任鸟飞”。

毛泽东后来娶了杨昌济的女儿杨开慧为妻，也终不负恩师、岳父的厚望，用历史证明了恩师那句话：海内人才，前程远大。君不言救国则已，若言救国，则必先重之。

历史上知人的故事

自古以来，中华民族的历史上就不乏知人识人鉴人的故事，并且使“鉴人”成为一种学问，例如在坊间有神秘主义倾向的相术就流行了几千年，这当中的著名人物见于正史所载的就包括女相师许负、唐朝的袁天罡等人，而且其均与古代皇家有关系，相术始终为一重神秘的色彩所笼罩。而将鉴人的原理形成理论，去除掉神秘主义色彩的，就有如刘邵的《人物志》极负盛名。

我在《千古易人》中收了许负看相的故事。《史记》里记载许负有三个奇特的预言。

第一，薄姬生天子之相。许负第一次在历史上真正亮相，是给魏王豹的女人薄姬相面。其实，也不是单给薄姬相面，而是给魏王豹的所有女人相面。但看了一圈，她指着薄姬说，此女生的儿子以后当天子。

当时，正值秦朝末年，天下大乱，群雄逐鹿。魏王豹实力不大不小，当时正追随刘邦。听了许负一席话后，顿时飘飘然，立马就脱离刘邦单干。结果证明，他误会了。由于实力问题，反水后的魏王豹很快就被刘邦所消灭。他死前，一定觉得许负忽悠了他。但是事情发生了戏剧性变化——魏王豹死后，刘邦把他的女人们浏览了一遍，就看上了薄姬，于是就把她接收了。很快，薄姬就怀孕了，但是，刘邦也对她失去了兴趣，疏远了她。之后，薄姬生了个儿子。

后来吕后掌权，大肆报复当年受到刘邦宠爱的女人。比如倒霉的戚夫人，被祸害成了人彘，她的儿子赵王如意也被毒杀。可是薄姬完全没有这个顾虑，因为吕后一直跟她同病相怜。因此，她和她的儿子都得以保全。后来，吕后去世，周勃等老臣发动政变，找来找去，最后迎立的新皇帝就是薄姬的儿子——汉文帝刘恒。

第二件事，预言邓通将来会贫困而死。邓通是汉文帝的嬖臣，别的本事没有，只有一套阿谀奉承的本领，于是他拿出浑身解数，奉承吹捧，以取媚汉文帝，时常能把文帝捧得云里雾里。汉文帝也就很宠爱他，常跑到邓通家中玩。

有一天，许负来拜见汉文帝，邓通也在，于是汉文帝便命许负给邓通相面。

许负在端详了邓通半天后，忧心忡忡地说："陛下，邓大人的面相很富贵，但结局却不大好，他最终可能会饿死。"

文帝听后很不高兴，愤愤地对邓通说："朕要想让你富，有何难哉？"说完即下了一道诏书，把蜀郡严道县的铜山赐给邓通，并允许他铸钱。邓通从此富可敌国。

几年后文帝死，太子即位，就是景帝。景帝一即位，首先便把邓通革职，追夺铜山，并没收其所有家产。可怜富逾王侯的邓通，一旦落难，竟与乞丐一样，身无分文，最后竟应了许负的话，饿死街头。

第三件事，许负预言周亚夫将封侯并饿死。名将周亚夫请许负为他看相，许负看后说：“三年之后，你会封侯，八年之后，你会拜相，再过九年，你会饿死。”

当时，周亚夫是绛候周勃的次子。如果周勃死了，侯位应该由周亚夫的哥哥继承，怎么也没有周亚夫的份啊，所以周亚夫不信。

没想到，后来确实是周亚夫的哥哥继承了侯位，但是不久却犯罪被免职，皇帝就将周勃次子周亚夫封为条侯。此后他平定七国之乱，拜将封相，显赫一时。晚年居功自傲，被捕入狱，竟然饿死。

这是看相的故事，太过玄奇，姑妄听之，但不能据此而盲目崇信看相算命。至于袁天罡看相论人的故事，正史野史，小说笔记所载就更多了，最负盛名的是《旧唐书》《新唐书》中所载其为幼年武则天看相的故事，这更是令人惊奇。前面说了几例知人择婿的事情，殊不知袁天罡也为人推荐过女婿。

据传当时有一位刺史的女儿正好到了出嫁的年龄，便将当地所有的适龄男子、青年才俊都召集起来，因为袁天罡名扬天下，刺史盛情邀约袁天罡出面为自己女儿挑一位如意郎君。

袁天罡也未推辞，环顾一周，就对刺史说，“这里没有你想要的女婿，不妨让我给你推荐一位”。

袁天罡推荐的是姚懿的儿子姚元崇，然后说：“此人相貌不凡，乃宰相之器，你大可把女儿嫁给他。”

很多人听说了这个事情，都嗤之以鼻，觉得好笑。因为此时的姚元崇 23 岁，在大家眼里，是一个不学无术的混混。

说也奇怪，自从袁天罡对他评鉴完以后，姚元崇却如同变了一人，开始刻苦学习，后来考取功名，还历任武则天、唐睿宗、唐玄宗时期三朝宰相。

很多人都知道贯休和尚，但是认识只停留在他是一位著名的诗僧，其实，贯休也很懂得鉴人。他有一句名句“满堂花醉三千客，一剑光寒十四州”，这就是他的一首预言诗，发生在钱镠的身上。

钱镠是五代十国吴越国的创建者，浙江人，自幼习武，也以研究《易经》及谶纬之学著称。他出生的时候相貌奇丑，父亲认为不祥，就把他丢在屋后的枯井中等他自生自灭。但因祖母怜惜，将他救起抚养，所以那口井后来被保留下来，成为历史上的一口名井，名为“婆留井”。钱镠小时候乳名就叫“婆留”。长大以后，把“婆留”改为了“镠”，仍是为了纪念祖母恩德。

由于家贫，他后来就靠贩卖私盐为生。从军以后，遇到了贯休和尚。贯休和尚送了一首诗给他：“贵逼人来不自由，龙骧凤翥势难收。满堂花醉三千客，一剑光寒十四州。鼓角揭天嘉气冷，风涛动地海山秋。他年名上凌烟阁，岂羡当时万户侯。”这首诗就表达了钱镠将来战功显赫，富贵逼人，将来会拥有十四州的地盘，名字会载入史册，做官会在封侯之上等内容。

后来的历史发展，果然印证了贯休和尚的见解。钱镠创建了吴越国，地盘最多时正好十四个州。

钱镠以爱护百姓留名，创建了吴越国后，一心发展经济，让百姓安居乐业，而尽量避免与其他军阀的战争，采取“保境安民”的策略。他治理之江，受到人民的爱戴，人们都亲切地称他为“钱龙王”。由于他早年受到贯休等高僧的点拨，所以很推崇佛法，在吴越国境内大兴寺院，他修建了不少寺院佛塔，使杭州在当时就有“江南佛国”之称。其中著名的灵隐寺、净慈寺、昭庆寺等寺院，以及雷峰塔、六和塔、保俶塔、闸口白塔和临安功臣塔等都是在吴越国时期兴建或扩建的。今天我们所流行的信奉观音的文化，就是在钱镠及他的继承者的共同推动下而广为流行，并成为今天人尽皆知的一种文化。

钱镠还有一个故事颇令后人称道，这个故事与他的英武刚强无关，而是说他对女性的绵绵柔情。

钱镠说过一句话，“陌上花开，可缓缓归矣”。这是他写给自己夫人吴氏信上的一句话。夫人家乡在横溪（今临安市锦城街道）郎碧村，夫人对父母一直非常孝顺，即使富贵后每年岁尾也都要回娘家住上一段时间，看望并侍奉双亲，待来年开春后回到杭州。

《吴越备史》中有关于这位夫人的生平介绍，“夫人临安县人也。父仲忻，浙西观察判官，累赠吏部尚书。初，王议婚吴氏，以王豁达大度，不事产业，将不许。而吴世父有知人之鉴，固促成之。及归室，闺门整肃，孝敬如礼。正性严急，常怡颜以谏之。抚爱诸子，无分彼此之亲，累封燕、晋二国，至吴越国正德夫人。夫人将游奉国寺中，王乃命帛百匹，以备散施。夫人曰：‘妾备尝机杼之劳，遽以游赏费之，非念人之道。’遂不受而罢，其仁慈节俭如此。薨年六十二岁，谥曰庄穆。有子十三人”。

钱镠与这位糟糠之妻感情甚笃。尽管身边珠翠环绕，曲意承欢者甚多，他也不会转移对原配夫人的情感，夫人离开不久，便要写信给她，以示思念之意。

一年春天，夫人未归，春色将暮，陌（道路）上已是桃红柳绿，百花争艳。钱鏐写信给王妃说：“陌上花开，可缓缓归矣。”夫人接书后不觉恻然，道：“王爷迈，既有信来，命我归去，安可有违？”遂传谕即日登程，速返杭州。

这个故事，《新旧五代史》《资治通鉴》和《吴越备史》都没有记载。最早用文字记载这件事的可能是北宋文豪苏东坡。

北宋熙宁年间，苏东坡任杭州通判。对一百多年前的杭州治理者钱鏐钦佩有加，曾书《表忠观记》碑文，赞钱氏“吴越地方千里，带甲十万，铸山煮海，象犀珠玉之富，甲于天下”。

苏东坡也去过钱鏐家乡临安，采集民风，写下过三首《陌上花》诗，引文说：“游九仙山，闻里中儿歌《陌上花》。父老云，吴越王妃每岁春必归临安，王以书遗妃曰：‘陌上花开，可缓缓归矣。’吴人用其语为歌，含思宛转，听之凄然，而其词鄙野，为易之云”。

这是贯休知钱鏐的故事。

许负、袁天罡、贯休的知人故事，都带有神秘色彩，或者说这种超高的知人智慧常人都难以学来。

还有一种知人的智慧，是纯粹运用《易经》的机理来进行推算，如近代易学大师杭辛斋学《易经》的故事，这是师父找徒弟的佳话。

杭辛斋生于1869年，自幼好学，天赋过人。1896年27岁时赴天津与北洋学堂总办王修植筹办《国闻报》，当时袁世凯在小站训练新军，每次袁到北京述职，经过天津，必先到王修植处聚会，得以与杭辛斋切磋。一次杭辛斋戏言：“你将来必做皇帝！”袁世凯笑着说：“我若做成皇帝，必先杀你。”这段故事被严复所记（见《学易笔谈二集》严复序），作者慨叹当时一语成谶。后来由于杭辛斋反对袁世凯称帝，两次入狱，都是袁世凯所为。

据《洪宪惨史》的作者王建中记载，杭辛斋被捕于 1915 年 12 月，袁世凯逮捕杭辛斋用的是军法密令，可谓师出无名。杭辛斋开始被押解到京畿军政执行处，开始关在丙笼，第二天关在乙笼——这正是王建中所在的牢笼。

杭辛斋在狱中学易，王建中是真实可信的见证者。

与杭辛斋同时出狱的首届国会议员景定成在《书杭辛斋狱中受易事》中记载：

及洪宪僭号之初，辛斋方南行，未果，即被捕于三元店，械送军警执法处。刚入囚笼坐定，同囚即有数人对之发笑，辛斋嗔问笑由，一人指同囚某告云：“君未入狱前三日，此位神仙已暗记于墙角上矣。”辛斋视墙角果有小字一行，云：“杭某于某月某日被捕于三元店。”初疑为某即席所为，而某则正色告曰：“此定数也。某为白狼军师，被捕入狱，数当于某日死。尚有一月期限，合传《易经》微旨于君。”辛斋乃惊服，狱中无纸笔，某乃以指画地为八卦，告以要窍，并曰“出狱后应多购古人《易》著，加以整顿”。辛斋受命，唯谨奉之为师，称之为异人。逾月，异人果于所预知日期被戕。辛斋则于袁死后，与予同时出狱。

杭辛斋本人在《学易笔谈初集述旨》中也有这么一句话：“顾念吾师忍死犴狴，客期以待，密传心法，冀绵绝学。”杭辛斋感念他的恩师甘愿以死入狱，等待杭辛斋入狱后将心法绝学传授给他，彰显了这种敢“为往圣继绝学”而舍生忘死的精神。

在这里，狱中的易学高人与杭辛斋素不相识，却提前推算知道他会在某天进入监狱，并且将与他同笼，而且知道杭辛斋能传承他的衣钵，这种知人之智，不需见人就能知道，可以说也让人叹为观止。而杭辛斋在早年品评官阶尚低的袁世凯将来会称帝，也足可见杭辛斋知人之智，也异乎寻常。

东汉王符著《潜夫论》，其中《相列》篇虽然在某种程度上承认相术的存在，但还认为影响人生际遇的最终还不是相术家所凭据的容貌，而是要靠社会的力量和后天的努力。这个说法我深以为然，毕竟面相会随其心而变，虽是富贵之相，但是若不努力，又或缺德妄为，其也必然生变。

俗话说“相由心生”，人的面相是由心所生。一个内心奸邪之人，其面相就会流露出奸邪之容，长此以往，相貌就显露出奸邪之相。然而也有很多道貌岸然之徒，表面冠冕堂皇，但如果你仔细观察，也能发现其暗藏奸诈之处。这就是“知人”的内涵了，孔子说“听其言观其行”，也正是一种方法。

中医有望诊术，就是通过人的面相和气色能够判断一个人的身体健康情况，这本身也是一种相术。

可以透过一个人的面相、骨相、言论、行为等去观察一个人的心地、心术和心境，这就很有意义，这是真正意义上的“知人”之学。

要知道每个人的天赋不同、发心不同，表现出来的气质就各有不同。

王阳明在10岁时，父亲高中状元，王阳明随父赴京，路过金山寺，他父亲与朋友聚会，在酒宴上有人提议作诗咏金山寺，大家还在苦思冥想，王阳明已先一步完成：“金山一点大如拳，打破维扬水底天。醉倚妙高台上月，玉萧吹彻洞龙眠。”

四座无不惊叹，又让他做一首赋蔽月山房诗，王阳明随口诵出：“山近月远觉月小，便道此山大于月。若人有眼大如天，还见山小月更阔。”这首诗的意思是看事物的角度不同，看出来的东西也不一样。

王阳明自幼就表现出了这种敏捷的才思，被目为奇童。

历史上的奇童很多，我曾经有一篇小文，叫《写在儿童节》，收录在《平心平天下》里。这里给大家再讲一个奇童。

唐朝的白衣宰相李泌，是历史上际遇十分传奇的人。在李泌儿子李繁撰写的《邺侯家传》中记载：

他的母亲周氏，还是十多岁的小女童时，有一天在集市上遇到了唐朝的一代高僧僧伽大师。僧伽大师又叫证圣大师，在宋代赞宁的《宋高僧传》里有提到。当时僧伽大师看到了这个姓周的小姑娘，忍不住看了好一会儿，然后向她的家人称赞说：“这个女孩长大以后，会嫁给姓李的人家，会生下三个男孩，其中最小的男孩一生不凡，他当起于金紫，会成为帝王的老师。”

这个姓周的小姑娘，长大以后，还真的嫁给了一个姓李的青年，也就是李泌的父亲李承休。李泌小时候非常聪明。

在唐玄宗李隆基开元十六年（728）的中秋节时，玄宗在勤政楼设“大酺”宴群臣。晚上，玄宗又在楼下布置了一个高高的讲台，召来了许多对佛教、道教和儒家有研究的学者，请他们登台讲述自己的观点，相互问难答辩，以争高下，并想从中选拔人才。

李泌的姑姑有一子叫员俶，年仅9岁，也来参加了这次盛会。他也登台演讲，侃侃而谈，《新唐书·李泌传》里形容其为“词辩注射，坐人皆屈”。玄宗见他小小年纪，竟有这样的胆量、辩才，能折服许多人，非常惊奇，就把他宣召到楼上，详细询问，得知他是员半千的后人，不禁感慨道：“半千的孙子，理应如此。”稍停片刻，玄宗又含笑问员俶说：“小娃娃，你还有如此聪明的小朋友吗？”

员俶就说，我舅舅家有个小儿，年仅7岁，聪慧过人。

玄宗听说后很惊奇，急于见到，从员俶处问到李泌家地址及容貌特征，就立刻派人悄悄潜入李家，将沉睡中的李泌抱入内廷。

此时玄宗正与大臣张说在下棋。玄宗见到李泌后，端详许久，高兴地对张说说：“此子较先前小子，更为不同，仪态万千，真是国器。”张说注视李泌很久，也有同感。

玄宗含笑令张说赋诗考验李泌文才，并令其以“方圆动静”为命题。

张说说：“方如棋局，圆如棋子。动如棋生，静如棋死。”

李泌仰首而说：“方如行义，圆如用智。动如逞才，静如遂意。”

张说见李泌如此幼小，却有惊人之奇才，忙向玄宗贺喜：“天降此儿，真乃圣代嘉瑞呵！”

玄宗素爱奇才，见此异童，大为欢喜，于是将李泌抱入怀中，注视良久，轻抚李泌头发，竟爱不释手。然后命人把李泌抱去忠王府居住，一连住了几个月才让他回家。忠王府是太子李亨的住地，安史之乱后，李亨即位，李亨就是历史上的唐肃宗，足见玄宗对李泌的器重，希望他将来长大了，能成为李亨的重臣。玄宗送李泌回家时恩赐了许多衣物及彩丝品，并下谕旨给李泌家人：“此儿乃国家重器，日后必有大成，望你们悉心培养。”

张九龄初识李泌时，李泌仅是7岁小童，而他已是国家重臣。他非常喜欢李泌，常常带李泌进入自己的卧室。张九龄与严挺之、肖诚友善，挺之为人刚直不阿，他憎恶肖诚曲意讨好皇帝、贵戚、重臣，多次劝张九龄不要与这种人过从太密。一次，张九龄接李泌到家中小住时，忽然想起严挺之与肖诚，不仅叹道：“严挺之为人太刚直了，有时让人受不了。还是肖诚软美可喜。”李泌正好在张九龄身旁，见张九龄要命人去召肖诚，就蘧然站起，直言说：“您出身于布衣百姓，以坚持直道为官处事，才逐渐升为宰相的，怎么会忽然喜欢软美取媚之人呢？”

张九龄闻言一惊，立即肃然，郑重向李泌表示感谢，从此称李泌为“小友”，彼此成为忘年交。

大诗人贺知章自称“四明狂客”，是一个风流绝代的人物，为官期间与大诗人李白、大书法家张旭等为友，号称“饮中八仙”。大诗人杜甫也很钦慕他，有诗歌述其事迹。贺知章也极喜欢李泌，一见面就至为爱重，他曾对张说、张九龄等人说：“李泌目光湛湛如秋水般明净，长大后定能成为国家栋梁，官拜卿相。”

李泌年少聪颖，胸怀大志，自幼与一帮王公大臣为友，又深受玄宗喜爱，而少年时在仕途上却并不顺利，心中郁积不快，遂赋《长歌行》喟叹：

“天覆吾，地载吾，天地生吾有意无。

不然绝粒升天衢，不然鸣珂游帝都。

焉能不贵复不去，空作昂藏一丈夫。

一丈夫兮一丈夫，千生气志是良图。

请君看取百年事，业就扁舟泛五湖。”

此诗由于文字生动、通俗，引起广大读书人的共鸣，很快便在社会上流传，受到赞赏。张九龄深知李泌的气度、志向，爱惜他的才能，又深知官场之沉浮与汹涌，就私下劝诫：“过早就得到美名，必然会遇到坎坷、折磨。应该善自韬晦，藏器于身，才能尽善尽美。这是古人所重视的，况且你还是个孩童呢？著诗作文，应该注重吟赏风景，歌咏古代圣贤，千万不要宣扬自己，惹祸烧身。”

李泌闻言顿时醒悟，从此为文就慎重了。张九龄见李泌小小年纪就深明事理，从善如流，因而认定他前途不可限量，为他高兴。

李泌后来果然不负众望，安史之乱时，在幕后运筹帷幄帮助郭子仪平定反叛，历经玄宗、肃宗、代宗、德宗，为四朝元老，官至宰相，晚年进入深山之中修行，也常常到民间救死扶伤，皇帝有事，都跑到深山中向他请教，李泌被称为白衣宰相。

李泌年不满 10 岁，以小官宦子弟身份，而能与皇太子李亨及朝中大臣张说、张九龄、贺知章、张庭珪、韦虚心等人成为知心朋友，忘年之交，可谓历史上一大奇观。

年纪轻轻而能与朝中重臣为友的，还有清朝的名臣左宗棠。

左宗棠出身贫寒，他曾在他的家书中说：“吾家积代寒素，先世苦况百纸不能详。”（《左宗棠全集·诗文·家书·与孝威》）

左宗棠成长于清贫之家，养成了吃苦耐劳和节俭质朴的生活习惯。他有两个哥哥、三个姐姐，他作为年龄最小的男童，倍受祖父左人锦宠爱。左宗棠 3 岁时，随祖父到山上采栗子，他采到栗子回家后能平均分给哥哥姐姐，“不自取食”。左人锦高兴地说：“此子幼时分物能均，又知让而忘其私，异日必能昌大吾门。”（《左宗棠年谱·左孝同：先考事略》）

左宗棠家不仅贫穷，而且自幼家门连遭不幸：十多岁时连丧祖父母、父母和长兄，家中只剩他和仲兄二人相依为命。然而艰苦的生活并没有将左宗棠压倒，此时的他仍然专心致志学习。

到他 18 岁时，他的同乡，时任江苏布政使的贺长龄回家丁母忧，左宗棠趁机前去拜访。贺长龄是谁？是清代中期著名的务实派官员和经世致用学者，曾与同是湖南人的江苏巡抚陶澍针对时弊，进行大力革新，并请同是湖南人的魏源选辑从清朝开国到道光初年有关社会现实问题和经世致用的论文，编成了《皇朝经世文编》120 卷。他同时也是天下第一志《遵义府志》的编撰人。历任南昌知府，山东、广西、江苏、福建按察使、布政使，贵州巡抚，云贵总督兼署云南巡抚等。被左宗棠视为“学术之纯正，心地之光明”的

“嘉、道两朝名臣”。

左宗棠怀着敬慕之情拜访了这位名臣。

贺长龄面对 18 岁之左氏，毫无鄙夷之情，“以国士见待”之。此时的左宗棠不过是一名年纪轻轻连生员资格还未取得的青年人，而贺长龄则早已是进士出身、官至江苏布政使的地方要员。左宗棠受到如此器重，说明他在经世学问的探索上已有足以令贺长龄所赏识的见解。贺长龄面对眼前这个“颇好读书，苦贫乏无买书资”的青年人，马上说：“从此我的书房就是你的书房。想借书上我们家来——我得在家里住一年呐——我亲自给你拿。”从此，左宗棠“每向取书册，贺长龄必亲自梯楼取书，数数登降，不以为烦”。贺长龄还勉励左宗棠说：“天下方有乏才之叹，幸无苟且小就，自限其成。”贺长龄还说，“观君气宇非常，若能潜心钻研，将来成就必定远在我之上”。当然，左宗棠在贺长龄的热情关怀下，大有长进。

如果说贺长龄是左宗棠生命中的第一位贵人，那么他的第二位贵人就是陶澍。陶澍就是前面我们讲过把女儿嫁给胡林翼的那位两江总督。

陶澍这个人，也是一个了不起的人物，因为正是陶澍的培养和影响才成就了林则徐、魏源、邓廷桢、胡林翼、曾国藩等中国近代史上的一批名臣——当然，这中间，还包括左宗棠。

1837 年，时任两江总督的陶澍阅兵江西，顺道回湖南安化扫墓，途经醴陵。陶澍是当时赫赫有名的封疆大吏，他到来，醴陵县令自然要竭力款待，大事欢迎，为其准备了下榻的馆舍，并请渌江书院山长左宗棠书写楹联，以表欢迎。左宗棠崇尚经世致用之学，对陶澍也早有仰慕之情，于是挥笔写下一副对联：“春殿语从容，廿载家山印心石在；大江流日夜，八州子弟翘首公归。”这副对联，既表达了故乡人对陶澍的敬仰和欢迎，又道出了陶澍一生最得意的一段经历。

一年多以前，道光皇帝在北京皇宫连续 14 次召见陶澍，并亲笔为其幼年读书的“印心石屋”题写匾额。这件事，朝野相传，极为羡慕，陶澍也自认是“旷代之荣”。因此当他看到这副楹联后，对写联之人极为赏识。

陶澍看到对联后心想：小小醴陵，居然有我的人生知己！这位六十多岁的封疆大吏，当即提出要见见作者。哪知左宗棠的狷狂之态显露，任凭知县苦苦哀求，他就是不见。

陶澍对左宗棠的举动并未恼怒，第二天化装前往书院与左宗棠交流。令陶澍没想到的是，一个二十多岁的年轻人出现在他的面前。结果自然是“一见目为奇才，纵论古今，为留一宿”。那一晚，两人秉烛而坐，整整谈了一夜。从学问谈到家事、国事，从漕、盐之道谈到海运、国防。左宗棠积了一肚子的学问，恨不得全部倒出来。陶澍深为他的学识所倾倒。此时的陶澍预言，左宗棠今后的地位、成就将会在自己之上，并勉励左宗棠不要被功名所累，以致耽误自己的大好年华。陶澍特意推迟归期一天，于次日与左宗棠周游醴陵。

1838 年，左宗棠第三次赴京师参加会试，结果再度名落孙山，诚如他所说：“三次礼部不第，遂绝意进取。”

南归途中的左宗棠绕道专程去南京拜访了两江总督陶澍。陶澍一连留左宗棠在总督衙署中住了十多天，还主动提议将他唯一的儿子陶桄，与左宗棠长女左孝瑜订婚。

就在此后不久的 1839 年夏，陶澍病死于两江总督任所。陶澍重病垂危之时，派人专程送信，把左宗棠叫到病榻前，不仅把 8 岁的独子陶桄托于左宗棠，并订下了儿女亲家；将其他家事也托付给了左宗棠。

在清朝，没有博得功名，是几乎没有做官的资格的。左宗棠能够从一介书生直接入仕，得力于他的第三位伯乐，也是第三位贵人——林则徐。

林则徐早年于江苏为官时曾被左宗棠的亲家——两江总督陶澍所赏拔，而他在 1847 年担任云贵总督时，又视左宗棠的同学胡林翼为得力助手。

陶澍与林则徐的同事关系及与左宗棠的亲家关系，胡林翼与林则徐的上下级关系和与陶澍的翁婿关系及与左宗棠的同窗好友关系，都构成林则徐与左宗棠会面的因缘。

尤其是左宗棠对林则徐道德品质的一向倾慕和林则徐从胡林翼处得悉左宗棠对经世致用之学的追求，更促成了林则徐和左宗棠的湘江之会。

早在 1848 年，胡林翼就曾经向林则徐推荐左宗棠。但由于此时的左宗棠已经负责起培养陶澍独子陶桄的任务，一时半会儿还无法离开湖南赴云南去做林则徐的幕宾。

而到1849年冬，林则徐因病卸云贵总督职回福建原籍途经长沙，遣人至柳庄约请左宗棠相晤。左宗棠赶至长沙，在湘江边上见到了他所崇拜的林则徐。

去见林则徐是在夜里。37岁的左宗棠行色匆匆，心情激动，一脚踏空，落入水中。林则徐笑着说："这就是你的见面礼？"

这次会见，称得上是左宗棠一生中的一次历史性会见。因为正是这位清代官员的佼佼者、杰出的民族英雄，将让左宗棠迈出生命中最重要的第一步，他将成为未来中国历史舞台上的风云人物。

双方这次交谈的内容非常广泛，家事、国事、人物、政务无所不及。他们谈到了吏治，也谈到了贺长龄，谈得更多的还是西域边政。

林则徐说西域屯政不修，地利未尽，以致沃饶之区都不富强，他曾在边部各城大兴水利，可惜功未告成，深以为憾。

林则徐认为只要水利兴修，稻田广种，那么西域就能不减东南富庶之区。

林则徐还预见俄国将成为中国的边疆大患，谈及他对新疆地理的观察、俄国在边境的政治军事动态和自己的战守计划。

不知不觉之中，夜已将尽，两人才相互告别，林则徐手书对联一副送给左宗棠，曰："此地有崇山峻岭，茂林修竹；斯人读三坟五典，八索九丘。"上联写了湘江夜话处的美丽景色，下联抒发了胸怀古今文化的豪情，也是对左宗棠的高度评价。

临别时，林则徐将自己在新疆整理的资料和绘制的地图全部交给左宗棠，并举手拍着左宗棠的肩膀说："吾老矣，空有御俄之志，终无成就之日。数年来留心人才，欲将此重任托付！"

他还说，将来东南洋夷，能御之者或有人。然西定新疆，舍君莫属。以吾数年心血，献给足下，或许将来治疆有用。

年逾花甲的林则徐是用滴血的心说这段话的，好比临终托孤，后来左宗棠征战新疆，从俄国人手里夺回广袤的新疆土地，带的就是林则徐绘制的地图。

见面后不久，身染重病的林则徐回福建后知道来日不多，就命次子聪彝代写遗书，向大清皇帝一再推荐左宗棠，称其为“绝世奇才”“非凡之才”。左宗棠的名字，第一次引起了京城的注意。

40岁时，左宗棠终于被朝廷启用，但是因无功名，所以只能做湘佐。他出佐湘幕，初露峥嵘，引起朝野关注，时人有“天下不可一日无湖南，湖南不可一日无左宗棠”之语，诸多高官显贵竞相举荐，使咸丰帝很是关注，但也引起小人的忌恨诽谤，特别是湖南永州镇总兵樊燮的构陷，险些使左宗棠性命不保，幸得好友胡林翼、郭嵩焘等人仗义执言，潘祖荫、肃顺等披沥上陈才以得救。

此后左宗棠青云直上，迅速成长为可与曾国藩分庭抗礼的重臣。

当然左宗棠也提拔和培养了一批人才，如胡雪岩、潘鼎新、刘铭传、王德榜等，邓世昌、林永升、詹天佑、严复都是在左宗棠与洋人签订合同后，开办的新式学堂里出来的人才。

需要一提的是，左宗棠23岁入赘周家，与周诒端结婚。由于左宗棠父母双亡，无钱操办婚礼，而周家是湘潭大富，所以只能入赘周家。住在周家的厢房里。在新婚之夜，左宗棠写了一副对联自勉：

上联：身无分文，心忧天下；

下联：手释万卷，神交古人。

看懂了左宗棠的勤奋与抱负，你就必然如贺长龄、陶澍、林则徐一般看懂了左宗棠——此子旷世奇才，绝非池中之物。

另外一个出身贫寒，却青史留名的典型代表是范仲淹。范仲淹自幼丧父，母亲改嫁，不得已范仲淹有很长一段时间不得不随继父姓。他读书时很勤奋，曾有“划粥割齑”的典故，冬天时早上熬一碗粥，等冻僵硬了，在碗中划一个十字，一碗粥就被分成了四块，他早上吃一块，中午吃一块，下午吃一块，晚上吃一块。他一天就是这么一碗粥分着吃，勤奋地苦读。

他小时候还有一个算命的故事。他有次遇到一位算命先生，索性就问：“你帮我看一看，我能不能当宰相？”这算命先生一辈子从未见过一个小孩居然开口就说要当宰相，也被吓了一跳，就说：“小小年纪，为什么口气这么大？”

范仲淹有些不好意思，接着又跟算命先生说：“不然这样好了，你再看看，我能不能当个医生？”算命的有些纳闷，为何志愿如此悬殊，就问他：“你为什么选择两个志愿？”范仲淹回答：“因为只有良相和良医可以救人。如果我有做大官的命，那我就可以帮助天下人；如果我没有做官的命，那我就希望成为一个良医，能救身边的人。”

算命先生听完后很感动，一个孩子念念想着要救人，于是感慨地说：“你有这样一颗善心，是真正宰相之心，你以后一定可以当宰相。”

后来范仲淹官至参知政事，类似于副宰相的位置。

再说一个历史上的狂人——王猛。

《晋书》里记载，王猛出身贫贱之家，由于太穷，不得不从小以买畚箕为业。他卖畚箕和别人卖畚箕不同，别人是叫卖声不绝于耳，而他似乎是迫不得已才叫喊两声。在没人光顾时，他用竹篾断头和石子在地上画一些谁也不明白的阵图，又好像是自己和自己在下棋。摆到兴奋时，往往击掌叹息一句：“世无英雄，使竖子成名。”

所以人们看到的与其说是一个卖畚箕的买卖人，倒不如说是一个神经有些错乱的癫人、怪人。常有人好心劝他：“小伙子，为何不老老实实在家种几亩薄田，虽不能发财，也能吃口饱饭呀！”王猛听后直摇头，说：“大丈夫当以天下为己任，不计一己之温饱。如今天下大乱，豪强并起，黎民百姓自身难保，妻子儿女离散四方，只有天下太平了，老百姓才能安居乐业啊。”

王猛偶尔发出的高论往往引来好心人的叹息，却又屡屡招到富家子弟的讥笑。他们都笑他衣不蔽体，食不果腹了，还侈谈什么以天下为己任，不知天高地厚，好高骛远。对于这种言论的侮辱，王猛往往不置一词，从不还嘴，挑起畚箕担子便走。对此，“浮华之士咸轻而笑之”。(《晋书》) 对于这种羞辱，王猛往往听之任之，从不纠缠，只是笑笑。

王猛笑他们无知。这些酒囊饭袋只知富贵之后，不知富贵之前。古来多少王侯将相，原本出身布衣之家。辅佐齐桓公称霸的一代名相管仲，年轻时曾与鲍叔牙合伙做生意，在分利润时，管仲得大头，鲍叔牙得小头，因为管仲贫穷，鲍叔牙佯装不知，从不计较；诸葛亮出山之前，只能身居茅庐（住不上瓦舍），亲自耕田劳作；刘邦的大将韩信，年轻时不仅曾有胯下之辱，而且饿得半死，不得不向漂母（靠为人洗衣服为生的妇女）讨碗饭吃。如此等等，不一而足。

当然，王猛不可能向纨绔子弟们讲这许多历史典故。因为身居乱世，这些富家子弟可以仗势欺人，是不会听你讲什么道理和典故的。

在卖畚箕的时候，他引起了一位隐士的关注。这位隐士派人把他引到了嵩山里，他感觉这位隐士深不可测，决意拜师，跟随隐士入山修行。隐士却说："我早知你怀有佐世之志，只是在等待风云际会之时机。你既要济世就不可为隐士，既为隐士便难以济世，所谓鱼和熊掌不可兼得也。"

王猛在兵荒马乱中，观风云变幻；却手不释卷，刻苦学习，广泛汲取各种知识，逐渐长成起来，为人谨严庄重，深沉刚毅，胸怀大志，气度非凡。他曾经出游后赵国都邺城（今河北临漳西南），达官贵人们都瞧不起他，唯独一个"有知人之鉴"的徐统"见而奇之"。徐统在后赵时官至侍中，召请他为功曹。王猛遁而不应，隐居于西岳华山，静候风云之变而后动。

后来扪虱见桓温，一边扪虱，一边纵论天下，引起桓温惊奇。此后出山辅佐苻坚，成为前秦宰相。历史上对其评价很高，誉之为"功盖诸葛第一人"，范文澜的评价是："苻坚在皇帝群中是个优秀的皇帝。他最亲信的辅佐王猛，在将相群中也是第一流的将相。"而台湾的柏杨则说："王猛是中国成功的伟大政治家之一，在他之前有诸葛亮，在他之后有王安石，诸葛亮欠缺军事上的成就，王安石欠缺坚强的支持力量，所以王猛得以独展长才，把一团乱糟糟的流氓地痞、土豪恶霸，硬是凝结成金刚；不但国泰，而且民安。距今虽已一千余年，但仍使我们对于那个辉煌的时代，怦然心动。可惜王猛早逝，假使上苍延长他十年二十年寿命，他带给社会的政治轨道，会更巩固。"

在儒家，孔子和子贡都富有知人之智。

"人不知而不愠，不亦君子乎。"儒家向来就很重视对他人的观察、考察和了解。主张既要有知人之智，又要有自知之明。把知人视为极其重要的一种智慧。《论语·颜渊》中樊迟问仁，孔子就说"仁者爱人"，又问什么是智？

孔子就说“知人”。所以爱人就是仁德，而能够知人就是智慧。

《大戴礼记·卫将军文子第六十》（整篇文字又见于《孔子家语》）载，子贡曰：“贤人无妄，知贤则难，故君子曰：知莫难于知人。”意思就是说因为贤能的人没有妄为的邪行，了解贤人就很困难。所以君子说，没有比了解人更困难的了。

子贡就是端木赐，是孔子的得意门生，名列孔门十哲，为言语科的佼佼者，被孔子赞为“瑚琏之器”（前面我们讲陶澍择婿的故事时，陶澍也曾把女婿胡林翼赞为“瑚琏之器”）。子贡办事通达，富有辩才，还善于经商，曾经官至鲁国和卫国的国相，是中国历史上著名的政治家、外交家和大商人，也是孔门首富。今天很多人把他视为儒商之祖。

谈到儒商，我在这补充一句，今天很多做生意的人也自称儒商，或者抬举别的生意人为“儒商”。我告诉你，不是因为读了几本书就可以自称儒商的。我见过的这些号称“儒商”的生意人，其文化立场还是基督教，谈到儒家文化也不甚了了，有一点点附庸风雅，就标榜“儒商”了。儒商，首先是儒，其次才是商。儒商不只是态度儒雅而已，他必须先以儒家的标准自勉自律，道德厚重，诚信为本，以义制利，且君子爱财，取之有道。

当年的晋商东家把数十万甚至上百万的银两交给伙计，伙计去遥远的蒙古、西伯利亚、欧洲做生意，一去多年，交通不畅，音讯杳无。过些年，伙计们连本带利全带回给东家。这在晋商是很平常的事情。晋商在中国历史上五百年来，从未出现一次“携款潜逃”之事，创造了人类商业文明史的奇迹。这才可以称为中国的儒商群体。

孔子为什么称赞子贡为“瑚琏之器”？我们来看看子贡的政治智慧。《史记》记载：

齐国的田常想向鲁国用兵，孔子担心家乡遭到荼毒，就让弟子们阻挠齐国。子路、子石、子张先后请命，都被孔子一一拒绝，只有子贡请缨，得到了孔子的同意。后来子贡果然不辱使命，奔走于齐、鲁、吴、越、晋之间，凭三寸不烂之舌，将高超的演说技巧和外交能力发挥得淋漓尽致。《史记》形容为：“子贡一出，存鲁、乱齐，破吴，强晋而霸越。子贡一使，使势相破，十年之中，五国各有变。”意思是说，子贡一出动，保全了鲁国，扰乱了齐国，灭掉了吴国，强大了晋国，并使越国称霸。子贡一次出使，就让这五个国家在十年内的形势发生变化。

由此可见，孔子知人善任，也同时可以看出，儒家之学，岂能被视为迂腐之学？子贡一人，就已比后来苏秦、张仪的纵横家之徒要显得高明。苏秦和张仪二人是连横合纵，相辅相成，才能玩转六国，少了一人，都难以成功。而子贡仅凭一人之力，一次出使，就将五国成功变局。所以儒家的智慧，“用之则行，舍之则藏”，既是深不可测，又是切实可用的大智慧。

《史记·孔子世家》还记载，孔子困于陈蔡之间，断绝了粮食，情形十分危急。而“子贡使楚”，使得“楚昭王兴师迎孔子，然后得免”。子贡去一趟楚国，就让楚国的君王出动部队来迎接孔子，解了师父孔子的困。

子贡师门情深。《史记》记载，孔子临死前，子贡来见孔子。孔子感叹地说：“赐，汝来何其晚也？”意思就是你怎么不早点来，说明孔子很想念他。7天后孔子去世，弟子们服的是“三年心丧”，而只有子贡，庐墓6年才离开。

孔子去世以后，子贡的名声很大，地位很高，有些人就认为他青出于蓝而胜于蓝，比孔子还了不起，认为子贡应该凌驾在孔子之上。子贡都一一辩驳，并警告对方：“无以为也。仲尼，不可毁也。他人之贤者，丘陵也，犹可逾也。仲尼，日月也，无得而逾焉。人虽欲自绝，其何伤于日月乎？多见其不自量也。”

《大戴礼记》记载，子贡在卫文子的请求下，对他曾接触过的一些孔门弟子进行品行特征的介绍评价，如：

评颜渊：“夙兴夜寐，讽诵崇礼；行不贰过，称言不苟，是颜渊之行也。”起早摸黑，诵习经书，又崇尚礼义，行为知错能改，不犯第二次错误。

评冉雍：“在贫如客，使其臣如借；不迁怒，不探怨，不录旧罪，是冉雍之行也。”虽然身处贫困，但是矜持厚重如为客，使唤臣仆又客客气气，不迁怒于别人，也不责怪、怨恨别人，不记别人的罪过，这就是冉雍的德行。

评子路：“不畏强御，不侮矜寡；其言曰性，都其富哉，任其戎，是仲由之行也。”不畏惧强暴之敌，不欺负孤寡弱小，说话率性本真，相貌端正，能带兵打仗，这是子路的德行。

评子有：“恭老恤孤，不忘宾旅，好学省物而懃，是冉求之行也。”尊敬长辈又能爱护孤儿，牵挂那些流离失所、无家可归的旅人，喜欢学习，体察物理而勤奋刻苦，这就是冉求的德行。

评公西赤：“志通而好礼，摈相两君之事，笃雅其有礼节也，是公西赤之行也。”志向通达又喜好礼仪，作为两国之间的傧相，忠诚高雅而有礼节，这是公西赤的德行。

评曾参：“满而不满，实如虚，通之如不及，先生难之，不学其貌，竞其德，敦其言；于人也无所不信，其桥大人也，常以皓皓，是以眉寿，是曾参之行也。”近乎完美而不满足，内在充实，很有本事却又谦虚，非常通达却如赶不上，哪怕是过去的贤人也难以做到。无所不学，容貌谦恭，努力于提升德行，说话敦厚；对人诚恳守信，没有人不信任他，称得上是大人。一向胸怀宽广、识见通达，因此健康长寿。这是曾参的德行。

评子夏：“学以深，厉以断，送迎必敬，上友下交，银手如断，是卜商之行也。”学习深入，认真判断，送迎宾客必定恭敬有礼，和上下级交往界限分明，这是卜商的德行。

评澹台灭明：“贵之不喜，贱之不怒，苟于民利矣，廉于其事上也，以佐其下，是澹台灭明之行也。”富贵了也不以为喜，贫贱了也不恼怒。只要对人民有利，宁愿劝导上面的领导节俭，也要帮助百姓，这是澹台灭明的德行。

子贡做了这些评价后，回到鲁国见到孔子，就汇报了卫将军文子向他了解同门师兄弟情况的事情，因为是再三询问，实在推辞不掉，所以就把自己了解的情况告诉了卫文子将军，不知道做得对不对。孔子了解完他的评价后，笑着说：“赐啊，你已经有知人之能了。”接着，孔子又向子贡介绍了一些历史名家的品行德操，如伯夷、叔齐、随武子、铜鞮伯华、蘧伯玉、柳下惠、晏平仲、老莱子、羊舌大夫等人物，这充分体现了孔子的知人之明，在这就不多介绍了。

关于孔子品评弟子，我简单从《论语》中罗列出来给大家看看。

1. 颜回

哀公问："弟子孰为好学？"孔子对曰："有颜回者好学，不迁怒，不贰过。不幸短命死矣，今也则亡，未闻好学者也。"（鲁哀公问："你的弟子谁是最好学的"？孔子回答说："有一个叫颜回的，很好学，他不迁怒于人，不会两次犯一样的过错。不幸他短命死了。现在没有了，再也没有听说有好学的人了。"）

子曰："贤哉，回也！一箪食，一瓢饮，在陋巷，人不堪其忧，回也不改其乐。贤哉，回也！"（孔子说："颜回的品质是多么高尚啊！一箪饭，一瓢水，住在简陋的小屋里，别人都忍受不了这种穷困清苦，颜回却没有改变他好学的乐趣。颜回的品质是多么高尚啊！"）

季康子问："弟子孰为好学？"孔子对曰："有颜回者好学，不幸短命死矣，今也则亡。"（季康子问孔子："你的学生中谁是好学的？"孔子回答说："有一个叫颜回的学生很好学，不幸短命死了。现在再也没有像他那样的了。"）

2. 公冶长

子谓公冶长："可妻也。虽在缧绁之中，非其罪也。"以其子妻之。（孔子评论公冶长说："可以把女儿嫁给他，他虽然被关在牢狱里，但这并不是他的罪过呀。"于是，孔子就把自己的女儿嫁给了他。）

3. 南容

子谓南容："邦有道，不废；邦无道，免于刑戮。"以其兄之子妻之。（孔子评论南容说："国家有道时，他有官做；国家无道时，他也可以免去刑戮。"于是把自己的侄女嫁给了他。）

南容三复白圭，孔子以其兄之子妻之。（南容反复诵读"白圭之玷，尚可磨也；斯言不玷，不可为也"的诗句。孔子把侄女嫁给了他。）

4. 子贱

子谓子贱："君子哉若人，鲁无君子者，斯焉取斯。"（孔子评论子贱说："这个人真是个君子呀。如果鲁国没有君子的话，他是从哪里学到这种品德的呢？"）

5. 子贡

子贡问曰："赐也何如？"子曰："女，器也。"曰："何器也？"曰："瑚琏也。"（子贡问孔子："我这个人怎么样？"孔子说："你呀，好比一个器具。"

子贡又问："是什么器具呢？"孔子说："是瑚琏。"）

6. 冉雍

或曰："雍也仁而不佞。"子曰："焉用佞？御人以口给，屡憎于人，不知其仁。焉用佞？"（有人说："冉雍这个人有仁德但不善辩。"孔子说："何必要能言善辩呢？靠伶牙俐齿和人辩论，常常招致别人的讨厌，这样的人我不知道他是不是做到仁，但何必要能言善辩呢？"）

子曰："雍也可使南面。"（孔子说："冉雍这个人可以使他当帝王。"）

7. 子路

子曰："衣敝缊袍，与衣狐貉者立，而不耻者，其由也与？"（孔子说："穿着破旧的丝棉袍子，与穿着狐貉皮袍的人站在一起而不认为是可耻的，大概只有仲由吧。）

子曰："片言可以折狱者，其由也与？"子路无宿诺。（孔子说："只听了单方面的供词就可以判决案件的，大概只有仲由吧。"子路说话没有不算数的时候。）

8. 申枨

子曰："吾未见刚者。"或对曰："申枨。"子曰："枨也欲，焉得刚？"（孔子说："我没有见过刚强的人。"有人回答说："申枨就是刚强的。"孔子说："申枨这个人欲望太多，怎么能刚强呢？"）

9. 闵子骞

子曰："孝哉闵子骞！人不间于其父母昆弟之言。"（孔子说："闵子骞真是孝顺呀！人们对于他的父母兄弟称赞他的话，没有什么异议。）

这算是孔子单独评弟子的话，还有他综合起来评弟子的话——

1. 孟武伯问子路仁乎？子曰："不知也。"又问。子曰："由也，千乘之国，可使治其赋也，不知其仁也。""求也何如？"子曰："求也，千室之邑，百乘之家，可使为之宰也，不知其仁也。""赤也何如？"子曰："赤也，束带立于朝，可使与宾客言也，不知其仁也。"（孟武伯问孔子："子路做到了仁吧？"孔子说："我不知道。"孟武伯又问。孔子说："仲由嘛，在拥有一千辆兵车的国家里，可以让他管理军事，但我不知道他是不是做到了仁。"孟武伯又问：

“冉求这个人怎么样？”孔子说：“冉求这个人，可以让他在一个有千户人家的公邑或有一百辆兵车的采邑里当总管，但我也不知道他是不是做到了仁。”孟武伯又问：“公西赤又怎么样呢？”孔子说：“公西赤嘛，可以让他穿着礼服，站在朝廷上，接待贵宾，我也不知道他是不是做到了仁。”）

2. 子贡问：“师与商也孰贤？”子曰：“师也过，商也不及。”曰：“然则师愈与？”子曰：“过犹不及。”（子贡问孔子：“子张和子夏二人谁更好一些呢？”孔子回答说：“子张过分，子夏不足。”子贡说：“那么是子张好一些吗？”孔子说：“过分和不足是一样的。”）

3. 柴也愚，参也鲁，师也辟，由也喭。（高柴愚直，曾参迟钝，颛孙师偏激，仲由鲁莽。）

4. 子曰：“回也其庶乎，屡空。赐不受命，而货殖焉；亿则屡中。”（孔子说：“颜回的学问道德接近于完善了吧，可是他常常贫困。端木赐不听命运的安排，去做买卖，猜测行情，往往猜中了。）

5. 季子然问：“仲由、冉求，可谓大臣与？”子曰：“吾以子为异之问，曾由与求之问。所谓大臣者，以道事君，不可则止。今由与求也，可谓具臣矣。”曰：“然则从之者与？”子曰：“弑父与君，亦不从也。”（季子然问：“仲由和冉求可以算是大臣吗？孔子说：“我以为你是问别人，原来是问由和求呀。所谓大臣是能够用周公之道的要求来事奉君主，如果这样不行，他宁肯辞职不干。现在由和求这两个人，只能算是充数的臣子罢了。”季子然说：“那么他们会一切都跟着季氏干吗？”孔子说：“杀父亲、杀君主的事，他们也不会跟着干的。”）

6. 子路、曾皙、冉有、公西华侍坐。子曰：“以吾一日长乎尔，毋吾以也。居则曰：‘不吾知也！’如或知尔，则何以哉？”子路率尔而对曰：“千乘之国，摄乎大国之间，加之以师旅，因之以饥馑；由也为之，比及三年，可使有勇，且知方也。”夫子哂之。“求，尔何如？”对曰：“方六七十，如五六十，求也为之，比及三年，可使足民；如其礼乐，以俟君子。”“赤，尔何如？”对曰：“非曰能之，愿学焉。宗庙之事，如会同，端章甫，愿为小相焉。”“点，尔何如？”鼓瑟希，铿尔，舍瑟而作，对曰：“异乎三子者之撰。”子曰：“何伤乎？

亦各言其志也。”曰：“莫春者，春服既成；冠者五六人，童子六七人，浴乎沂，风乎舞雩，咏而归。”夫子喟然叹曰：“吾与点也！”三子者出，曾皙后。曾皙曰：“夫三子者之言何如？”子曰：“亦各言其志也已矣！”曰：“夫子何哂由也？”曰：“为国以礼，其言不让，是故哂之。”“唯求则非邦也与？”“安见方六七十如五六十而非邦也者？”“唯赤非邦也与？”“宗庙会同，非诸侯而何？赤也为之小，孰能为之大！”（子路、曾皙、冉有、公西华四个人陪孔子坐着。孔子说：“我年龄比你们大一些，不要因为我年长而不敢说。你们平时总说：‘没有人了解我呀！’假如有人了解你们，那你们要怎样去做呢？”子路赶忙回答：“一个拥有一千辆兵车的国家，夹在大国中间，常常受到别的国家侵犯，加上国内又闹饥荒，让我去治理，只要三年，就可以使人们勇敢善战，而且懂得礼仪。”孔子听了，微微一笑。孔子又问：“冉求，你怎么样呢？”冉有答道：国土有六七十里或五六十里见方的国家，让我去治理，三年以后，就可以使百姓饱暖。至于这个国家的礼乐教化，就要等君子来施行了。”孔子又问：“公西华，你怎么样？”公西华答道：“我不敢说能做到，而是愿意学习。在宗庙祭祀的活动中，或者在同别国的盟会中，我愿意穿着礼服，戴着礼帽，做一个小小的赞礼人。”孔子又问：“曾点，你怎么样呢？”这时曾点弹瑟的声音逐渐放慢，接着“铿”的一声，离开瑟站起来，回答说：“我想的和他们三位说的不一样。”孔子说：“那有什么关系呢？也就是各人讲自己的志向而已。”曾皙说：“暮春三月，已经穿上了春天的衣服，我和五六位成年人、六七个少年，去沂河里洗洗澡，在舞雩台上吹吹风，一路唱着歌走回来。”孔子长叹一声说：“我是赞成曾皙的想法的。”子路、冉有、公西华三个人都出去了，曾皙后走。他问孔子说：“他们三人的话怎么样？”孔子说：“也就是各自谈谈自己的志向罢了。”曾皙说：“夫子为什么要笑仲由呢？”孔子说：“治理国家要讲礼让，可是他说话一点也不谦让，所以我笑他。”曾皙又问：“那么是不是冉有讲的不是治理国家呢？”孔子说：“哪里见得六七十里或五六十里见方的地方就不是国家呢？”曾皙又问：”公西华讲的不是治理国家吗？”孔子说：“宗庙祭祀和诸侯会盟，这不是诸侯的事又是什么？像赤这样的人如果只能做一个小相，那谁又能做大相呢？”）

孔子之前，就有鉴人之说，孔子而后，评鉴家就更多了。东汉末年著名的水镜先生司马徽就以善鉴著称，在《三国演义》小说中更是被描述得十分传奇。

《三国志》中也记录了桥玄、何颙鉴曹操的故事，说曹操小时候非常聪明机警，而且有谋略擅权变，但是放荡不羁，游手好闲，不做正经事，所以大家都对他不以为然。唯独桥玄和何颙不这样看，认为曹操将是一个大人物，后来也印证了。(《三国志·魏志·武帝纪》：太祖少机警，有权数，而任侠放荡，不治行业，故世人未之奇也；惟梁国桥玄、南阳何颙异焉。玄谓太祖曰："天下将乱，非命世之才不能济也，能安之者，其在君乎！"年二十，举孝廉为郎，除洛阳北部尉，迁顿丘令，徵拜议郎。)

当然，三国还有一位著名的评鉴家许劭，他评鉴曹操的一句话流传千古。这在《后汉书·许劭传》及《三国志·武帝纪》里，均有记载。

许劭是东汉末年汝南平舆（今属河南）人，《辞海》中对他的评价是：有名于世，喜评论人物。史书上称赞他"少峻好名，好人伦"。由于他学识渊博，崇尚品节，因而为众所敬重爱戴。

当时汝南郡的读书人中，有一种风气，就是喜欢评论朝野知名人士，或褒或贬，无所隐讳。如疾恶如仇、敢惩不法的李膺，被好评为"天下楷模"；抗节不屈、勇斗宦官的陈蕃，被好评为"不畏强御"。他们每在月初就更换评论对象，称之为"月旦评"。这月旦评的领军人物，就是汝南名士许劭。

由于以许劭为首的月旦评，对人物的评论公正而又准确，官府往往依据其评价选用或是谪贬职官。所以人们都以能得到许劭的好评为荣，曹操也就找上门来了。

东汉末年，朝政黑暗，社会动荡，预示了又一轮改朝换代的来临。青年时代的曹操志向不凡，有心干一番事业做英雄造时势。为此博览群书，钻研兵法，又周游天下，广交志士，为后来的崛起做准备。

据《三国志·武帝纪》载，一次，曹操因传闻宦官头目张让聚敛巨亿家私，便闯入其府中探看究竟，不料被家丁发觉，团团围住。他毫无惧色，挥舞双戟杀退兵丁冲出重围，扬长而去。

许劭也听说了曹操独闯张让宅院之事，也曾风闻曹操“少机警，有权数，而任侠放荡，不治行业”，又传扬他“飞鹰走狗，游荡无度”，所以“卑其人而不肯对”，也就是看不起他而不愿为他做评价。

曹操心中不悦，请求再三，见许劭仍不答应，一气之下，口出威胁之言。许劭无奈，只好说：“君清平之奸贼，乱世之英雄。”（《后汉书·许劭列传》）而《三国志·武帝纪》里的记载却不同：“（许劭）曰：子治世之能臣，乱世之奸雄。”

我鉴人的故事

我见过很多人，也评论过很多人。我 23 岁时，在深圳认识过一个姓唐的商人。这位商人听说了我，希望得到我的评鉴，所以特地找上门来要认识我。

他很讲排场，不管走到哪都是前呼后拥一大堆人。每到一个地方，住酒店，都是总统套房，助手、副手全住一起。他在贵州曾经做过一款比较有名的矿泉水品牌。每次到贵阳，就住喜来登酒店的总统套房。坐飞机几乎是清一色包下整个头等舱，让同行的朋友、随行人员全都坐满。

他的口才是一流的好，谈论东西头头是道，而且很有风范，能吸引人。但有一个不好，就是承诺的东西很多，却很少能兑现。他还有一个最大的特征，就是坐着说话时不停地抖腿，一直抖一直抖，你盯着他腿看，会感到快地震了。

古人是不让坐着抖腿的，从中医来说这是肾气不足的症状，从修养来说这是一种浮躁不镇定的表现。

他挥金如土，有次在澳门赌场一夜之间输掉几千万元。

他那时对我极好，对我很尊重。我看着不忍，就给他提过很多意见，他表面虚心接受，但其实都没有做到。

我就告诫他，如果再不改变生活做派，不出 5 年，他将有大难。如果他再不改变，我们就做不成朋友了。

因为我心里有愧，为什么呢？因为作为朋友，我只能眼睁睁看着他一天天堕落下去而无能为力。所以我只能选择疏远他，以此来警醒他。但就在我疏远他时，却仍有很多人对他趋之若鹜，去接近他、奉承他。

后来在2012年，他因为非法集资问题引来了牢狱之灾，整个下半生也都将在监狱里度过了。

那他怎么会这样呢？《货殖列传》里有句话："货悖而入者，亦悖而出。"他的那种挥霍，不是正常状态，而是一种急剧的消耗，任何强大的产业都支撑不起的。而且人到了那种状态里，很难扭转了，只会变得越来越奢靡堕落。所以你懂得了中华文化，就懂得了怎样做人，怎样惜福，然后怎样去做事。贪图享受固然舒服，但是当难以为继时是否会铤而走险呢？这是需要注意的。

唐先生就是一个现实生活中活生生的反面教材，像他这样的人还很多。我希望很多像他这样的人或者想成为他这样挥金如土的人能够看到，成为一种鉴戒。

在我26岁时认识了一个年轻人，韩丹先生。说是年轻人，他比我还要年长4岁。他那时很穷困，但是很喜欢到处去听传统文化的课，有次在外地听课，连回家的火车票钱都没有了。

他听传统文化的课，很受传统文化所吸引，就发起了大乘心，看到很多人可怜，就会发出悲悯之情。他不忍心杀生，就决心吃素。

那时候我们一起吃饭，看他很有修养，很有礼节，虽然穷困，精神面貌却很好。我就告诉他，差不多3年时间，他会成亿万富豪。

他那时很穷，也看不到未来，但是却有一颗利济之心。

现代社会生活普遍提高了，大家都吃得好，营养过剩，很多人的健康成为隐忧。他自己吃素感觉很好，就发心想让更多人也来多吃吃素。

但是我让你吃素，你会说凭什么干涉我的生活啊？

韩丹先生是吉林人，北方都吃五谷杂粮，他觉得五谷杂粮很好，但是南方人嫌粗糙，不爱吃。他就想，能否让南方人也爱上吃五谷杂粮呢？功夫不负有心人。他想出一个妙招，把五谷杂粮磨成粉末，把味道调得很好，就做成冲泡的粥的形式了，但是很快他又进行了调整，光吃五谷杂粮不够，应该多一点食材，多一点营养，就开始用中医、现代医学和营养学来进行研究，最后用了159种全素食材磨成粉末用水冲泡做成粥。

冲泡一碗粥很方便啊，老外不是在全球开快餐店吗？但是中国粥健康，也方便，所以他要把他的粥推向世界，把健康带给世界。

一年下来，他成功了，第一年就盈利上亿，还顺带把一家快倒闭的包装厂给带活了。

2017年是他做粥的第三年，这年下半年，他邀请我去长春的总部参观，总部就在长春市，一条大道就是以他的企业名称命名的，叫“佐丹力街”，没过多久，我国第一颗以企业名称命名的卫星发射了，这颗卫星的名字也是“佐丹力”，就是他的企业。

现在他成了吉林省的纳税大户，也带动了整个吉林省的农业发展。

韩丹先生依旧很谦逊，生活也依旧很简朴，每次来酒店接我，总比我先到，谈话中，我感受到他比以往更谨慎，这是好兆头。他对自己很节俭，对公益事业却很慷慨。

最近，《人民日报》将他作为新时代的奋斗人物进行了专访，以《上心熬粥出真味》为题对他进行了报道。

韩丹先生的成功，其实也正是得益于中华优秀传统文化的滋养。

不知人的后果

前面讲了孔子的知人善任，那么不知人会怎样呢？常言道“用人不疑，疑人不用”。道理很对，但这也是建立在知人的基础上的。如果不知人，疑不疑都毫无意义。多疑多虑多防范，被用者心中不快，就不会尽心尽力办事，还可能因为你的多疑而真的成为你因疑虑而想象的那种人物。但不疑的话，如果信任了不值得信任的人、重用了不能够重用的人，会更危险。古今中外多少大人物因为用人不当、用人失察而酿造大祸或死于非命，甚至灭国灭族。

例如齐桓公错信了易牙、竖刁等奸佞，被活活饿死；魏国的公子交友不慎，公子卬错信了老友商鞅，自取败亡；孙膑太信任同学庞涓，被斩去双足，还险些丧命；韩非子错信了老同学李斯，李斯错信了老同事赵高，都送了命；秦始皇错信了丞相李斯和郎中令赵高，导致政权覆灭，国家亡失。

西汉的太皇太后错信了王莽，丢了大汉江山；董卓错认了吕布，死于非命。

诸葛亮错看了马谡，结果丢了街亭，第一次北伐失败，错过了千古良机；隋文帝死于最为看重的儿子之手；隋炀帝又死于最亲信的宇文氏；唐玄宗错看了安禄山，老来遭尽流浪之罪。

还有“纸上谈兵”这个成语典故，也是和“不知人”有关系。

赵孝成王因为有眼无珠，抛弃廉颇，错用赵括，致使大败亏输。

赵括是赵国名将赵奢之子，熟读兵法，但只会背，谈起来头头是道，却不能够灵活运用，缺乏实践。对此，相国蔺相如很了解，提醒赵王：“王以名使括，若胶柱鼓瑟耳。括徒能读其父书传，不知合变业。”这句话就是说赵括虽然能熟读父亲的兵书传记，却不懂得合乎时宜，变通应用。

赵括的父亲赵奢也说：“兵，死地也，而括易言之。使赵不将括则已；若必将之，破赵军者必括也。”意思就是用兵打仗是关乎生死的大事，可赵括却说得那么简单轻松，可见态度不慎重。赵国如果不用赵括为将就罢了，如果一定要用他为将，那么让赵军失败的一定是他！

不光赵括的父亲，连他的母亲也了解他。《资治通鉴·周纪》记载：

及括将行，其母上书言于王曰：“括不可使将。”王曰：“何以？”对曰：“始妾事其父，时为将，身所奉饭饮而进食者以十数，所友者以百数，大王及宗室所赏赐者尽以予军吏士大夫，受命之日，不问家事。今括一旦为将，东向而朝，军吏无敢仰视之者，王所赐金，归藏于家，而日视便利田宅可买者买之。王以为何如其父？父子异心，愿王勿遣。”王曰：“母置之，吾已决矣。”括母因曰：“王终遣之，即有如不称，妾得无随坐乎？”王许诺。

上文的意思是：到赵括将启程出发时，他的母亲给赵王上书，说：“不可让赵括做将军。”赵王问为什么。他母亲说：“当初我侍奉他父亲，那时他父亲是将军，由他亲自捧着饮食伺候吃喝的人有数十人，而被他当作朋友的有数百人，大王和王族赏赐的东西全都分给了军士和士大夫，他从接受君令那天起，就不再过问家事。现在赵括一下做了将军，面向东方接受朝见，军吏没有敢抬头看他的，大王赏赐的金帛，他都收藏在家，还天天查访便宜的田地房产，可以买的就买了下来。大王认为他哪里像他父亲呢？父子二人的心地不同，希望大王不要派他统兵。”赵王说：“你不要再说这事了，我已经决定了。”赵括母亲接着说：“既然大王一定要派遣他领兵，如果他有不称职的地方，我能不受株连吗？”赵王答应了。

赵王没有听劝，结果赵国大败，40 万大军被永远埋在了长平。不久，赵国又被秦国所灭。这就是不知人的后果。

前面讲的是不知人而招灾，历史上也有因知人而远祸的事例。最为人所称道的，就是范蠡。

范蠡在帮助越王勾践成功之后，立刻离开了越国。他从齐国写信给文种说：“蜚（飞）鸟尽，良弓藏；狡兔死，走狗烹。越王为人长颈鸟喙，可与共患难，不可与共乐。子何不去？”大意是说：飞鸟射杀完了，好的弓箭就会被收起来。狡猾的兔子捕完了，猎狗就会被煮掉。从越王的长相看，他脖子长嘴巴尖，这种长相的人为人阴险，工于心计。可以与他共患难却不能同享乐。你为什么还不赶快离开呢？文种在收到信后便称病不上朝，但最终仍未逃脱赐死的命运。而范蠡却早早料到这一点，不得不说，正是有知人之智，才免除大祸。

“鸟尽弓藏”自此以后便成了一个成语，比喻事成之后，把很多曾经出过力的人都一脚踢开或加以消灭。其同义词是“过河拆桥”。

前面我们讲李泌写的那首《丈夫吟》，写到“扁舟泛五湖”就是用的范蠡的典故。范蠡又叫陶朱公，被誉为中国的商圣。据说他在离开勾践之后，是带着美女西施一起走的。他们到了太湖以北的五里湖边，见风景优美，山明水秀，就搭了几间草屋，隐姓埋名住了下来。期间文种被杀，范蠡为保性命曾三迁他地，但是由于西施非常喜爱五湖风光，最后二人还是定居于西湖。

他在三迁的途中，辗转来到齐国，变姓名为鸱夷子皮，在海边结庐而居。戮力耕作，兼营副业（捕鱼、晒盐），很快积累了数千万家产。范蠡仗义疏财，扶危济困，他的贤明能干被齐人赏识，齐王就把他请进国都临淄，拜为主持政务的相国。他感叹说："居官致于卿相，治家能致千金；对于一个白手起家的布衣来讲，已经到了极点。久受尊名，恐怕是不祥之兆。"于是，才三年，他再次急流勇退，向齐王归还了相印，散尽家财给知交和百姓。一身布衣，第三次迁徙至宋国陶邑（今菏泽定陶区南），在这个居于"天下之中"的宋国最佳经商之地，操计然之术以治产，没出几年，经商积资又成巨富，人称陶朱公。

郭子仪也因为知人而让家族避过祸。下面说说郭子仪的故事。

郭子仪大家都知道，唐朝的重臣，平定过安史之乱。他晚年时退休在家，每天就是饮酒作乐，安享晚年。有一次他在大厅观看自己的丫鬟、舞女们跳舞，忽然一个叫作卢杞的年轻后生来家中拜访。郭子仪赶紧撤走所有丫头，亲自出门迎接卢杞，跟他说完话以后又亲自送他出门。

有人疑惑不解，就问："卢杞这个年轻人来拜访您，他也没有什么地位，没有什么值得称道的德行，而您德高望重，随便见一见他就可以了，为什么为了见他还要迅速把舞会解散，让所有女子都回避，而且还亲自迎送他呢？"

郭子仪说："我看卢杞这个人，因为脸上有青色的胎记，显得丑陋，而他又很有才华，不甘于久居人下，将来一定会位高权重。我是怕他来了府上，家里的女子们看到他的长相而窃笑，就会得罪于他。他一定会怀恨在心，将来一旦得势，恐怕郭家难逃厄运，所以我对他格外客气。"

后来卢杞的发展果然如郭子仪所料，卢杞成为唐朝的权臣，做了宰相，权倾朝野。而此人也成为中国历史上著名的大奸臣。得志以后，铲除异己，报复了很多曾经得罪过他的人。而唯独对郭子仪一家，始终友善。

中华文化的妙观察智与做人

如何观人的理论，前面提到《人物志》，其实早在三千多年前，周文王就提出了"六征之法"，《庄子》中也提出了一个观人模型，叫"八验"；还有李克的观人五法，《吕氏春秋》中提出的"八观六验""六戚四隐"法等等。我简单给大家介绍一下。

周文王求贤若渴，沐浴斋戒迎请姜太公并拜其为太师。从姜太公所受文王之礼遇，并得以展其才尽其用，可以看出文王是识才用才之人。在遇到姜子牙之前，周文王已有好贤爱才之称。《诗经》云：“济济多士，文王以宁。”周文王在任命官职处理事务之时很注重对人的观察，《礼记·文王官人篇》提出了“六征观人法”，这是一套记载完备、系统、成熟的鉴别人才的方法，既是“观人术”“相人术”，又是“官人术”“用人术”。

官人，就是用人为官。六征，为观诚、考志、视中、观色、观隐、揆德。这篇文章可谓古代探讨观人方法的一篇专门文献。关于观诚、考志和视中，该文写道：

富贵者观其有礼施也，贫穷者观其有德守也，嬖宠者观其不骄奢也，隐约者观其不慑惧也；其少观其恭敬好学而能弟也，其壮观其洁廉务行而胜其私也，其老观其意宪慎、强其所不足而不逾也；父子之间观其孝慈也，兄弟之间观其和友也，君臣之间观其忠惠也，乡党之间观其信惮；省其居处观其义方，省其丧哀观其贞良，省其出入观其交友，省其交友观其任廉；考之以观其信，挈之以观其知，示之难以观其勇，烦之以观其治，淹之以利以观其不贪，蓝（滥）之以乐以观其不宁；喜之以物以观其不轻，怒之以观其重，醉之以观其不失也，纵之以观其常，远使之以观其不贰，迩之以观其不倦；探取其志以观其情，考其阴阳以观其诚，覆其微言以观其信，曲省其行以观其备成。此之谓观诚也。

二曰方与之言，以观其志。志殷如深，其气宽以柔，其色俭而不谄，其礼先人，其言后人，见其所不足，曰日益者也。如临人以色，高人以气，贤人以言，防其不足，伐其所能，曰日损者也。其貌直而不侮，其言正而不私，不饰其美，不隐其恶，不防其过，曰有质者也。其貌固呕，其言工巧，饰其见物，务其小征，以 故自说，曰无质者也。喜怒以物，而色不作；烦乱之，而志不营；深道以利，而心不移；临慑以威，而气不卑，曰平心而固守者也。

喜怒以物而变易知，烦乱之而必不裕，示之以利而易移，临慑以威而易慑，曰鄙心而假气者也。执之以物而遨惊，决之以卒而度料，不学而性辨，曰有虑者也。难投以物，难说以言，知一如不可以解也，困而不知其止，无辨而自慎，曰愚赣者也。营之以物而不虞，犯之以卒而不惧，置义而不可迁，临之以货色而不可营，曰洁廉而果敢者也。易移以言，存志不能守锢，已诺无断，曰弱志者也。顺与之弗为喜，非夺之弗为怒，沈静而寡言，多稽而俭貌，曰质静者也。辨言而不固行，有道而先困，自慎而不让，当如强之，曰始妒诬者也。征清而能发，度察而能尽，曰治志者也。华如诬，巧言、令色、足恭，一也，皆以无为有者也。此之谓考志。

三曰诚在其中，此见于外；以其见占其隐，以其细占其大，以其声处其气。初气主物，物生有声；声有刚有柔，有浊有清，有好有恶。咸发于声也。心气华诞者，其声流散；心气顺信者，其声顺节；心气鄙戾者，其声斯丑；心气宽柔者，其声温好。信气中易，义气时舒，智气简备，勇气壮直。听其声，处其气，考其所为，观其所由，察其所安；以其前占其后，以其见占其隐，以其小占其大。此之谓视中也。

其余观色、观隐、揆德等观人的方法，都相当深刻而独到，大家可自行查阅。

《文王官人》进一步提出“九用”之说，就是对九种不同气质和特长的管理人才，让他们担任九个方面的工作。周文王求贤若渴，有识贤观人的慧眼，他能开辟周王朝八百年天下取得空前绝后的成功，绝非浪求，岂是偶然哉？

而李克对魏文侯说过观察人的五个方法：“居视其所亲，富视其所与，达视其所举，穷视其所不为，贫视其所不取。”就是说，平时看他喜欢和什么人在一起，富有了又看他怎么花钱，他有地位了又看他举荐什么人，失意的时候看他不做什么事情，贫困的时候看他不拿什么东西。这个“五视”观人法，虽然简单，却具体而深刻，可以借此深度了解一个人的品德操守和志向。

《庄子》里提出的“八验”观人模型是：“远使之以观其忠，近使之以观其敬，烦使之以观其能，猝问之以观其智，急与期以观其信，醉以酒以观其性，杂以处以观其色，示以利以观其廉。”

《吕氏春秋》在《论人》中提出“八观六验”“六戚四隐”等观人法。所谓八观六验是：

凡论人，通则观其所礼，贵则观其所进，富则观其所养，听则观其所行，止则观其所好。习则观其所言，穷则观其所不受，贱则观其所不为，喜之以验其守，乐之以验其僻，怒之以验其节，惧之以验其特，哀之以验其人，苦之以验其志。八观六验，此贤主之所以论人也。

“八观”是根据一个人在显达、尊贵、富有、听言、赋闲、学习、困窘、卑贱等不同境遇中的行为表现来了解其内在修养的观察法。而“六验”则是试验之法，通过一定的方法诱导出一个人相应的喜怒哀乐忧惧苦等情感，再进一步观察他在这些情感支配下的行为，以鉴别其节操、意志、气度、心念、品行、仁爱等特质。

“六戚四隐”是：

论人者，又必以六戚四隐。何谓六戚？父母兄弟妻子；何谓四隐？交友故旧邑里门郭（门客亲信）。

即：从处理与父母、兄弟、妻子的关系上考察其伦理道德，从处理与熟人、老乡、亲信的关系上来考察其社交品质。

通过对观察对象的相貌表情、言谈举止、心理品质、主要社会关系等进行全方位考察，得出的结论就比较全面。

《人物志》中也有“八观”之法：“八观者，一曰观其夺救，以明间杂；二曰观其感变，以审常度；三曰观其志质，以知其名；四曰观其所由，以辨依似；五曰观其爱敬，以知通塞；六曰观其情机，以辨恕惑；七曰观其所短，以知所长；八曰观其聪明，以知所达。”即（1）观察一个人夺（“恶情夺正”）和救（“善情救恶”）的行为表现，以了解其性格的“间杂”情况和本质。（2）观察一个人在变动状态下的反应，以了解他在稳定状态下的性格。（3）观察一个人得到了充分发展的资质的情况，以了解他具有某种名声的才能和性格。（4）观察一个人行为的来龙去脉，以辨别他的那些似是而非、似非而是的特点。（5）观察一个人爱与敬两种情况的表现，以判断他的种种人际关系。（6）观察一个人情欲变化的种种关键，以辨明他高尚或低俗的志趣。（7）观察一个人在某方面的短处、缺点，以知道他在另一方面的长处、优点。（8）观察一个人的智力文化水平，以了解他通达的程度。

诸葛亮在《知人》一文中提出知人七法："一问之以是非而观其志，二穷之以辞辩而观其变，三咨之以计谋而观其识，四告之以祸难而观其勇，五醉之以酒而观其性，六临之以利而观其廉，七期之以事而观其信。"此七观可概括为志、变、识、勇、性、廉、信等七项内容。

这些都是古人观人、识人、验人的智慧结晶。所谓观人，其实就是观这个人做人如何。而根据观人的内容，我们学会了如何去做人。

《孟子·尽心上》说："君子所性，仁义礼智根于心，其生色也睟然，见于面，盎于背，施于四体。四体不言而喻。"意思是说君子本性会自然流露出来，因为仁义礼智都根植于内心，表现出来的气色醇和温润显现在脸上，洋溢在背上，散步到四肢，举手投足间尽显无疑。

孟子又说："存乎人者，莫良于眸子。眸子不能掩其恶。胸中正则眸子了焉，胸中不正则眸子眊焉。听其言也，观其眸子，人焉廋哉！"（《孟子·离娄上》）就是说观察一个人，没有比观察他的眼睛更好的办法了。眼睛掩藏不了邪恶。心胸正的人眼睛就明亮，心地不光明正大，眼睛就浊暗。听他的言论，观察他的眸子，那么他内心的正邪怎么隐藏得了呢？

曾国藩就善于鉴人，通过鉴人来选拔人才、使用人才。

曾国藩平时留心观察人，并提出著名的"五到"。其中"眼到"特别强调"着意看人"，"手到"提出"于人之优劣，事之轻重，随手笔记，以备遗忘"。

可见曾国藩注意平时与人接触时"相人"，在日常军政生涯中积累了很多经验，有关他的传闻很多，人们称他有《冰鉴》之类学问。

最可信的是，他在同治四年十一月十三日日记中写道：因忆昔年求观人之法，作一口诀。这个口诀就是识人口诀，也可以说是曾国藩对相人术的总结，其中有的内容显然超出传统相人术的范围，而融入一些新的考察、观察人的方法。

中国从唐代时，选拔人才以"身、言、书、判"为标准。

"身"，就是人要长得标致，身方端正是最好面相。我们通常说，这个人是国字脸，就能成大器。比如两肩不平，一高一低，就不能担当重任。

曾国藩的日记是这样记载的：

邪正看眼鼻，真假看嘴唇。功名看气概，富贵看精神。

主意看指爪，风波看脚筋。若要看条理，全在语言中。

第一句是“邪正看眼鼻”。忠、奸是中国人看人当中最主要的两个方面，如果连好人和坏人都不能识别，那何谈用人。所以曾国藩把识人口诀中的第一句话定为“邪正看眼鼻”，如果鼻子和眼睛不正，即俗话讲的眼斜鼻歪，在曾国藩看来这个人肯定心术不正。正如看京戏的时候，脸谱一出来就知道这个人是奸臣还是忠臣。从相术上讲，七尺之躯不如一尺之头，一尺之头不如一寸之睛。所以看一个人，除整体外，第一就要看鼻和眼是不是长得正。这也是看人最基本的方面。

《人伦大统赋》说，“欲察神奇，先睹目睛”。眼睛掌贤愚、贵贱、巧拙、勇怯、邪正之官。孟子说：“胸中正则眸子眊矣。”眼睛以长、深为贵，其次是尾部稍微翘起，再次是藏神。“两眼藏神，富贵高名，鱼尾插额，位至相国”。而三角眼通常为人狡诈。再如，瞳仁要如点漆，黑白分明。象眼属于思考理智型，黄眼仁属于长寿型，突目属于性格暴躁，浑浊属于早逝型等。从眼睛观察人的类型，曾国藩记载的例证最多，如“平视无顾”为最佳，“游目为贼眼”，于他人不利，而“痴视伤己”。鼻子居五岳之中岳，相书上讲鼻子是审判官，位居中央，高高耸立，号称天柱山，上接天庭，下接水沟（人中）。“鼻以准头为主”，两边为“金甲”。

第二句话是“真假看嘴唇”。口为出纳官，不嫌大。口德、口贼是完全截然不同的两极。口以方、广、厚为贵。“开欲大而合欲小”。嘴唇：两唇相副好文章，如果上唇盖不住下唇，男必多诈，女必克夫。口像鸟嘴最难交，范蠡辅佐越王勾践成功后决计和他分手，就是看出他长颈鸟嘴，不可共享安乐。史书上记载，汉代许负，就是凭周亚夫的口，相出他必将饿死的：相法说，有横纹深入口内，必然饿死。

第三句是“功名看气概”。一个人有没有功名，曾国藩说要看人的气概。有的人就是一出场把所有的人都带动起来，像谈恋爱的时候也有一见钟情，被对方的一种气质所慑服，有一种追随的感觉。咸丰四年初，贵州黎平知府胡林翼因湖广总督吴文镕奏调，率三百人进入通城途次，得悉吴已战死黄州。

曾国藩当时尚不知吴已死，写信称其来，“为甄师（吴文镕）喜，为两湖喜。又接庐州失陷，岷樵（江忠源）殉难之信，为天下忧，为吾党忧”。随即向清廷上密疏，称赞“胡某才胜臣十倍，可大用”。胡遂成为曾的部下。但后来胡最早得到封疆之任，“谨事文正，交欢文恭（官文），推美让功”，“中兴之烈基于此乎”！胡去世后，曾国藩私下与心腹幕僚赵烈文谈话时还说：“胡林翼是英雄一类人物。”而咸丰十年五月胡林翼给曾国藩写信说，少荃如论骨法必大阔，才力又宏远，择福将而使之，亦大勋之助也。曾、胡两个人给李相面，都说李鸿章是属大富大贵之相，是一个福将。

第四句是“富贵看精神”。这里的“精神”是精气神的意思。一个人能不能长享富贵，曾国藩说有的人才即便你着意培养，但因为他不能长享富贵，可能到头来，还是竹篮打水一场空。他在私下跟赵烈文谈话时非常惋惜地说，胡林翼是湘军第一苦命人。薛福成也相出胡林翼是苦瓜脸，虽有非凡的英雄气概，却是一种苦相，即精气神不足，所以不能够长久。我们通常讲人活一口气，寿命长的气长，寿命短的气短。这个气就是精气神。而精是有形的东西，气和神是属于无形的东西，但气和神这种无形的东西都要靠精来支撑，不管是男人还是女人，都是如此。精又由肾而出，所以一个人肾衰竭了，人的精没有了，气和神随之而散。康熙晚年有一句名言，他说自己为大清帝国殚精竭虑，“心为天下耗其血，神为天下散其形”，这是最好的一种表述。所以曾国藩说富贵看精神。

第五句话叫“主意看指爪”。人有没有主意，他说主要看指爪。实际是相手。古书有“四肢象四时，五体象五行”的说法。手以厚、软为贵。手指纤长，其人聪颖，有主意，短而粗者愚鲁。曾国藩说，“手心、手掌心当中纹络清晰而浅者，心定”。这个心定就是主意定，临事不慌乱。“手掌纹络浅而乱者，人心乱、心浮”。

第六句是“风波看脚筋”。足是千里马，我们讲千里之行始于足下。相书讲，足者，上载一身，下运百体。足代表良马，代表地。足以平、厚、正、长为贵。清朝时每有大的战争发生，要选好马匹，大多会从蒙古、西北这两个地方选。鉴别马匹好和坏的一个标准就是在一个特定时间中，先到达这个地方的就是好马，而没有到达的这些马就被淘汰。人衰老的时候也是从足开始，所以他说“风波看脚筋”。有的人就是无风无浪、无灾无难到三公，位置升得很高；而有的人则是一生坎坎坷坷，才最终有成就。这就属于有风波的那种人。

最后两句是“若要看条理，全在语言中”。这两句不是相人，而是观察人。曾国藩特别重视有条理，并把它作为用人最重要的四个方面之一。他说有无条理，通过语言能够看出来。而语言主要包括两个方面：一是书面语言，包括各种汇报、报告等。在每个人的一生中，可能最离不开的就是我们的文字。文字有很多是属于报告之类，报告有没有条理就显得非常重要。曾国藩这里的语言主要是指口头语言。他经常讲，古人说的听言非常适用，即两个人谈话，能不能切中要害，条理清晰，把对方抓住，就能显示出有没有条理。

近代有一个很好的例证。张学良因为西安事变，被蒋介石囚禁，到了蒋经国时期，仍然没有获得完全自由。当时参与西安事变的主要人物大多去世，只有他能够说出真相，但他多年来一直对此保持沉默。所有的来访者都被拒之门外，但是美国著名的历史学家唐德刚做到了。他用一句话就让张学良说出藏在心灵深处的秘密：

如果没有西安事变，你在中国历史上的地位，甚至连你的父亲都不如，你的父亲是东北王，他不向日本人屈服。你虽因西安事变坐了 30 年的牢，但却改变了中国，你所做的付出，值得！

这句话让张学良当即答应唐德刚的采访。后来张学良所有的回忆录都保留在美国哥伦比亚大学，这应该归功于唐德刚。一个人说话是否有条理，是否能够在最短的时间打动对方，是曾国藩相人的秘籍之一。

《曾氏湘乡文献》还保留了曾国藩相人的具体记载，比如说看一个人的面，曾国藩会说什么样的脸是颟顸型。人们常说不能与颟顸的人交往，因为这类人讲不清道理。曾国藩也有“八交九不交”之说，说这种人避之唯恐不及。颟顸之人的面相是“面快然而大，无清气者”，即脸盘非常大又没有清气。

面：面快然而大无清气者，谓之颟顸，颧骨森耸，地角方阔者，主有岁权；色黄黑而润泽者吉，哑白而枯涩者凶。

口：口唇太薄而颤动者靠不住，口角方者贵。说话闪烁游移者靠不住，言伤易者后难渡，言伤烦者做事必浮。

头：头如山者贵重，偏颇好动者败。

身：腰长过人者贵，三段停匀者贵寿。头，头一段；肩至丹田一段，以下为一段。

目：暸则胸中正，眊则胃中不正。黑珠黄者有胆，淡黄深黄数道分明者，胆大而多智。

视上者傲，视下者骄。

忱倾则奸（侧头视也），神定而目如流星闪电者大贵，神荡而目动言肆者可恶。

鼻：梁正者心正，歪者心不正。

准隆而圆美如珠者贵，准削而歪者人心不正，伏犀贯顶者贵（ 若比他人迥长者尤贵），中如蜂腰细断者贱。

手：指甲坚者心计定，指长者聪明，掌纹细而浅者秀，多者心杂，粗而深者定，少者心专。

足：行路稳重者贵，轻佻者贱。

“言伤易者”指说话大言不惭。“后难渡”指把什么事情都看得非常简单，天大的事情在他那里都是小事一桩。这样的人做事靠不住。曾国藩经常讲，这种好大言而胸无实际的人最易坏事。

“言伤烦者，做事必浮”，指的是不喜欢别人说话絮絮叨叨，大多时候伤烦。烦是烦恼的烦，就是没有耐心。曾国藩在用人中有一条：“不胜繁巨者，不能重用。”意思就是不踏实，不能事无巨细，做不到“五到”。

他关于“头”的说法，“头如山者贵重”“偏颇好动者败”。他讲人的身体，“腰长过人者”是大贵，尤其是“三段停匀者贵寿”。所谓三段，头是一段，头下至丹田是一段，丹田以下是一段。这三段非常匀称的人，是大富大贵之相。

其实，曾国藩这些自己总结出来的相人方法，有的直接来源于中国儒家经典，如前面提到的《孟子》中载：眸子，人眼睛的瞳孔。胸中正的人，眸子明亮。曾国藩说“黑珠黄者有胆”，就是有胆量；“淡黄深黄数道分明者，胆大而多智慧”。

司马迁在《史记》中描写汉高祖为“龙准龙颜”。“龙准龙颜”就是他的鼻头特别大，像龙一样的面目。

曾国藩特别讲行路的姿势，“行路稳重者贵，轻佻者贱”。所以，他在通信中多次教育他的儿子曾纪泽，走路一定要稳重。所谓人站要有站相，坐要有坐相，除了讲求姿势外，这其中还蕴含了很多古人养生方面的道理。

曾国藩同样评鉴过很多人，这里给大家介绍两个，一个是刘铭传，另一个是李鸿章。

当时有人向曾国藩推荐了三个年轻人。

曾国藩有意将三人留在庭院等候，自己暗中观察。只见其中一人不停打量屋内摆设，若有所思；一人低着头规矩地站立在庭院中；还有一人虽然相貌平庸，却背负双手，仰望浮云。

观察了一会儿，曾国藩已然胸有成竹。他召见三位年轻人，并和他们谈论起来。曾国藩发现，不停打量客厅摆设的人似乎很熟悉自己的喜好习惯，聊天最投机。其余两人的口才平平。抬头看云的人对事对人都很有自己的看法，但说话过于直接。

聊天之后，曾国藩让口才最好的年轻人做了有名无权的虚职，老实规矩的年轻人做了管理钱粮马草的同知，而让仰头看云、说话直接的年轻人去军队效力，重点培养。

他向迷惑不解的众人解释道：“第一个人在庭院里等候时，便用心打量室内摆设，虽然他侃侃而谈，但很多东西不甚精通，只是投我所好而已。可见，此人善于钻营，不足以托付大事。第二个人沉稳有余、魄力不足。第三个人不浮躁，从容淡定，面对显贵，很有主见，能不卑不亢地说出自己的观点，正是少有的大将风度。但他性情耿直，将来可能会招惹口舌是非。”

那个仰头看云的年轻人后来战功显赫、扬名中外，他便是台湾首任巡抚刘铭传。但后来也果真应了曾国藩的预言，刘铭传性情过于耿直，最后被小人恶言中伤，黯然离台。

关于李鸿章，事情要从道光十八年说起，这一年，36岁的李文安与28岁的曾国藩同时中进士。5年后，曾国藩升任翰林院侍讲学士，因儒学修养及不俗之诗文而成为政治新秀。此年李文安带20岁的次子鸿章来拜曾氏为师。曾氏翻阅李鸿章诗："丈夫只手把吴钩，意气高于百尺楼。一万年来谁著史？八千里外觅封侯。定将捷足随途骥，哪有闲情逐水鸥。笑指卢沟桥畔月，几人从此到瀛洲？"曾氏见李鸿章气宇非常，进退有节，仿佛见到了未来之国家栋梁，遂欣然收为门人。

试想，若无极好的修身的功夫，年方二十的李鸿章何以能写出如此气魄宏大的诗文，让曾国藩青眼相看？若其无精深的修身功夫，在面见曾氏时又何以能打动曾氏，使曾氏下决心纳其入门下并着意栽培他？

所以，对于观人一方而言是在"知人"，对于被观一方而言则是"做人"。汉代张良遇黄石公的故事最为典型。

黄石公为了考察张良的为人，故意把自己的鞋子从桥上踢下去，让年轻人张良从桥下捡上来，而且一而再再而三折腾张良，张良心平气和，一一照做，黄石公就认为张良孺子可教，于是将绝学传授给了张良。这一方面既考验了张良的智慧，另一方面又考验了张良的品性。

张良若无智慧，就不会看懂眼前的老人绝非常人。所以能够耐住性子让老人折腾。

试想，如果张良做人不行，自然就不会得到老人的真传。

古来因写诗而流露出不俗气概被起用为官的，不止李鸿章一人，唐朝有位名士叫郭震，就是因写诗而做大官的人。

我念小学六年级时读到了郭震的《古剑篇》，非常喜爱，后来了解到背景，原来是有人诬告他，说他在地方上任县尉时私铸钱币，买卖人口。武则天大怒，便召他入朝。发现此人对答如流，不似奸人，于是在朝堂上，命他现场作诗。这首《古剑篇》就是他在朝堂现场所作，我们一起来感受下：

君不见昆吾铁冶飞炎烟，红光紫气俱赫然。

良工锻炼凡几年，铸得宝剑名龙泉。

龙泉颜色如霜雪，良工咨嗟叹奇绝。
琉璃玉匣吐莲花，错镂金环映明月。
正逢天下无风尘，幸得周防君子身。
精光黯黯青蛇色，文章片片绿龟鳞。
非直结交游侠子，亦曾亲近英雄人。
何言中路遭弃捐，零落漂沦古狱边。
虽复尘埋无所用，犹能夜夜气冲天。

这是一首咏物言志诗，所咏的对象是龙泉宝剑。据传龙泉宝剑是吴国干将和越国欧冶子二人，用昆吾所产精矿，冶炼多年而铸成，备受时人赞赏。但后来沦落埋没在丰城的一个古牢狱的废墟下，直到晋朝宰相张华夜观天象，发现在斗宿、牛宿之间有紫气上冲于天，后经雷焕判断是“宝剑之精上彻于天”，这才重新被发掘出来。这首诗就是化用上述传说，借歌咏龙泉剑以寄托自己的理想和抱负，抒发不遇的感慨。

郭震用古代造就的宝剑比喻当时沦没的人才，贴切而易晓。从托物言志看，诗的开头借干将铸剑故事以喻自己素质优秀，陶冶不凡；其次赞美宝剑的形制和品格，以自显其一表人才，风华并茂；再次称道宝剑在太平年代虽乏用武之地，但也曾为君子佩用，助英雄行侠，以显示自己操守端正，行为侠义；最后用宝剑沦落的故事，以自信终究不会埋没，吐露不平。郭震这番夫子自道，理直气壮地表明：人才早已造就，存在，起过作用，可惜被埋没了，必须正视这一现实，应当珍惜、辨识、发现人才，把埋没的人才挖掘出来。这就是它的主题思想，也是它的社会意义。他面对地位至尊的皇帝，敢于写出这样寓意显豁、思想尖锐、态度严正的诗歌，其见识、胆略、豪气是可贵可敬的。这对压抑于下层的士子有激发感奋的作用。

武则天睹诗后大悦，并让朝臣传阅此诗。同时认为郭震是个大才，志向和文才都极大，于是没有降罪，反而将其提拔为右武卫铠曹参军，后又进封奉宸监丞，再后来郭震担任过睿宗、玄宗两朝宰相，又是唐代名将。郭震算是经历了一次“因祸得福”的奇遇。唐玄宗曾如此评价郭震：“经纶文章，今之王佐；出入将相，古之人杰。”

不过这首诗最后一句“虽复尘埋无所用，犹能夜夜气冲天”一语成谶，郭震晚年被小人陷害，遭到贬谪，郁闷而死在他乡。

李鸿章写诗，郭震也写诗，唐代还有一个传奇皇帝，被誉为“小太宗”的唐宣宗李忱，曾经落难隐没山林时也写出了气势非凡的两首诗。

据韦昭度的《读皇室运寻》和令孤澄的《贞陵遗事》，说李忱曾为了逃难出家为僧。这两篇文章说唐武宗为了争夺皇位，曾想杀死李忱，于是派中常侍四人将李忱抓来，浸在宫内厕所里。有个叫仇公武的宦官有心搭救，便假意借口已杀死李忱，而将其送出皇室。三年后，武宗死，宦官才将李忱请出来当皇帝（不过也有不少史家，如北宋的司马光，认为李忱曾被唐武宗迫害及出家为僧是没有根据的，因正史中没有相关记载，而且当时李忱只是众多的庶出皇叔之一，对武宗的帝位根本没有威胁）。

五代时《中朝故事》《北梦琐言》及宋代陆游《避暑漫钞》中也都有李忱潜逃到江南遁入空门的简略记载。五代末，宋初人赞宁《宋高僧传》也说，李忱为僧，曾游方到杭州，齐安禅师很好地照看了他。

李忱即位时，齐安已死，李忱为了报恩，便敕赐寺名，谥齐安为悟空大师，还御制哀诗悼念。

此外，在禅宗的名僧希运《黄檗宛陵录》中也有记载，说李忱为沙弥时，曾见黄檗大师大佛殿上礼佛，便问：“不看佛求，不看法求，不看众求，长老礼拜当何所求？”于是两人一问一答，就说起公案来。

禅宗以说“公案”代替说经，这次两人的谈话，还成了以“黄檗礼佛”为命名的有名的“公案”。

希运在江西黄檗山路过，传说还曾和正在该山做沙弥的李忱一同观瀑布，吟诗作赋。

观瀑吟

千岩万壑不辞劳，远看方知出处高。

溪涧岂能留得住，终归大海作波涛。

百丈山吟

大雄真迹枕危峦，梵宇层楼耸万般。
日月每从肩上过，山河长在掌中看。
仙峰不间三春秀，灵境何时六月寒。
更有上方人罕到，暮钟朝磬碧云端。

这两首诗，当真是气象万千，也只有心胸、气魄都很大，才能有此口吻。

《月波洞中记》说："燕雀之志，尝思爪下之食，肠不盈于百粒，声不远于五畦，翱翔藩篱之下，其气量亦自足矣。鸾凤之志，一举千里，非梧桐而不栖，非竹实而不食，鸣于朝阳，天下称其庆，志度气象，固自有殊也。是知有冲天之异者，必不肯栖托桑榆，有方外之材者，必不肯贪求名利，志之所向取舍，以此观之，志趣远近，气量深浅，自可见矣。"

回到一开始给大家讲的，看一个人，就是看一个人的气质、气度、气势和气象。要想成为一个伟岸的人，必定要有气质，或清贵之气，清贵则不庸俗；或定静之气，定静则不浮躁；或厚重之气，厚重则不硗薄；或中正之气，中正则不偏狭。一个碌碌无为之人，必定或染俗气，或染浊气，或染娇气，或染戾气，或染晦气，或染邪气……

所以知人即是做人。孟子一言以蔽之："我善养吾浩然之气。"

附录一

中华传统文化与国家战略

2017 年 3 月 10 日，四观书院十二期国学研修班开班。为期三天的课程由院长廖彬宇先生讲授《国学旨归——经世致用之学与内圣外王之道》。先生用足足 4 个小时的时间，阐述了中华优秀传统文化与当前国家战略。先生认为，传统文化的大旗一树，会至少起到六个方面的作用：第一，安民；第二，济世；第三，兴党；第四，强国；第五，复兴；第六，开来。下文根据廖彬宇先生首日讲课录音整理。

各位同学：

大家好。在座诸位，此番在百忙中，挤出时间，从全国各地，聚到四观书院，将要在这里进行为期几天的对于中华优秀传统文化的学习，精神可嘉，令人赞叹。

我以前常常讲，传统文化，说到小处，可以让自己焕发智慧、升华境界、打开格局；说到中处，可以用传统文化的精神和智慧，做好事业。以上两点，都是让我们自身切实受用的。说到大处，我们每一个人投身到传统文化的学习中，就是在为中华传统文化的伟大复兴、中华民族的伟大崛起、中国梦的伟大实践贡献力量。为什么这样说呢？因为每多一位学习传统文化的人，我们的国家民族，就多了一份传承发展中华优秀传统文化的力量。所以，就凭这三点，我们就应该为自己而感到骄傲！好的东西，都应该是要去分享的，所以我们觉得传统文化好，就有责任，有义务，去广而告之、推而广之，让更多的人认识到传统文化的好，大家一起来学习传统文化，一起来开智慧、建格局、有修为、有作为，一起来成为中华文化伟大复兴、中华民族伟大崛起、中国梦伟大实践的有力推手！

退一万步讲，我们即使没有这么大的抱负，这么热血的追求，那么我们至少也应该有一点自觉的认识，来顺应当今乃至未来中国发展进程中的趋势和潮流。换句话说，你要在中国的社会安身立命，做一点事情，你是不是应该要了解一点中国的国家战略和未来构架？你了解得越多，认识得越多，是不是也就意味着，你可以在这当中，更好地、如鱼得水地发展？

那么当前的国家战略是什么呢？我可以很明确地告诉大家，那就是中华优秀传统文化的传承与发展。

为什么这样讲？

2013 年 11 月 26 日，习近平总书记在山东视察期间来到曲阜考察，就继承和弘扬中华传统文化，弘扬中华传统美德发表了重要讲话。他提出了“四个讲清楚”。他说：“要结合对孔子及儒家思想的研究和传播，要搞好四个讲清楚：讲清楚中华文化积淀着中华民族最深沉的精神追求，是中华民族生生不息、发展壮大的丰厚滋养；讲清楚中华优秀传统文化是中华民族的突出优势，是我们最深厚的文化软实力；讲清楚每个国家和民族的历史传统、文化积淀、基本国情不同，其发展道路必然有着自己的特色；讲清楚中国特色社会主义植根于中华文化沃土、反映中国人民意愿、适应中国和时代发展进步要求，有着深厚历史渊源和广泛现实基础。”

总书记讲话两个月后，许嘉璐先生在公开场合表示，他认为习近平“曲阜之行”与邓小平“南方讲话”具有同等重要的意义，是人文社科领域的一次“拨乱反正”和“思想解放”。邓小平的南巡解决了经济领域“姓社”“姓资”的问题，认为社会主义和市场经济能够兼容；习近平的“曲阜之行”解决了人文社科领域“姓孔”和“姓马”的对立问题，实际上提出了马克思主义与儒学的关系问题。马克思主义和儒学不是对立的，不是非此即彼的，而是互补的，能够兼容的，因此，习近平的“曲阜之行”可以和邓小平的“南方讲话”相提并论。

我是在总书记“曲阜之行”20 天后的 12 月 17 日，在北大百年讲堂举办了为期三天的“首届中华传统文化高峰论坛”上举行了《国学旨归》第一辑的新书揭幕仪式和发布会。

当时我就认识到，中华优秀传统文化复兴的大幕，已经悄然拉开。

所以我同时也大胆地做出预判——2017 年，或将成为中华优秀传统文化复兴元年。

为什么是 2017 年？有诸多的因素可以明确指向 2017 年。我在这里只做一个简单的说明。

总书记上任以来，提出了他的大政方针理念，叫作“一个中国梦为愿景，实现两个一百年，三严三实治党治国，四个全面，五位一体”。这当中要注意到两个一百年，这是个时限战略的问题，就是在什么时候，达到什么目标的问题。

“两个一百年”指的是建党一百年与新中国建立一百年。从 1921 年到 2021 年是建党一百年，从 1949 年到 2049 年是新中国建立一百年。在第一个百年里，也就是说在 2021 年之前，要实现全面建成小康社会的宏伟目标；在第二个百年里，也就是说在 2049 年之前，要实现中国成为富强民主、文明和谐的社会主义现代化国家。

那么在总书记任期内的前几年需要高强度扫清各种路障，这是奠基；而在 2017 年年初，则必将竖旗，因为 2017 年上半年两会召开，下半年十九大换届，所以必将在年初树立“传承发展中华优秀传统文化”的大旗，旗帜鲜明才能高歌猛进，为实现两个一百年的宏伟目标注入强力。

实现小康社会的宏伟目标，在过去的三十年里已经打下了良好的基础；未来要实现富强民主、文明和谐的社会主义现代化国家，则非“中华优秀传统文化”不可！

所以，我们在总书记上任以来，在诸多领域，常常看到这样一句话：“立足中华优秀传统文化，培育和践行社会主义核心价值观。”换句话说，社会主义核心价值观，根植于丰厚的中华优秀传统文化土壤之中。

有人会问，为什么会是在 2017 年年初呢？

老子说，“合抱之木，生于毫末；九层之台，起于垒土；千里之行，始于足下”。什么意思呢？就是说，任何事情，都要有一个不断积累、不断造势的过程。这个旗帜的树立，不能太早，也不能太晚。太早了，时机不成熟；太晚了，不便于新的工作的部署、开展和推进。

于是，我们看到了习近平总书记上任以来如下一些事件、言论的发生——

2013 年 11 月 26 日，总书记曲阜之行，发表了“四个讲清楚”的重要讲话。一个月后的 12 月 30 日，总书记在主持政治局集体学习时又强调，提高国家文化软实力，要努力展示中华文化独特魅力；要系统梳理传统文化资源，让收藏在禁宫里的文物、陈列在广阔大地上的遗产、书写在古籍里的文字都活起来；要综合运用大众传播、群体传播、人际传播等多种方式展示中华文化魅力。

2014 年 2 月 24 日，又是一次集体学习。关于传统文化，习近平总书记指出，培育和弘扬社会主义核心价值观必须立足中华优秀传统文化。他说，博大精深的中华优秀传统文化是我们在世界文化激荡中站稳脚跟的根基，深入挖掘和阐发中华优秀传统文化讲仁爱、重民本、守诚信、崇正义、尚和合、求大同的时代价值。

2014 年两会期间，习近平和人大代表、政协委员们一起共商国是。他说，体现一个国家综合实力最核心的、最高层的，还是文化软实力，这事关一个民族精气神的凝聚。我们要坚持道路自信、理论自信、制度自信，最根本的还有一个文化自信。他指出，要从弘扬优秀传统文化中寻找精气神。

2014 年青年节，习近平总书记在北大与 87 岁的国学大家汤一介促膝交谈，了解《儒藏》的编纂情况，赞扬他为中华优秀传统文化继承、发展、创新做出了很大贡献。在与师生座谈时，总书记说，我们生而为中国人，最根本的是我们有中国人的独特精神世界，有百姓日用而不觉的价值观。我们提倡的社会主义核心价值观，就充分体现了对中华优秀传统文化的传承和升华。

2014 年 9 月 9 日，习近平总书记到北师大看望教师时说，我很不赞成把古代经典诗词和散文从课本中去掉，“去中国化”是很悲哀的。应该把这些经典嵌在学生脑子里，成为中华民族文化的基因。两天后，在出访途中万米高空的专机上，习近平与记者交谈说：“古诗文经典已融入中华民族的血脉，成了我们的基因。我们现在一说话就蹦出来的那些东西，都是小时候记下的。语文课应该学古诗文经典，把中华民族优秀传统文化不断传承下去。”

2014 年 9 月 24 日，总书记在人民大会堂出席纪念孔子诞辰 2565 周年国际学术研讨会暨国际儒学联合会第五届会员大会开幕会并发表重要讲话。他强调，中国优秀传统思想文化体现着中华民族世世代代在生产生活中形成和传承的世界观、人生观、价值观、审美观等，其中最核心的内容已经成为中华民族最基本的文化基因，是中华民族和中国人民在修齐治平、尊时守位、知常达变、开物成务、建功立业过程中逐渐形成的有别于其他民族的独特标识。他谈到，“抛弃传统、丢掉根本，就等于割断了自己的精神命脉”。

2014 年 10 月 15 日，习近平在北京主持召开文艺工作者座谈会并发表重要讲话。他指出，中华优秀传统文化是中华民族的精神命脉，是涵养社会主义核心价值观的重要源泉，也是我们在世界文化激荡中站稳脚跟的坚实根基；要结合新的时代条件传承和弘扬中华优秀传统文化，传承和弘扬中华美学精神。我们社会主义文艺要繁荣发展起来，必须认真学习借鉴世界各国人民创造的优秀文艺。只有坚持洋为中用、开拓创新，做到中西合璧、融会贯通，我国文艺才能更好发展繁荣起来。

通过数年来一系列言论的发表，总书记表达了传承发展中华优秀传统文化的态度和决心，并产生了广泛的影响。在此基础上，2017 年 1 月下旬，中共中央办公厅、国务院办公厅印发了《关于实施中华优秀传统文化传承发展工程的意见》，并发出通知，要求各地区各部门结合实际认真贯彻落实。

“两办”文件的印发，标志着传承发展中华优秀传统文化正式成为了国家层面具有重大意义的重要战略。

这样我们就明白了，以 2017 年年初“两办”印发文件作为一个时间坐标，往前推，有了充分铺垫与基础，时机成熟了；往后推，两会期间，人大代表和政协委员们还可以就如何传承发展中华优秀传统文化进行充分的探讨，乃至建言献策。同时又为下半年十九大大换届之后，做好了厚实的铺垫，可以扬帆起航，直济沧海！中华优秀传统文化复兴之风，犹如春回大地，紫气东来，将在今后不断地吹拂起来。

以前有人感慨，说我们今天所处的时代，是一个最好的时代，也是一个最坏的时代。好，是因为物质的极度发达；坏，是因为物欲的肆虐泛滥。但是我始终相信，总有一个东西，可以治愈一切的不好，让这个时代，坚定不移、平稳刚健地朝着一个正确的方向行驶下去。这个东西是什么？就是数千年来生生不息、传承发展至今的中华优秀传统文化。

前几天国防大学的一位教授来看我，才落座，就向我提出了三个问题。

第一，如何看待反腐的问题？

第二，未来国家的战略形势怎么看？

第三，为什么在今天要树立中华优秀传统文化？

这三个问题，我拢成了一个问题给他进行了解答。我通过“中华优秀传统文化”这个话题，解答了他的全部问题。

一、安民——传统文化是民心所向

首先，传统文化的大旗一竖，第一个作用，就是“安民”。

“安民”这个词语，本身就是传统文化的一个概念，是传统文化的一个功能。

李世民的名字就源于这个传统文化的理念——“济世安民”。

为什么说传统文化可以安民呢？尤其在今天，传统文化安民的作用和意义显得尤为重大。

过去三十多年来，我们一直以“经济建设为中心”，在经济建设方面，取得了举世瞩目的成就。但是，也正因为所有的人，乃至各行各业各领域，都以经济建设为中心，也就自觉不自觉在无形中都开始以经济利益（金钱）作为最大追求。

领导干部主导着这个国家的全部资源，他们用自身的资源，追求 GDP 以博取政绩；商人利用自身的商业头脑，进行各种资源开发、资源整合、资源建设，迅速积累财富。

但是老百姓呢?

老百姓一没有资源，二没有原始积累，三没有精于算计的头脑，四（更）没有善于钻营的圆滑。一穷二白，一无所有的老百姓只有一样东西，那就是血汗。

他在没有任何资源和能力有限的情况下，还有三样东西需要面对，三座大山需要背负。

第一是医疗和健康——“生得起病，看不起病”。有人说今天的社会已经在悄然中演化成了这样一个互害的模式，种菜的对卖肉的说，现在蔬菜不能吃了，还是吃肉好；卖肉的对种菜的说，现在肉都不能吃了，还是吃蔬菜好。为什么都不能吃了？因为不是激素就是毒素，哪里还有放心食品？吃了这些有害食品，必然患上各种怪病和绝症。而生活条件决定小老百姓只能追求廉价食品，安全卫生难以得到保证，一旦长期食用有害食品，必然得各种怪病和绝症。又由于经济条件，决定了他们生得起病，看不起病。

第二是教育，中国老百姓的观念当中，已经形成了“名校决定论”。什么意思呢？就是说，只有读名校才有前途。所以都希望自己的孩子能进名校，能读名校。大家都这样想，所以读名校的竞争异常激烈。怎样才能读名校呢?有钱人可以捐资助学，老百姓就让孩子参加形形色色的培训班、训练班，无形之中，增加了许多繁杂的教育费用。即便上了名校，名校的费用又高于一般的学校，一路读出来，读的名校越多，花费越多。有的家庭更是举债求学。但是，读完大学，就能立刻好转吗？第三座大山接踵而至。

第三座大山就是房子。过去几十年来，我们看到了这样的现象，有钱的人到处买房，甚至炒房，房价被一帮钻营的人哄抬得虚高，房地产泡沫就这样出来了。刚毕业的大学生，工作尚不稳定，读完大学，都要结婚，在一个拜金的时代，丈母娘问你有房吗？有车吗？一般的年轻人就厌了。所以很多年轻的夫妇俩，刚毕业，就背上了用一生去还的房贷。做什么都得为房子奋斗，做事还有什么趣味吗？人一旦背上了巨石，还迈得开步子吗？人在年轻的时候，就掉到了钱眼里，还能开发出什么智慧吗？在重负之下，已经没有了余力去做自己真正理想的事业。即便偶尔有那么一两个奋斗出来了，成功了，也是极少数的个例。父母想帮助孩子啊，就去摆地摊，结果城管又来了。有的人情急了，就和城管、工商又斗了起来，矛盾就是这样产生的。

大家心态失衡，心态一旦失衡，心智就会丧失，情绪就会出来，长此下去，就会激发民愤。这是个大问题，怎么解决？中华优秀传统文化可以解决。《易经》里说："积善之家，必有余庆；积不善之家，必有余殃。"懂了儒家的天道和天命，懂了佛家的因果和因缘，懂了道家的"知足不辱"和"知止不殆"，于是就懂了"不怨天，不尤人"，"行有不得，反求诸己"的道理。原来贫穷，是因为自己的德行不够，因为自己的福德不够，那就努力去加强，去修为，去提升。别人富有，那是他自己的德行感召来的，我不羡慕，我不嫉妒，我更不恨。他炫富也好，张扬也罢，他愿意糟践，那是他自己的事情，与我无关。

当中国的人民大众明白了这个道理，就真正懂得了"自强不息"和"厚德载物"的精神。智慧随之开发起来了，德行随之厚重起来了，不用维稳，自然就平稳了。所以传统文化对于今天而言，第一个功能首先是安民。所以中华优秀传统文化，是民心所向。

二、济世——传统文化是幸福之源

对于今天的社会，世间百态，乱象横生。我们身临其境，深有感触。

我曾写过这样一段话，列举过这样几个现象。

"用娱乐明星偶像，毁掉青少年的志向；

用网络游戏和色情传播，坑害年轻人的意志和意向；

用西化教育，扭转年轻人的方向；

用圣诞、万圣、情人等洋节移风易俗改变中国人的风俗风向；

拜金主义、物质至上，全是当今国人的心理动向。

物欲横流，人心不足蛇吞象。是谁导演了如许不堪的现象？”

先谈第一条，“用娱乐明星偶像，毁掉青少年的志向”。

在我青少年求学阶段，老师曾询问同学们的志向是什么。同学们纷纷举手，很多同学告诉老师，长大了想做刘德华、张学友那样的明星。当然，我们不是说做明星就不好，而是说，我们为什么没有更远大一点的理想和志向呢？

甚至还有知名学者义愤填膺地提出来，说中国传统里“立志”的教育几千年来几乎抹杀了中国人的人性。这简直是不可理喻的逻辑。

我曾经专门讲过立志的重要。

我说人都想做高贵的人，那么什么东西最高贵呢？《易经》里就讲了，“法象莫大乎天地”。

《易经》里乾代表天。天高高在上，不可穷极，天高得只能让人仰视和膜拜，贵不可言，代表了受人尊崇、高贵的地位。所以人要想高贵，就要向天学习，学习天的德行。

乾卦是六个阳爻，阳代表刚健有为，所以代表高天有六个德行：

做人首先是志向要高。志向高，才会永不止步。永不止步，就是“自强不息”。

志向高的人，人格必定崇高。人格崇高，就必定不会做扭曲人格的龌龊事，所以第二个高，是人格高。人格崇高，就必然懂得什么能做，什么不能做，这就是“君子有所为，有所不为”。能懂什么能做，什么不能做的人，就能够明辨是非，就会集中精力做能做的事情，于是获得飞速的成长。能够权衡利弊，明辨是非，就是智慧。所以第三个高，叫作智慧高。智慧高的人，就不会对世界有疑惑，没有疑惑，就不会有烦恼，所以第四个高，叫作境界高。境界高了，就能跳出来看待所有问题，提纲挈领、纲举目张，把所有的问题都能够简单化处理，第五个高，就叫能力高、手段高。

有了这五个高，人就会越走越高，最后第六个就是地位高。

这六个高，全部来自于第一个志向高。所以诸葛亮告诫自己的子侄们，人最怕的就是没有志向。没有了志向，人就会变得庸庸碌碌。

以前我们讲很多人这一生啊，叫作“莫名其妙生，稀里糊涂活，无可奈何死”。因为人生没有志向，没有方向，所以活得很迷茫，也很糊涂，不明所以，无可奈何。

学习传统文化，让我们懂得了，通过树立远大的志向，就能够获得人格、智慧、境界、能力和地位。

再谈第二条，“用网络游戏和色情传播，坑害年轻人的意志和意向”。

现在的青少年迷恋网络游戏，迷恋到不能自拔的程度。然而许多网络游戏，却在教人暴力、杀人、战争，等等，这些都是使人烦躁、暴躁的负能量。

现在的网络一打开，各种不堪入目的淫秽画面就席卷而来。青少年是不能辨别又没有自控能力的，往往会沉湎进去，这些都是使人想入非非、消磨意志的负能量。

《论语》里孔子说：“君子有三戒。少之时，血气未定，戒之在色；及其壮也，血气方刚，戒之在斗；及其老也，血气既衰，戒之在得。”一个暴力游戏，一个色情传播，就把血气未定、血气方刚的青少年拽入了“好色”和“好斗”的漩涡之中。

再来谈谈第三条，“用西化教育，扭转年轻人的方向”。

我们教科书的编写，都是按照西方的标准和模式，考试又特别重视西方的学科。英语考分的比重很重，自然就会让大家不自觉地在外语的学科上下很大的功夫，倾注很大的精力。在这上面的精力用得多，那么对传统文化倾注的精力就必然会少。

你了解西方文化越多，对传统的文化就了解越少。一多一少，到最后分量就不同了。最终必然走向“崇洋媚外”的结局。

当然，传承发展中华优秀传统文化，并不是要搞民粹主义，搞狭隘的民族主义，我们要搞清楚在今天这个时代所处的国际大背景。“我们抛弃了中华优秀的传统文化，就是割断了中华民族赖以生存的精神命脉。”这是什么意思？说严重点，失去了传统文化，一方面，我们要么成为行尸走肉，要么自觉不自觉地成为西方敌对势力危害国家民族的帮凶。

人不能没有忧患意识。有的人天真地把国际政治想象得很美好，要知道中国历史上，汉朝也很强大，仍然要向周边的国家搞联姻，求和平，以赢得时间来搞发展。更何况地球的资源就这么多，霸权主义强大就绝不允许中国强大，哪怕中国强大了并不称霸。但在霸权主义国家看来，只要中国强大，都会影响到他们霸权主义国家的利益。

我素来认为，中华优秀传统文化是与时俱进的，可以历久弥新。因为只有完善的、完美的文化体系，才能够真正做到包容、融合一切文化。每一次外来文化对中华传统文化的冲击，都能被中华文化所包容和融合，给固有的中华文化注入了新的元素和活力。譬如佛教文化就是最典型的例子。

为什么中华优秀传统文化会有这样一种神奇的融合力量？这就不得不提中华优秀传统文化的源头、中华优秀传统文化的第一本宝典，也是群经之首的——《易经》。

《易经》的一个核心思想就是“和谐”，抑或说“和谐”这个词语就源于《易经》——“保合太和乃利贞”。

北京大学蔡元培校长给北大制订过一面校旗，这面校旗由三种颜色构成，分别代表了玄学、哲学和科学。

黑格尔说中国没有哲学。这个说法对不对呢？既对，又不对。

首先来看什么叫玄学。

已经终极的、圆满了的学问就是玄学。玄又代表了天，是天的颜色。所以叫“玄天”，地的颜色是黄色，所以叫“天玄地黄”。

天在中华传统文化之中，代表了至高无上的智慧，也就是大道；又代表了圆满。所以叫“天圆地方”。

玄是形容天的深不可测，形容海水的深不可测。所以玄字还是一个形容词。中华文化博大精深，博大精深到什么程度？深不可测的程度，所以叫作“玄”。

一个修证圆满了的圣人，给普通人讲圆满了的智慧和宇宙人生的真相时，作为并未圆满的人，是听不懂的，虽然听不懂，但是感受到博大精深，令人敬畏和敬仰，所以尊称为“玄”。

这样的终极圆满的学说，就是玄学。

玄学也是实证到的，但是这个实证，并未向外求，而是向内求。向内求很快，向外求很慢，是一个极其漫长的过程。

朱清时院士打过一个比方，说“科学家历尽千辛万苦终于爬上山顶时，佛学大师已在此等候多时了”。

悉达多太子从 19 岁出家修行到 31 岁成佛，只用了 12 年的时间就证得了究竟圆满的智慧，同时向世人证明了向内求证到无上智慧的过程快。

在信息不发达的过去，如果有人告诉你，你在美国说什么我都能听到，这在一般人看来是不可思议的。但是后来手机的发明，证明了此言非虚。也可以说科学的前进就是对佛经里许多证悟现象记载的证明。

但是手机要知道电话号码才能拨打，这叫调频，频率对上了接通了才能听到彼此的声音。而佛家有“五眼六通”的实证，则随时随地都可以随意地听取任何一个人的言论，甚至心声。从这一点而言，至少当下的科学还没有发展到那一步。

我们可以用共振仪、测谎仪听到你心脏跳动的频率，由此推理出你的健康和情绪，但是佛家的大修行人却能清楚地听到或看到你的每一个起心动念。从这一点而言，当前的科学显得很薄弱。

科学是从实验室发展起来的，这叫作向外求。向外求需要达成很多条件，甚至科学的发展就是在不断地否定和推倒过往的认知再进行重建，所以科学是在不断地否定和推倒中前进的。

所以一切以“科学”为标准来评判所有的学问，这本身就不科学。因为科学本身都还不断地在否定自己的过程中。也就是说，相对未来的科学而言，当前的科学本身就不科学，本身就站不住脚。所以拿当前站不住脚的科学理论来看待一切学问，就是武断和迷信。

所以科学就是敢于怀疑和否定。那么“科学”也就不是标准，而是对待学问的一种严谨态度。也就是说，你可以拿科学的态度来怀疑别人，但是你不能把科学作为一种标准来否定别人。

向内求，不仅从时间上获得终极真理快，而且跟自身息息相关，每收获一分，就让自己智慧增长一分，自己也完全能够驾驭；向外求，不但从时间上获得终极真理慢，需要一代一代人不断站在前人的肩膀上不懈地努力，而且还跟自身严重脱离了。譬如自来水的发明，人们逐渐不会挑水了，而在过去，挑水是本能；又如小汽车的发明，人们行走的时间少了，腿脚会逐渐退化……当科技越发达的时候，如果人的精神不能驾驭科学时，往往还没有获得终极真理，人类就已经毁在了科技的手上。我相信这不是危言耸听，我敢说全世界的人，无一例外都害怕地球爆发一场核战争。一场核战争，足以无数次毁掉地球。但我选择相信这一天永远不会到来。

如果给你选择，有三样东西，你只能选一样。有最好的东西，有次一等的东西，还有再次一等的东西。你会选择哪一个？

不用说，肯定是要最好的。

玄学、哲学和科学，在中国的祖先看来，无疑玄学是最好的东西。

西方人说哲学是科学之母。

我说玄学是哲学之父。

哲学可以指导科学。而我则认为，玄学囊括了哲学和科学。哲学指导着科学的发展，一步一步向玄学靠近。

《易经》里面有“象数理占”的提法。其实就是玄学、哲学、科学、科技几个东西。

这个“象”，既有象又无象，就是对终极真理的命名，可以说是玄学；“数”是科学，“理”是哲学，“占”是对象数理的综合应用，就是科技。

象，必定包含了数理，必定包含了应用。

所以玄学、哲学和科学这三者的关系是有联系且相通的。玄学是哲学和科学的终极阶段，哲学是玄学的理论阐释，科学是哲学的理论证明，科学是玄学的实践证明。科学的高级阶段就是玄学，科学的理论阶段就是哲学……

所以这三者其实就是一个东西，因为不同的层次，就看到了不同的层面。于是有了区分。这就是《易经》里讲的“仁者见之谓之仁，智者见之谓之智”。

搞哲学的看《易经》，就认为《易经》是哲学；

搞科学的看《易经》，就看到了《易经》是科学；

搞心理学的看《易经》，就看到了《易经》是心理学；

搞中医的看《易经》，就看到了《易经》是中医学；

搞武术的看《易经》，就看到《易经》是武学；

搞兵法的看《易经》，就看到了《易经》是兵法；

搞政治的看《易经》，就看到了《易经》是政治学；

搞管理的看《易经》，就看到了《易经》是管理学；

……

西方人分科而学，把各种学科划分得很细，中国的往圣先贤唯恐我们在细枝末节上跑得太远，让我们具有了这样一种《易经》的智慧——分，则摇身一变，成为一切的学术；合，则回归于本心本体。一以贯之，聚而为一，一本散而为万殊。

《易经》里说："天下何思何虑？天下同归而殊途，一致而百虑。"

这就是明体达用的道理。

明白了这个道理，无论任何学问，都可以被中华优秀传统文化所包容。

"圆人说法，无法不圆。"

这也就是《易经》的心法。

这是谈到中华优秀传统文化，我们要说明自己不是狭隘的民族主义、民粹主义，我们不排斥西方科学而展开来谈的话题。相反，我们坚定地相信，我们吸取西方科学的方法、经验和成果，使之与中华优秀传统文化相融合，必将使中华优秀传统文化在世界大放异彩。我们拭目以待！

接下来，我们谈第四条，"用圣诞、万圣、情人等洋节移风易俗改变中国人的风俗风向"。

西方的节日，在今天的中国大行其道，让中国的年轻一代为之疯狂。很难说不是在利益集团或商家和海外敌对势力的操纵下才如此猖獗。

中国自有中国数千年优良的历史传统和节日。中国的每一个节日都有深厚的文化底蕴作支撑，都可以落实到提升我们生命的境界这个主题上来。

好在我们党提出来了，作为共产党人，不准过洋节。

我不禁为之鼓舞叫好！

领导干部可以带头学国学，但是决不能带头过洋节啊！

从中华优秀传统文化的思想出发，洋节的内涵或形式处处与中华数千年的优秀传统显得格格不入，甚至针锋相对。随便列举一下：

西方的情人节到了中国，让中国的青少年学会的是性开放、性自由，中国的传统文化一直告诉国人的是，人应该有别于禽兽。夫妇肇端于天地。没有行夫妇之礼，就乱夫妇之伦。滥交、乱交，与禽兽何异？当人没有了礼节，人就失去了气节。没有了气节，人恐怕连禽兽都不如！

西方的愚人节到了中国，让中国的青少年学会的是以愚弄别人为乐，通过愚弄别人来证明自己的聪颖及别人的愚笨。中华民族数千年从来没有过这样的教导，以别人的愚蠢来彰显自己的聪慧！愚人节，互相愚弄，于是乎青少年们学会了用假话、大话、空话等种种负能量手段来愚弄别人，这不是在无意中唆使我们的孩子在这样一个节日里学成骗子吗？中国优秀传统文化中从来就不会让孩子们去学习如何恶作剧，通过这样反复愚弄别人的练习来让自己成为一个骗人的高手。骗术再高明，终究是骗术；骗子再高明，终归是骗子。

圣诞节，那原本是基督徒的节日，现在在中国，就如同中国的传统节日春节一般，大行其道，热闹非凡。

万圣节，从形式上说就是一场盛大的彻头彻尾的负能量活动。中华文化的根本精神是要把鬼变成人；而万圣节从形式上开始就是要把人变成鬼。人们乐于装疯卖傻，乐于装鬼扮妖，真是群魔乱舞。无论你有多么好的理由，对于中华民族的族群乃至于中国人的国情而言，都是借口。中华民族的老祖先早就告诉了我们，社会需要的是正气。《易经》里讲，“同声相应，同气相求”。意思就是说，装鬼装久了，往往也就成了“鬼”！

近一百年来，西方的霸权主义一直暗潮涌动，在用各种方法通过各种渠道、各种形式渗透到我国各个领域，目的是要摧毁我们的传统文化，混乱我们的意识形态；让我们落入他们的陷阱中，使国人不知不觉进入民族虚无主义、文化虚无主义，然后自觉不自觉地背弃祖国，走向对立面。

《孙子兵法》开篇第一句是："攻城为下，攻心为上。"

就是说不用一兵一卒就能赢得战争的方法才是最上等的兵法。兵法里的"攻心"是什么，可以是"心理战"，也可以是"文化战"。"攻心之战"，就是没有硝烟的战争。从国家战略来讲，这个文化的战争，西方敌对势力至少已经跟中国打了一百年了。没有硝烟的战争最容易让人麻痹大意，这也是"温水煮青蛙"的原理。

现在来谈第五条，"拜金主义、物质至上，全是当今国人的心理动向"。

前面我讲了，过去三十多年来都在高速发展经济。也就是说，所有的人都在求财。拿钱衡量一切，有钱就是王道。所以我们才会说，"今天的教授像商人，今天的商人像教授"。没有了道德感，那么必将无幸福可言。

不要以为为官就不求财，我们的领导干部也在求财，GDP 就是政府的"财"，GDP 搞不好，政绩就上不来。一心想着如何拉动 GDP，那么歪脑筋就出来了，譬如你花费财力把一栋房子建起来，拉动了 GDP；你再花费财力把这栋房子拆掉，也拉动了 GDP，但是 GDP 就这样呼啦啦上去了啊。甚至部分政府官员和一些投机奸商掺和到一起，奸商获得了暴利，官员拉动了 GDP。

而商人则更是要名正言顺地求财。要知道商人一旦成为商人，他设定的人生目标就是要最大限度地实现高额的财富，所以我们常说商人的本性就是逐利。

有的商人只想着如何来钱快，来钱多，他可不管你什么道德。他认为这个跟他没关系，这些都应该是国家思考的问题，于是社会问题就来了——各种添加剂、催化剂、增白剂、毒奶粉、地沟油也都来了……

商人的用心原本应该放在提升产品的质量上，但是恰好相反。为了节省成本，谋取暴利，就不惜搞虚假宣传、过度包装来吸引买家。

但那是低层次的玩法，而且有风险。

高层次的玩法，来钱快，来钱多，就制造各种概念，巧立各种名目，骗投、骗贷、传销、圈钱，各种金融杠杆，等等等等，层出不穷。虚拟经济易守难攻，无形无相。实体经济投资大、成本高、见效慢，于是大家都不屑为之，使得实体经济萎靡不振，难有作为。

热衷于务虚而不务实，就必然导致经济泡沫和金融泡沫满天飞。信仰危机、信任危机、道德危机、经济危机就会全面爆发。最后害的就是国家、民族和人民。

问题怎么解决？答案还是传统文化！

我讲课时常讲，人都追求富贵，都知道谁最富有就跟谁学习，学习他，自己就会变得富有了；谁最高贵就跟谁学习，学习他就会让自己变得高贵了。

其实无论你个人再怎么富有，都没有一个东西富有。什么东西？大地！

大地拥有一切，养育一切，所以我们常常用这样一个词形容——“地大物博”。

房地产大亨很有钱，但是离开大地，钱从何来？搞养殖的曹振旺，搞养牛的牛根生，离开大地，能有钱么？做木材生意的大款，没有大地，你的木材从哪里来？做水果生意的，莫说褚橙，什么橙没有大地也是白搭；做矿产的，无论你金矿银矿、铜矿铁矿还是煤矿钼镍矿，没有大地，你就是大脑里一片空旷……

所以最富有的，莫过于大地。人要想富有，就要学习大地的德行。

前面我讲了乾卦的卦德，也就是乾卦的精神，现在讲坤卦的卦德，坤卦的精神。这两个合在一起，就是天地精神。中国人顶天立地的天地格局与天地精神。

坤卦是六个阴爻，阴代表柔顺谦和，所以代表大地有六种德行：

第一是包容，大地容纳涵育，什么都能容纳，结果大地什么东西都有。

第二是厚重，大地最为厚重。做人就要向大地学习厚重，所以孔子讲“重言重行，重貌重好。君子不重则不威”。

第三是承载。因为厚重，所以能够承载。能够承载，也就能够有所担当。承载也是承受，所以能承受一切的痛苦和践踏，所以包含了忍辱负重的道理。

第四是谦卑。大地所处的地位在万事万物的脚下，所处之地，极为卑下，所以做人，应当学习大地的谦卑。

第五是方正。大地方方正正，因为方正，所以能够承载，能够让众生屹立其上以及畅通行走。

第六是安宁。大地安宁平静。做人也要学习大地的安宁。安宁才会祥和，这叫作安宁祥和。如果今天一个地震，明天一个天坑，就将引发灾难。所以做人也不要喜欢折腾、闹腾。

这六种德行，就是《易经》坤卦里讲的，“厚德载物”。所以德行是什么？就是这六种。能把这六种德行学好，学得越好，德行越厚重。德行越厚重，人就会越富有。

这几十年来，使我们一些人都在默默地变成了信仰金钱。信仰金钱，就必然成为金钱的奴隶。如果树立了正确的信仰和追求，就必然让金钱做我们的奴隶。

因为信仰金钱，所以都没有安全感，拼命求财。这也就形成了当下中国的信仰危机。

其实有钱不一定幸福，没有钱也不一定不幸福。

为了钱，抛弃了人格和底线，不择手段，一定会自食恶果，这是早晚的事。即使你今天赚到了钱，明天呢？《货殖列传》里讲：“货悖而入者，亦悖而出。”这就是悖入、悖出的道理。你的钱来得快，去得会更快。你的钱来路不正，那么去路也将不正。不是去医院，就会去法院。今天的成功，不代表永久的成功。而且如果是昧着良心赚来的钱，你能够心安理得吗？这样的成功，算是成功吗？

传统文化能开启大家的智慧，使人有正确的信仰和追求，也就确立了正确的人生观、价值观。

懂得了敬畏天道，懂得了自然规律，懂得了人身的价值绝不是贪图享乐，因为享乐的后果将招致自身灾难。

企业家懂得了企业不是以赚钱为目的，而是以优质的产品奉献于社会，从中实现企业的价值。这才是一个企业真正的追求。有这样一个追求的企业，才是基业长青、不倒的企业。

企业家健康了，中国制造、中国产品就会兴盛起来，实业就会真正兴盛起来；企业家健康了，产品就会有了质量的保证，社会也会健康许多。

三、兴党——使命的召唤

“两办”文件的印发，那些给中国共产党抹黑，说共产党“破四旧”毁掉了中华传统文化的言论可以休矣。

“两办”文件里有一句话非常值得大家注意——“中国共产党在领导人民进行革命、建设、改革的伟大实践中，自觉肩负起传承发展中华优秀传统文化的历史责任，是中华优秀传统文化的忠实继承者、弘扬者和建设者。”

什么意思呢？譬如对“破四旧”等行为，我们也可以理解为，在传承发展中华优秀传统文化的事业进程中，对传统文化进行某种意义上的破，也是为了对中华优秀传统文化进行更好地继承和发展。

破掉传统文化中衰败的、陈腐的、渣滓的、迂阔的、迷信的，才能将传统文化的精神与能量彻底激发，使之熠熠生辉，甚至大放光芒；使之能够古为今用，积极指导共产党的治国理政，实现社会主义现代化的宏伟目标。

“马上得天下，安可马上治天下？”

这句历史上的名言，放到今天，同样有效。

就像许嘉璐先生所说，姓马和姓孔，也并不是矛盾的，两者可以相融。

来谈一谈制度自信的问题。

我认为中国共产党的政治体制，一方面远远超越了古代中国的“帝王专制”，另一方面又超越了所谓的“西方民主”。

我们来看看古代帝王专制的弊端。

古代帝王的权力无限大，缺乏真正的监督和真正的制约。这样的结果就是，帝国的兴衰存亡完全取决于帝王的修为。帝王如果是明君，天下必兴；帝王如果是昏君，天下必乱。

但是很不幸，中国古代的专政体制是“家天下”。“家天下”就是王族世袭制。

“家天下”导致了中国从秦以来的每一个王朝，从总的趋势来看，每个王朝里的帝王们，大体可以说是一代不如一代。

为什么出现这样的现象？因为帝王家族中后面选出来的帝王子孙们，并不是每一个人都热衷政治，热衷治国理政。他们多数不像他们的祖辈，江山是用生命打来的，而不是继承来的。他们自小养尊处优，缺乏锻炼和磨炼，不能真正深刻体会人性的险恶。他们可以随性地把江山交给亲信去打理，自己则去写诗画画、斗蛐蛐、当木匠、当和尚……形形色色，林林总总，五花八门。

亲信很重要！亲信如果是贤人，那么还不错；亲信如果是小人呢？那就危险了。

但是，历史上但凡把天下交给亲信去打理的帝王，他所信赖的亲信，基本都无一例外，都是小人。这是必然的，因为人性使然。

小人往往让帝王很舒服，皇帝自然喜欢他们。他们也都是社会精英，他们也都聪明绝顶。他们联合起来，围绕在帝王的身边，把具有正义和良知的贤臣都排挤掉。

所以古代的帝王专制制度，导致每一个王朝都不可避免也无一例外地走向衰落。

现在来谈谈西方所谓的民主政治。

英国脱欧，又证明了所谓的西式民主，民意是盲目的。当时英国的投票，很多人都想当然地认为英国不可能脱欧，于是以一种“多我一票不多，少我一票不少”的诡异心态投了“脱欧”一票，结果真的脱欧了。许多人悔之晚矣，但是怎么办呢?

美国去年的总统大选，同样令人哭笑不得。有人评论说，到最后就是在一个骗子与一个流氓之间做出选择。选谁反正都一样。在这个时候，说明了民意是无奈的。

然后就是看这俩人谁最能搏眼球了。选总统，就如同一场选秀。全世界就围观这两名总统候选人互相死磕。

川普做过娱乐公司，所以驾轻就熟，很能搏眼球，最终成功当选。

我认为领袖首先是要引领这个国家走向永恒幸福的人。

中华优秀传统文化在这方面做出了肯定的态度。

不仅要实现物质文明，更要实现精神文明，以精神文明来创造和驾驭物质文明。

这是中华优秀传统文化始终不渝的精神。

要实现精神文明，一个国家的领袖人物，首先是有精神和人格的。

我曾经写过这么一副联：“和平仁厚与天地同意，中正大公为生民立极。”

这个“与天地同意”就是做顶天立地的大人君子，这个“为生民立极”就是身先士卒，为人民大众做表率做模范，把人格树立起来，屹立在天地之间。这就是“立极”。

立了极，人民就推崇你、尊敬你、爱戴你，你在大家的心目中，就是一个崇高的、伟大的人。

政治家首先是应有人格的，不然你怎么去影响和引领别人。所以中国的传统，领袖都注重权威。这叫“威不可犯”，你侮辱了领袖的人格，使他的权威受到了干扰，就会影响到他影响和引领这个国家，也就是影响他政治的贯彻，那么你就是在间接亵渎了国家的国格。

但是川普上台以后，我们看到这样一些现象，他的裸体塑像被置放在大庭广众之下，无数人可以去抚摸；有的学校暴力事件不断，还有少年男生在学校里堂而皇之地去摸女生的屁股，当老师问他为什么这样做时，男孩振振有词说：“因为总统也这样啊。”

一国领袖的尊严何在，人格何在？一个国家的榜样何在？我不能承认，这样就可以美其名曰“亲民”。

“人先自辱，而后人辱之。”

我相信这个道理放之四海而皆准。

川普上台以后，一直饱受质疑，其中让大家一直在猜想的是，俄罗斯到底有没有操纵美国选举！

我不关心结果。

我从内心深处倒吸一口冷气，我为所谓的西方民主感到一阵悲凉。一个国家的民主选举，不是儿戏，就是黑幕，竟然可以由外部势力介入操纵。这样所谓的民主，真的民主吗？

所以俄罗斯有没有操纵美国大选，这个结果并不重要。对我而言，重要的是，让我看到了这所谓的民主，十分可怕，乃置国家于万险之中！

中国共产党的领导，都是从内部之中产生，在磨砺之中成长，外部势力，谁也操纵不了，因为在漫长的成长过程中，“十手所指，十目所视”，纸终究包不住火，所以大有希望，大有可为。

涉及民主，我还要再做一点补充。

中国自古以来，就有“成大事者不谋于众”的传统。什么意思呢？

中华优秀传统文化的集大成者被称为圣贤，他们感悟到了宇宙人生的真谛。

在社会没有达到高度文明之前，少部分先知先觉的圣贤有责任去引领老百姓成为圣贤。这就是“内圣外王”的内涵。内圣外王的政治，都绝对在所谓西方民主之上。中国“三王四代”的时代，就是真正的内圣外王的社会局面。天下百姓都拥护着一个真正的圣王。人民看到了这位圣王的伟大，不仅是人格，还有智慧，自愿拥护和追随。因为他们相信，这位圣王，能引领他们，走向成为他那样有智慧有人格的人生。而当天下百姓大部分都成为圣贤之时，这样的社会就叫作“大同社会”。“智慧”与“人格”就是“道德”。道就是圆满智慧，德就是崇高的人格。

所以大同社会是从理论上可以实现的社会，而不是乌托邦式的空想。因为只要有一个人证明了能成圣贤，那么就意味着所有人都能成为圣贤。

在社会没有达到高度文明之前的人民大众，他们基本上是对国家政治不关心、不热衷的群体，他们的所思所想，就在于自身生活（多数仅限于物质生活）条件的不断改善上。

所以，这样的民主政治，其实是并不民主的，或者至少不是高质量的。因为质量的高低，不仅取决于物质的文明程度，更应该取决于精神的文明程度。

前面我说了，中国共产党当前的政治制度，纵向上，超越了古代的帝王专制；横向上，超越了西方民主制度。如果保证内部不出问题，那就近乎完美，从外部来看，固若金汤，无懈可击。

那么如何保证内部不出问题呢？

这就回到了前面所提出的关于反腐的问题。

我始终坚信一点，反腐是反少部分人的腐。如果多数人腐败了怎么办？

反腐是治标，而中国共产党树起了中华优秀传统文化的大旗，则是为全党全军迎来了固本培元的灵丹妙药！

党员干部学习中华优秀传统文化，必将认识到，智慧和人格才是真正意义上最大的财富。这个财富是无价之宝。因为真正的智慧可以创造和驾驭无穷无尽的财富。当他有这样切实收获和感受的时候，他根本不屑于做出有损人格的事情。他心里会想着："你贿赂我一个亿，不稀罕。我有比你一个亿更宝贵的东西。"于是，为人民服务，就不是一句口号和空谈，而是真正自觉认识到了自己对于社会的重要，对于国家民族的重要。当一个人认为自己对社会很重要的时候，他的责任和担当就来了，格局和情怀也来了。

那么在这种文化的熏陶之下，中国共产党就会大面积涌现出合格的、优秀的共产党人。这一群共产党人，怀着圣贤的情怀，将发自内心地去为人民服务，去引领人民大众，成长为有圣贤追求的人。

我曾经讲，中华优秀传统文化，在为社会培养三种人——圣人、贤人和哲人。

繁体"聖人"，"聖"字的写法，耳与口在上，代表听天之命，传天之道。听天之命就是完成使命，叫作"立功"；传天之道，就是能够留下永恒的经典，叫作"立言"；下面一个王字，代表贯通三才之达道，彰则为王，藏则为圣。叫作"立德"。"聖人"有三个标准：

第一，必须有经典，标志着智慧的绝对圆满；

第二，必须有宗庙，标志着德行的绝对圆满；

第三，弟子和再传弟子没有时空的局限。

符合这个标准的，比如孔子、老子、释迦牟尼。他们都有各自创造的永恒的经典，也都有宗庙，孔子有文庙，老子有道观，佛陀有寺院。

繁体："賢人"，"賢"字的写法，上面一个"臣"一个"又"。"臣"表示臣服和传承。臣服于天道，对天道存敬畏之心，心存敬畏才能传承。"又"就是继续之义。继续圣人之道，传承圣人之学。下面一个"貝"，表示一肚子的宝贝，“被褐怀玉”的含义。贤人也有三个标准：

第一，可以注疏经典，标志着智慧的相对圆满；

第二，可以配享宗庙，标志着德行的相对圆满；

第三，弟子和再传弟子相对没有时空的局限。

邵雍、关羽、诸葛亮等人都是。

繁体：“哲人”，“哲”字的写法，上面一个“折”，下面一个“曰”。曰表示说话。什么意思呢？

把一句话折来折去地说，怎么说都能自圆其说，这叫自然辩证法。通过鼓舌如簧，把人给折服了就是“哲”。圣和贤都讲智慧和德行，无为不争，让人自然敦化，以德服人；而哲人不讲智慧和德行，讲的是雄辩滔滔、世智聪辩，口才惊人，以理服人。还要通过“争”来折服人。

从这个标准去衡量，孔子、老子是圣人，他们的人生智慧圆满，人格无亏，我们把他们称为先哲，是说低了；马克思、列宁则是哲人，他们达不到贤人的标准，更达不到圣人的标准。

哲人的理论可以作为思想理论的武器，但是圣贤的精神却可以作为人生的信仰和终极的追求。

共产党人学习中华优秀传统文化，必然提升境界和觉悟，必然开始培植厚重的德行，将自觉与腐败划清界限。

我总结了一下，一个有圣贤追求的人，大致会拥有八种德行，哪八种呢？我称为：

不卑不亢的气度，正知正见的思维；

先知先觉的智慧，利国利民的作为；

大慈大悲的情怀，我行我素的风格；

庸言庸行的修养，立天立极的道德。

这个“我行我素”容易被人误解为自以为是的固执。其实“我行我素”出自《中庸》：“君子素其位而行，不愿呼其外；素富贵，行乎富贵；素贫贱，行乎贫贱；素夷狄，行乎夷狄；素患难，行乎患难。君子无入而不自得焉。”

多数人有了正面的追求，那么反腐，也就成了反少部分人的腐。在这样的情形下，还有人要腐败，说明没有真学，没有真践行，那么，就坚决地清理掉他。

现在的政治体制注入了中华优秀传统文化的灵魂，那么这个体制，我认为，就堪称完美了。

四、强国——治国平下之学

《现代汉语词典》中对国学有这样一个定义，《词典》中说："国学，一国固有之学的统称。"国学本指国家兴办的教育，近代时频繁说起来，是跟西学相对举的一个词语。那时很多东西都带一个国字，是为了区别于西学。比如武术，叫作国术；汉语，叫作国语；中国文学叫作国文……

但是国学到了今天，成了更加广为人知的一个热门词汇，一个特有词汇，那么就有必要给国学注入新的内涵、新的定义。

《词典》对国学的定义显然是非常笼统、模糊的。因为按"一国固有之学"来界定，首先无法准确表达中华传统文化的独有内涵，其次这个界定的模糊还在于，英国也有"一国固有之学"，德国也有"一国固有之学"，那叫英国国学、德国国学，那么这样的定义，如何体现出中华文化的内涵来呢？

所以我给国学注入了一个全新的内涵、全新的定义——"国学者，治国平天下之学也"！

第一，国学，是治国平天下之学的简称；

第二，治国平天下，是中国文化的一个终极追求。能够代表国学的内涵与宗旨。

我认为世界上没有任何一个国家的文化如同中华文化一样从形而上到形而下、从知到行、从内到外、从宏观到微观都是一以贯之的。世界上没有任何一个国家的文化能够很明确地在为治国平天下全方位服务。

譬如中医，自古相传着一句著名的言论——"上医治国，中医治人，下医治病”。中医到了最高境界，称为上医，上医除了治病？最重要的本领是什么？就是治国。

其实不仅是中医，中华优秀传统文化的方方面面，到了最高境界，都是治国的境界。

有人就会提出来，治国平天下应该是儒家的思想，儒家能完全代表中华传统文化么？

许多人把“治国”和“平天下”这两个概念混为一谈。有人说治国是把一个国家治理好，平天下是把许多国家治理好。这个看法有问题，第一，你作为一国之主，你可以治理本国的事务，但是你有资格去治理别国的政务吗？第二，治理许多国家和治理一个国家从根本上讲就是一个问题，就都是治国。所以“平天下”不应该再是对“治国”概念的重复。治理好多个国家不是平天下的含义，在中国文化中，那叫“协和万邦”。

什么是平天下呢？

我认为，“天下”是指境界。“天”，是中国往圣心目中一个至高无上的概念。等同于“道”，也代表了“道”。天无象无形，所以也代表了“玄”。所以天学也就等同于玄学。

“天下”是指境界！当你的境界达到无上正等正觉，达到了如来大道之境，那么你看一切，就都在你的境界、眼界之下。这就叫天下。说明你的境界证到了道的境界、天的境界、无上正等正觉的境界，等等，你这才算是平天下了。

换句话说，治国是用，平天下是体。治国是外王的事业，平天下是内圣修养达到了极致。所以治国不是根本，平天下才是终极的追求。

所以《大学》里面才会说：“自天子以至于庶人，一是皆以修身为本。”也就是说，中华文化诸子百家，方方面面都在谈如何治国，也都在谈内圣功夫的根本修养。

孙子兵法如此，道家思想如此，中医的核心思想如此，无一例外。放眼全世界，我认为，只有中华文化诸子百家的理念都共同在为治国服务，也都在从各自的角度深入阐述内圣的修养。这一点，只有中华文化能做到，这就是中华文化的内涵和特点。

所以我们虽然说百家争鸣，但是其实百家的根本宗旨都是一个，也就是说核心追求都是一样的，只不过是表面形式的、提法的不同，而内在的终极追求则是一致的。所以才能形成如此丰富的“百家争鸣”的现象。大家注意，“百家争鸣”不是“百家争斗”，这是有区别的。“争鸣”的内在是合，而“争斗”的内在则是分。正因如此，这也就犹如古代禅宗大德所说的“一本而散为万殊”。

所以《大学》里面的这句话至关重要：“自天子以至于庶人，一是皆以修身为本。”这不仅是一个儒家的价值观，同时也是中国历史的价值观、中国政治的价值观。为什么这样说呢？

中国历朝历代以来，帝王将相都是以圣贤自居，这说明了中国政治的根本追求。那么什么叫政治追求？就是你的执政者是要把你的国家和人民引向何处，达到一个什么目的？也就是终极关怀。

中国几千年来的历史做出了一个充分而有力的证明——圣贤之人引领着天下人民成为像他那样的圣贤之人。

因为圣贤也是普通人做的，他证明了普通人也可以成长为圣贤。他知道了怎么才能从普通人成长为圣贤的方法，他把这个方法告诉给更多的人，大家一起通过这个方法成为圣贤人。这就是“领导”的含义——领袖加导师，是引领和引导者！

成为圣贤有什么好处？答案就是一个，真正而永恒的幸福。

第一，有智慧。有智慧，所以不愚昧，不愚昧，自然高明，通透、通达，高明通达的人，不仅能创造财富，还能驾驭财富，所以幸福；智慧是创造和驾驭财富的源泉，它是真正的最大的财富。

第二，有格局。有格局，所以包容，能包容，所以随顺自然，随顺自然，所以幸福。

第三，有担当。有担当，所以能承载，能忍辱。能担当，所以被拥护；能忍辱，所以不烦恼。不烦恼，就是幸福。

如果说人类有一个共同的追求，那就是幸福！而也只有真正懂得了宇宙人生的真相的人才能获得永恒的幸福。这种人就是圣人。

很多人在贫穷的时候，没有地位的时候，被人看不起，所以不快乐。于是拼命赚钱，甚至不惜扭曲人格、丢了底线去骗钱、抢钱。最后呢？还没有赚到多少钱就犯事儿了，被人更加看不起。退一万步，即便你有钱了，假设也没人知道你的钱从何而来，你也同样不快乐，因为你不知为此扭曲了多少人格，做了多少昧心的事？你的内心是不快乐的。你自己的良知会惩罚你。

我们常说一句话，叫“三生有幸”。三生是佛家的理念，指过去生、现在生和未来生三生。我注入了一个内涵，三生叫“生存、生活和生命”。

智慧低劣的时候，就在求生存，解决生存问题，这是在生存线上挣扎的人；

智慧开发起来了，就在搞生活，讲究生活的质量问题，这是有钱有地位的人；

智慧进入高级阶段的时候，就是在思考生命的真谛，生命的意义何在，解决生命的根本问题。这是圣贤之人。

在“生存”层面的人活得痛苦，因为没有智慧，也就没有创造能力和驾驭能力，导致贫乏而极度缺乏安全感；在“生活”层面的人活得表面潇洒，因为有了一定的智慧，也可以运用这些智慧，可以创造财富，但是照样烦恼。为什么呢？因为你的生活质量也许很好，但是你的生命质量非常低。因为你有钱了，可以任性。可以胡吃海喝，可以醉生梦死，可以纸醉金迷，结果呢？我们看到很多富豪，有钱没命花。就像小品《不差钱》里说的，“知道世界上最痛苦的是什么吗？是人还在，钱没了；知道世界上最最痛苦的是什么吗？是钱还在，人没了。”

而圣贤之人，一上来想要解决的不是生存问题，不是生活问题，而是生命的根本意义这个问题，能把生命的真谛找到，能解决生命的问题，一切就都不是问题。一位真正的圣贤，生存成问题吗？生活上他可以金碧辉煌，他也可以粗茶淡饭。关键是他还懂得摄生、养生之道了，更懂得了真正的幸福之道了。

黑格尔批判中国没有历史，因为中国的历史只是不断地循环和重复——一个王朝完结了，另一个相似的王朝又兴起。他认为中国的历史是没有进步的。

其实不仅仅是否定中国的历史。近百年来，中国开始越来越流行并且越来越相信这样一些论断：

中国没有历史、中国没有科学、中国没有哲学、中国没有宗教和信仰……

中国几乎成了一个国际笑柄！在欧美国家的眼中，在西方标准的衡量下，中国几乎就是愚昧无知的代名词！

我相信，要么这不是蓄意的污蔑和陷害，就是对中华文化的无知和无视。或者说黑格尔先生之类对中国文化的认知，只停留在表面而并未理解到精髓。

我说，中国有历史，而且从一开始就是人类历史上历史观最明确、最根本、最进步的。

真正进步的历史观是应立足于人类的终极点上来看，而不是仅仅立足于你有了工业文明、有了科技文明、有了商业文明就认为你的历史是进步的……

历史应该有所抉择。有所为，有所不为。有了正确的历史观，就必然会拥有一切该拥有的文明。

物质文明绝对不是人类的最终需要，永恒幸福才是人类的终极需求。

“志在圣贤”是中华民族几千年来的一个永恒主题和不懈追求。所以一个王朝覆灭了，一个王朝兴起了，都是在为这一个理念而追求着。表面上看是改朝换代，但是核心追求不曾变，向着这个理念不懈追求，就是在不断地进步着。所以中国的历史，是进步的历史。

“圣贤”是中华文化所共同标举的。无论道家、兵家还是法家都倡导。而儒家无疑提得最多。

儒家文化是被专制帝王利用了的文化。什么叫利用？就是阳奉阴违——在形式上利用儒家的礼教纲常去制约他人，而帝王自己内在又缺乏圣贤的追求。这就叫利用。这本身就不符合儒家的思想——“躬自厚而薄责于人”。

通观中国的历史，专制者学好了圣贤之道，就缔造盛世；违背了圣贤之道，就制造出乱世。但是多数专制者毕竟不是圣贤。而由于他总揽大权，缺乏有力的监督和权力的限制，于是逐渐让帝国走向覆灭。由另一群有圣贤追求的人“揭竿而起”，推翻旧政权，建立新政权。但是，家天下的制度，让政权的继承者们逐渐只会享乐，而没有或少有圣贤的追求，所以从大趋势来看，每一个朝代，几乎都是一代不如一代。究其原因，就是“道心的退失，初心的改变”。 而当执政者不再是圣贤人以后，就会出现另外一批志在圣贤的人站起来，发动革命去推翻他。于是历史的循环开始了。

所以执政者应该是圣贤人，由圣贤人来引领更多的人成为圣贤人。这就是中国永恒不变的历史追求。正因为这个追求永恒不变，所以看起来每一个朝代都似曾相识。

而五代十国、五胡乱华这样的时代，几乎都与圣贤追求无关。因此，反过来充分证明了，没有圣贤追求的时代，就是无休止的欲望、无休止的战乱与争夺的时代。

从这一点来看，中国有历史，而且是真正最进步的历史。正因为有这样的历史观，所以历数千年之久，历久而弥新，与时俱进。虽然亡了无数次国，却依然又再重建和复兴！

这个历史观，也被称为“道统”。中华优秀传统文化，就是大道。合于此道则兴，背离此道则亡。每一个朝代，都用无数血泪的事实反复证明了这一不变的铁律。

第五是复兴，复兴是什么呢？就是汤因比博士所对中国所寄予的那种期望。他认为，中国文化，应该是引领世界潮流的文化。

楼宇烈先生曾赠送我八个字：“中国文化，世界共享。”我们有如此优秀的文化，就必定能够使我们的国家兴盛文明。我们的国家兴盛文明起来了，自然就会吸引别国前来取经。不用刻意强调“中国文化走出去”，反而让人对我们产生了戒备。好的东西，我们很自信，必然会为世界绽放异彩，造福于全人类。

最后，我们薪火相传，立天地之心，立生民之命，在中华优秀传统文化的启迪之下，开万世之太平。

这就是我们国家的文化自信、理论自信、制度自信与道路自信！

附录二

再谈中华传统文化与国家战略

——记廖彬宇先生与王继光先生对话

2017 年 3 月 28 日，独立学者王继光、湖北省国学研究会韩忠学会长一行前来看望廖彬宇先生。王继光先生是廖彬宇先生的读者，从未谋面。他在看到廖彬宇先生新近发表的《中华传统文化与国家战略》一文后，十分震惊，一口气反复研读了数遍。随后多方探访，终与廖彬宇先生取得联系并会面，还与彬宇先生进行了整整一个上午的交流。下文根据讲话录音整理。

对于廖彬宇先生在《中华传统文化与国家战略》一文中提到的习近平总书记对中华传统文化的重视等相关论述，王继光先生则带来了一本书稿进行了补充。这本书名为《文化复活与民族复兴》，是王继光先生的心血之作。

王继光先生谈到他书中的很多言论，与彬宇先生的思想不谋而合。继光先生说这是多年来第一次萌生了拜访他人的念头。彬宇先生则引《诗经》名句“嘤其鸣矣，求其友声”，对继光先生的到来表示欢迎。

在《文化复活与民族复兴》书中有这样的论述：“2012 年 11 月 29 日，我们惊喜地听到习近平总书记发出了一段浑厚苍劲的声音，我相信这是中国当代的最强音，它铿锵有力地向全世界宣告了这样一个重大的基本事实——一个拥有五千余年一直延续不断、连绵发展，无比光辉灿烂的文明史，曾经独占鳌头、引领全球风骚上千年的世界大国正在迅速而和平地崛起，它昂扬上升、势不可挡，必将以更新、更活、更耀眼亮丽的面貌呈现在世人面前，并给人类社会发展带来更为广泛持久的益处，这必然要为包括所有炎黄子孙、中华儿女在内的一切拥护和平发展、崇尚善良正义、热爱美好生活的人们带来无限憧憬、无比自豪、无上荣光。”

这个最强音就是习近平总书记在中国国家博物馆里参观《复兴之路》展览过程中所发表的重要讲话。他将中华民族的昨天概括为“雄关漫道真如铁”，将中华民族的今天归纳为“人间正道是沧桑”，将中华民族的明天形容为“长风破浪会有时”，并郑重豪迈地指出：“经过鸦片战争以来 170 多年的持续奋斗，中华民族伟大复兴展现出光明的前景。现在，我们比历史上任何时期都更接近中华民族伟大复兴的目标，比历史上任何时期都更有信心、有能力实现这个目标。”也正是在这次十分重要的讲话中，习近平总书记第一次提出了“实现中华民族伟大复兴的中国梦”这个格外响亮的概念和伟大的目标。他说：“实现中华民族伟大复兴，就是中华民族近代以来最伟大的梦想。这个梦想，凝聚了几代中国人的夙愿，体现了中华民族和中国人民的整体利益，是每一个中华儿女的共同期盼。历史告诉我们，每个人的前途命运都与国家和民族的前途命运密切关联。国家好，民族好，大家才会好。实现中华民族伟大复兴是一项光荣而艰巨的事业，需要一代又一代中国人不懈地共同为之努力。”

那么，如何才能既好又快地实现中华民族伟大复兴的中国梦呢？实事求是地讲，这项伟大事业前无古人，也就是没有现成的经验可以模仿学习，只能靠在中国共产党领导下的全体中国人民自己来探索，从毛泽东到习近平，概不如此。创新发展永远在路上。但是这两者之间也有所不同，时至今日，经过新中国成立以来将近七十年的艰苦奋斗与艰辛摸索，特别是经受过改革开放以来三十多年的锤炼磨砺，中国共产党及其领导者已经积累了越来越丰富的治国理政的经验，并通过对人类社会发展规律、社会主义建设规律、共产党执政规律的持续深入研究，逐步形成并确认了一条能够通往预定目标的康庄大道，这就是中国特色社会主义道路。正如习近平总书记曾经指出的：中华民族是具有非凡创造力的民族，我们创造了伟大的中华文明，我们也能够拓展和走好适合中国国情的发展道路。全国各族人民一定要增强对中国特色社会主义的理论自信、道路自信、制度自信，坚定不移沿着正确的中国道路奋勇前进。

当道路和方向问题解决了以后，接下来我们应该如何着手去做呢？在此，就要提到社会主义建设事业的“五位一体”总体布局，这是胡锦涛同志在党的十八大报告中提出的，包括经济建设、政治建设、文化建设、社会建设和生态文明建设，是中国共产党着眼于实现社会主义现代化和中华民族伟大复兴而对推进中国特色社会主义事业做出的总体布局，将为中国到 2020 年如期实现全面建成小康社会宏伟目标提供强有力的保障。

考察“五位一体”总体布局理论认识的沿革发展过程，我们很清晰地看到，自中国改革开放的总设计师邓小平同志首先提出物质文明、精神文明的“两个文明”建设，“两手抓，两手都要硬”之后，中国共产党在此基础上秉承与时俱进精神，根据国内发展状况和国际形势变化，不断予以完善和丰富，先后经历了从两个文明一起抓到经济、政治、文化、社会建设“四位一体”，以及到今天的经济、政治、文化、社会和生态文明建设的“五位一体”的创新深化过程。其中尤其需要指出的是，无论中国特色社会主义建设事业总体布局如何演变，文化建设始终是不可或缺的重要内容，并得到了越来越高的重视，被给予越来越多的强调，支持力度相应地也越来越大。

为什么中国共产党几代领导人都格外关注和重视文化问题并越来越倾向于不断提升文化的地位，尤其是习近平总书记更是不遗余力、不厌其烦地反复强调和阐述？

平心而论，在中国共产党的历史上，受文化深度熏陶滋养、十分关注和重视文化工作的领导人屡见不鲜，然而时至今日，还没有哪一位领导人能达到习近平总书记对中华文化如此推崇的程度，可以说习近平总书记对文化的独特作用和重大功能、对社会主义文化的建设发展、对中华优秀传统文化的传承创新等所做的深入考察、理性思辨、科学研判、重要论述乃至不遗余力地带头宣传都是破天荒式的、里程碑式的和开创性的，极富变革意义。如他首次将中华文化发展繁荣、构建社会主义核心价值观提升到关系中华民族伟大复兴和推进国家治理体系及治理能力现代化的战略高度来认识、来强调，可谓高瞻远瞩、振聋发聩。

如他在 2013 年 9 月会见第四届全国道德模范及提名奖获得者时指出:“中华文明源远流长，蕴育了中华民族的宝贵精神品格，培育了中国人民的崇高价值追求。自强不息、厚德载物的思想，支撑着中华民族生生不息、薪火相传，今天依然是我们推进改革开放和社会主义现代化建设的强大精神力量。”

同年 11 月，他在山东考察时强调:“一个国家、一个民族的强盛，总是以文化兴盛为支撑的，中华民族伟大复兴需要以中华文化发展繁荣为条件。”

2014 年 2 月，习近平总书记在省部级主要领导干部学习贯彻十八届三中全会精神全面深化改革专题研讨班开班式上指出：推进国家治理体系和治理能力现代化，要大力培育和弘扬社会主义核心价值体系和核心价值观，加快构建充分反映中国特色、民族特性、时代特征的价值体系。坚守我们的价值体系，坚守我们的核心价值观，必须发挥文化的作用。民族文化是一个民族区别于其他民族的独特标识。要加强对中华优秀传统文化的挖掘和阐发，努力实现中华传统美德的创造性转化、创新性发展，把跨越时空、超越国度、富有永恒魅力、具有当代价值的文化精神弘扬起来，把继承优秀传统文化又弘扬时代精神、立足本国又面向世界的当代中国文化创新成果传播出去。

俗话说，蛇无头不行，鸟无头不飞。习近平总书记那些关于中华传统文化的讲话，如黄钟大吕一般不仅得到了国内外的如潮好评，更重要的是给正在进入改革深水区、正在打改革攻坚战、正在啃改革硬骨头且处于当下社会全面转型关键阶段的中国带来了持续强劲而又倍加温馨的春风春雨。在他的感召垂范和引领推动下，当前中国文化建设和文化创新正在酝酿新的蓬勃发展的浪潮，相信在不久的将来定能呈现澎湃激荡之势。这是一种非常可喜可贺的大好现象，这种令人神清气爽、耳目一新的局面来之不易，弥足珍贵，值得全体国人好好珍惜，加倍努力，脚踏实地，锐意进取。

今天中国取得了举世瞩目的成就，特别是习近平总书记上任以后以壮士断腕、猛药去疴的巨大精神勇气和钢铁一般的坚强意志，行大破之举，收大立之效，尤其在文化建设发展上日益呈现百舸争流、千帆竞渡之势，在文化改革创新上则别开生面、气象日新，难道这不值得所有中国人为之欢呼雀跃、振臂呐喊么?

回顾百年来的中华民族发展历史和中国人民奋斗历程，固然其中充满了种种辛酸苦辣和艰难困苦，但是再回望百年的中华文化发展情形和演变过程，则其中的辛酸苦辣和艰难困苦又不知增加几何，诚可谓喜悦欣慰不足，悲痛沉重有余。一方面，伴随着清末国门洞开，西学东渐蔚然成潮，欧风美雨肆虐甚厉，不仅经济发展和科学技术积贫积弱，大大落后于西方列强，就是在精神文化上也是一蹶不振，一边倒久矣。从洋务运动到“五四运动”提出打倒“孔家店”，吾国数千年传统文化曾较长时间被国人视为破衣烂衫之蓬头乞丐备受人厌恶、鄙视、唾弃，后复有十年“文革”“破四旧”之浩劫，中华传统文化到此横遭践踏凌虐，被折腾得几乎奄奄一息，竟一度有垂毙衰朽之势，诚触目惊心、可哀可叹也。

而改革开放以来，伴随着国门再度敞开，一度又出现了盲目崇拜西方的浪潮，数典忘祖，妄自菲薄，对自身文化的严重不自信乃至怀疑中华文化遗存的“无据打假”，一段时期竟然几乎就要成为整个民族的普遍心态，甚至出现了历史虚无主义和文化虚无主义乱象，诸如抹黑民族英雄和革命烈士、丑化中国历史和中国人、将中国文化说得一无是处等，这不能不说是中国近现代文化发展史的一大颇具讽刺意义的悲剧，令人痛心不已，值得高度警惕和深思。对此，习近平总书记在纪念孔子诞辰2565周年国际学术研讨会暨国际儒学联合会第五届会员大会开幕式所发表的重要讲话中给予了严正驳斥，向全党和全社会发出了严肃告诫。

然而需要特别指出的是，虽然习近平总书记已经发出了学习弘扬中华优秀传统文化的号召并率先垂范，总体上也得到了社会各方面的热烈响应，尤其是民间民众的衷心拥护与支持，但是冰冻三尺非一日之寒。自清末以来在深重的内忧外患侵袭下和严酷的内外交困打击中，还包括后来遭受毒害深远、流毒甚巨之极“左”意识形态巨大重创，传统文化所受株连伤害既深且广，整个民族和国民的文化自信一度丧失殆尽，时至今日亦未能完全恢复固有之充沛元气，社会一般大众，特别是体制内很多中高级领导干部从思想精神、思维意识到实践能力上都还没有做好相应的准备，尚不同程度存在着左顾右盼、不知所措、认识肤浅、思维僵化、行动迟缓、抵触不为等现象。要想予以彻底扭转，还需时间，还要有一个过程，不仅需要党和政府多管齐下、全社会相互协作共同努力，还需要耐心和包容，妄图毕其功于一役、超时而进是不切实际的，而要想原地踏步走、违时不进也是绝不可取的，两种倾向都应坚决反对，尤其是后者。

廖彬宇先生表示，传统文化的传承发展诚然有很多内忧，但是内忧主要还是源于外患。知道了病因，才好对症施治。病因是什么呢？就是近百年来西方科技的强大，引起了国内学人高强度的反思反省，而过度过分反思反省的结果就是认为传统文化本身出了问题，所以认为中国要强大，就必须要学习西方。很多学人到西方留学，盲目引进了许多西方的意识形态，而这些意识形态本身未必适合具有数千年丰厚传统文化土壤的中华民族，更何况还有在西方反华势力的蓄意引导下，向中国灌输了许多具有殖民话语的概念。在那种“西方月亮比中国圆”思想所主导的环境时空下，开始无形中混乱中国人的意识形态，麻痹中国人的忧患意识，割断中国人的精神命脉。

对症之药是什么呢？就是习近平总书记现在给大家开的药方，首先就是“文化自信”。文化自信建立起来了，就自然有了判别能力，有了创新能力和发展能力。

一、文化自卑与文化自信

邓小平同志曾经形容改革开放，说“打开窗户让新鲜空气进来的同时也难免会有几只苍蝇进来”。但是也有人对此充满了担忧，有人打比方说文革“破四旧”是“把洗澡水和孩子一起倒掉”，而改革开放则是“打开窗户让新鲜空气和洪水猛兽一起进来”。

猛兽甚于苍蝇，因为猛兽会吃人。西方的意识形态对中国一直以来是在有形无形地不断灌输着。无形，是让他们的意识形态裹着基金、留洋之类的糖衣炮弹暗中打来，使人迷惑于西方的糖衣炮弹而做了俘虏；有形，则是他们到处强制地在全球范围内推广所谓的普世价值。

这些从西方舶来的殖民话语，随着历史的积淀，已经多如牛毛。随意列举，譬如一度广为流行的“中国国民性”到“国民劣根性”的演变。

“中国国民性”和“中国劣根性”这两个代名词，究竟出自谁家？西方势力为何挖空心思构建中国国民性？这个问题值得深究！学者周宁在《天朝遥远——西方的中国形象研究》中对于西方人如何看待中国的真实目的有深刻的洞见，结论是，西方人并非是为了知识求真，而是为西方的征服、掠夺、扩张提供正义的理由。我们对周宁的言论表示赞同，同时还为他做补充，不仅是为掠夺和扩张提供理由，同时也是在为掠夺和扩张提供便利、培植帮凶的力量。

我们应当注意到，从孟德斯鸠开始，西方思想界就试图在现代世界观念秩序中确立中国的国民性，在后启蒙时代的东方学背景下，相关主题的不同文本，逐渐构筑起一个知识体系，又经过赫尔德的发展，最终完成于黑格尔的历史哲学中。这个时候，中国的国民性话语，作为殖民主义、帝国主义意识形态语境中生产与组织“中国意义”的表述系统，已经具有了一个统一主题，即中国国民的奴性，已经形成一套相对稳定的概念。如中国的自然环境、政治专制、道德堕落、愚昧迷信、历史停滞是如何在塑造并表现这种奴性，已经表现出一种既定的表现形式和表现方式，如首先与西方对应的东方化语境中确定中国国民性的精神核心并历数其多种特征，尤其是历数道德范畴内的反面例证。这类方式最终推导为之所以如此，是中国传统文化自身的腐朽堕落及具有奴性。这种思想多年以来就已深深根植于中国人的心中，从小孩开始，一代一代进行传播和渗透。让中国人从骨子里彻底反感中华传统文化，高度认同并融入西方这些具有蛊惑性的价值观中而不自知。西方就是这样以学术建制的方式沟通了知识与权力，为西方的征服、掠夺、屠杀和扩张提供正义理由，同时又在不知不觉中彻底置换了中国人的立场，使之成为自己征服、掠夺、屠杀和扩张的有力帮手。

然而，不只是精英学者，还有大量的西方传教士、旅行家、探险家、军人、文物掠夺者各色人等，大多以唯我独尊的心态对中国的方方面面进行批判、批评和抨击。黑格尔的“中国研究”以这些批判与描述为依据，而他的学说和意见一旦公之于众，就会以大学者的权威力量极大地引导着诸多精英。就在西方精英、中国精英和普通中国人的互动、传递和影响中，中国国民性的奴性、愚昧、自私等得到了模式化、格式化的描述和强调。

记得我在念中学时，我学孔子的思想，老师就说，孔子是给人类戴精神枷锁的，学他的《论语》，只是作为一种文学性欣赏，用不着小题大做；我学老子的思想，老师就说，老子的思想消极无为，不值得学习；我学佛家的思想，老师就说佛教宣扬迷信，这世上哪有什么神佛菩萨？

我很无奈。我当时就有个担心——中华优秀传统文化濒临断层了。因为连我们的老师都有这样的认识，还把这样的认知无数遍地传输给青少年学子，全国有多少青少年学子将会受到误导，在幼小的心灵里埋藏下中华传统文化是糟粕的种子？而且大家都对这样的认知习以为常，他们会一遍一遍地重复具有这样认知的言论给家人、朋友、孩子和社会。最后不仅祸害了自己，还祸害了社会，断送了自己的慧命，也断送了别人的慧命。慧命一断，就必定追求低级趣味，变得面目狰狞，害人害己。

我曾经在多个场合反复地说，孔子的礼教文化并不吃人，他给人类创造了一种获取幸福的机制，这个机制让社会和谐有序地发展。这个“礼教”对我们的约束，就是在对我们伟大人格的塑造。如同少林寺武僧的绑腿，普通人乍一绑上绑腿，感到沉重，迈不开步子，但是训练日久的武僧们却能系着绑腿健步如飞，当有一天他把绑腿解下的时候，就成就了身轻如燕、飞檐走壁的功夫。礼教就是这个绑腿，系上去的目的，是要解开来。当你真正解开的时候，孔子有一句话是最好的形容：“从心所欲不逾矩。”

老子的思想也并非消极无为。“无为”是老子思想的最高境界，是对道的特性的形容。这个“无为”的最高境界是来自于两个有为，一个叫为学，一个叫为道。只有把这两个有为都做好了，才能够进入到“无为”的境界里来。《老子》原文是：“为学日益，为道日损。损之又损，以至于无为。无为而无不为也。”为学就是补充知识，为道就是加强修为。这两个有为，为学与为道，其实就是佛家的“悲智愿行”，儒家的“知行合一”，孔子的“学而时习”。

释迦牟尼宣导四圣谛，乃至于四句偈等，均是为了让人类破除对所有低级趣味的执迷（破执、破相）而追寻生命的真谛，再有四正勤、四念处、八正道等思想，无一不是正信的认知而非迷信。

对中华优秀传统文化这样的误解，可谓汗牛充栋，遍地都是。

大家心目中认为中国文化如此不堪，就必然要加强对西方文化的推重与崇拜。这就是崇洋媚外心态从民国以来至今逐步重重叠加而形成的。既是内忧，又是外患；既有外患，更是内忧。

长期以来，在中国理论界无论是研究史学还是评价现实，搬运西方的后现代理论成为“精英”们的首要任务，有时甚至滑稽到“挟洋自重”的程度，似乎不讲几句洋文、不引用西方话语就不知道该如何说话了，就不足以证明自己的渊博学识。

在20世纪80年代以来兴起的，把西方资产阶级标准当作唯一标准的“新启蒙运动”所以是一种新愚昧，就是因为他们并不懂得卢梭所说的：“宗教改革运动只是以学者代替了教士，只是以‘百科全书’代替了《圣经》。”他们不懂马克思所指出的：“资产阶级无非以银行代替了教会，以股票代替了赎罪券。”所以资产阶级启蒙运动首先最需要启蒙。

在西方文化中，黑格尔的理论标志着中国国民性话语精英层面的完成，明恩溥的《中国人的性格》则标志着大众舆论层面的完成。要知道中世纪西方所在中国人身上发现的各种特点，其描述复杂、混乱，甚至相互矛盾。他们的作品，不是为了使西方人视野中的中国人性格、形象越来越鲜明和清晰，而是越来越模糊。不是使西方人能轻松地把握中国人的性格，而是无所适从了。而《中国人的性格》一书的完成，则完结了这种局面，在明恩溥所归结的26种特征中，他最后就得出了一句话，那就是只有皈依西方的宗教（基督），才能拯救这些病入膏肓的中国野蛮人。所以，近代以来西方宗教的扩张与殖民军事权力的扩张，基本上是相互呼应并默契配合的。同样地，西方社会所形成的关于中国国民性格的话语体系，不是作为一种知识，也并不是为了真理服务的，它是非常暴力、血腥又极具蛊惑、煽动而为殖民权力服务的。

其实，历史上的西方并不是一开始就这样从否定面来构建中国形象的。与此相反，在伏尔泰之前，欧洲所有关于中国的言论都充满了礼赞和憧憬。在他们对欧洲中世纪的教权专制、思想禁锢进行批评的进程中，中国被欧洲的文化精英们描述为富庶、自由、和谐、欢乐的世俗社会，并以此作为欧洲的楷模。伏尔泰说："当中国人在创造伟大文明的时候，偏居西方一隅的欧洲人还是奔波于丛林中的野蛮人。"

直到 1721 年，德国学者沃尔夫还在演讲中盛赞中国的道德哲学，描述儒家理想是尽善尽美的典范。当然，由于他如此宣说，也遭到了普鲁士国王的驱逐，被迫流亡异国他乡 16 年。1730 年，他又抛出中国政治思想是世界政治的典范，中国文化中内圣外王的统治模式，符合柏拉图《理想国》的构想。有的欧洲学者则称赞中国古代文明超过了古希腊和古罗马文明。伏尔泰的《风俗论》依然保留了这种推崇中国的论点。《风俗论》是一部描述中世纪世界政治、历史、精神文化的著作，翻译成中文长达 130 万字，他以中国内容作为全书的开篇，这种安排似有以中国作为文明典范的含义。

作者也从传教士的著作中读到若干中国社会的缺点，但他对那些描述不以为然，处处为中国人的这些所谓缺点而辩护，在那个时代的欧洲学者心中，中国形象跟乌托邦一样完美。（编者注：关于"内圣外王"的政治模式论述，请参看《中华传统文化与国家战略》）

那么这种转变是从什么时候开始的呢？我们前面已经说过了。是从孟德斯鸠《论法的精神》（1748 年）的出版开始的。欧洲学者笔下的中国形象开始发生转变。启蒙学者们在构建现代性价值体系的过程中，一步步将中国构建成反面形象。中国不幸沦为被他们抛弃的一切与现代相对抗的负面价值的化身。中国被置于"他者"地位，成为打造现代性价值、表现他们文化思想、凸显他们先进性和优越感的镜子和参照物……并为他们联合起来侵略中国、掠夺中国提供了有力的理论支撑……

随着启蒙文化的繁荣与影响的白热化，殖民主义当局于是高唱着"理性战胜愚昧，先进战胜落后，文明战胜野蛮，自由战胜专制，基督战胜邪教，优秀种族战胜原始民族"等文明信条，理直气壮地用军舰和枪炮实施屠杀和掠夺。（八国联军乃至后来的日本侵华都莫不受到此种思潮直接、间接的影响）

我曾经谈到黑格尔污蔑中国没有历史和哲学。他在《历史哲学》中这样谈论："历史必须从中华帝国谈起，因为根据史书的记载，中国实在是最古老的国家。中国很早就已经进展到了如今日的情状，但是它从未发生任何变化，一种终古如此的固定的东西代替了真正历史的东西。”

章太炎说：“欲亡其族者，必先诬诋而灭其史。”

话题回到前面，中国的一些所谓的“文化精英”认为，中华民族的历史文化，到近代已经不能适应国际社会的变化和国内变革的需求，不得不重新反思中国的历史文化。一次又一次地引进外来思想以图民族自救和振兴。自1840年到20世纪前期，中国几乎学遍了世界上所有被认为可学的国家，引进了世界上主要国家的主要思想，对中国的思想文化影响之大是空前的。有学者指出：中国文化在这一大背景下经历了三次大的转型，这就是从晚清的以夏变夷到学习西方；从维新时的中学为“体”，西学为“用”，发展到“体”“用”皆变；从“五四”时的体用、制度变革，发展到主要是变革人的思想。

19世纪中叶以来，中国在学习西方的文化过程中，也开始了对本国文化的反思。当时有一种思潮，觉得中国没有宗教、没有哲学、没有科学、没有艺术、没有历史。试想，在这种思想认知的基础下，怎能有自己的文化自信呢？于是开始对传统文化进行清算，尤其是对入世行道影响了中国数千年之久的儒家思想进行清算。

北京外国语大学教授韩震曾说：“近代以来有些人的‘唯洋是举’和‘全盘西化’主张，是丧失文化自信和缺少自主能力的表现。忘掉自己的文化根基，对外来的东西照单全收，囫囵吞枣的做法是食洋不化的表现。‘唯洋是举’心态的社会根源何在呢？近代以来，由于西方资本主义生产方式和现代文明的兴起，中华民族面临几千年来未有之变局。面对列强的欺凌，中国暴露出生产方式、社会制度和文化观念的落伍。在西学东渐的过程中，欧美人构建的‘西方中心主义’也像病毒一样被植入一些国人的精神编码结构中。一些人甚至全盘接受中华文化在本质上落后于其他文化的论调，认为中国从种族上存在‘劣根性’，只有让他人来这里进行几百年的殖民，才能从根本上改造中国文化的落后性。”

西来的殖民话语“中国国民性”进而转化为“国民劣根性”，鲁迅笔下的阿Q精神成了中国国民性的缩影，所以对国民性的批判顺理成章地发展为反传统文化的思潮。其实我们都知道，任何民族都有阿Q精神的存在，这几乎就是伴随着人性而来的。中国传统的文化，恰好就是承认了阿 Q 精神的存在（小人），要通过境界的提升、修为的加强努力使自己脱离具有阿 Q 精神的小人，成长为君子、大人和圣贤。

近现代以来，一般人总喜欢谈所谓的工业文明、农业文明。大家把文化看成是一个历史进展的过程，注重文化的历史性，不同的历史时期产生的文化是递进的。这样一来，就先入为主地认为，后一个时期产生的文化，就一定比前一个时期所产生的文化先进。因此，西方的工业文明产生的文化就一定比农业文明的文化进步。而中国文化恰恰是农业文明时期为主产生的文化。近代的时候，就提出来，我们要赶上世界潮流，要与世界同步，就势必要批判传统的农业文明。

这种思想一直延续到 20 世纪 80 年代，那时有一部政论电视剧，风靡大江南北，被捧为“当代文化思潮”的典范，“站在当今思想的最前沿”（1988.7.16《文艺报》），这部电视剧叫作《河殇》，讲中国是黄土地的文化，简称黄色文化。其特点是保守、缺乏创造性、缺乏更新机制。相对的则是西方文化，海洋文化……电视剧的结论是让我们抛弃黄色文化，拥抱蓝色文化。认为中国近代史的落后挨打是中国历史发展的必然，而新中国成立以来所取得的伟大成就，都是因为西方送来的秋波，主张中国未来的道路应该全盘西化。

然而，现代化并不等于西化，每一个民族都应该主张自己的文化传统。

实际上长期以来，在探索救亡图存、民族复兴的道路上，中国掀起了学习西方文化的热潮。从洋务运动、戊戌变法到辛亥革命，乃至五四运动，在近百年的历史长河中，中国确实向西方学了不少，不但理想未能实现，包括辛亥革命那样全国规模的运动也失败了。

其实，中华文化也并不是以农业文明为主产生的文化，而是在注重内圣修养，达到证悟宇宙人生真相的基础之上产生的文化。由于他证悟成了圣人，就掌握了自然运行的规律。知道顺应这个规律就能繁荣昌盛、文明和谐。这个规律是不主张侵略的，凡是违背了这个规律，就会自食恶果。不论是人还是国家，都符合这个规律。正是在不侵略不掠夺的文化基础上，发展起了“自给自足”的农业文明。中华优秀传统文化的很多典籍都充分说明了这个规律的存在以及不可抗性。

譬如《易经》提出的："时乘六龙以御天""观乎天文，以察时变，观乎人文，以化成天下""积善之家必有余庆，积不善之家必有余殃"……

孟子说的"得道多助，失道寡助"，等等。

不主张向外扩张使中华文化促进了农业文明。所以用游牧文化、农耕文化来涵盖中华传统文化是错谬的。

而恰恰相反，西方国家恰恰正是因为在进行海洋贸易的过程中而逐步向外扩张与掠夺，又因为扩张与掠夺必须要倚重军事的强大，军事的强大意味着效率、效益与胜利。于是在这种掠夺文化的背景下，发展出了近现代工业文明，近现代科技，加强了军事。由于军事的强大，整合了世界资源，又带动了社会经济的迅速积累，也因为军事的强大，奠定了对世界的霸权地位与霸权追求。

美国即是其中最为典型的例子。

中国传统文化是体用兼备的文化，体就是自然无为的内圣修养，用就是经世致用与外王事业。在自然无为的内圣修养与经世致用中又一直主张与自然的和谐共生，所以几乎全部重心都倾注在个人道德精神的塑造上，使得容易危害自然生态、自然文明、他人和谐的军事力量（抑或使军事强大起来的近现代科技）只能得到遏制性发展，而不像近现代西方那样在长足发展的同时得到了近乎疯狂的爆炸式发展。

所以中国由于在过去只注重传统文化的修养，导致了军事上的羸弱，没有发展出可以强大军事力量的近现代工业及科技。于是遭受到了百年来的凌辱。然而这只能证明中国是一个既古老又文明善良的国度。但是，中国也要感谢正是这数十年苦难深重的连绵战火与耻辱，彻底激活了中国文化内在的精神与活力，因为过去那种悠然自在、崇尚自然无为的和谐世界被打破了，如果再只注重内圣修养而不注重外王事业，尤其是军事力量、科技力量的发展，则将重蹈覆辙。

历史的经验给了我们自信。我们自信的是，中华优秀传统文化不是只有文备没有武备的文化。中国的文化是体用兼备的，是熔科学、哲学和玄学于一炉的智慧（编者注：关于玄学、科学和哲学三者关系的论述，请见《中华传统文化与国家战略》，该文也间接回答了李约瑟之问）。只是以往我们过多地重视玄学，而没有足够地重视科技的发展。所以，我们今天在传承发展中华优秀传统文化的道路上一旦花出心思持续发展科技和军事，就必然会崛起与复兴。而玄学是可以指导哲学与科学的发展的。所以中华优秀传统文化必将成为引领世界前行与方向的文化，这是中华优秀传统文化义不容辞的历史责任与历史使命。

拿破仑已经看到了这一点，所以才说："中国是一头睡狮，一旦它醒来将震撼世界。"

不仅是拿破仑，还有许许多多的西方学者也注意到了中华传统文化的自信以及力量。

从科学与科技方面，诺贝尔奖得主普里高津说："中国文化是欧洲科学灵感的源泉。"

近代科学的奠基人之一——弗兰西斯·培根早在1605年就指出："印刷术、火药和指南针，这三种东西已改变了世界的面貌。第一种在文学上，第二种在战争上，第三种在航海上。由此又引起了无数的变化。这种变化如此之大，以至没有一个帝国、没有一个宗教教派、没有一个赫赫有名的人物，能比这三种发明在人类的事业中产生更大的力量的影响。"（这也从侧面反映了四大发明对世界的重要意义。中国人将四大发明发明出来是为了辅助内圣的修养，而西方人则利用四大发明展开了对世界资源的掠夺和占有。试想一下，火药都能发明，那么火炮发明不了吗？指南针都能发明，那么航海技术发明不了吗？只是中国古人并未想过发明火药来毁灭自然，用航海技术来发动侵略与掠夺。）

英国著名的科学史家李约瑟就在其《中国科学技术史》一书中宣称"古代中国是世界发明的摇篮""《周易》为万有概念的宝库"。试想，有如此领先世界、辉煌的科学发明产生在中国古代，那么我们就有理由相信，它们还将在未来的中国越来越多地产生。

从政治理想方面，美国学者迈克尔·哈特在其所著的《历史上最有影响的一百人》一书中说："孔子学说只强调个人的责任，而不是个人的权利，根据这种哲学来保持国内和平繁荣所发挥的作用而论，大体说来，中国是地球

上治理得最佳的地区。”（2004年9月19日《科学导报》）

从社会和谐方面，2004年，中国一批领衔学者发表了《甲申文化宣言》：“我们确信，中华文化注重人格、注重伦理、注重利他、注重和谐的东方品格和释放着和平信息的人文精神，对于思考和消解当今世界个人至上、物欲至上、恶性竞争、掠夺性开发以及种种令人忧虑的现象，对于追求人类的安宁与幸福，必将提供重要的思想启示。”

二、对所谓“普世价值”的批判

无数的事实已经证明，即使是在西方他们自己那块土地上，也没有真正的自由、民主和人权。西方国家打着自由、民主、人权的幌子到处干着干涉、颠覆他国内政的勾当。当他们感到面临危机的时候，就又转移注意力，把矛头转向，制造了“中国威胁论”。

“普世价值”和专门针对中国的“中国国民性”和演变后的“国民劣根性”一样，都属于殖民话语，也不是一个新兴的概念。

“普世价值”这一社会政治思潮的真实目的是通过腐蚀广大人民的思想认识，模糊社会主义意识形态的价值取向，甚至颠覆中国的政治、理论和道路。企图按照西方模式来改变中国的制度，使社会主义中国在国际舞台上失去话语权，建立起资本主义话语霸权体系，最终实现资本主义“手眼通天”“奴役世界”的局面。

这一思潮早在20世纪90年代就已经在我国出现，后来在境内外敌对势力以及自由派知识分子的竭力炒作与鼓吹推动下，影响日益扩大。

2008年的汶川地震，北京奥运会和残奥会期间这一思潮再度尘嚣尘上，成为学界近年来争论不休的热点话题，误导了广大受众群体的视听，造成了极为恶劣的影响，成为当今中国最为不可忽视的一股社会思潮。

党的十六届六中全会以来，随着人们对社会主义核心价值观的关注度提高，“普世价值”也依托其相似部分而再度卷土重来。2015年9月28日习近平总书记在第七十届联合国大会上发表演讲时提出了“命运共同体”和“共同价值”的全新理念，附着政治企图与野心的“普世价值”论者再度发起攻击，甚至宣称我们党和国家领导人因囿于条件和环境不成熟而暂时使用“共同价值”，但是内心已经深感认同并接纳“普世价值论”了。

普世价值在我国迅速传播并引起广泛关注不仅因为它是一种社会思潮，更是源于其背后的政治企图。“普世价值”的论争关系到我国举什么旗、走什么路的问题，是发生在我国意识形态领域里一场没有硝烟的战争。这场战争远比在刀光剑影、真枪实弹的真实战争来得猛烈，具有麻痹性、蛊惑性与颠覆性。

具体地说，其主张可以概括为政治上“改造中国的政治制度”；思想上颠覆和取代社会主义核心价值体系；文化上割掉中华优秀传统文化的精神命脉；经济上“搞垮以公有制为主体的初级阶段社会主义经济基础”；在国家统一上，“公然站在国家统一和中华民族整体利益的对立面”。

我在七八年前就开始担忧“普世价值”对中国社会和意识形态的危害。我说“普世价值”倡导者指出其所谓的价值包括“人权、自由、民主、平等、市场经济”，等等。诚然，“人权、自由、民主、平等”是人人都期待享有的人身权利，但需要注意的是，这到底是谁的人权、谁的自由、谁的民主以及谁的平等？这就关系到“普世价值”的阶级属性问题。如果这个问题不能厘清，而是笼统、抽象地谈人权、自由、民主、平等，只能是空谈，无法付诸实践，甚至会故意被念歪经，可以假借“人权”之名毁掉中华民族数千年来缔造的和谐家庭、和谐社会的人伦构架；可以以“自由”之名，让“无政府主义”“娱乐至死”“性变态”等思想肆虐泛滥，使自由成为散漫、无序的代名词；可以假借“科学”之名摧毁中华优秀传统文化，因为中华优秀传统文化中的内容基本不符合当前科学的“标准”和要求，中医被巫化、边缘化而西医大行其道就是一个例证。“普世价值”穿着华丽的外衣，以其新颖、实用的视角，诱导大家误以为“普世价值”才是有益无害的行动指南；他们更可以假借“民主”之名，制造动乱，颠覆政权，分裂中国……

党的十八届三中全会以来，党和政府确立了“市场在资源配置中起决定性作用”的基本理念。而这一理念的确立，再度掀起了少数别有用心之人的热情，鼓吹市场经济具有普世性。鼓吹作为社会主义国家的中国，发展市场经济、重视市场经济实际上就是默认了市场经济的普世性。其实，邓小平同志早就明确指出：“说市场经济只存在于资本主义社会，只有资本主义的市场经济，这肯定是不正确的。社会主义为什么不可以搞市场经济。”显而易见，以市场的“决定性作用”的确立来认定“普世价值”的合理性就是在偷换概念，恶意混淆视听。

价值本身是带有阶级属性以及区域属性的。价值适用的主体只是部分人，而不能如“普世价值”的鼓吹者所说，符合全人类的意志。换言之，“普世价值”并不能真正普世。如果不根据各个国家的实际国情和传统出发，“普世”就很容易导致“乱世”。

“欲”既是社会动乱的根源，但它又是生命存在的动力，“心乱”则是社会失序的根本原因。多欲则心乱，心乱则失序。物质上的欲望永远不会满足，男欢女爱更是眼花缭乱不能自拔。人心乱则社会乱，社会乱则人遭殃，如果人类私欲不能理性地控制，而达到极度膨胀，人类必将难以生存。

人们都希望得到民主自由，都想自己说了算。民主自由的纵欲理论，迎合了那些自由放纵、只争权利、民主自由，不讲责任和义务，不讲约束、不讲道德、不懂羞耻的纵欲思想。民主自由思想和伦理道德、社会道德比较，前者毕竟不是付出，而是得到和满足个人需求的最好理由，同时受法律保护，而后者则是需要自我约束、奉献。所以，当今世界基本被自由、民主、人权思想笼罩。

“普世价值”不是中国才否定，在西方的学者中，对“普世价值”持反对意见和批判态度的就大有人在。

我们来看一下《政治哲学史》作者施特劳斯对西方自由民主制等所谓“普世价值”以及“中国威胁论”的评价：

“当西方人感到他们面临的危机是来自东方的威胁的时候，现代西方自由民主制的真正内在危险是理论上的危机。这种理论上的危机已经或正在导致实践的危机。现代社会科学中的实证主义、实用主义、历史主义和相对主义对古典政治哲学的挑战，使西方世界丧失了对其原有宗旨或目标的信念，从而导致了随波逐流、盲目信从以及庸俗市侩作风的日渐盛行。因为放弃了对人类目标的理性思考，否认关于好坏、善恶、正义和非正义之标准的真正知识的必要性，必然导致虚无主义和道德、思想境界的堕落。

“当今世界社会科学中盛行的实证主义坚持‘事实’与‘价值’的分离，主张社会科学的范围必须严格限于事实领域。认为价值领域不可能有真正严格的确定性，只能是各执己见，莫衷一是，不可能有真正的科学。于是事实判断和价值判断的区别成了科学和非科学的标准。按照这一标准，一切关于道德的和基本的选择或原则的学说都成了荒谬的无稽之谈，以探讨人的本性、国家与社会的根本目的和原则，以及善恶、正义与非正义的标准等根本问题为己任的政治哲学，自然也就成了非科学的偏见。”

施特劳斯认为，现代社会科学中盛行的实证主义“事实与价值分离”的科学标准是虚伪的，因为它无法真正做到它所谓的“价值中立”或“摆脱一切价值”。研究社会现象，尤其是重要社会现象，不做价值判断是不可能的。相信现代科学知识是最高形式的人类知识，也就是贬低前科学的知识，因此这种信念本身同样也是一种价值判断。所以现代社会科学把“价值”从前门赶了出去，而又从后门放了进来，说明现代社会科学不可能做到像他标榜的那样科学。

我们再来看一下法国当代社会学家蒂洛·夏伯特在《现代性与历史》的论文中提出的一个尖锐问题：

“西方式的现代化究竟在当代是否尚有前途？”他认为，“现代世界所提供的信息对此作出的答复是否定的。”“(西方式的)现代性是大约在350年前建立的，这是一种‘惊人’的进步……但在当今的世界中，人们似乎越来越能看到，在(西方式)现代性的道路上写着一条大标语：此路不通。”“当前，(西方)现代文明所产生的影响，对整个社会来说也好，对个人来说也好，都是大难将临前的那种‘惶恐’。”(编者注：以上引文均见国际哲学与人文科学理事会主办《第欧根尼》中文版第一期)蒂洛·夏伯特在《论中国历史与国民意识》一文中又说：“现在应当走到路边，重新探索一下，看看是否还有其他别的道路，可以超越‘现代化’(指西方模式)的道路而走向生活的美好方式。”(编者注，引文出处同上)

“普世价值”在中国甚嚣尘上，许多人不明就里，尤其是世界观、人生观、价值观尚处于形成和发展阶段的大学生一类热血青年，最应当保持警惕。因为他们对社会和生活满腔热情却又难辨真伪，在诸多价值取向的冲击下容易陷入迷茫和混沌状态。同时，“普世价值”这股思潮所宣扬的观点和理念极富诱惑力与现实性，迎合了大学生与热血青年们求新求异的反权威心理，吸引了广大青年广泛的密切关注。于是“普世价值”对青年人产生了显著消极的影响。

首先，“普世价值”的鼓吹者和意见领袖们着重关注社会主义改革创新过程中出现的不和谐因素，以吸引热血青年、大学生的眼球，继而大肆发表言论引导他们走向愤青之路，用怀疑的眼光来看待社会主义制度与共产主义前景。处于青年阶段的学生具有较强的反叛心理和求异心理，他们很容易被这帮吹鼓手鼓动起来，用批判和挑剔的眼光来看待中国特色社会主义建设过程中出现的矛盾问题，进而对社会主义制度和共产主义前景产生怀疑，并附和西方敌对势力鼓吹“外国的月亮比中国圆”，对我国社会主义建设已取得的成就缺少认同和赞同，更谈不上在行动上有什么拥护与支持。

能普世的东西唯有真理。而西方人把所谓的“民主、自由、平等、人权、市场经济”等通过“普世价值”的命名，直接将之包装为真理，向全世界强势渗透、灌输。这种思潮的泛滥在不知不觉和悄无声息中就开始根植于中国人的思想深处，使他们误以为“普世价值”是客观存在的真理。

中华优秀传统文化当中也包含了民主（民贵君轻）、自由（自然无为）、人权（以人为本）、平等（和谐思想）的理念，但是在这些理念背后，更重视的是道德的修养、人格的树立，也不全然与西方的所谓“普世价值”完全对应。

所以，我在多年前就常说，中华优秀传统文化既包含了“普世价值”的内容，又超越了“普世价值”。“包含”就是中西方文化的联系，“超越”就是两者的根本区别。因为中华优秀传统文化在谈自由、民主、人权、平等的同时，重点强调的是责任、担当与奉献，而西方所谓的“普世价值”一旦脱离责任、担当与奉献，就决定了其作用和价值不是“普世”而是“乱世”。

三、也谈“男女平等”

还有今天动不动就谈“男女平等”的话题，就是和“普世价值”所标榜的“平等”口号相关。仿佛中国的女性自古以来就遭受了多么不平等的非人的待遇一般，这是值得我们注意的问题。不可否认，在过去的旧社会，确实存在所谓“缠足”等陋习，但这并不就必须要归咎于中华优秀传统文化，它只是在中华民族历史进程中的刹那一现，而且这种“缠足”现象的出现，与中华传统文化根本无关，一开始只是在少部分缺乏真正传统文化素养和积淀的贵胄群体中出现，进而引发了普遍性质的上行下效的风气。到现在出土的古代女尸中，尚未发现清代以前的女性有缠足。在前面提到的中国近现代以来主张学习西方而过度否定自己传统文化的时代和环境下，许多学人就将“缠足”作为了中华传统文化的一部分，借着批判“缠足”进而全盘否定了传统文化。这是中华优秀传统文化所蒙受的不白之冤，因为缠足对于整个中华优秀传统文化而言，并不能作为中华优秀传统文化的代表，又处处与中华优秀传统文化的核心价值观相违背。翻遍所有的传统文化典籍，从未有一位圣贤主张过“缠足”。恰恰相反，其中的思想精神还是间接地反对“缠足”之类的行为。而在中国文化最高经典《易经》中，还专门用了一个《解》卦来谈到关乎解脱、解放的思想。“解脱”与“缠缚”就是一对典型的矛盾对立体。《易经》中《解》卦的原文就谈到了如果脚被缠住了该怎么办？九四爻曰：“解而拇，朋至斯孚。”拇就是拇指，在先秦中“脚”是代表小腿，拇指是指脚趾，代表“足”。这句话的意思就是“足被缠住了要赶紧解开，就会赢得朋友”，引申为脱离了小人的习气等缠缚，就会赢得朋友和尊重。

《解》卦六五爻又说：“君子维有解，吉。”这句话就说得更是清楚明白不过，《易经》的思想就是教导我们要清除一切束缚我们的恶习、陋习，这样才会吉祥。

我们有理由相信，《易经》这句话的思想，直接引导了孟子。孟子说：“学问之道无他，求其放心而已矣。”“解”，在语境的变迁中，也与“放”联系到了一起。解是方法和手段，放是解的目标和追求。孟子把“解放思想”作为了一种精神。“放心”的理论，也同样可以作为“放足”的理论。

而孔子也说:“身体发肤，受之父母，不敢毁伤，孝之始也。立身行道，扬名于后世，孝之终也。”这是《孝经》里面的内容，在以“孝”治天下的古代中国，缠足是典型的毁伤身体的行为，它显然违背了圣贤之教，所以是绝不能将之归咎于中华优秀传统文化的。再看今天，在西方价值观的主导下，中国的男孩做变性手术，男女青年，甚至从孩童时期开始，就在身上刺各种文身，在耳朵上、鼻子上、嘴唇上穿各种金属饰品，怎么就没有中国人公然站出来说这是陋习应该呼吁抵制、推翻呢?只知道抓住一个“缠足”就拼命攻击中华优秀传统文化，居心何在?所以，当我们去批判别人性变态，以及在身体上打各种洞，穿各种金属时，“普世价值”就又起作用了，那是别人的自由和人权，你无权干涉。所以，一句“自由、人权”，就将会为多少扭曲人格和抛弃道德、娱乐至死、低级趣味等堕落行为做强有力的理论支撑!这样的价值，是可以普世的吗?

在中华民族的历史长河里，产生了不计其数的伟大的女性。过于遥远的女娲就不说了，她是中华民族最崇奉的“三皇”之一，就可以想见女性在中国人心目中的地位。后来的黄帝，他的四个太太，嫘祖、方雷氏、彤鱼氏、嫫母都被后人崇敬，这四个太太，在后来的传统文化之中，又注入了新的解读，分别代表了女性的四种德行。

嫘祖发明了养蚕，于是产生了纺织业，代表了女性要懂得女红的德行。

方雷氏发明了梳子，于是天下女性告别了蓬头垢面的历史，代表了女性要懂得整洁的德行。

彤鱼氏发明了用火烹饪事物，饮食健康发展起来了，代表了女性要懂得烹饪的德行。

嫫母是中国四大丑女之首，奇丑无比，但是心地善良，她经常告诫天下女性，虽然长相丑陋，但是心存良善才会有最美好的人生。所以嫫母代表了女性要具备善良的德行。

黄帝之后，尧把自己的两个贤能的女儿娥皇、女英嫁给了舜，辅佐舜治国理政。舜在任上去世，二妃还去寻找，至今湖南还流传着“湘妃竹”上面的斑点就是有情有义的二妃眼泪所留。

周朝时代，周文王的祖母太姜、母亲太妊、妻子太姒均是母仪天下有大德的伟大女性，今天称呼妻子“太太”就是源于这周氏三太，表达了对妻子的一种良好祝福与企盼。

此后的孟母三迁、岳母刺字等故事，更是广为流传。而且在文学作品中，往往描写了许多女性的风貌，最著名的就包括孟郊的《游子吟》：“慈母手中线，游子身上衣。临行密密缝，意恐迟迟归。”把慈母的心态描摹得淋漓尽致，成为千古绝唱。

这明显就否定了中国古代女性地位低下、遭受到不平等的、非人的对待的论调。如果中国古代如此打压女性，女性的地位极为不堪。那么我想问，吕后、武则天、慈禧等这些女性又是怎么能够做到执掌国家最高权力的？

我曾经做过一篇题为《天地精神与女德修养》的演说，其中我讲到，男性和女性内涵的区分，是源于男女天生的天性。这个天性在《易经》中有所表达。《易经》揭示了所有自然现象的本质以及自然运行的规律。这个规律就是根据不同的属性来延展开的。中国古代的圣人掌握了自然运行的规律，于是根据各自的属性来进行分工，使之符合自然运行规律，符合天体自然运行的规律，就自然而然获得了成功。所以中国从古至今的人伦构建，就是来自于中国古代圣人对自然规律的把握和利用。

“男尊女卑”在今天这个时代成了一个贬义词，其实大错特错。“男尊女卑”来自于《易经》“天尊地卑”的思想。《易经》的原文表述为：“天尊地卑，乾坤定矣；卑高以陈，贵贱位矣；动静有常，刚柔断矣；方以类聚，物以群分，吉凶生矣。”

什么意思呢？就是说天在上，地在下，这就是各归其位。有了定位，才会有安定和谐的秩序。换句话说，“天地定位”，也就是分工。

“尊卑”这两个字本身也是谈的分工。先秦时代，尊卑也是樽杯。而樽杯则是一种器皿。樽是倒酒的、杯是盛酒的器皿。这就是谈的分工。放到家庭中来，夫妻双方也有分工。这个分工就是男主外、女主内。

男性在外工作，打拼事业；女性在家照顾小孩、老人和丈夫。“相夫教子”是中国古代的优良传统，女性责任很大。相就是丞相，辅佐的含义；教就是教导、教育。男性在外工作，顾不上教育小孩，那么女性就要肩负起培养、教育孩子的责任。如果夫妻俩都出去工作，丈夫在外做事业，妻子也拼命往外跑不顾家，孩子没人管，或者丢给父母和保姆看，爷爷奶奶是隔辈亲，使劲宠溺，宠坏了怎么办？保姆毕竟只是为了尽一份工作的职责，难免敷衍和不用心。孩子这样下去，缺少父母的关爱，成长极为不健康，很容易成为问题少年，将来害人害己，你说，夫妻俩赚再多的钱，有意义吗？所以，这就是男女的分工问题。

《左传》有"立功立德立言"三不朽的提法，这句话放到一个家庭里，同样有效。丈夫在外做事业，就是立功；女性就在家庭照顾家人，就是立德。夫妻俩共同教导孩子，就是立言。一个家庭能做到这一点，就是一个不坏的不朽的家庭了。况且夫妻俩都去做事业，都去"立功"去了，那么谁为这个家庭立德呢？只立功就难免"亏德"，所以才要有人来"立德"，都去立功都去亏德了，家庭的福德越来越薄，这个家庭兴盛得了吗？长久得了吗？《易经》里说："积善之家必有余庆，积不善之家必有余殃"，这个道理，中国古人早就懂了，所以给我们的家庭做了分工。

可以说中国古人对人伦的架构是充满了终极关怀的，是在为人类的幸福做道路的设计和总体规划。

我曾经在《天地精神与女德修养》中就重点谈过，男性和女性就是一对阴阳。具有阴阳的不同属性。"阳"对应阳刚和张扬，"阴"对应阴柔和阴险。"阳"好的一面就是阳刚，刚健奋发；不好的一面就是张扬，表现为好大喜功，好面子要尊严。"阴"好的一面就是阴柔，表现为温柔、柔顺；表现为坏的一面就是阴险、狠毒。

男人是阳性的，就有重视尊严的一面，所以妻子就给他尊严嘛。要知道给他尊严，就是给自己尊严。谁希望自己的丈夫在外面受了窝囊，回到家还要继续受委屈呢？

我在《天地精神与女德修养》这篇演讲中就提到，男人是天，女人是地。把女人说为半边天是不正确，不准确的。天和地都是同等重要的。家庭里光有天没有地就是空中楼阁，虚幻不实。光有天就是女性也要飞天，那么斗争就出来了。

因为男性充满阳刚，所以不惧斗争，不怕吃苦。同时最不怕的就是女性和他刚对刚、硬碰硬。所以女性对付男性最好的办法就是温柔，温柔就是女性最大的武器。要知道再刚强的男性，在温柔女性的面前，都会融化。

所以我常说，真正的强者往往示弱，真正的弱者又往往爱逞强。“弱女子”一点也不弱。所以示弱是一种智慧，是一种老子式的处世哲学。

人类有一个永恒的追求，就是获得幸福。中国古代的圣人告诉了我们如何去获得幸福的方法。

男人的幸福就是通过事业来实现自我的人生价值、社会价值，所以让一个男人没有事业，他会骨子里不能接受。因为事业的辉煌能给家人提供生活的保障。男人看到家人的幸福，又增强了他的幸福。

女人的幸福在于感情的寄托，所以很多女性可以嫁给一无所有但是深爱自己的男性。换言之，女性的幸福在于男人。没有一个女人希望自己的男人不被人尊重。

中国古人强调，幸福源于互相的尊重。在家庭中，叫作“相敬如宾”。

女人太飞扬跋扈，表现出来的就是阴狠而不是阴柔的一面。你的丈夫哪怕是一片天，也会被你给踩垮。你的天倒了，你能好得了吗？所以很多女性今天受到西方“普世价值”的影响，什么独立女性、新新女性等等，让一个女性在潜意识里总是想骑到丈夫头上，或者动不动就疏远丈夫、给丈夫脸色。这是自己在毁掉自己幸福的行为。你欺负丈夫，不好的丈夫就会和你动武，结果就是离婚；好一点的丈夫就是心里疏远你了，结果还是没有感情。没有感情，对于女人而言，就是没有幸福。没有感情，丈夫很容易就移情别恋，这时候你又跟他大吵大闹，毁掉的，是不是就是自己的幸福呢？

丈夫的地位越高，自己的幸福感就越强。他明明是一片“天”，但是由于你的践踏，把这片“天”毁了，哪怕你的事业做得再好，你没有好的感情、好的婚姻，你依旧不感到幸福。

这个时候，就让中国的女性，学会了尊重丈夫。也许你的丈夫现在还并不是“天”，但是你随时随地鼓励他，尊重他，那么他的自信就会逐步培养起来，从而成长为真正的“天”。他成功了，成就了，是不是也是你的功劳呢？

所以，中国古代的女人像大地那样甘于处于卑下的地位，是一种厚重的作为贤妻良母的德行。这种卑下不是指人格的卑下，而是修养上对丈夫的一种谦卑。你谦卑了，彰显的是你的德行，又满足了丈夫对“尊严”的渴望。任何一个满足了尊严的男性，都只会对你宠爱有加。同样地，任何一个不能得到尊严满足的男性，都会对你恨得咬牙切齿。他修养好，就是疏远你；他修养不好，就会用男性强大的武力来施家暴。

这就是男性和女性阴阳属性上不同，导致性格上的差异。

就是这种女性优良的品德，这种谦卑的精神，这种构建中国和谐家庭的人伦方式，西方就用其所谓的“普世价值”，一句“男女不平等”给一概否定了。女性要拔高地位，一下就乱套了。中国家庭的这种和谐相处之道荡然无存。离婚率居高不下，害的不仅是家庭中夫妻双方，还有孩子，同时更是社会的灾难！

现在有人在呼吁“抵制婚前性行为”，这种呼吁是很有必要也非常重要的，但是收效甚微。原因就在于，在今天这样一个崇尚性解放的时代，显得格外地“不合时宜”。但是，当我们真正明白了“抵制婚前性行为”的缘由后，尤其是女性，就会懂得“贞操”的重要性。

中国古人认为，家庭的幸福和谐和女性的“贞操”还有莫大关系，抑或说女性的“贞操”是人类幸福之源。然而，随着“普世价值”中所谓“自由”的泛滥，哪有什么“贞操”可言？贞操毁了，女性的幸福也毁了，这是个极为严肃的话题。

我以前在贵阳的时候，到青岩古镇，看到过一座贞节牌坊。当我走近这座贞节牌坊的时候，我感动得热泪盈眶。中国古代的贞节牌坊都修建得很宏伟，当你走近它的时候，就会不自觉地生出一种敬畏感。古代的贞节烈女，是一种从政治的高度来推崇的，皇帝亲自敕封，一座贞节牌坊的树立，对于当地尤其是街坊的影响是很大的，是一种楷模和榜样。也反映了一位有修养的、贞洁的女性的伟大。如果你是这位伟大女性的儿子，或者孙子，你会油然生出一种自豪感，抬头挺胸。无形中会影响到你也会为自己的人生树立一种节操、一种坚守。所以，贞节牌坊，对子孙的影响也是巨大的。

其实早在秦朝时就已经有了贞节牌坊，很多年前，我们国家对待“贞节牌坊”的态度就已经从过去的彻底否定转变到了客观理性看待。学界已经承认，从道德上说，贞节，是对爱情的最终升华，长相厮守，不与他人。但是，从古至今，战争，灾难，天灾人祸不断。守寡妇女无数，而立贞节牌坊者可数。物以稀为贵，货币天然是金银。可见，正因为守节的妇女少，所以上层皇帝为其立牌坊！这并非君主无聊之作。

进而从法律的角度来看，法不责众，自宋代开始，宋律已经有条件地允许妇女“休夫”，如：夫外出三年不归者，妻可出……如同今天我们的婚姻法，分居两年，宣告失踪、死亡都可以到法院起诉离婚……一般对于已婚妇女，我们从古到今都不会没有限制地保护。

可见，我们的先祖对于妇女是否保守自己的贞节并没有强加于其身，贞节牌坊只是从物质和形式的结合上将爱情的更高境界给予推崇，这是人类社会有别于兽类社会的表现之一。窃想，不论古今，人们对“风流寡妇”是褒是贬？

现代的法律对婚外情是否定罪？举轻以明重，丧夫风流者只能在道德上被谴责……如果这样，对于丧夫者立牌坊是毒害，对于风流者是谴责……那么，是否丧夫者改嫁就是此类人的最完美结局……

婚姻自由，是指人民有结婚的自由，也有不婚的自由，这才叫作“权利”。

由此，贞节牌坊当然只能授予放弃再婚之人，考医师要求医科出身，考律师要求本科以上学历。限制是应该的，不然“贞节”就变得一文不值了。

我在读初中的时候，就总有男同学跑来说他不是处男了，谁谁谁又不是处女了。当时的我懵懵懂懂，却又总觉得哪里不对。后来长大了，看到当年这些男同学换了很多女朋友，这些女同学又换了很多男朋友，我蓦然发现，出大问题了。

在我那个时代的女孩子，十四五岁就已经不是处女的就大有人在。

一个对性不尊重的时代，必然会导致幸福的破灭。

我前面讲过，男性是对“尊严”充满需求的。这个尊严，还表现在对自己的女人方面。任何一个男性都不希望自己的女人交往过很多男友（特指有性行为的），否则，为什么几乎所有男性都打心眼不愿娶妓女为妻呢？然而你会发现，虽然男性不愿娶妓女为妻，但是却又乐于狎妓。

这就是人性。那么问题也就来了。

女人是感性动物。所以追求女性很容易，只要对她好，哄她开心，女性最易感动，一感动，就得手了。虽然得手了，同时男性还在频繁的各种社交中拓展了交际圈，认识了很多女性。男人是雄性动物，雄性动物的特征就是有“兽性”的存在。他会不自觉地又在暗地里喜欢其他女性，甚至发展到又去追求其他女性。那么以前的女朋友就会认为男人很坏，把她骗到手就又移情别恋了。于是女性和男友分手了，又相同地遇到其他男性，其他男性用相同的方法得到这个女性，然后又分手了，而很多男性都会打心眼里嫌弃交往过很多男孩的女孩，那么男孩就会找准时机提出分手，或者在有意无意中进行报复，再去寻找其他的“猎物”……这就是男女朋友交往的恶性循环。

恶性循环启动以后，多数女人都会骂一句，“天下男人没有一个好东西”。其实是她不懂人性，而自己又没有注重自己的贞操罢了。好一点的女性，选择成为剩女，孤独终老；坏一点的女性，就会破罐破摔，成为风月老手，结果也就更不可能有什么幸福的婚姻。

男人和女人恋爱期间通常会用一句话来麻痹自己，就是过去的已经不重要，其实只是嘴上不说罢了。不然，女孩子在男朋友面前提提你丰富的情史看看，男孩子顾及风度或者因为实在太爱你，又或是其他的各种原因，他表面上若无其事，内心里其实难过，而心理素质不好的，甚至成了阴影。前面说了，因为男性的天性、骨子里就是渴望尊严的。这些其实都是导致男女之间感情不顺、婚后不和谐的重要因子。

西方什么都堂而皇之冠以“自由”之名，所谓恋爱也是“自由恋爱”。自由恋爱的结果就一定是幸福吗？所谓恋爱的自由，就是我觉得和你不合适了，我们就分手。男孩子分手越多，越懂得如何拿住女人心，就具有越来越多吸引女性的魅力和磁场。但是女孩子分手越多，就越不“值钱”了。自由恋爱的结果，使我们看到了今天这个时代前所未有的性混乱、性泛滥，已经彻底摧毁了中国人的感情和婚姻。哪有什么幸福可言？

在“自由恋爱”的名目下，到底又有几对真正从一而终、从第一次相恋就能够一路走到婚姻的殿堂、组建家庭的呢？少之又少！自由恋爱的结果，就是恋爱的男女双方太自由了，也就没有了太多的责任可言。你不行，我就换呗！但是换到最后，最不利的，往往是女性一方。

有的女孩到后来干脆随便找个男的就嫁了。其实就算结婚了，男性也会心里想着，你都早不是处女了，不知道有过多少男朋友。你把最重要的贞操交给了别人，却让我来买单，凭什么让我来当冤大头呢？男性嘴上不说，心里是不平的。这就是为什么大多数男性结婚以后一直想要“偷腥”，找年轻的女孩。因为他们心目中总觉得年轻女孩相对单纯，相对纯洁，没有交往太多的异性，甚至一直存有一种“处女情结”。他们就在心里这样憧憬着，于是埋下了婚姻不幸福的种子。

因为男性的天性是渴望“尊严”的，所以就必然在乎妻子的贞操。也许是太爱他的妻子，或者其他各种原因，他可以做到嘴上不讲，但是在内心深处会深藏这种遗憾而平时并不表现出来。

解决导致这种感情、婚姻不幸福的唯一办法，就是女性一定要懂得，坚决、彻底地抵制婚前性行为。但是实在太难了，因为现代社会受到西方自由主义的影响，“自由恋爱”导致了性开放。而男性追求女孩的办法又真是花样百出、层出不穷，一般女性，都太感性化，根本难以招架。所以两性关系，泛滥成灾！

中国古代的圣人用智慧深刻洞穿了人性。知道“贞操”是一个女性幸福的泉源，至关重要，是女性的“命根”。于是大力表彰“贞节”。让全国的女性都重视贞操，这不仅是自己的荣耀，也是家族的荣耀，还是国家的荣耀。女性的贞操，让自己获得幸福，更让家人获得幸福。

中国古人基本不让女性从小就到社会上来。你想，哪一个人愿意将自己的女儿在少女怀春的年龄就把她送到社会上来供别的男孩练手呢？女孩到社会上来，就自然成了男性的“猎物”。男性就要对女孩展开攻势。因为这是男性的人性决定的。

所以古代的女性，不论大家闺秀，还是小家碧玉，都是“养在深闺无人识”，从小就接受家教，学女德、学女红，女孩子在一个纯洁的环境里长大，又有这样好的教养，天下哪一个男性心里的梦中情人不是这样纯洁的女性呢？所以等到快出嫁的年龄，就由“媒妁之言，父母之命”将女儿嫁出去了。父母也不会担心自己的女儿遭到不好的待遇。为什么呢？

这个娶到女孩的男人心里就会想，这个女孩，从一出生到出嫁，就把自己最重要的“贞操”和自己的一生都托付给了这个男人。退一万步讲，哪怕这个女人长相丑陋，这个男人也不会嫌弃。因为无论怎样，她是你的妻子了，你的妻子把她一生和她一生最重要的东西交给了你。这个时候，男孩子责任就来了。自然就能做到古人讲的："糟糠之妻不下堂。"

所以古代的女性，从小就有父母保护，嫁人以后就有丈夫保护，丈夫去世以后，晚年还有儿子保护，这一生都是幸福的。

这样的女性，就是伟大而幸福的女性。谁说她们没有地位？简直就是污蔑！很多人拿什么"三从四德"来否定中国女性的地位，更是别有用心的乱解。应该要为之正名，"三从四德"的正面意义是什么呢？

其实这个从，不是从属、服从的从，而是受到保护和珍视。

未嫁从父就是从小受父母的保护，已嫁从夫就是嫁人以后受到丈夫的保护，夫死从子就是受到儿子的保护。

中国自古以来的传统，是不谈什么自由恋爱的。同时爱情也不是占有，而是责任。只有有责任的爱情才是值得宣扬的爱情。所以中国古人的少男少女，基本没有爱情，连见面的机会都很少。结完婚，已经是亲情了。在结婚以后再慢慢磨合，慢慢相处，用亲情来培养爱情、呵护爱情。这样的情爱观，是稳定的。家庭的稳定和谐，就是社会稳定和谐、繁荣发展的基础。

因为夫妇之道是来自天尊地卑的天地之道。所以结婚的时候，一定要拜天地。拜天地，就意味着天地定位，夫妻双方要各归其位，做好分内之事，也就明确了分工。同时，拜天地也是人生中的头等大事，拜了天地，丈夫就要像天一样把这个家的天撑起来，妻子也要像大地一样谦卑厚重，把这个家庭承载起来。也只有拜了天地，才可以行夫妇之伦。

谁像今天这样，在西方"普世价值"的主导下，男女双方仅仅是出于欲望的冲动，不知天地为何物，不知夫妇之伦为何物。没有对天地的敬畏，对幸福的敬畏，只有欲望的泛滥，乱行夫妇之礼，搞得昏天暗地！

那么又回到前面的话题，女性还有一个原因不能到社会上来工作，而应该就在家里做好家庭的"贤内助"。因为前面我们已经说了，男性是雄性动物，"雄性荷尔蒙"会起作用，所以雄性动物就难免有"兽性"。也就是说，当男性见到女性的时候，就难免有"性"的冲动。看到喜欢的女孩，表面上可以克制，内心里都会存着念想，所以会骚动不安，很容易把控不住，前去勾引女性。

在西方金钱万能、物欲至上的价值导向下，这个男性如果有钱有势，往往就多了很多成功的可能。

那么女性又是阴性的属性，阴性的属性好的一面是阴柔，坏的一面是阴险。女性到社会上来工作，面对这个世界的花花绿绿，看到很多女性比自己还珠光宝气，内心会平衡吗？也很容易把持不住。不然也不会看到那么多女大学生去做别人的情妇，去到夜总会工作！

所以在当代流行起了一句话："男人有钱就变坏，女人变坏就有钱。"

也就是说，男人面对那么多打扮得花枝招展的女人的时候，就将变坏了；女人面对这个世界的物质物欲的时候，也将变坏了。

因为人类在还没有升华到如何驾驭物质、转化欲望的境界的时候，面对一切的诱惑，都容易失控。

那么，因为女性普遍涌入社会来工作的时候，是不是意味着会有很多的家庭将要破碎（当然也非绝对，但是相对而言，会多出很多）；同时女性只懂得用姿色来博取资源的时候，是不是意味着社会的经济会开始走向邪途？

在这里我想重申，我不是鼓吹女性就必须要在家相夫教子不准外出工作，具体情况具体对待。如果条件允许，尽量多花点时间照顾家庭，为家庭"立德"，为自己"立德"。我只是想要中国的女性明白一点，为了自己的幸福，我们一定要懂得"自尊、自重、自爱"，对"婚前性行为"坚决说不！当恋爱期间，我们面对自己实在喜欢的男性，也不要去"越雷池"半步。一时的冲动可能就是一生的赌注。我们在那一刻一定要告诉自己，能脱下你的衣服，却不能为你穿上婚纱。这样的爱情，不要也罢。没有责任感的男性，在婚后一定会让你吃尽苦头。

其实，没有厚德自强的自立是立不住的，没有道德责任和奉献精神的自由民主也是绝不可能存在的。

既然根本不存在这样的可能，那么这算什么价值？又如何还能够"普世"呢？

如果说这个世界一定要推"普世价值"，那么我选择的是中华优秀传统文化。

因为真正的"普世价值"绝不能舍掉"责任、担当与奉献"而空谈其余。

附录三

立意高古联自佳

——廖彬宇先生嵌名联赏析兼论对联的创作

青年学者廖彬宇先生自幼以传承发展中华优秀传统文化为己任，自19岁来，已出版近300万字学术论著，其学问关注人类命运，紧扣时代脉搏，对社会产生了广泛影响，令人钦佩。

在廖先生的作品中，对联创作也是其重要组成部分。在去年出版的新书《平心平天下》中，就收录了他的几十副对联，大多数作品有一个显著特征，就是化用经典，集句成联，尤其是做到信手拈来，自然贴切，意蕴深远，匠心独运。所以如何写出一副好的对联，最重要最根本的，就是多读书，尤其是经典，增强文化底蕴。唯有深厚的文化底蕴，才会具有高水平的创作水平和鉴赏水平。

最近又读到廖先生为家乡贵州省沙土镇所作的两副嵌名联，这个特点同样体现得淋漓尽致，可以说，这已是彬宇先生联语创作的鲜明特征及个性风格。

集句联因为化用经典的原因，欣赏和解读都往往要更难，否则极易产生误读和误解。因此，本文就结合这两副对联的鉴赏，浅谈对联的创作特点。

主联：

沙蕴珠玑，星移斗转含弘光大；

土藏金玉，日就月将品物咸亨。

辅联：

积土作山，积水作渊，百物大壮飞龙在天，自古无双镇；

聚沙成塔，聚善成德，万民中孚同人于野，从来第一流。

王国维《人间词话》以《有境格自高》开篇，他说："词以境界为最上。有境界则自成高格，自有名句。"这个论点十分重要，王国维先生论的是词，而实际上，所有的文学作品甚至是文艺形式都如此，文以载道也是所有文论的根本出发点，对联作为精致特别的文学样式更不例外。而对于创作者而言，境界来自于每一个个体的胸怀抱负与责任担当，当然还有文化素养与个人修为，即所谓的"言为心声"，正如《〈人间词话〉全解》一书编者艾零所说："一个人要是心术不正，那写出来的必定成不了大气候，因为文字总是不知不觉地透露一个人的内心世界。"彬宇先生的这两副对联在兼顾到嵌名（沙土）、写实（沙土的特点）、联格（对联创作的特殊性）三个方面的同时，尤其是写出了不一样的境界。

众所周知，作为嵌名联的应制之作，对创作的自由尤其是境界的拓展有着诸多局限。纵观彬宇先生的联句创作，境界总是超拔不群。最典型的莫过于其撰四观书院主楼门联"北辰所居，众星向共；大道之行，天下为公"，壬辰年自撰励志春联"心存大道乾坤小；怀抱中庸境界高"，等等，这些联作差不多都是字字有出处，句句是经典。这个特点在彬宇先生的两副嵌名联中，同样得到了很好的体现。

据悉，沙土镇系贵州第一大镇，物产丰富，英才辈出。主联上联"沙蕴珠玑，星移斗转含弘光大"，"沙蕴珠玑"妙在巧用珍珠的形成机理，蚌含沙而成珠，接着用"星移斗转含弘光大"继续托物言志，既言珍珠要经过岁月的打磨，才能成就，更在联尾化用《易经·坤卦》"含弘光大"句升华联句境界，"含弘光大"本义就是指大地蕴含弘博的道而光明博大，因此，上联表面是写沙土的物“沙”，而实质是写沙土人民的精气神，要像珍珠的形成一样去经历长时间的磨炼，从而成为这块土地上有涵养、有价值的新时代主人。

下联“土藏金玉，日就月将品物咸亨”乃顺势而发，直接描述其家乡的美丽富饶，在日月的光辉照耀下，在习近平总书记中国特色社会主义新时代思想的指引下，家乡经济蓬勃发展，市场繁荣，“品物咸亨”。辅联：“积土作山，积水作渊，百物大壮飞龙在天，自古无双镇；聚沙成塔，聚善成德，万民中孚同人于野，从来第一流。”抒发了作者对家乡的一种希望和寄托，一种美好的祝愿，所以联尾用了“无双镇”和“第一流”来表达，而上下联在前面部分的铺垫就很有讲究了。

首先是联语均是化用《荀子》《易经》佛经《妙法莲华经》而来，并且调过顺序再次将“沙土”嵌入其中，尤为难得。因为沙土镇还是革命老区，据载长征时期毛泽东、周恩来、朱德曾在此停留指挥过战斗，尤其是著名的革命家、中共地下党的伟大先驱钱壮飞就是在该地区英勇献身的，具有特别的红色文化意义，上联以《荀子》句入手，以《易经》“大壮”卦和《易经》“飞龙在天”句嵌入伟人“壮飞”名字让后人缅怀敬仰，同时上联联语表面意义就是鼓舞家乡人民发扬“积土成山”“积水成渊”的务实精神，建设好家乡，不愧沙土“黔中首镇”称号。下联联语入手化用佛经“聚沙成塔”一句，接着又化用《荀子》句“聚善成德”，然后是化用“中孚”卦名和《易经》“同人于野”从而成句“万民中孚同人于野”，谓虽地处乡野，沙土人民仍然以“圣心圣德”为追求。辅联上联写发展，下联写追求，正好与主联的上联写精神，下联写物质互为照应，互为表里，相得益彰。

不难看出，彬宇先生这两副对联立意高远别致，用词古朴隽永，无疑是难得的对联佳作。

对联首重立意，其次要避免“合掌”。因为“合掌”最能破坏对联的立意。

因为对联是以最精炼的文字，表达最丰富的思想内容，是诗中诗，词中词，赋中赋。对联字简义丰，寓意合掌就失去了对联的功用和精华。

然而部分字词的合掌，却更能体现对仗的精髓。对立与统一是对联的特点和根源。部分字词的合掌并不能造成联意的合掌，而更能从一个事物的两个方面来描述，使全联表达更全、内涵更广、意境更高、味道更浓。

合掌的对联会将对联显得缺少内涵，品味欠缺。如："五洲千古秀，四海万年春。""大棚长年绿，温室四季青。"这样的对偶就属于合掌对了。前一副合掌主要是，内容单一，词汇一致，寓意浅白，内涵缺少。五洲对四海，同指世界；千古对万年同指时间；秀对春同指赞美。后一副就更容易理解了。

然而，有些对联，就并非如此。譬如彬宇先生此联，主联的"珠玑"和"金玉"从事物本身来看，就是不同类型的两类物质，故不能被"泛指"为一类。就意境而言，珍珠源自沙而非土，金玉藏于土而非沙，所以以"沙土"嵌名，则势必要区分出金玉与珠玑，金玉是去除污垢才能显出金玉之质，珠玑是不断打磨才能成为珍珠。就代表了两种精神，如同老子所说的名言："为道日损"与"为学日益"。金玉就是"日损"，去掉污垢杂质，金玉在不断去污中提纯；珠玑就是"日益"，不断打磨，珍珠在不断打磨中更大更圆。所以表面是言"金玉"与"珠玑"，其实是写出了各自背后的精神，也就是"日损""日益"的精神。

检验是否合掌还有个直接的方法，就是看两者能否互换（当然也不全对，需要具体辨析）。很多对联在"互换"后意思还能保持一致就是合掌。如"温室常年绿，大棚四季青"，可以互换为"大棚常年绿，温室四季青"；又如"长空展翅，广宇翔云"，"广宇"和"长空"两者可互换，成为"广宇展翅，长空翔云"，两者表达意思重复、单一，没有表现出对联言简意丰的内涵，这就是合掌。

然而有些对联貌似可以互换，但其意思却表现出了既对立又统一的完整性，则不能视为"合掌"。如廖先生联中"自古无双镇，从来第一流"的"自古"与"从来"，两者含义完全相对，不为合掌。自古是自远古以古，特指久远的过去；从来是从未来而来，特指久远的未来。两者并用，体现了时空上从远古到未来的完整性，既对立又统一，而不能简单视为"自古"与"从来"都是指从开始到现在，从而产生误读。

正如《声律启蒙》，起首第一句就是"云对雨，雪对风"，我们不能简单地认为雨是云变化而来，本质是同一种东西，因此就犯了"合掌"之忌。

我以《楹联报》王妄君戏拟的《合掌对两串》转录如下，加强大家对“合掌”的认识和启发。

其一

瞧对看，听对闻，上路对启程。后娘对继母，亡父对先君。醪五两，酒半斤，扫墓对上坟。乞援双瞎子，求助二盲人。岳父有因才枉驾，丈人无故不光临。十分容颜，五分造化五分打扮；两倾姿色，一半生就一半妆成。

其二

行对走，跑对奔，早晚对晨昏。侏儒对矮子，傻子对愚人。观浪起，看波兴，闭户对关门。神州千载秀，赤县万年春。国士无双双国士，忠臣不二二忠臣。大德似天高，天高加一丈；恩深如地厚，地厚减千分。

至于“自古无双镇”“从来第一流”这样的句式，古人名联早已有之，如乾隆皇帝御撰题涿州的“日边冲要无双地，天下繁难第一州”等名联，不一一赘述。很多人会误解“无双”和“第一”同意而认为“合掌”，其实不然。无双是唯一性，不是第一性，将“无双”与“第一”并用，就体现了唯一性与第一性的统一，对联含义的表达更完整，韵味更强。所以廖先生的两副对联，能帮助我们更好地认识“合掌”的问题。

关于对联的几处集句问题，如不能正确理解经典的意义，尤其是不能正确理解化用经典在联句中的特殊意义，那样的歧义则更加混乱难以理解，如“含弘光大，品物咸亨”本是《易经·坤卦》中连续的两个句式组成的八个字，自成对仗，工整巧妙，这样的句式，在《易经》中也是极为罕见的，若不是对经典非常的稔熟，是绝难做到信手拈来，并无斧凿之痕的。

一般对“含弘光大，品物咸亨”八个字的理解，含是指“无所不包”，弘是指“无所不有”，光是指“无所不著”，大是指“无所不被”。“品物”是指万事万物，咸是皆、都，亨指通达、顺利。然而廖彬宇先生却别出心裁，将这八个字对仗使用，形成了全新的内涵。含对品，此处之含即含在嘴中之义，品就是品尝品味。弘的本意为无形无象，超越了形质世界，《易经·系辞传》说“形而上者谓之道”，弘也就代指了“道”，其特质是“形而上”也就是“无形无象”的空性。“含弘”就是“含道”，表现出胸怀宇宙、气吞山河的含义。道器不二，器也就是器皿器物，所以“含弘”对“品物”；光对咸，光就是光明，形容大道是光明的，咸是指味道的浓郁，与淡相对。含弘光大是体现大道的光明与博大，品物咸亨是品出了万事万物浓郁、深厚而通透畅达的意味。通过这八个字的对仗使用，读出了另一番味道，超越了一般性的理解，可谓别出心裁，不落窠臼，反过来体现了中华文化的博大精深，同样的字词，却包含着丰富多彩的含义。

第三，创作对联要注重句子表达的完整性。譬如廖先生这句，“自古无双镇；从来第一流”，若不细读，就容易误解为这组对仗的上句“自古无双”是定语，“镇”是宾语。而下句“从来第一流”是定语，第一流的什么？这个“什么”，应是宾语，从而认为作者没写出来，视之为缺宾语，就会误解为对仗成分残缺。然而，“第一流”的“流”本义是指“等级”，也就是“第一等”，为名词。“镇”也是名词，两者相对，可谓工整。

第四，创作对联要注意韵律的规则，尽量做到不出律。但是，有些对联尽管有出律现象，却也不失为上联、好联。

我们以彬宇先生的对联为例，主联毫无问题。辅联若按照平水韵的要求，就确实存有瑕疵。上联的“壮”（仄）、“龙”（平）与下联的“善”（仄）、“孚”（平）这四个字所在位置的平仄出现了错误，但上联的“壮”字系出自《易经》“大壮”卦，“龙”字直接源于“飞龙在天”的爻辞，一方面从立意出发不可替换，另一方面由于取材于经典，也不可篡改经典。同样的道理，“中孚”出自《易经》“中孚”卦，“聚善成德”出自《荀子》，也是如此。

这就回到了开篇分析的作品要以立意为主，规则要服从于立意要求的道理。而且，如果一味苛求于平仄的形式，很多名联都存在问题，在此不一一举例，仅以赫赫有名的昆明大观楼长联就可以说明这个问题，该联“点缀些翠羽丹霞”的“缀”字也有瑕疵的，但不能因为这个瑕疵就否认这副名联伟大的艺术成就与艺术感染力。只有这样中肯透彻地来分析和看待某些对联平仄存在的瑕疵问题，才能够理解这个问题是无关该对联作品的根本的。也就是说，即使有这样的瑕疵，也不妨碍这两副对联成为立意高远、大气磅礴和遣词造句古雅隽永的佳作的。

以上仅是借赏析廖先生的对联给大家介绍了对联创作的四个最重要的方面。廖先生的对联，还有一个妙处在于，对联虽有地域性，却又超越了地域性。什么意思呢？就是既可作为地方对联使用，又可独立出来成为一种自勉联，这就是一种更高的境界——借景抒情，言物咏志，文以载道、意在象外。

中国楹联学会　李培隽

注：李培隽，男，著名楹联学家、鉴评家、书法家，1956 年生于江苏镇江，现任中国楹联学会副会长，中国文联国内联络部原巡视员，北京大学研究生结业，为第四届、第五届中国书法兰亭奖监审，历任北京军区空军文化干事、军人俱乐部主任，2000 年 7 月转业到中国文联任国内联络部副主任，2008 年 8 月调中国音协任分党组成员、副秘书长，兼任中国环境文化促进会理事。参与组织了 2003 年《中华情》歌曲征集演唱大型系列活动及《中华情》全球华语优秀原创歌曲大型演唱会，2005 年“爱我中华”抗战歌曲大联唱，组织了中国文联《艺坛大家》专题片和《中国文联名家剪影》征文，其创作的歌曲《夜巡》曾获 1984 年全军创作奖。

多年来潜心研究诗词楹联的创作及品鉴，勤于书法，系中国书法家协会会员，已发表、出版了楹联及书法鉴赏类文章若干、著作多部。

附录四

《大成之道》读后

“使命源于知命，也源于信仰。有信仰才会有使命，有使命才会有担当。也只有信仰能够‘使命’——使用生命、使唤命运。做生命之主宰，做命运之主人。”这是廖彬宇先生在今年新春给我鼓励的祝词，我将其作为本文的开篇。

我和 85 后的青年学者廖彬宇先生的相识，缘于他写的一篇文章——《中华传统文化与国家战略》，几次研读后又查阅了他的成长经历及其著述演讲，使我对廖彬宇先生油然生敬，廖老师对中华传统文化的认知、认同和尊重，养成了他忧其民、忧其君的赤子之心以及对社会与国家的责任和担当，实属令我叹服，廖老师对当下传播中华传统文化所遇到的社会之阻力分析得相当透彻。我的拙著《文化复活与民族复兴》的很多观点和廖彬宇先生的思想不谋而合。因此，廖彬宇先生也是我决定拜访的第一位老师，随后多方探访，终与廖彬宇先生取得联系，于 2017 年 3 月 28 日在“四知书屋”会面，进行了整整一个上午的交流。廖彬宇先生引用《诗经》名句“嘤其鸣矣，求其友声”表达对我到访的欢迎。可以说，中华文化成为联结我和廖彬宇先生相识的纽带。4 月 26 日，廖彬宇先生在“四知书屋”为拙著《文化复活与民族复兴》举办了新书发布暨研讨会。

在“两办”下发《关于实施中华优秀传统文化传承发展工程的意见》一

周年前夕，我与他交流编著《读懂中国》的有关内容，恰逢廖彬宇先生编著的大作《大成之道》将要出版，并嘱托撰写本文。

廖彬宇先生之随笔、演讲录合编的《平心平天下——中国文化中的内圣外王之道与经世致用之学》收集了我与先生去年3月28日初次见面的对话，我曾经为该书写了一篇书评认为，这是廖彬宇先生对中华文化从认知、认同到尊重的担当情怀和使命感。

二十多年来，我一直在关注几次有关“国学”讨论的思想内容，有人将“国学”概括为“一国之所学”，这显然是一个笼统模糊的概念；也有人用一家一派的思想来解读中华文化，可以说是偏之一隅。一百多年来，不乏一些“大师”“大家”的出现，真正能够用一个完整的思想体系阐释博大精深的中华文化者甚少。可以说，中国近代史以来是“道绝师丧”的时代，导致了人们三观毁弃，物欲横流，道德滑坡。中国学界几次有关什么是“国学”的讨论，并不是站在对人类命运的理性思考之高度，而是在“欧洲中心论”的前提下评价中华文化，最终转化为对东西方文化的比较、评价和再认识的论争，不但国学观没有形成共识，而且造成了文化思想领域各取所需、莫衷一是的混乱局面。之所以造成这样的境况，最根本的原因，就是我们丧失了文化自信，而丧失文化自信的根本原因是毁弃了中华文化之源头活水。

廖彬宇先生认为，“国学”是“治国平天下之学”的简称，“国学”是中华文化使人类获得终极的圆满和成就的学说。他在26岁时出版的《国学旨归》第一辑论著，书名的副标题就是《天人视野下的终极关怀》。我认同这一观点，中华文化阐释的就是世界万物从哪里来，到哪里去的“三才之道，六极之变”。

党的十八大以来，以习近平为核心的党中央将中华文化繁荣发展、构建社会主义核心价值观提升到关系中华民族伟大复兴和推进国家治理体系及治理能力现代化的战略高度来认识、来强调，可谓高瞻远瞩、振聋发聩。

可以肯定地说，习近平新时代中国特色社会主义思想是对文化思想领域的拨乱反正，是中华民族两千多年以来深刻认识中华文化独特魅力、并从广阔的视野为中华文明发展进步指明了方向和路径，不仅对于我们阐释中国特色具有重要的启发意义，而且强调了面对国内外诸多挑战下的中国，必须在提高中华文化自身的说服力和解释力、提高文化自信是固守主流意识形态领域的内生力量的前提下，实现中华民族追求“和谐共生、万国咸宁”这一最伟大的理想目标，担当“构建人类命运共同体”的历史使命。

在中国历史上，中华民族曾经辉煌，曾经衰败，也曾经亡国、复国。造成历朝历代兴衰更替的原因，历史已经给出了答案——“得道多助，失道寡助”，得民心者得天下。亡国可以复国的原因，历史同样给出了答案——中华文化之同化功能，中华民族之凝聚力。中华文化孕育了中华民族在世界上唯一没有中断的中华文明，在人类文化史上独树一帜，这应该是全人类的共识。因此，中华文化博大精深，源远流长，也就成为我们一直引以为豪的一句话。显而易见，博大精深，说明了中华文化是综合性的大课题。在文化多元、学术规范的今天，以任何一家一派的思想解读中华文化，显然是凤毛麟角。源远流长，恰恰又证实了中华文化虽然历经磨难，但能够连绵不断、薪火相传而形成传统。那么，中华文化的同化功能、长寿秘诀是什么？中华文化博大精深、包罗万象的内涵又是什么？这两个问题也成为近现代学者和学子知其然而不知其所以然的共同问题。而这两个问题的解读也正是对中华文化认知的切入点。有了认知，才会认同，有了认同，才会尊重。

中国的历史与现实凸显了中国独特的文化传统，独特的历史命运，独特的基本国情，独特的发展道路。因此，“读懂中国”也成为全球思想界的首选课题。有人归纳为以下几个问题：

1. 为什么中国一旦统一下来、稳定下来就会逐步形成繁荣盛世？

2. 为什么中华文明在经历数百年动荡、分裂后能重新统一并逐步扩大？

3. 为什么中国历史上少数民族政权都虚心向被征服的中华文明学习并采纳其政教？

4. 为什么以美国为首的西方发达国家在确立以现代化为中心的基础上，所推行的“文明与野蛮”二元认识论，“霸权稳定”论，乃至支撑这些论调的自由、民主、人权的“普世价值”观，采用文化渗透、奶头战略进行颜色革命，能够使全球社会主义阵营瓦解，并使苏联解体，而唯独对中国共产党领导下的中国虽然取得了一些“成就”，但最终还是功亏一篑？

5. 中华文明的根本智慧何在？

要回答这些问题，我们首先要理解文化与文明的关系。长期以来，对于文化的含义有一种流行的说法，“文化是人类所创造的一切物质财富和精神财富的总和”。因此，把什么都冠以文化的头衔也成为近现代以来中外学界的一大特点，从茶文化、酒文化到羊文化、猪文化、狗文化、狼文化，搞得人们眼花缭乱，无法取舍，不仅混淆了文化与知识的概念，而且也成为我们丧失文化自信的重要因素。

《尚书》里讲：“经纬天地谓之文，照临四方谓之明。”这句话是对“以文化明”的概括，也就是说，只有经纬天地的思想体系才可以称文化，才能够照临四方而化育天下文明。换言之，只有经天纬地的文化思想体系，才能够讲清楚宇宙“物有本末，事有终始，知所先后”的道理，才是对人类命运终极关怀的学说。所以，人们也就会自觉自愿地接纳而形成中华文明的连绵不断。习近平将中华传统文化归纳为：“智慧光芒穿透历史，思想价值跨越时空，历久弥新，成为人类共有的精神财富。”

习近平在 2013 年 8 月 19 日全国宣传思想工作会议的讲话中指出：“宣传阐释中国特色，要讲清楚每个国家和民族的历史传统，文化积淀，基本国情不同，其发展必然有着自己的特色；讲清楚中华文化积淀着中华民族最深沉的精神追求，是中华民族生生不息、发展壮大的丰厚滋养；讲清楚中华优秀传统文化是中华民族的突出优势，是我们最深沉的软实力；讲清楚中国特色社会主义植根于中华文化沃土、反映中国人民意愿、适应中国和时代发展进步要求，有着深厚历史渊源和广泛现实基础……独特的文化传统，独特的历史命运，独特的基本国情，注定了我们要走适合自己特点的发展道路。对我国传统文化，对国外的东西，要坚持古为今用、洋为中用，去粗取精、去伪存真，经过科学的扬弃后使之为我所用。”

2014 年 2 月在中央政治局第十三次集体学习时指出：……不忘本来才能开辟未来，善于继承才能更好创新……要讲清楚中华优秀传统文化的历史渊源、发展脉络、基本走向，讲清楚中华文化的独特创造、价值理念、鲜明特色，增强文化自信和价值观自信……

习近平在中央政治局第十八次集体学习时指出：怎样对待本国历史？怎样对待本国传统文化？这是任何国家在实现现代化过程中都必须解决好的问题。

习近平说："一个国家综合实力最核心的还是文化软实力，这事关精气神的凝聚，我们要坚定理论自信，道路自信，制度自信，最根本的还要加一个文化自信。"

习近平指出，中国人民的理想和奋斗，中国人民的价值观和精神世界，是始终植根于中华传统文化沃土之中的。中华传统文化体现着中华民族世世代代在生产和生活中形成和传承的世界观、人生观、价值观、审美观等，其中最核心的内容已经成为中华民族最基本的文化基因，是中华民族和中国人民在修齐治平、尊时守位、知常达变、开物成务、建功立业过程中逐渐形成的有别于其他民族的独特标识。

习近平说："中国梦意味着中国人民和中华民族的价值体认，价值追求，意味着全面建成小康社会、实现中华民族伟大复兴，意味着每一个人都能在为中国梦的奋斗中实现自己的梦想，意味着中华民族团结奋斗的最大公约数，意味着中华民族为人类和平发展作出更大贡献的真诚意愿。"

习近平指出："中国人民在实现中国梦的进程中，按照时代的新进步推动中华文明创新性转化和创新性发展，激活其生命力，把跨越时空、跨越国度、富有永恒魅力、具有当代价值的文化精神弘扬起来。""让中华文明同世界各国人民创造的丰富多彩的文明一道，为人类提供正确的精神指引和强大的精神动力。"

习近平高度重视传统文化及如何继承和发展传统文化问题作出了强有力的回答并提出了科学方法，可谓是循循善诱，谆谆教导。而社会现实给出的答案是：仅仅局限于学者的呼吁层面和零打碎敲的"点缀""边缘化""喊口号"。2017 年 1 月"两办"下发了《关于实施中华优秀传统文化传承发展工程的意见》，《意见》在重点任务的部署首条就是"深入阐发文化精髓"，其中用了一个"深入研究"，四个"深入阐明"。可以这样说，这些都是我们今天还没有“讲清楚”而有待于讲清楚的内容。中宣部负责同志就《意见》的有关问题答记者问时称：出台这一《意见》旨在“四个讲清楚”……

我曾经写了一篇“四个讲清楚，既是任务，也是补课”的文章，于2014年2月10日在新华网发表。继而写了《文化复活与民族复兴》一书，于2015年10月完稿，书中宏观地提出了一些人们共同关心的问题，并宏观地给出了答案。在丧失文化自信的境况下，要做好“四个讲清楚”的前提就是：要讲清楚中华优秀传统文化的历史渊源、发展脉络、基本走向，讲清楚中华文化的独特创造、价值理念、鲜明特色。这才能够“坚定理论自信，道路自信，制度自信，文化自信”。

在中华文化引起世人瞩目的今天，在实现中华民族伟大复兴中国梦、打造人类命运共同体的语境下，我们假如不能用一个完整的思想体系来表达什么是中华传统文化中之于现代中国、现代世界仍然有意义的内涵，就意味着否定了“人同此心，心同此理”的中华文化，甚至可以说是自我欣赏，妄自尊大。如果讲不清楚中华文化的来龙去脉，就意味着将中华文化之追根究底、对人类命运终极关怀的学说，混同于“巫史文化”观的“庶物崇拜”。如果讲不清楚中国近代史落后挨打的根本原因，讲不清楚我们在救亡图存、民族复兴道路漫长而艰难的症结，就会认同西方殖民主义“弱肉强食，适者生存”的“丛林法则”，就会怨恨祖宗，自卑、自弃。如果讲不清楚丧失文化自信的根源，讲不清什么文化具有“普世价值”，就意味着放弃了对人类目标的理性思考。如果讲不清楚“天下大同”“和谐共生”是中华文化熏陶下的中华民族最伟大的追求，就不会理解只有中国共产党才能救中国的必然性，就不会认识到中国共产党“全心全意地为人民服务”的执政理念，是中国几千年来由禅让制之“民天下”——世袭制之“家天下”——“民天下”的回归是中国共产党与老百姓的“志同道合”，就不会理解习近平提出“打造人类命运共同体”是人类追求真善美的共同目标的真正意义。所以，打造人类命运共同体也就是全人类以及全球思想家、政治家义不容辞的责任担当。只有讲清楚中华文化所构建的立足于民本思想之内圣外王的综合治理，才能够理解中国特色社会主义道路植根于中华文化沃土，是完成老百姓之期望——民以食为天、民以和为贵、民以安为乐之必由之路。如果我们连这些基本的东西都说不清楚的话，就意味着中国梦没有建立在深厚的文化基础之上而成为无源之水、无本之木，就无法阐释中国梦、中国特色。那么，不仅严重影响到中华民族伟大复兴的进程和我们国家“软实力”的增加，乃至世界对中国的思想文化的探究和理解，都会遇到很大的障碍。

廖彬宇先生新作《大成之道》，既是对习近平主席概括中华文化核心精神“讲仁爱、重民本、守诚信、崇正义、尚和合、求大同”的解读，也阐述中华文化之历史渊源、发展脉络、价值取向、精神追求，最终实现“和谐共生、天下大同”的理想目标。廖彬宇先生从儒家的“知志”到“知学”，然后到“知心”，并由此推演出三十一“知”，体现了中华文化中所倡导之追根究底的学风——“君子学以聚之，问以辨之，宽以居之，仁以行之”。(《易经》· 乾卦文言）如果我们没有广泛求知、追根究底的学风，必然会产生人云亦云的迷信思想，就不会有责任担当和使命感，这也正是近现代一些学者崇洋媚外的主要原因。

我们一些近现代学者的确学习了不少西方的后现代语言，用来作为批评中国传统文化之封闭、保守以及批判人们封建迷信思想的理论基础，社会现实却给出了这样的答案:“旧的迷信思想破除了多少无法估计，而新的迷信思想（崇洋媚外）达到了巅峰。”比如，达尔文说，人类是猴子进化的，他们就承认自己的祖宗是猴子。他们就不懂得反问一句：只有达尔文研究的那个时代的猴子能进化，以后的猴子都退化了？如果是退化了，为什么？什么叫迷信？盲目地崇拜就是迷信！很显然，这是一个很简单的常识问题，但是，为什么能够蒙蔽天下呢？因为它冠以“科学”的头衔。西方人提出了“中国国民性”来诋毁中华民族，他们就进一步发展为“国民劣根性”。黑格尔提出三面论，他们就认为是全面看问题的科学方法，而把我们老祖宗十面看问题的方法忘记了。

我们很熟悉“中国国民性”乃至“国民劣根性”这两个代名词，究竟是出自谁家？

周宁在《天朝遥远——西方的中国形象研究》中指出：从孟德斯鸠开始，

西方思想界试图在现代世界观念秩序中确立中国的国民性，在后启蒙时代的东方学背景下，相关主题的不同文本，逐渐构筑起一个知识体系，经过赫尔德的发展，最后完成于黑格尔的历史哲学中。此时，中国的国民性话语，作为殖民主义、帝国主义意识形态语境中生产与组织“中国意义”的表述系统，已经具有一个统一主题，即中国国民性，已经形成一套相对稳定的概念。如中国的自然环境、政治专制、道德堕落、愚昧迷信、历史停滞如何塑造并表现的这种奴性，已经表现出一种既定的表现方式，如首先与西方对应的东方化语境中确定中国国民性的精神核心并历数其多种特征，尤其是历数道德范畴内的反面例证；已经以学术建制的方式构通了知识与权力，为西方的征服、掠夺屠杀与扩张提供了正义理由。

除了精英学者外，西方的传教士、旅行家、军人、文物掠夺者各色人等，大多以唯我独尊的心态批评。黑格尔的“中国研究”以这些批评与描述为依据，而他的学说和意见一旦公之于众，就以大学者的权威力量极大地规范着、启示着那些传教士等人的观察度和模式，就从西方精英和普通人的互动中，中国国民性的奴性、愚昧、自私等得到了模式化的描述和强调。

周宁指出，在西方文化中，黑格尔的理论标志着中国国民性话语精英层面的完成。明恩溥的《中国人性格》则标志着大众舆论层面的完成。中世纪西方文化在中国人身上观察到的各种特点，其描述复杂、混乱，甚至矛盾。他们的作品，不是使西方人视野中中国人的性格、形象越来越清晰，而是越来越模糊。不是使西方人能够轻松地把握中国人的性格，而是无所适从了。《中国人的性格》结束了这种局面，明恩溥归结的26种特征中，但最后想说的只有一句话，那就是只有皈依西方的宗教（基督），才能拯救这些病入膏肓的野蛮人。由此看来，近代以来西方宗教的扩张与殖民军事权力的扩张，基本上是遥相呼应、配合的。同样，西方社会所生产的关于中国国民性的话语体系，不是作为一种知识，并不是为真理服务的，而是为殖民权力服务的。

我们应该明白，从“反孔”运动发展到全面的反传统思潮，绝不能视作“新文化”的开始，从否定毛泽东，抹黑人民军队、抹黑人民英雄到质疑共产党的执政能力，也绝对不能视作勇于批评纠偏，而是背后有一个“欲亡其族者，必先污诋灭其史”的巨大推手在作祟，导致人们对传统文化的一派茫然，致使我们丧失了文化自信，在寻求精神食粮一片呼声的社会现实中，出现了五花八门的宗教派别和歪理邪说。

哲学、宗教都是含义宽泛的名词，对于不同的人，可能有不同的含义。哲学在中华文化中所占的地位，历来可以与宗教在其他文化中的地位相比。就中国一贯的道统思想来说，我们不能说他是入世的，也不能说他是出世的，他既入世而又出世，由于道统文化的分家，而产生了道家是出世、儒家是入世学说的观念，其实本来就是一家。

然而，我们必须明白，一个国家的大政，绝对不能和宗教混为一体，政治是现实智慧的实际成果，宗教始终是升华现实的出世事业。如果强调宗教就是现实世界的事，那么，不是别有用心，就是非愚即狂了。南朝梁武帝之悲剧是一个明显的例证。

有学者指出：“中国人的历史观，亡国不可怕，亡国可以复国，社会生活依然存在，亡天下亦不可怕，亡天下亦可以复天下，社会生活依然存在，中国人最怕的是亡文化，亡文化即意味着没有精神食粮，没有精神食粮的社会生活是人类万劫不复的灾难，一个没有精神食粮的世界是人类不堪居住的世界。”

廖彬宇先生在《大成之道》一书的论述中，以循序渐进的方式告诉我们，儒家讲的并不单纯是伦理道德，而且也是智慧之学。儒家以“智仁勇”为“三达德”，以“仁义礼智信”为“五常道”，智都是“达德”和“常道”的核心。智慧既是道德的智慧，同时，道德也是智慧的道德。

中国有句老话，“天时不如地利，地利不如人和”，所以，先秦儒家主张生活在群体之中的人必须换位思考：“己欲立而立人，己欲达而达人，己所不欲勿施于人。”“吾日三省吾身，为人谋而不忠乎，与朋友交而不信乎，传不习乎。”“君子求诸己，小人求诸人。”这也正是儒家思想流传千古而不衰的主要原因，如果概括起来认识儒家思想的核心就是“责任和担当”，而达到这个责任和担当的境界，就是从“知志”“知学”“知心”“知诚”的“为学”和“为道”而来。

阐释中国特色离不开中华“道统”文化之话语体系，《易经》是中华文化的根基，是古典文化中最为闪光的一部，对儒、释、道乃至多种学派产生了非常巨大的影响，形成了中华文化史上独一无二的学术奇观。《易经》经纬天地，包罗万象，为大道之源。大道即自然之道、生命之道、社会之道，等等，莫不尽在其中。《易经》是通权达变、天运自然与人事社会关系的全息运动学。然而，近一百多年来，许多人不知道其为何物，要么庸俗化，认为是一部卜筮之书，要么直接给《易经》扣上“迷信”的帽子。直到现在，有些“学者”对《易经》仍然众说纷纭，这也正是“国学观”形不成共识，不能够讲清楚中国特色的根本原因。

当我们研读廖彬宇先生的系列著述以后，既感到作者文化底蕴之深厚，同时也感到字里行间充溢着正气和爱国情怀，可以说是继国学大师南怀瑾先生之后年轻的“后起之秀。”廖彬宇先生在《大成之道》一书中，对于今日崇洋媚外之各种风气，引用了近代学人牟宗三先生对此类人的批评，视之为“国际游魂”：

“不能通过历史陈迹而直透文化生命之源，不得谓能接通华族之慧命。接不通慧命，不得谓之有本之学，其学亦不能大，不能谓为真实之中国人，其为中国人只是偶寄之习气之存在。其偶寄之习气是中国的，而其意识观念，即其义理之性情一面，则是非中国的。非中国的，中国不受。但他亦不能即是真实之英国人、德国人或美国人。是则英美德法等亦不受也。此为不能做主之存在、夹缝中之存在，甚至为国际之游魂。不能接通慧命，不能为真实之中国人，吾华族即不能自尽其民族之性而创制建国。一国不能自尽其民族之性而创制建国的民族，是弃才也。不能为真实之中国人，不能创制而建其国，亦不得贸然谓为天下人。或曰：何必为中国人？我直作世界人耳。此言虽大，实则荡耳。此是国际游魂，何得谓为世界人？未有割裁其根而能大者，只是飘荡耳。”

而对于如何成为真正的中国人，牟宗三先生也有明确的态度：

“夫以中国知识分子皆歧出而乖离，真可谓阒其室，无其人矣。谁是炎黄之子孙？谁是真实之中国人？谁来给华族与中原河山作主人？有谁能直通黄帝尧舜以来之大生命而不隔？皆陷落于躯壳、习气、窒息以死，而为行尸走肉，为偶寄之存在，生命已不畅通矣。而自‘五四’以来，复假借科学与民主以自毁其根，自塞其源，是则本窒息不通而益增其睽隔也。未有生命不通而可以有所建树以自立者……华族至是乃彻底死矣。绝途逢生，非直通文化生命之本源，不能立大信、昭慧命。”

“五四”运动以来，受欧洲中心论的影响，在一些中国学界的精英看来，“巫史文化”既然是欧洲文化的源头，就应该是中华文化的源头，他们就是忘记了富含哲理、字不离母的中国字的母亲是：日、月、天、地、人，金、木、水、火、土。也有人说，仓颉造字是传说，无论是传说还是假说，中国字是中国人造的，这应该没有质疑。在这样张冠李戴的前提下来认识、评价中华传统文化，只能把上下五千多年的中华文明缩短为3700年或者是4200年，将博大精深的中华文化史，矮化为孔孟思想史，认为中国没有哲学，没有宗教，所以，中国人也没有信仰。他们就忘记了中国人最大的信仰就是“因果观”，“因果观”并不是宗教的专利，而是事物发展的必然规律。把中华民族恢宏的发展史，写成封闭保守式的宫廷权谋史，谬误之远之深，可以想见。

廖彬宇先生在《大成之道》一书中引用了许慎在《说文解字·序》中的一段话解读中国字的起源：“古者包羲氏之王天下也，仰则观象于天，俯则观法于地，视鸟兽之文，与地之宜，近取诸身，远取诸物，于是始画八卦，以垂宪象，及神农氏结绳为治，而统其事，庶业其繁，饰伪萌生，黄帝之史仓颉，见鸟兽蹄迒之迹，知分理之可相别异也，初造书契。”许慎的说法源于《易经·系辞下》伏羲取法天地之间的物象创造了八卦，而中国字就是在八卦的基础上发展而成。八卦符号也常为后人视为汉字的起源，宋代赵汝楳《周易辑闻》说：“伏羲之卦，盖文字之祖，象数之宗，理之寓而辞之所由出也。仓颉作字皆离合卦画而成文，则字实祖于卦也。夫理无形也，形于辞则有画，故圣人之立象数以形之尽矣耳。”

廖彬宇先生指出，汉字分上下结构，左右结构，包围结构，半包围结构，源于《易经》的阴阳思维，汉字用“天地日月人”“金木水火土”作为分类，就是《易经》取类比象的思维，所以，中国字富含哲理也成为全人类的共识。

《易经》是汉字的源头，中国字始终述说着“物有本末，事有终始，知所先后”的道理。中华文明连绵不断，中国字功不可灭。

近代以来一些所谓的“学者”“大家”，一提到《易经》就认为是封建迷信，就是“怪力乱神”，提到《易经》就是“宿命论”。其实他们是不知“易”为何物，更不知道中华文化之源头活水在哪里，所以就怨恨祖宗，自卑、自弃，对博大精深的中华文化进行“瞎子摸象”式的臆想。

廖彬宇先生指出，《易经》里说：“夫《易》何为者也？……以通天下之志，以定天下之业，以断天下之疑。”这句话不用解释大家也可以理解，《易经》就是“通天下之志、定天下之业、断天下之疑”的智慧。那么，《易经》为什么能够有如此取之不尽用之不竭的智慧呢？

《易经》里说：“易与天地准，故能弥纶天地之道。仰以观于天文，俯以察于地理，是故知幽明之故。原始反终，故知死生之说。精气为物，游魂为变，是故知鬼神之情状。与天地相似故不违。知周乎万物，而道济天下，故不过。旁行而不流，乐天知命，故不忧。安土敦乎仁，故能爱。范围天地之化而不过，曲成万物而不遗，通乎昼夜之道而知，故神无方而易无体。”这几句话也很好理解，一是告诉我们，《易经》源于我们的老祖宗“仰以观于天文，俯以察于地理”反躬自省的实践。二是告诉我们，《易经》的智慧与天地相似，所以说“范围天地之化而不过，曲成万物而不遗”。因此也就知道“幽明之故”“通昼夜之道”，任何物质的变化都有一个“精气为物，游魂为变”的过程，但是超不出六级，“三才之道，六级之变”，最后必然是原始反终，所以就知道“生死之说”和“鬼神之情状”。懂得了天道“自强不息”道理，就可以把握自己的命运而没有忧愁，秉持大地“厚德载物”之德行，就会生发大爱无疆的“仁心”。“神无方”是说“神”无处不在，“易无体”是说“易”为万事万物之“体”，所以说“知周乎万物，而道济天下，故不过”。概括了“道”的无所不统，《易》的无所不知，所以就“神”。

《易经》里说：“神以知来，知以藏往，其孰能与于此哉！古之聪明睿智，神武而不杀者夫。是以明于天之道，而察于民之故，是兴神物以前民用。圣人以此斋戒，以神明其德夫。”这几句话是告诉我们，正因为中华民族的先祖具备了“神以知来，知以藏往”的睿智，所以，奠定了中华文化强调“以德育人”“以文化人”的根基。由此可知，中华文化从一开始即孕育出良好的原始科学、哲学与宗教合一的文明。

在这里我要讲一下如何理解中国字的“神”“鬼”两字：“神”字的右边是申字，申字去掉上下两头就是田字，作为人，如果你能够上晓天文，下及地理，中通人和，那你就“神”了，就达到了“神以知来，知以藏往”的睿智。“鬼”字中间是一“田”字，上边露了一点，说明见不得光明，只能躲在阴暗角落。

廖彬宇先生认为，《易经》学通达以后，就懂得了“物有本末，事有终始，知所先后”的道理，无有疑惑，可以洞悉一切，一丝一毫，不论巨细，一览无余，并详细论述了中华文化神奇、神秘、神圣的递进关系。

廖彬宇先生在阐释《易经》为包罗万象之综合性科学的基础上，指出了“易经”所倡导的几十种“精神”，并且理直气壮地批驳了汉代王允的“宿命论”。这种治学态度和气魄在历史上也几乎没有。他认为，《易经》最终揭示了一条让命运走向圆满吉祥的法则：无论是保持好的结果还是将不好的结果变为好，都只有一个方法，就是“自强不息”“厚德载物”“革故鼎新”“积善余庆”“先否后喜”“如履薄冰”，等等。因为预见到好的结果，则放松懈怠了，那么好的也会变坏，我们不让它变坏，反而还要让它变得更好，那就唯有朝着光明正确的道路继续努力；预见到了坏的结果，那就更要赶紧调整方向，一方面战战兢兢，如履薄冰，洗心革面，另一方面自强不息、厚德载物、行善积德，就会慢慢转化变好。所以当一件事合乎道义合乎常理就去做，不问结果，这就叫“君子义所当为”，无论眼前境况如何，最终结果也会好。

《易经》里说：“自天佑之，吉无不利。”子曰：“佑者助也，天之所助者，顺也，人之所助者，信也，履信思乎顺，不以尚贤也，是以自天佑之，吉无不利。”这就是“自助、人助、天助”“顺天应人”的道理，也是中华民族所秉持的成功秘诀。中国共产党之所以能够从小到大、从弱到强，就是在传承中华文化“顺天应人”之基础上与老百姓的“志同道合”，并细化发展为“密切联系群众，理论联系实际，批评和自我批评”的三大法宝。

我们都知道，中国是这个世界上史典文献资源最为丰富的国家。“惟殷之先，有册有典”“是左史倚相，能读三坟五典”。然而，就是这样一个史典文献资源最为丰富、文化连绵不断的国家，在中国近代史上遭受了世界列强的文化侵略和武装侵略，造成了中华民族前所未有之千古变局和独特的历史命运。鸦片战争以来，在西方文化的撞击下，中华文化濒于四分五裂，在“五四”之后，中国传统文化及其价值系统分崩离析，孔子、孟子被激进的改革者看作中国历史停滞的最大罪人，中国的一些文化精英对我们自己的文化自卑、自弃，怨恨祖宗，导致我们丧失了文化自信。一百多年前，为了救亡图存、民族复兴，在国内学界曾经掀起了什么是“国学”的讨论，最终转化为对东、西方文化的比较、评价和再认识的论争，造成了各取所需、莫衷一是的混乱局面。正如汤用彤先生所说：“自海禁大开，群言庞杂，学界陷于嚣躁之域，学风沦于圆滑之习。”

长期以来，在探索救亡图存、民族复兴的道路上，中国掀起了学习西方文化的热潮。从洋务运动、戊戌变法到辛亥革命，乃至“五四”运动，在近百年的历史长河中，中国向西方学了不少，不但理想未能实现，包括辛亥革命那样全国规模的运动也失败了。“先生老是打学生”的残酷现实，致使一些中国人丧失了自我。

可以肯定地说，一百多年来，中华民族遇到的困难和危机世所罕见。这些问题的因果与丧失文化自信有着必然和直接的关系。毛泽东以他的伟大思想气魄找回了中华民族和共产党的文化自觉与自信，挽救了革命，挽救了党，推翻了压在中国人民头上的三座大山，建立了新中国。毛泽东深知，人民打江山不易，坐江山更难的道理，所以，在进北平之前就再三告诫全党同志，共产党人绝不做李自成，并发表了“两个务必”的重要讲话。怎样才能够让人民过上幸福生活，怎样保持共产党队伍的纯洁，怎样才能使人民江山永不褪色？为了能够跳出“历史的怪圈”，毛泽东选择了相信群众，相信党这两条根本的原理。毛泽东说：“只有让人民监督政府，政府才不会松懈。只有人人起来负责，才不会人亡政息。”毛泽东说：“人的因素第一。”“政治路线确定之后，干部是决定的因素。”

然而，在实际生活中，由于人们大都急功近利，而功利大都依附于权势。所以，领导周围难免出现君子与小人，甚至是野心家。如何鉴别是摆在领导面前的最大难题。孔子说："君子坦荡荡，小人长戚戚。"这是孔子对君子与小人下的定论，人们都懂得"来说是非者，必是是非之人"的道理。

历史的经验告诉我们，造成一个社会、一个时代、一个国家的变乱，在许多错综复杂的原因当中，最大的乱源便是人为的人事问题。尤其是主政与当政的人都是小人而非君子，那么，天下就岌岌可危了。

其实，人类历史上千古兴亡的人物，从做人与做事两个角度来看，贤与不肖，君子与小人，忠与奸，从纯粹的哲学角度来讲，很难下一定论，如果单从行政上来讲，清初名臣孙嘉淦"三习一弊"的奏疏中已经讲得相当透彻了，他说：

"夫进君子而退小人，岂独三代以上知之哉！虽叔季之世（衰乱的末代时势）临政愿治，孰不知用君子？且自智之君（自以为很高明的领袖），个贤其臣（各人都认为自己所选拔的干部都是贤人）。孰不以为吾所用者必贤人，而决非小人。乃卒与小人进而君子退者，无他，用才而不用德故也。

"德者，君子之所独。才则小人与君子共之，而且胜也焉。语言奏对，君子讷而小人佞谀，则与耳习投矣。奔走周旋，君子拙而小人便辟，则与目习投矣。即课事（工作的考核）考劳（勤惰的审查）君子孤行其意而耻于言功，小人巧于迎合而工于显勤，则与心习又投矣。

"小人挟其所长以善投，人君溺于所习而不觉。审听之而其言入耳，谛观之而其貌入目，历试之而其才称乎心也。于是乎小人不约而自合，君子不逐而自离。夫至于小人合而君子离，其患岂可胜言哉！"

孙嘉淦所讲的耳习，目习，心习，不仅是大部分领导的共习，也是人们的共同爱好，逆耳的忠言一般人都不爱听，等到吃亏以后，也只能是后悔莫及。

中国有一句老话："人在做，天在看。头顶三尺有神灵。"这个天，这个神在哪里？就是人民大众。这也正是毛泽东缔造的中国共产党一切依靠人民群众的根本所在。中国还有一句老话："金无足赤，人无完人，圣人孰能无过。"

如何补过?《易经》泽风大过卦初六爻辞曰:“籍用白茅,无咎。”《象》曰:“藉用白茅,柔在下也。”子曰:“苟错诸地而可矣,籍之用茅,何咎之有?慎之至也,夫茅之为物薄而用重也,以往,其无所失矣!”这是解说“用茅”之象与“敬慎”之意的联系。“无咎者,善补过也”(《易经》·系辞上传)。毛泽东是善于发现错误、勇于纠正错误的表率,所以他说:“犯错误是难免的,只要改正了就是好同志。”

然而,随着毛泽东的逝世,西方国家加紧了对中国的颜色革命,唆使一些中国的文化汉奸在否定中华传统文化的同时,否定毛泽东,抹黑人民英雄,抹黑人民军队,质疑中国共产党的执政能力,大有历史上“人亡政息”重演的现象。可以肯定地说,否定毛泽东是“司马昭之心,路人皆知”。20 世纪 80 年代热播的政论电视剧《河殇》被捧为“当代文化思潮的典范”,“站在当今思想的最前沿”(1988 年 7 月 16 日《文艺报》),认为中国近代史的落后挨打是中国历史发展的必然,而新中国成立以来所取得的伟大成就,皆因西方送来之秋波,主张中国未来的道路应该完全西化,在思想文艺界激起那样多的回波。淡化了中小学生课本里有关传统文化与中国革命传统教育的内容,“折腾”“十年动乱”也成了声讨毛泽东的代名词。历史虚无主义的蔓延导致我们曾经迷失了方向。

所以,我们必须讲清楚中国革命胜利的来之不易,讲清楚新中国成立以来以毛泽东为首的党中央面对内忧外患的诸多挑战下,从半壁江山到“路不拾遗、夜不闭户”的社会环境以及两弹爆炸、卫星上天确立大国地位的来之不易,讲清楚从改革开放使人们富起来到十八大以来使中国强起来的来之不易。使我们的后代真正理解,我们所取得的每一个胜利不是从天上掉下来的,而是中国共产党人不怕流血牺牲、前赴后继、不忘初心、牢记使命依靠人民群众的结晶。希望那些自诩为“敢言直诫”的所谓“学者”“大家”,请不要拿“折腾”“十年动乱”攻击毛泽东,也不要拿改革开放以来人们道德整体滑坡来攻击邓小平。只要是人,就没有完美无缺的。否则就是别有用心。

造化之机,如果没有生化则势必了无生机,变成死水一潭,没有制约则又亢而为害,酿成不可收拾的局面。《易经》阐释的五行的生克要妙竟是这般的神奇，这样的伟大，以至于宇宙整个的物质世界，在动态中求得了总体的平衡。人心平衡，天下太平！人多欲则心乱，心乱则失序！“欲”的广义为生命存在、社会发展的动力，狭义便是人类“饮食男女”这两大欲望，如果把握不好则成为社会动乱的根源。所以，这也就成为古今中外思想家立说施教、治国理政的主要内容而成为文化。

毋庸置疑，“饮食男女”这两大欲望是人类之所必需，而且物质上的需求永无休止，男欢女爱更是眼花缭乱，不能自拔，怎么办？孔子的答案是：“发乎情，止乎礼。”如果人们只追求“饮食男女”永无休止的欲望，而没有自我约束和社会约束的文化，这个世界就乱套了。“饮食男女”这两大欲望就是在人们思想里善恶并生、相互争锋永无休止的根源，所以，无论古今中外，有人存在的地方便有文化，因为“真、善、美”是人类追求的共同目标，能够“发乎情，止乎礼”应该是人类的主流意识形态，反之就是非主流意识形态。我们的老祖宗在认识自然规律的基础上来阐释世界之万有的起源，乃至人与人、人与自然万物等和谐关系的重要性，特别注重人格的教育。

文化系着国家的生命。民族凝聚力离不开文化的熏陶，小到一个家庭、一个单位，大到一个国家、一个民族，没有凝聚力势必分崩离析，什么事也办不成。古往今来大量事实表明，一个民族和国家一旦在文化上失去抵御能力，失去本民族文化的传统和特性，就失去了安身立命的根本，就会成为别国的附庸而走向消亡。特别是在政治、经济全球化的条件下，日益频繁的文化交锋在推动各种文明相互学习借鉴的同时，也加剧了文化的竞争和较量。文化已经成为西方国家颠覆和控制别国、实现自身战略意图的工具。文化思想领域已经成为政治斗争和意识形态较量的首选阵地。

阐释中国特色，盖“四个讲清楚”是总体要求和下手路径，这就需要我们在完整地阐释中华文化历史演变的基础上也要讲清楚西方文化的历史演变，使人们真正认识到，每个民族和国家的历史传统、文化积淀上虽然不同，但文化上的差异并不影响人类追求真、善、美的共同目标。

在文化多元、各取所需、莫衷一是的当今世界，重提什么是人类追求真、善、美的共同目标尤其重要。近现代有一种思潮认为，区别真、善、美与假、恶、丑，是见仁见智的问题，立场不同，给出的答案就不同。这明显是放弃了对人类目标的理性思考，否认关于好坏、善恶、正义与非正义之标准的真正知识的必要性，必然导致虚无主义和道德、思想境界的堕落。这种思想观念的产生，源于支撑西方自由民主制的现代社会科学中的实证主义、实用主义、历史主义和相对主义，导致了随波逐流、盲目信从以及庸俗市侩作风的日渐盛行。所以说，文化并不是单纯的学术问题，研究文化必然涉及政治。

可以肯定地说，无论是科学、还是哲学、宗教所探究的问题，无不是在研究“物有本末，事有终始，知所先后”的终极关怀。但是，纵观世界，只有中华文化用一个完整的思想体系——《易经》作了详实地阐释。所以说，相对世界各民族的文化积淀、历史传统而言，中华文化是独特的。

我们都清楚，一百多年来的世界是以美国为首的西方国家掌控话语权的世界。由欧洲中心论发展到“普世价值”的强权政治甚嚣尘上，并且由此推演出历史终结、哲学终结等一系列的“终结论”。支撑这些所有论调的理论基础就是所谓的科学实证主义，实用主义，其典型范例就是从达尔文的人类进化论推演到社会进化论的弱肉强食、适者生存等丛林法则的天经地义，以此作为帝国主义、殖民主义侵略扩张的正义理由，并美其名曰，是文明对野蛮的救赎，是为了帮助落后民族争取自由、民主、人权。然而，这样的政治意识形态，它为什么能够蒙蔽和欺骗天下民众呢？因为人们都想得到自我实现和自由发展的空间，都想自己说了算。

所谓民主、自由、人权“普世价值”的鼓噪，实质是西方国家麻痹人类的“奶头战略”的重要内容，导致了世界的功利走强、战争频发，人们只争权利、不讲责任、娱乐至死、“笑贫不笑娼，有奶就是娘”的价值观念，致使人类道德整体滑坡、精神失落，寻求精神食粮的呼声四起。1988 年，75 位诺贝尔奖获得者在巴黎发表宣言称：“如果人类要在 21 世纪继续生存下去，必须回到 2500 年前汲取孔子的智慧。”（《周易与中医》）世界兴起了孔子热，在中国悄然兴起了传统文化热，中国学界也掀起了有关国学的又一次讨论。

我们都懂得弘道养正的意义，然而，“道本无言，因言而明，因言而敝”。文化多元论的各取所需、莫衷一是的混乱局面充分证实了这一论断。中国人如果读不懂中国，必然深陷文化自卑而不能自拔。所以，我们必须反思文化虚无主义的深重流弊，清末民初“去中国化”的全盘西化思想、学术错误，中华民族正在不知不觉中丧失自己的民族文化身份，导致中国社会正面临文化危机。文化内涵的空洞化，使当代中国的很多人既不了解西方文化，也不认识中华文化，对传统文化的理解大多局限于“中国结”“功夫”“舌尖”等符号的平面维度上，在追求真、善、美的高度上缺少有能耐得住寂寞的关注和信仰。

廖彬宇先生在《大成之道》一书的论述中阐释了中华文化的天下观，他说，西方文化提出来的“三观”，在中华文化几千年前就已经有了。《易经》里说：“大观在上，中正以观天下，下观而化也。观天之道而四时不忒，圣人以神道设教而天下服矣。”这个大观、中观、下观其实就包含了世界观，人生观和价值观。这三个观共同指向一个观，叫作“天下观”。天下观是一种真正的智慧，是站在比宇宙还要高的角度统观宇宙全貌的智慧。它既是无上正等正觉的大智慧，也是悲天悯人的大情怀。“构造人类命运共同体”也正是中华文化的“天下观”。今天，有的学人说这是可笑的“中国中心论”，其实这样的人不单纯是对中华文化认识上的一片茫然，而且也不懂得人类追求真善美的共同目标是什么。中华文化是对人类命运终极关怀的学说，他的着眼点不是个体，而是全体，是为全人类谋福祉，是为全世界开太平。正因为中华文化提出了伟大的“天下观”，所以数千年来“正道不衰，正学不绝”。

近现代以来，西方发达国家推出了一条以现代化为中心的发展道路，但这一道路是强调“文明与野蛮”的“二元认识论”的思维方式，所构建的世界秩序是奉行“弱肉强食、适者生存”的“丛林法则”，是制造冲突和战争的重要根源。西方发达国家在现代化的推动下，确立了自由、民主、人权、法制，自以为是代表先进与文明的“普世价值”，并在这些价值观下，确立市场经济的自由化、分权制衡、政治法制的全球化等一系列的政治经济体制。对这一制度下所产生的问题，西方学界提出了霸权稳定论、全球治理论、协商民主论。这些所有的论调，既是西方发达国家干涉他国内政“强权政治”的理论基础，也作为对世界各国渗透其意识形态的文化战略。长期以来，这些说辞，也成为质疑、指责中国特色社会主义道路的基调。

法国当代社会学家蒂洛·夏伯特在《现代性与历史》论文提出：“西方式的现代化究竟在当代是否尚有前途？”他认为，“现代世界所提供的信息对此作出的答复是否定的。”“（西方式的）现代性是大约在350年前建立的，这是一种惊人的‘进步’。……但在当今的世界中，人们似乎越来越能看到，在（西方式的）现代性的道路上写着一条大标语：此路不通。”“当前，（西方）现代文明所产生的影响，对整个社会来说也好，对个人来说也好，都是大难将临前的那种‘惶惑’。”许多研究现代社会问题的社会学家都认为，“现代性已经陷入绝境”，“现代性正处于矛盾之中”。（以上引文见国际哲学与人文科学理事会主办《第欧根尼》中文版第一期）

“现在已应走到路边，重新探索一下，看看是否还有其它别的道路，可以超越‘现代化’（指西方模式）的道路而走向生活的美好方式。”（同上《论中国历史与国民意识》）

习近平主席提出一带一路，共商、共建、共赢，“打造人类命运共同体”这一全球化概念的伟大目标——“万国咸宁”“天下大同”“和谐共生”。这既是中华民族的理想信念，也是人类共同的夙愿，得到了世界大多数国家的认同和联合国的首肯，而美国宣布退出。这充分说明了一个问题，虽然和“全球化”这一名词术语一样，而政治上的主张则中、美大相径庭，因此，“中国威胁论”更加甚嚣尘上。

毋庸置疑，任何不利于实现人类这一目标的行为和思想政治上的主张，无论打着什么样冠冕堂皇的旗号，都是假、恶、丑。虽然能够蒙蔽人们一时，但不能蒙蔽一世，最终不得人心。这也正是全球思想界把“读懂中国”作为首选课题的主要因素。

当西方人感到他们所面临的危机是来自东方的威胁的时候，而《政治哲学史》作者施特劳斯却认为：“现代西方自由民主制的真正的内在危机从根本上讲是理论的危机。这种理论的危机已经或正在导致实践的危机。现代社会科学中的实证主义、实用主义、历史主义和相对主义对古典政治哲学的挑战，使西方世界丧失了对其原有宗旨或目标的信念，从而导致了随波逐流、盲目信从以及庸俗市侩作风的日渐盛行。因为放弃对人类目标的理性思考，否认关于好坏、善恶、正义与非正义之标准的真正知识的必要性，必然导致虚无主义和道德、思想境界的堕落。”

“当今世界社会科学中盛行的实证主义坚持‘事实’与‘价值’的分离，主张社会科学的范围必须严格限于事实领域。认为价值领域不可能有真正严格的确定性，只能是各执己见，莫衷一是，不可能有真正的科学。于是事实判断与价值判断的区别成了科学与非科学的标准。按照这一标准，一切关于道德的和基本的选择或原则的学说都成了荒谬的无稽之谈，以探讨人的本性、国家与社会的根本目的和原则，以及善恶、正义与非正义的标准等根本问题为己任的政治哲学，自然也就成了非科学的偏见。”

施特劳斯认为，现代社会科学中盛行的实证主义“事实与价值分离”的科学标准是虚伪的，因为它无法真正做到它所谓的“价值中立”或“摆脱一切价值”。研究社会现象，尤其是重要社会现象，不作价值判断是不可能的。相信现代科学知识是最高形式的人类知识，也就是贬低前科学的知识，因此这种信念本身同样也是一种价值判断。所以现代社会科学把“价值”从前门赶了出去，而又从后门放了进来，说明现代社会科学不可能做到像他标榜的那样“科学”。

我们都知道，中国历史每一个动乱时期必然伴随着中华文化的历史演变。春秋战国时期是道统文化分家、诸子百家思想争鸣形成的时期。老子说：“大道废，有仁义；智慧出，有大伪；六亲不和，有孝慈；国家昏乱，有忠臣。”这既是老子对人类心路历程每况愈下的写照，也是老子对中华文化历史演变之社会根源的讲述，同时也在告诉我们，历史上不同时代背景下的社会文化如同人生病吃的药一样。

中国有一句老话：“上医医国，中医医人，下医医病。”这是用防治未病与医治已病来比喻中华道统文化与诸子思想的体、用关系。防治未病就是要做到“致中和，天地位焉，万物育焉”的“持盈保泰”。“方以类聚，物以群分，吉凶生矣”。(《易经》· 系转）生物链、植物链的出现必然产生吉凶，任何动物、植物都有天敌，那么，生活在群体之中的人类之天敌是什么？是人类自己！所以，人类要和谐共生，必须换位思考。

我们还知道，秦始皇统一了文字，统一了度量衡，统一了货币，在中国历史上可谓功不可没。但是，他为什么要焚书坑儒而单纯地主张法制呢？最终导致了秦王朝的短命，这个问题的厘清，有助于我们了解孟子“人性本善”与荀子“人性本恶”悖论思想前提下都注重师教礼法的真与伪。“人性本善”指的是婴儿赤子的至善，也就是既没有善也没有恶，这是人的本然之善，性德之真。人一加入后天的七情六欲必然善恶并生，所以，中华文化主张人要效法天地之至善精神，“参赞天地而化育”（《易经》· 系转），人性本善注重师教礼法是信仰。人性本恶之注重师教礼法是为了达到个人目的之做作、伪装。如果说这个世界上人人的言行都在伪装，没有一个人可以相信，这样的社会生活还有幸福可言吗？所以，荀子的学生李斯、韩非子认为人性本恶，只有法制可行。

汉武帝在总结秦朝短命之根由的前提下，提出了“废黜百家，独尊儒术”，实质是独尊了董仲舒的“三纲五常”。君为臣纲，父为子纲，夫为妻纲，可以说这也很贴近人们的生活现实，人们也能够接受，但是，当统治阶级到了骄奢淫逸、没落腐败引起民怨的时候，成了统治者镇压老百姓的合法理由。但是，“反者道之动”，哪里有压迫，哪里就有反抗，历朝历代兴衰更替之根由莫不如此。

魏晋南北朝以及五代十国的动乱时代，相较春秋战国，就是增加了宗教派别之间的斗争。自北魏太平真君五年（公元 444）到后周世宗柴荣显德二年（公元 955）发生了“三武一宗”的灭佛兴道事件。山中宰相陶弘景（公元 456—536）最早提出了儒、释、道三教合流的主张。

早在一千多年前，北宋文化大家张载先生（1020—1077）发出振聋发聩的呼吁：“为天地立心，为生民立命，为往圣继绝学，为万世开太平。”

对于张载先生的“四为句”古今有不同版本的解释，在这里我不作评论，我只想提出问题来探讨并谈谈自己的认识和理解。

张载认为，自秦、汉以降在中国的文化历史演变中是一个从“道绝师丧”发展到“宗教狂热”的时期，导致了大秦帝国的短命，乃至魏晋南北朝时期以及五代十国时代的动乱。所以，要实现“为万世开太平”的这一理想，必须要“为往圣继绝学”，即“天行健，君子以自强不息”“地势坤，君子以厚德载物”的道统文化。天地刚柔相济造化万物，为我们食用而不索取回报，可谓天地无私奉献之心。我们效法天地精神及其“元、亨、利、贞”之君子四德，作为我们安身立命的根本而融入炎黄子孙血脉之中，可谓“为生民立命”。这应该是宋明理学产生的根由。然而，为什么宋明理学提出的“存天理，去人欲”又是如何转变为“存天理，灭人欲”的呢？可以肯定地说，天理永存，人欲不可灭。灭人欲与中华人本文化大相径庭！因此，当西方殖民主义冠冕堂皇的自由、民主、人权思想伴随着坚船利炮在中国轻易登陆以后，从反孔运动发展到全面的反传统思潮，至今其阴影挥之不去。可以说，近、现代以来又是一个道绝师丧的时代。

廖彬宇先生重提北宋文化大家张载先生振聋发聩的“横渠四句”，并作为自己的情怀和担当，陆续创建了“四为堂”“四观书院”“四知书屋”。廖彬宇先生在《四观书院·序》里写道，“《易》曰：天地之道，贞观者也。故知必以贞正之观，方可立天地之道。夫其观不立，则其精神何以有振，必使其物欲以横流，人心以泯灭，终日惛惛，殁身于利欲洪荒之内。群人无观，则群人失命；家国失观，国家则昏乱。天地之道，贞观者也，其时用不亦大乎！……如曰：以天人合一之宇宙观、多元协和之天下观、己达达人之人生观、推仁弘毅之价值观‘为天地立心，为生民立命，为往圣继绝学，为万世开太平’”。

从中华文化的历史演变和社会实践中不难看出，文化思想领域的争锋永无休止，形成不同时代背景下的社会文化离不开统治者的尊崇。传统文化在潜移默化过程中的稍许改变对人类或祸或福。但“自强不息，厚德载物，崇正义，尚和合，修身，齐家，治国，平天下”的人格理想始终是炎黄子孙孜孜以求的目标。

中国的文化历史，在春秋战国以前是一贯的道统文化思想，一个“道”字，包括了自然科学，同时还代表了中国的哲学——包括人生哲学，政治哲学，军事哲学，经济哲学，也阐释了中国的宗教观。我们来看一下中华文化所构建的立足于民本思想的治国方略：

“天地之大德曰生，圣人之大宝曰位，何以守位曰仁，何以聚仁曰财，理财正辞，禁民为非曰义”（《易经·系传》），这就是中华文化所主张的内圣外王之大君统治学。要做好领导工作必须有爱民的仁心，“理财”是抓经济工作，经济是基础。“理财正辞”就是强调了在抓经济工作的同时必须注重道德教育，内容即是乾卦辞“元、亨、利、贞”之君子四德，也就是中华民族“自强不息，厚德载物”之龙马精神。“禁民为非曰义”，就是要制定相应的法律法规，因为这个世界上永远有一些人不听好的教化需要法律制裁，法制也是教育。“何校灭趾，无咎。小惩而大诫，此小人之福也”（《易经·系转》），这样才能够说统治者不辱使命，完成了老百姓的期望值——民以食为天，民以和为贵，民以安为乐。老子说：“圣人常无心，以百姓心为心”。

这里讲的是综合治理，没有单纯的主张法治和礼制，也没有讲什么“主义”，用马克思主义的观点来看，这样的治国方略和宗旨，既不是空想社会主义，也不是君主制，也不是人们鼓吹的具有普世价值的自由、民主宪政制，更不是资本主义。中华文化的治国方略，是以百姓心为心，以经济工作和道德教育为基础，以法制教育为底线的综合治理，倡导的是共同富裕发展的道路，涵盖了真正的自由、民主和人权。

中华文化的大君统治学可以说是作之君、作之亲、作之师的政教合一，国家的领导人也是大家长，也有教育全民的责任，但区别于西方宗教与政治的混合。“蒙以养正，圣功也”（《易经》·蒙卦彖辞），在中华文化中，特别注重启蒙教育和基础教育。把经济工作和道德教育、法制教育视如鸟之两翼、人之两脚、车之两轮不可或缺的关系，是中华文化始终倡导的治国方略。

廖彬宇先生将中华传统文化和马克思主义相互印证，来诠释马克思主义与中华文化的共同理想，这在中国学界开了先河。

我们都知道，学习马克思主义主要是“立场、观点和方法”这三个方面，马克思主义是站在广大人民群众的立场，这无疑和中华文化立足于民本思想是一致的。观点是“辩证唯物主义”，方法是“透过现象看本质”。马克思说：“世界是物质的，物质是运动变化的，变化是有规律的，规律是可以掌握并利用的。”这也就是透过物质世界运动变化的现象，就可以发现背后主导其发展变化的根本规律。

《易经》里说：“形而上者谓之道，形而下者谓之器。化而裁之谓之变，推而行之谓之通，举而措之天下之民谓之事业。”道是形而上的，超越了一切有形象的现象世界，所以是“大化”；“器”是由“道”化生构成了形而下的世界万物。符合“道”的规律之“器”就是“大器”，能够任意裁剪变化，具有普适性，能够畅通无阻地推行，把握了“道”规律，运用到天下之民的生活中最后成就为大事业。现在我们就完全可以理解马克思所说的那个“规律”了。这个规律就是宇宙中能够主宰一切的那个神秘力量。这也正是我们所以说“器”不离“道”的根由。

在我们丧失文化自信、人们对中华文化一片茫然的境况下阐释中国特色，必须做好“四个讲清楚，”如果不了解中华文化的来龙去脉，就不可能做到对中华文化的认知、认同和尊重。用牟宗三先生的话来讲就是：“绝途逢生，非直通文化生命之本源，不能立大信、昭慧命。”

习近平主席说：“要系统梳理传统文化资源，让收藏在禁宫里的文物、陈列在广阔大地上的遗产、书写在古籍里的文字都活起来。”

让我们的社会主体、个体在以习近平为核心的党中央领导下，为实现中华民族伟大复兴的中国梦而努力奋斗！

北岳闲人　王继光

2018 年 3 月 15 日 于北京

附录五

廖彬宇先生与叶自成教授谈华夏主义与中国崛起

2018 年 4 月 15 日，北京大学中国战略研究中心主任叶自成教授访问四知书屋，华夏文化促进会驻会主席廖彬宇先生代表华夏文化促进会向叶教授颁发了华夏文化促进会首席专家的聘书。

叶自成教授与彬宇先生互赠著作。叶教授曾出版过《华夏主义》一书，由人民出版社 2013 年出版，全书 53 万字，对社会产生了广泛影响。

聘任仪式后，廖彬宇先生与叶教授就“华夏主义”的理念进行了深度的交谈。

廖彬宇先生说，主义是一个古已有之的词语，至少包含了以下七个方面的含义：

1. 谨守仁义。

《逸周书 · 谥法解》：“主义行德曰元。”孔晁 注：“以义为主，行德政也。”

2. 对事情的主张。

《史记 · 太史公自序》：“敢犯颜色，以达主义，不顾其身。”《老残游记》第十一回：“其信从者，下自士大夫，上亦至将相而止，主义为逐满 。”

3. 指主旨，主体。

梁启超《与林迪臣太守书》：“ 启超谓今日之学校，当以政学为主义，以艺学为附庸。”

4. 以解释词义为主。

杨树达《积微居小学述林·论小学书流别》:“世人分别小学书，谓《尔雅》主义,《说文》主形,《切韵》主音，是固然矣。”

5. 形成系统的理论学说或思想体系。

丁玲《韦护》第三章六:“你不是很讨厌我信仰的主义吗？为什么你又要爱我？”

如：虚无主义、达尔文主义。

6. 一定的社会制度或政治经济体系。

如：社会主义、资本主义。

7. 思想作风。

如：自由主义、主观主义。

由此可见，华夏主义的提出，是一种文化主张、文化主体、文化主旨和系统思想的学说理论，更重要的是，它有助于我们更好地建立文化自信，作为今时今日而言，也是对中华优秀传统文化的传承与发展。

廖彬宇先生还说，华夏主义的概念很多人以为标新立异。其实几千年来古已有之，叫作“道统”。孙中山说:“中国有一个道统，尧舜禹汤，文武周孔，相继不绝。我的思想基础，就是这个道统，我的革命就是继承这个正统思想，来发扬光大。”孙中山深知“道统”是中华民族立国之本，帝制可废，道统不可废。所以明确宣告：国民革命的目标，就是继承并光大这个正统思想。

叶教授认为，中国需要马克思，也需要“李克思”(liks)，李克思是老子(李耳)、孔子、商子(商鞅)的合身(li——kong——shang 合写为 likes),“李克思”思想代表华夏主义。

叶教授说，中华民族有五十六个，中国的历史有五千年，文化固然博大精深，但从中国文化的最本质、最核心、最基本的价值观的内容而言，从影响最深远、最广泛的角度来说，从现在和未来中国仍然较强的针对性、现实性和活力来说，从在域外仍然有影响的角度来说，中国的政治文化、价值文化的核心，还在于儒道法三家，更具体地说是在原道、原儒、原法，在老子、孔子、商子的思想中。我们也把老子、孔子、商子思想的核心和精华称之为华夏主义。

华夏主义固然是汉民族的思想主体，但华夏概念并非是汉民族概念，比汉民族更广泛，华夏不是一种基于民族血缘关系而产生的概念，而是一种文化概念。在先秦历史中，华夏是泛指生活在这一区域的东南西北中的夏夷狄戎蛮等各部族的综合体，它们后来才演化成不同的民族，华夏各部族也是后来中华民族中许多民族的共同先祖。比如黄帝部落就带有明显的游牧部落的特征，舜帝本是夷人，周文周武也是夷人。后来经过长期融合，才形成了后来的华夏各民族，到汉朝后才形成汉民族。所以，华夏思想是汉民族的主体思想，但并非是汉民族的独有思想。华夏就是古代中国的称谓，华夏主义就是古代中国主流思想的精华，所以华夏主义就是中国价值观，可以成为中华民族文化复兴中的一个最基本的思想源泉和文化基因。

华夏主义是华夏民族集体智慧结晶和民族集体记忆，是我们民族最宝贵的精神财富。

叶教授认为倡导华夏主义对国家民族有几个方面的积极意义：

1. 华夏主义为中国提供最先进的普世价值。他说，《易经》的“太和”思想是一种追求和谐有序的思想，老子道法自然、尊重自然、人类与自然和谐共处共存的价值具有普世性；孔子的中庸思想是另一个具有普世价值的观念。公正、均富、平等、和谐、中庸、自然等价值观，是超越西方民主、自由、人权的普世价值，值得中国高举和弘扬。

2. 华夏主义为中国提供更理性的历史观。用华夏主义看历史，历史应是变化的。既不能厚古薄今，也不能厚今薄古，对古应以历史眼光来观察，对今则应以发展态度来看待。对中国近代之前五千年历史文明尤其是春秋战国时期华夏体系的历史，不能用奴隶社会、封建社会的概念盖棺定性。

3. 华夏主义有助于中国进一步解放思想。华夏主义的思维范式是：要 A 不非 B，既要 A 也要 B，AB 平衡，顺势而为，因势利导，发挥优势，反对和排除极端，执两用中。这有助于我们跳出西方式非 A 即 B 的思维藩篱，从更新更高的视野理解和观察本是不可分的两种性质东西的相互关系。

4. 华夏主义有助于中国占据国际体系高端话语权的优势地位。华夏主义有许多超越时空局限的思想，发掘其精华可解决当下实践中的一些重大问题。用华夏主义引领中国发展，可逐渐摆脱西方话语权控制，提出中国观念、中国概念、中国思想，而不用亦步亦趋地跟随西方。

5. 华夏主义为中国提供新的治国评价标准。一个国家，一个社会，一个政府，什么是治理、管理、统治的评价标准？应当从是否良治、善治的标准评价。当下应放弃简单地以民主还是专制、社会主义还是资本主义为标准进行政治评价，采取是否良治、善治和民本主义的标准评价。

6. 华夏主义为中国提供有效的历史实践经验。从国家良治、善治标准评判，中国历史上曾在华夏主义指引下出现过文景之治、贞观之治、开元之治等；从为民众带来的实际利益而言，比当下多数资本主义民主形式下的治理好得多。可对这些良治经验进行改造，吸收当今法治、实质民主的合理经验，创造出比西方民主更合理的良治形式。

7. 华夏主义可以起到保障国家安全的作用，并有力助推中华民族伟大复兴。当前中国最大的不安全，并不在于外敌的入侵和战争威胁，也没有严重的内部政治动乱和不稳定的前景。中国的政治、经济、军事的安全问题是可预期的、有保障的，但在文化安全领域则不然。由于内外的综合因素，当前中国处于严重的文化不安全状态。

文化兴则国家兴，文化亡则国亡。前面所说的政治经济安全都是有形的，而且大多已经被认识，成为国家安全防范的主要内容，但文化安全则是一个无形的安全，看不见，摸不着，但实际上它已经成为中国严重的安全问题：一个没有信仰价值体系的国家和民族才是最不安全的。

在中国改革开放过程中出现的各种安全问题中，文化安全是一个极为突出的问题。除了中国不善于用文化市场的因素来建设先进文化的原因之外，中国当今的文化不安全表现在以下四个方面。

第一，西方思想文化在中国大行其道，在学习西方的进程中，许多人不善于区分什么是西方的文明成果，自觉不自觉把西方的价值观念下意识地作为中国各个领域的价值观或应遵行的准则。中国主流思想界、文化界的精英是用西方的概念、思维在思考，用西方的价值观在评判一切，反美的和亲美的都是在用美国的思维在思考。在国际社会中，中国在西方文化之后亦步亦趋，在西方强势文化的围攻下处于守势，只有招架之功，全无还手之力。

第二，中国是一个有悠久历史文化的国度，但受到来自西方的自由民主人权观念和来自西方的传统马克思主义的阶级分析观念的影响，中国的主流意识形态也自觉或不自觉地都把中国的历史文化的主要成果视为封建、落后、专制、极权、不民主、无自由或剥削阶级的意识形态而加以批判。

第三，在中国崛起进程中，出现了中国历史文化复兴的“国学热”，对中国人的文化自信心多少有一定帮助，但对于什么是中国优秀的历史文化成果却并没有形成一个共识。在所谓的国学中，先进的观念与迷信的东西鱼龙混杂、良莠不齐，使得邪教得以大行其道。

第四，中国在国际社会中的文化影响，除了武术、孔子、中国古代的四大文明、长城等东西外，不能向国际社会提供比西方的民主、自由、人权更好更先进的价值理念，因而中国的模式缺乏文化影响力和感召力。

从十八大就任党的总书记以来，无论是在中国的内政还是外交方面，习近平都展现了许多新理念。这种治国理念既来源于对中国改革开放三十多年实践发展的经验教训的总结，也来源于习近平对中国传统文化精华的提炼和总结。中华传统文化精华是习近平治国理念的重要来源，在习近平倡导的“中国梦”、以民为本、以法治国、人与自然和谐一体、新型国家利益观等重要的治国理念中，都能见到这些理念中的中华传统文化精华的厚重的历史影响。

党的十八大提出“建设优秀传统文化传承体系，弘扬中华优秀传统文化”和“弘扬中华传统美德，弘扬时代新风”精神；习近平总书记提出中华优秀传统文化“两抓三进”（从娃娃抓起、从学校抓起，进教材、进课堂 、进头脑）的思想，这是非常及时、非常重要的。习近平在北大与学生的对话中，强调了《管子》两千多年前提出的文化安全的观点：四维不张，国乃灭亡，直接把礼义廉耻等优秀传统文化的核心价值作为国家安全的基础。因此，弘扬中华优秀传统文化不仅仅对提高民族的文明道德水平，降低群体事件，增强社会稳定具有重大意义，而且对建设中华民族安身立命的精神家园，抵御各种消解民族凝聚力的外来文化的影响，对中国的长治久安，对提高中国在国际社会中的文化影响，都具有十分重要的战略意义，是再造文明中国的行动纲领。只有构建以中华优秀传统文化为基础的中国特色社会主义的核心价值体系，才能从根本上为保障国家安全提供强大的思想文化的安全屏障。

叶教授说，实现中华民族伟大复兴需要华夏主义的复兴。

他谈到，西方式民主不是中国政治的出路。现在不少人主张全面引进西方民主政治机制，以走出中国历史循环怪圈。其实西方式民主不是中国政治的出路，不能盲目崇拜西方而忽视其民主理论和制度自身的问题。把西方民主视为人类文明唯一的普世政治模式，本质上是一种现代新政治蒙昧。

中国崛起需要复兴华夏主义。中国思想界需立足整理和发掘中华民族传统文化精华，在与西方思想精华比较中，发现华夏体系五千年的思想精华，通过整理、发掘、批判和继承，寻找中国的本根性；在继承西方思想精华基础上，回归华夏体系时期的思想文化精华，以此为根与已融进中国当今文化思想主流的西方精华（马克思主义和资本主义）结合，重塑主流价值观念体系，从而为创造新的华夏文化奠定基础。

以华夏主义对中国政治进行重大改良。在儒道法三大范式精华整合基础上，对关键性若干重大问题进行合理制度性设计，就能使华夏主义成为可操作的政治文明新范式：法律上更明确、详细、公开透明的反专制、反权力独裁条款；以自上而下的任期制、选举制，反对公开或变相的终身制；以集体领导制反对个人独裁、专权；重大事故和问题的明确追责制；更明确地确定国家公权力范围，确定不受国家公权力干涉和受法律保护的个人权利范围；严格实行依法办事、有法必依、执法必严制度；独立有保障的司法审判执法机构；让德才兼备者进入各级管理体系的人才制度，有效的奖惩机制和科学公正的绩效评价体系等；自下而上建立贤人团，赋予道德及权力监督职责；更有实效的道德教育形式；建立提拔干部财产公开条款，等等。

党的十八大以来，提出了建设文化强国、立足中华优秀传统文化，践行社会主义核心价值观等重大的战略思想，其主旨就在于振兴和推进中国的文化建设，在实现中华民族复兴的进程中，实现中华文化的伟大复兴。

文化复兴是中华民族伟大复兴的核心内容。中国不仅要建设民富国强的国家，而且也要继承、发展创新中国的历史文化，在此基础上，形成符合时代潮流、展现中华民族核心价值观的中国文化、中国思想、中国价值。

习近平总书记高度重视社会主义文化建设，反复强调博大精深的中华文化是海内外中华儿女共同的魂，要大力弘扬中华文化优秀传统。

华夏主义应成为中国思想的主体性，如果人们言必称古希腊罗马，或言必称西方，那就说明外来思想在中国为主体性。中国作为世界文化大国，一定要有自己思想的主体性。

中国的历史文化，到近代已经不能适应国际社会的变化和内部变革的需要，中华民族的精英，不得不重新思考和反思中国的文化思想，一次又一次地引进外来思想，试图以此与西方列强抗争，以图民族自救和国家振兴。自1840年到20世纪，中国几乎学遍了世界上所有被认为可学的国家，引进了世界上主要国家的主要思想意识形态，这对中国的思想文化的影响之大是空前绝后的。中国文化也在这一大背景下，经历了三次大的思想文化转型，这就是从晚清的以夏变夷到学习西方，从维新时的中体西用到体用皆变，从五四时的不仅体用、制度要变，到人的思想也要全变。

在学西方的百多年中，中国取得了长足的进步。但学西方的一个负面结果，就是中国文化自信心全无，丧失了文化主体性。我们一会儿学日本，学德国，一会儿学苏联，学美国，我们自己在干什么？我们的文化主体性何在？我们的五千年历史文化何在？钱穆先生曾沉重地指出，“中国一百年来，经不起西方文化强有力的冲击，把自己的民族自尊心、文化自信心扫荡一空，不仅军事、经济、政治都向外国学习，连文学艺术，甚至日常生活都要学外国。”因此，中国思想文化的发展，必须回归中国文化的主体性、自体性、原创性。

习近平在党的十八大后，既强调中国继续学习一切外国的好经验好思想，也大力倡导立足中华优秀传统文化，培育社会主义核心价值体系，并且身体力行，在自己的国务党务活动中大量引用中华优秀传统文化的经典，实际上是在发起一场新的文化革新，旨在恢复中国思想的主体性、自体性、原创性。

习近平指出，“我们生而为中国人，最根本的是我们有中国人的独特精神世界，有百姓日用而不觉的价值观。我们提倡的社会主义核心价值观，就充分凸显了对中华优秀传统文化的传承和升华。”“优秀传统文化是一个国家、一个民族传承和发展的根本，如果丢掉了就割断了精神命脉。”

习近平所彰显的文化革新，与过去洋务派的体用论不同，与维新派的制度全变论不同，也与“五四”之后的以外来思想对中国文化的全盘否定论不同。习近平主张，无论中外，也无论古今，只要好的、适合中国的，适合现代的，都可以采用借鉴，该厚则厚，该薄则薄，中国的好思想可以为体，外国的好思想也可以为体，古人的好思想可以为体，今天的现代的好思想也可以为体，彻底打破了过去的中体西用或西体中用的两分观点，也打破厚古薄今或厚今薄古的两分，充分表现出习近平的文化自信。

没有中国文化的主体性、自体性、原创性，就没有中国的文化自信。没有文化自信，就不可能有道路自信、制度自信和理论自信。

附录六

龙虎风云真气象，凤麟毛羽大文章

——谈谈廖彬宇先生的传统文化研究

传统文化自鸦片战争以来，逐渐处于学术与政治的漩涡中。仁者见仁，智者见智，中学与西学优劣之辩自此从未休止。张之洞《劝学》中首提“中学为体，西学为用”之说。此种说法今天看来依旧不失为中庸之论。其后社会板荡，人心各异，有视传统文化为国粹者，大力提倡。有名传统文化为孔家店者，极力打倒。彼此各执一词，势如寇仇。胡适提出“打倒孔家店”，柳诒徵以为，“今日社会国家重要问题，不在信不信孔子，而在成不成人。”基于此，彼时张申府提“打倒孔家店，救出孔夫子”折中理论。章太炎则在讲座中谈到《教育的根本要从自国自心发出来》，提出对待传统文化不能偏心。所谓偏心者，“只佩服别国的学说，对着本国的学说，不论精粗美恶，一概不采，这是第一种偏心。”

章太炎所谓的偏心者，是指在思想完全背弃传统文化而全盘接受西方思想者。张申府、章太炎与张之洞主张一脉相承，均为理性对待传统文化之态度，他们弃“非此即彼”的两元对立之说，而立足本国，强调对中国固有的传统文化持一“扬弃”态度。扬弃者，扬传统文化中精华，弃传统文化中糟粕。“扬弃”可谓正心而论，然当时“五四”的思想浪潮如狂风暴雨电闪雷鸣，此种“救出孔夫子”言论很快被淹没或阉割，只余下“打倒孔家店”。

21 世纪初，自台湾、东南亚经学教育的成功引起经济腾飞的现象在大陆民间引起了极大的反响，尤其是在子女教育中出现的诸多问题刺激了“国学”的兴起和传统文化的回归。“国学”一词古已有之，《礼记》载：“天子所都及诸侯国中之学谓之国学，以教元子、众子及卿大夫士之子，与所升俊秀之士焉。”国学之意无它，学校而已。

今之国学缘西学而起，随后国故、国粹、国学之词迭出，其意不一。或以“一国所有之学也”；或以诸子学、文史学、制度学、内典学、宋明理学、中国历史为“国学讲习”之内容。21 世纪的国学源于民间，民间之于国学多以“孝弟三百千”等启蒙之经典为入学之轨，入民心之教化；官方之于国学，则多以文化经典为述作之根底，立足本民族寓教化与自信精神于其中。国学兴起之意义在以传统文化之力，促人心之向善和谐。至于期间为弘扬国学振铎奔走者多有才俊，其中廖彬宇先生起于草野之间，靠自我之苦学，以弘扬文化之“四为”宏志为自己发愿，成为个中翘楚。

习近平同志指出：“中华优秀传统文化是我们最深厚的文化软实力，也是中国特色社会主义植根的沃土。”2017 年中共中央办公厅、国务院办公厅印发《关于实施中华优秀传统文化传承发展工程的意见》，中华优秀文化的复兴的号角已经奏响。廖先生提出“2017 年，或将成为中华优秀传统文化复兴元年”的说法。“文化是民族的血脉，是人民的精神家园。”这是国家领导人从政府的最高层面对我国优秀的传统文化赋予的最高定位和价值解读。国家兴亡，匹夫有责，我们生逢最好的时代，大力弘扬和发展传统文化正是我辈应有的担当。只有立足中华优秀传统文化，才能更好地培育和践行社会主义核心价值观。

廖先生幼承家学，悬梁锥股以成才，以推倒一世之志勇来弘仁传道，其所信仰者无它，唯“中华优秀传统文化”。中华优秀传统文化，延承了张申府的“扬弃”思想，是把中华文化中优秀者以承继，这才是国学，才是民族文化的精粹。廖著《平心平天下——传统文化中的内圣外王之道与经世致用之学》由北京时代华文书局出版，该书荟萃了作者近年来的讲学与访谈共计 32 篇，可以说全方位地展现了廖先生对中华传统文化的认知与解读。其书上宗

《周易》之玄理，中弘国学之至道，近接经世致用之时代，可谓是天人视野下的终极人文关怀之作。

廖著上宗《周易》，该书认为对传统文化的学习与把握当以《易经》为中国传统文化的最高代表与源头活水。其所发论多自《易经》。廖著宗经多从《周易》阐发，经者，“恒久之至道，不刊之鸿教也”。《周易》谈天，入神致用。他认为：人在学习天的精神中收获六高：志向高、境界高、人格高、智慧高、地位高与成就高。大地的德行含六种：厚重、包容、承载、谦卑、奉献与安静。由此天地之道而延伸出全书之脉络精神。谈及中国文化之奥秘则用“七超”来概括，曰：“超然的境界，超脱的情怀，超迈的气概，超越一切障碍的勇气和智慧，超前的视野，超常的思维和行为，顶天立地、正大光明的超我格局的形成。”这“七超”的概括，也是对《易经》核心精髓的把握。该书类似“六高”“七超”的文化精髓的提炼，还有很多，如“四为”“四观”“三生”“三太”“六品”等系列思想的总结，无不是其长期文化积淀的结晶。

国学之道为何？目前对国学概念的仍有部分异议。国学与文化，二词概念不同，意指各异，均有着无限外延之词，如欲究其本意，空陷入无边论证。1898年张之洞在《劝学篇》中提出：“经学通大义，切于治身心，治天下者，谓之通大义。”《大学》三纲领八条目所贯穿的大学精神的基础在正心，其目的在平天下。所谓“自天子以至于庶人，壹是皆以修身为本”。廖著很好地解决了国学与中国传统文化的皮相问题而直指心脏，紧抓其核心精神。他提出“国学者，治国平天下之学也！第一，国学，是治国平天下之学的简称。第二，治国平天下，是中国文化的一个终极追求。”此定义一洗前人对国学纠缠不清的内涵与外延，以一言以蔽之之法来决断。廖先生论国学可谓与前贤同心，此说能抓住中国传统文化的核心精神“平心平天下”而加以推演，故其理与圣人四教不二。

他提出中国文化的核心是培养人，是培养有修为的人，培养美人、大人、神人、圣人。进而推演到中华传统文化是我们民族留下来的最为核心的宝贵财富，是我们的精神气象所在，是规模境界所在，是我们立足世界之林中国智慧所在。

廖著近求经世致用之良效。习近平总书记多次论述传统文化，“讲清楚中华文化积淀着中华民族最深沉的精神追求，是中华民族生生不息、发展壮大的丰厚滋养。”

廖著诸篇之中总能够把《易经》最为深刻的天道之理以最接地气的语言传达出来，为上承下达之枢关。其活处在于能够把《易经》的智慧推演到对国家战略、党风廉政建设和民族信仰的具体时代前沿话题上来。

从传统文化的复兴与民族复兴的高度上来谈文化的软实力作用，是讲究体用兼备的文化，其所构建的文化自信是驱逐“唯洋是举”和“普世价值”的明灯。《中国传统文化与国家战略》一文中，提出传统文化在当今的六个作用：一安民，二济世，三兴党，四强国，五复兴，六开来。中国文化最重务本，本立而道生。

治天下者以人为本，治身者则以平心为本。廖著之思想与《中国共产党党章》亦多契合。如此把传统与现代相结合，理论与实践相依托，正心与内圣，平天下与经世致用相融汇，无处不是宏观大论而微妙入心。

《平心平天下》一书，是中华优秀传统文化体用结合的典范。文中既有对中华文化的智慧解读，也有感知其文化的无量妙用。中国文化是培养人的文化，这种文化是我们灵魂最深层的信仰，是敬畏、是志向、是智慧，更包含了境界。我们的精神从哪里来，我们的民族精神从哪里来？都是从我们的传统文化中来。所以作者提出“传统文化的复兴，就是中华民族的复兴”。

该书每篇文章均能体现出其开阔的视野、严密的推理、气象的恢宏，真知灼见随处可见，如佛陀传法之咳唾成珠。正所谓“龙虎风云真气象，凤麟毛羽大文章”。

如欲了解国学之真谛，提升自身文化之修养兼拓展自身境界格局者，我以为此书当为入门首选。

张丽锋博士

附录七

谈谈廖彬宇先生的《大成之道》

廖彬宇先生的《大成之道》是一本开卷有益的力作。

该书即陈夫子大义，又深入浅出，通俗易懂，适合广大读者阅读。翻开此书，读者可以跨越时空，可以通过“论语大义”，重新聆听两千五百年多前的夫子的教诲，并审思在当下如何做人的道理。

《大成之道》一书，有四大特点：

一曰融会贯通道儒释三家。《大成之道》虽然讲的是《论语》大义，但实际上是以《论语》为主，甚至是以《论语》为引，对《易经》《老子》《庄子》《大学》《中庸》《孟子》《金刚经》《心经》等经典中相关的主题，进行了深入的梳理，从三家不同的角度进行比较分析和推演，帮助读者大大扩展和了解中华传统文化的知识和精华。

二曰旁征博引千年历史。为了帮助读者理解《论语》大义，作者煞费苦心，从中国丰富的历史典籍中精心摘取有关的故事、人物、书籍，不仅讲了孔子、老子、孟子、庄子，也讲了汤因比、南怀瑾、曾国藩、毛泽东，以史以事喻理晓义，以义以理解史解事，既生动活泼，以帮助读者更好地理解《论语》大义。

三曰独创解释体系自成风格。现在解读《论语》的书有许多，但“论语大义”根据作者自己的理解，自创一套解释体系，将焦点集中在《论语》中的关键词上，以《论语》中的 31 个中心词为绳，将《论语》串成一个新的话语体系，这 31 个词就是《论语》“三十一知”大纲，就是知志，知学，知诚，知心、知仁，知易，知天，知命，知本，知己，知足，知常，知因，知敬，知勇，知觉，知几，知名，知时，知行，知中，知重，知谦，知礼，知德，知容，知言，知人，知趣，知信，知政等。

韩非子在《显学》篇中以人名命儒，提出孔子之后儒有八家，有子张儒、子思儒、颜氏儒、孟氏儒、漆雕氏儒、仲良氏儒、孙氏儒、乐正儒，荀子在《儒效》篇中提出以风格别儒，即儒三类，一为俗儒，一为雅儒，一为大儒。俗儒即略法先王而足乱世术，不知法后王而一制度，呼先王以欺愚者而求衣食；雅儒即法王、一制度，隆礼义而杀《诗》《书》，知之曰知之，不知曰不知，内不自以诬，外不自以欺，尊贤畏法而不敢怠慢；大儒儒即法先王，统礼义，一制度，以浅持博，以今持古，以一持万。荀子认为，不用儒则万乘之国亡，用俗儒则万乘之国存，用雅儒则千乘之国安，用大儒则百里之地久。后来鲁迅在《而已集·小杂感》曾使用“犬儒”以讥讽小人，说“犬儒的刺，一用则苟延了他自己的生命”。

“论语大义”则另辟路径，提出儒有三儒，即“文化儒”“君子儒”“大人儒”，代表了“三个需要”，“三重境界”。认为儒家文化，是人类需要的文化，这叫“文化儒”；儒家文化，是需要你做人，这叫“君子儒”；儒家文化，是需要你做社会需要的人，这叫“大人儒”。这既秉承了荀子之义，又新开生面，反映作者自己的思考与创新。

四曰文化担当的使命精神。

《大成之道》的出版，在今天的中国还有更重要的意义，就是作者的文化自觉、文化自信和文化使命。读者可从书中读出这个十五志学的少年，以弱冠之年而振兴华夏文化的精神与气度。他毅然决定投身到弘扬华夏优秀传统文化的伟大事业中，为中华传统文化的伟大复兴、中华民族的伟大崛起、中国梦的伟大实现贡献力量。这也正是我慨然为《大成之道》作序的缘由，这诚如《易经·乾》所言：“同声相应，同气相求。”

我在《华夏主义》结束语中曾言：当代中国取得巨大的历史成就，但存在的问题也是极为突出和空前的，可以概括为缺道、缺德、缺法的大三缺。当下中国缺“德”的现象触目惊心，贪官的种种贪婪之心，社会的种种无德无良行为，实在让人不堪。中国的大国崛起，首先需要来一次华夏精神的复兴，回归华夏体系时期的思想文化精华，然后以此为根，与已经融进中国当今文化思想主流的西方的精华结合，重塑中国的主流价值观念体系。今天的中国人需要克服各种物质的诱惑，抵制形形色色的思想腐蚀，立足于整理和发掘中华民族传统文化的精华。尤其是在和西方思想精华的比较中，发现华夏体系5000年中的思想精华，通过整理、发掘、批判和继承华夏时期的思想精华，寻找中国的本根性，从而为创造新的华夏文化奠定基础，并且使这种文化精华在复兴中成为新生和发展的文化，催生新一代的华夏文明，使之成为普世文明价值中的一个重要组成部分。在这样的背景下，孔子的人文精神，君子品格，德化教育，在建设美丽中国、美好中国、诚信中国、礼仪之国的过程中，可以发挥重要作用。

《大成之道》这本书，可以看成是构筑文化长城的一块砖，文化中国大河中的一片帆，华夏文化大潮中的一朵浪花。

当然，《论语》和其他经典一样，仁者见仁，智者见智。君子以道论学，和而不同。廖彬宇解读《论语》的路数具有自己的独特之处，可能也会包括一些与别人不同的见解。我在读《大成之道》过程中，觉得至少有两点可能与作者的体会不同：

一是“知志”一节，希望人人为君子，当有远大志向，肯定不错，但我认为，并非每个人都要立宏愿，也不是立志越高越大越好。年轻人立志，不一定每个人都要表现拯救世人于水火，舍我其谁的高大宏愿，立志当一个伟大的工程师，做一个伟大的教师，成一个水平最高的泥瓦工，甚至割牛肉十九年不卷刃的伟大的庖丁，没有什么不好。现在许多人都喜欢引用横渠（张载，1020-1077）四句言志，余不以为然。

就说孔老夫子，当年立志之时，也并没有提出什么万世开太平的宏愿，孔老先生“十五志于学”，就是说，少年孔子所立之志，是很平实的，是通过努力可以做到的，少年孔子所立之志，就是有志于整理礼学，要把《诗》

《书》《礼》《乐》《春秋》之五书整理好，学好，传播好；这个志，既远大又平实，也成就了孔子伟大的一生，孔子之所以为孔子，孔子之所以伟大，也正是因为他实现了这个远大的志向，至于现在人们所说的大同理想，应当是孔子后来和弟子们整理《礼》时才形成的，到晚年才开始学《易》。这一过程中，孔子也不断修正自己的理想，抛弃了一些不切实际的空谈，比如，中年的孔子特别希望从政，而且也曾经发过一些宏愿，说“苟有用我者，期月而已可也，三年有成”，又说“如有用我者，吾其为东周乎”，但后来的实践表明，恢复周朝礼制典章的想法，不是什么宏大的理想，是不切实际的幻想。所以晚年的孔子再次回到十五之志上，全心全意投身于整理编著六经，终于成就了一个伟大的孔子。

横渠四句在立志上无以复加，宏大固然宏大，但多少也不切宋朝实际，横渠先生在“为往圣续绝学”上做了自己的贡献，这是他的伟大之处，其他“为天地立心”“为生民立命”“为万世开太平”就只能说靠后人了。我有时在想，如果当年横渠先生不要讲什么“为万世开太平”，多讲讲如何富国强兵抵御北方的入侵，如何避免他辞逝 50 年后北宋亡于金、使数千万生民免遭涂炭，可能比现在的横渠更加伟大。不切实际的宏愿也易误导人。国民党领导人不好好努力思考如何保持政权，如何为台湾百姓谋利益，如何促成两岸和平统一成就中华民族的伟大功业，却在台湾连选连败时，或者在政权不保时，来大陆大谈“为天地立心，为生民立命，为往圣续绝学，为万世开太平”，岂不使横渠四句成了空谈高论？

所以，我认为，对普通众生而言，不可以不立志，志向不可以不远大，但立志还是平实实际更好；当然，如果你真的觉得你就是这块料，你就是这方面的天才，具有别人不具有的特殊才能和资质，又另当别论。

其二，把道儒释一体通解，有长处，也有短处，道儒释似乎都成了心性之学，道心、儒心、佛心混为一体，认为中华优秀传统文化说到底就是关乎心的文化，易引起人的误解，似乎老子是心之学，孔子是心之学。这有以宋明程朱陆王之心性理气解老、孔之疑。我认为，老、孔是心物一体，心物也是一阴一阳。心固然重要，但物也不偏离。所以，老子谈“虚其心”，也谈“实其腹”；孔子谈“从心”，也谈“所欲”，谈“足信”，也谈“足食、足兵”；孟子谈“恒心”，也谈“恒产”；《管子》谈“知礼节”，也谈“衣食足”。如果只强调中华文化是心性文化，容易走偏。当然，作者也对此有所觉察，“知常”篇中又指出不能过分强调心性的作用，而忽略了对实物的创造，但应和“知心”的论述一致起来相互对应更好，不能前面讲中华文化是心性文化，后来又说中华文化是唯物主义。

另外，在个人的修身养性上，儒道释三家串讲有优点，但不易突出《论语》本身的大义，也易产生误解。“知常”应当是老子的大义，《老子》多处明确提出“知常”，提出“复命曰常，知常曰明，不知常，妄作凶，知常容”，把“知常”说成是《论语》的大义有些不合。《论语》没有一处使用过“知常”的概念，把“志于道”理解为“知常”也说得通，但不很妥帖。

但这些都是仁者见仁智者见智的不同，并不是定见，也不贬损《大成之道》在弘扬孔子人文主义、人本主义、人道主义、人才主义精华思想的积极意义。

廖彬宇先生前些年已出版《国学旨归》，其中对《老子》一书的大义进行了梳理，这一次又出版《大成之道》，把中华文化经典的弘扬又向前推进了一步，可喜可贺。期待廖彬宇先生秉持《易》之谦卦、老之水善谦下、儒之君子弘毅精神，持之以恒，继续努力，必将成就一番华夏文化盛大气象。

叶自成，记于悠然居

2018 年 4 月 21 日

注：叶自成，北京大学教授，博士生导师，北京大学中国战略研究中心主任。

附录八

马克思主义与中华文化

——廖彬宇在金沙县举行马克思诞辰200周年纪念讲座综述

金沙籍学者廖彬宇先生5月6日下午为家乡金沙县五百名党政干部讲中华文化的根本精神，立论高远、至道恢宏，从十九大报告切入主题，贯通儒释道易，用中华文化来系统解读马克思主义，精彩绝伦，让人明白了坚持以马克思主义为指导、坚守中华文化立场的重要性与永恒意义。本次讲座，进行了近三个小时，也是对马克思诞辰200周年的致敬。现场氛围极好，让听众充分感受到文化自信的力量，不时爆发出雷鸣般的掌声。讲座结束后，彬宇先生受聘为金沙县委县政府首席文化顾问。

讲座一开始，彬宇先生就谈到，十九大报告指出，要“坚定文化自信，推动社会主义文化繁荣兴盛”，并罗列出十九大报告中有关中华优秀传统文化方面的论述。

文化兴国运兴，文化强民族强。没有高度的文化自信，没有文化的繁荣兴盛，就没有中华民族伟大复兴。要坚持中国特色社会主义文化发展道路，激发全民族文化创新创造活力，建设社会主义文化强国。

文化自信是一个国家、一个民族发展中更基本、更深沉、更持久的力量。

中国特色社会主义文化，源自于中华民族五千多年文明历史所孕育的中华优秀传统文化，熔铸于党领导人民在革命、建设、改革中创造的革命文化和社会主义先进文化，植根于中国特色社会主义伟大实践。

发展中国特色社会主义文化，就是以马克思主义为指导，坚守中华文化立场，立足当代中国现实，结合当今时代条件，发展面向现代化、面向世界、面向未来的、民族的、科学的、大众的社会主义文化，推动社会主义精神文明和物质文明协调发展。

满足人民过上美好生活的新期待，必须提供丰富的精神食粮。

当代中国共产党人和中国人民应该而且一定能够担负起新的文化使命，在实践创造中进行文化创造，在历史进步中实现文化进步！

关于文化自信，彬宇先生引陈先达教授话说，什么是文化自信？文化自信的主体是谁，自信的是什么？习近平总书记在十九大报告中提出，要“引导人们树立正确的历史观、民族观、国家观、文化观”。这为我们从理论上阐明文化自信提出了重要指导。文化自信是对中华文化的历史起源、发展、精神特质和精髓的总体性判断，是秉持对中华文化的科学、礼敬、继承、创造性推进的基本立场和态度。只有坚持历史唯物主义文化观、立足于国家和民族的前途与命运高度才能理解文化自信问题，否则我们看到的只是文化的物质载体或各种文化具体的物化形态，彼此分离，细枝末节，无法把握中国文化的内在总体精神和文化自信的当代价值。“不谋全局者，不足以谋一域；不谋万世者，不足以谋一时。”在文化自信的理解上，同样也是如此。而中华优秀传统文化正是从诞生的那一刻开始，就是以一种坚定的文化自信的态度，立足于为全人类未来命运归宿何去何从而服务的终极关怀。

文化自信既是对全体中国人树立文化自强自信心的鼓舞，又是对当代一切否定中华民族文化的回击，包括百余年由于受侵略受压迫造成的某些人中残存的民族自卑情结的解扣。现在国内国外、网络上下都有些言论，贬低中华优秀传统文化，否定中华民族的历史贡献，否定近代以来中国人民的奋斗史、歪曲中国共产党的历史、中华人民共和国历史，歪曲改革开放历史，对中国人民和中华民族的优秀文化的光荣历史，要加大正面宣传力度，增强做中国人的骨气。习近平总书记强调：“坚定文化自信，是事关国运兴衰、事关文化安全、事关民族精神独立的大问题。”

我们也不能把文化自信问题只归结为文化人的自信。我们有些学者津津乐道民国时的学者如何如何，仿佛那时是中国文化的鼎盛时期，中国有着充分的文化自信。这是一种错误的历史观和文化观。毫无疑问，民国时期我们出现过一些有贡献的著名学者，我们也都不会忘却他们的文化功绩与学术贡献。但是在当时的中国，国势衰颓，国力羸弱，文盲众多，中国人的文化自信、中华民族的文化自信从何而来？如果仅仅依靠少数文化名人，决不能撑起民族自信的大厦。中华民族数千年生生不息的文化积淀，就饱含了中华民族赖以生存的根。我们的文化自信，是建立在数千年传承发展不息的中华优秀传统文化之上。它体现在中国物质文化和非物质文化中，贯穿于中华优秀传统文化、红色文化和社会主义先进文化中。

为什么毛泽东在《中国革命和中国共产党》这样一本论述中国革命和中国共产党的书中要从中国历史开始，说："在中华民族的开发史上，有素称发达的农业和手工业，有许多伟大思想家、科学家、发明家、政治家、军事家、文学家、艺术家，有丰富多彩的文化典籍。在很早的时候，中国就有了指南针的发明。还在一千八百年前，已经发明了造纸法。在一千三百年前，已经发明了刻板印刷。在八百年前，更发明了活字印刷。火药的应用，也在欧洲人之前。所以，中国是世界文明发达最早的国家之一，中国已有了将近四千年的有文字可考的历史。"毛泽东如此充满信心地重述中国历史、中国的文明发展史和文化发展史，为对中华民族做出卓越贡献的人物而自豪，就是因为中国的历史，中国的文明史、文化史、发明创造史和历史杰出人物，体现的是中华民族自强不息的奋斗精神、巨大的创造力和丰富的智慧。我们的先人能做到的，我们中国共产党人一定能做到，一定会不辱先人，继承这种精神，完成中国革命大业并继续建设一个美好的新中国。

传统是非常重要的。从个人来说，从生到死有一定的时间段，人人如此。唯独传统和内在于传统的伟大精神、智慧与理念没有时间段，它超越时间。你看，孔孟老庄已经逝世两千多年，唐宋八大家，李（白）、杜（甫）、王（维）、白（居易）、苏（轼）、辛（弃疾）、陆（游）、姜（白石）这些著名诗人词人，也都逝世千年以上，至于许多国宝的年代难以确定，都是古董。可文化并不会因为年代久远而丧失它的价值。其中承载的思想仍然在哺育一代代中国人，后人从阅读、诠释中理解其中蕴藏的精神、智慧和理念。

流传至今的古代文物中保留的文化信息仍然存在，它的精美绝伦技艺和艺术精神仍然在向当代人传达我们祖先的智慧和创造力。现在不是在呼唤工匠精神吗，看看我们祖先制造的青铜器、四大名瓷，看看景泰蓝，看看种种光彩夺目、令人叹为观止的工艺制品，那才是真正的工匠精神。《庄子·知北游》中讲了一个“大马捶钩”的故事：“大马之捶钩者，年八十矣，而不失豪芒。”一生“于物无视也，非钩无察也”。庄子别有寓意，但就捶钩技术来说，也算是一种“精于一”的工匠精神。农业时代的工艺也许过时，但这种一丝不苟精益求精的精神，对处于工业化或后工业化时代的我们，仍然具有榜样作用。

有些人指摘马克思主义哲学是机械唯物主义，认为它不承认精神、思想和理念的作用，这不是误解就是有意曲解。马克思主义的唯物主义是辩证唯物主义，它主张社会存在决定社会意识，但高度重视社会意识的能动作用。马克思的名言：“哲学把无产阶级当作自己的物质武器，同样，无产阶级也把哲学当作自己的精神武器。”你看，马克思承认精神是一种武器，承认思想的能量如闪电雷鸣。它一旦沁入人的心灵，就会发挥无比巨大的威力。由此看来，没有一种哲学比马克思主义哲学更重视人的主观能动性。不承认精神作用的“马克思主义”，是对马克思主义的嘲弄。中国古人都懂，“夫形者，生之舍也；气者，体之充也；神者，生之制也。一失位，则三者俱伤矣。”“此三者，不可不慎守也。”

有人说，现在我们不是已经全盘西化了吗，还讲什么中国的文化自信？我们穿西装、吃西餐，我们乘坐的飞机、高铁，使用的手机、电话，等等，不都是源自西方吗？各个民族的文明从来都是相互影响的。我们可以说“胡化”，我们许多蔬菜水果源自当时的西域；我们也可以说，日本、韩国和越南汉化、唐化；也可以说，现在的西方正在中国化，因为我们的日用产品，包括具备技术含量的高端产品不断出口到西方，到处可以看到“中国制造”甚至是“中国创造”。把文明的传播、相互引进借鉴和全盘西化混为一谈当然是错误的。全盘西化的本义不是指文明和文化的交流，而是指抛弃自己的民族文化传统和历史传统，企图变成另一个国家的翻版。这是不可能的。我们的改革开放让中国参与世界性交往，但中国仍然是中国，中国文化仍然是中国文化。

没有一个民族能完全抛弃自己的文化传统，因为文化融于血脉之中，成为民族的灵魂。我们的生活方式，我们的绘画，我们的文学艺术——总之，凡是中国人在灵魂深处都会有中国文化的胎记，中国人的创作不可能完全脱离中国传统的影响，都会在不同程度上保有我们文化的民族特色。当然，我们并不排斥西方文化，相反我们也在吸取西方优秀文化，但它不能改变中国文化的民族特色。毛泽东在与音乐工作者的谈话中用织帽子来比喻，说学外国织帽子的方法，要织中国的帽子。外国有用的东西，都要学到，用来改进和发扬中国的东西，创造中国独特的新东西。还说，应该越搞越中国化，而不是越搞越洋化。洋为中用，这是毛泽东的一贯主张。

文化自信当然包括对中国革命斗争中创造的红色文化的自信。红色文化和我们的实际生活，和实际斗争是紧紧结合在一起的。我们不是生活在古代中国，而是生活在现代中国。由于不存在时代的隔膜，它们用不着诠释、解读、争论、辨伪、考证，或各自立说，更容易为人民理解和接受。《红色家书》和《烈士诗抄》中一封封充满家国情怀的家书，一首首充满炽热革命激情的绝命诗，其中包含的杀身成仁、舍生取义、视死如归的精神，继承了中国传统文化中移孝作忠的爱国主义精神，更具有现实的教育意义。习近平总书记多次指出，“中国革命历史是最好的营养剂”“历史是最好的教科书”，强调“要把红色资源利用好、把红色传统发扬好、把红色基因传承好”。习近平总书记赞扬红船精神是中国革命精神之源：中国共产党历史上形成优良的革命精神，无不与之有着直接的渊源关系。无论是井冈山精神、长征精神、延安精神、西柏坡精神，都是红船精神的继续发扬。红船精神的核心就是革命精神，是共产主义的理想和信仰。

文化自信是不能断流的。在社会主义条件下，文化自信当然要更重视对社会主义先进文化的自信。它是植根于优秀传统文化，直接继承“红船精神”开辟的革命文化，又是基于中国社会主义建设实践的新的文化。社会主义社会是人类社会发展的新形态，人类历史从来没有出现过的社会形态。如果说，社会主义社会是人类社会发展的规律，是预示着人类发展的总方向，那社会主义文化就是一种更具先进性的文化，具有人类文化发展方向的导向性的文化。社会主义先进文化正在建设中。体现社会主义先进文化精神和社会主义核心价值观的模范人物、道德榜样，就在我们生活中。

如果要问文化自信究竟信的是什么？可以肯定地回答：信的是中华优秀传统文化内涵的中国精神、中国智慧和中国理念，信的是红色文化中的革命精神和共产主义理想和信念，信的是把国家、社会和个人提升到以社会主义核心价值观为主导的社会主义文化的先进性。

坚定文化自信，就是“不忘初心”，中国历史上本来就是文化古国、文化大国、文化强国。近百年的苦难和列强侵略掠夺，使中国国弱民穷、科学落后、文盲遍地，文明古国成为文化弱国。中国人民解放战争的胜利使中国人民站起来了，经过六十多年的社会主义建设和改革，中国迎来了富起来、强起来的新时代。习近平总书记在十九大报告中强调要“不忘初心，牢记使命”。习近平总书记掷地有声的誓言，代表中国共产党为中华民族伟大复兴而奋斗的决心，也代表了近百年来中国历史上为中华民族文化复兴而前仆后继、英勇牺牲的烈士的初心。中国共产党从来没有忘记自己的初心，没有忘记无数曾经为中华民族的复兴，为建立自由、民主、独立的强大中国而牺牲的烈士。矗立在天安门广场中心的人民英雄纪念碑上镌刻着的碑文，就是要子孙后代牢记为革命而牺牲的先烈的初心。

中国共产党不忘初心，牢记使命，实现中华民族伟大复兴，其中就包括中华民族文化的复兴，包括推动社会主义文化繁荣兴盛，建设文化大国、文化强国。没有文化自信，就不会有文化的复兴，也就没有全面实现现代化，中华民族的伟大复兴就会因缺乏精神和文化的支撑而后劲乏力。

彬宇先生还论述了中华文化与马克思主义的不谋而合与高度契合，以及构建“人类命运共同体”就是中华文化“天下情怀”的具体体现。

“让和平的薪火代代相传，让发展的动力源源不断，让文明的光芒熠熠生辉，是各国人民的期待，也是我们这一代政治家应有的担当。中国方案是：构建人类命运共同体，实现共赢共享。”习近平总书记 2017 年 1 月在世界经济论坛年会和联合国日内瓦总部的两场历史性演讲，向世界描绘了一幅构建人类命运共同体的宏伟蓝图，在全世界产生了强烈反响、意义深远。在第 71 届联合国大会主席彼得·汤姆森看来，中国所倡导的构建人类命运共同体理念，是“人类在这个星球上的唯一未来”。

这两场历史性的演讲表明，人类命运共同体理念是对和平与发展这一时代主题的深刻把握，着眼的是各国共同繁荣而非纠缠于国家利益的分歧和冲突。中国提出的人类命运共同体理念，指明了全球治理、国际合作的新方向，彰显了中国的世界情怀和天下担当。

美国前国务卿基辛格曾经感叹，在每一个时代，政治家们都尝试着寻求和平，然而“和平总是地区性秩序，从未能建立在全球的基础上”。回望近代以来的人类历史，威斯特伐利亚体系以来，国际秩序变迁背后的西方世界观始终无法突破一己利益的考量，持久和平与普遍繁荣成为难以企及的梦想。在十九大报告中，“人类命运共同体”的概念被提及6次。这一理念是中国发挥负责任大国作用的重要体现，是中国积极参与全球治理体系改革和建设、不断贡献中国智慧的结晶。同时，中国共产党的十九大报告向全世界宣示，中国共产党是为中国人民谋幸福的政党，也是为人类进步事业而奋斗的政党。中国共产党始终把为人类做出新的更大的贡献作为自己的使命。构建人类命运共同体理念，集中体现了中国共产党人的人类整体观。

中国人民大学王义桅教授撰文指出：在构建人类命运共同体理念的指引下，中国把越来越多的公共产品贡献给国际社会，并欢迎其他国家“搭便车、搭快车”，展现出作为世界和平建设者、全球发展贡献者、国际秩序维护者的应有担当，提升了新兴市场国家和发展中国家在国际治理体系中的议程设置权、国际话语权和规则制定权。构建人类命运共同体理念越来越凝聚起广泛共识，人类曾经难以企及的持久和平与普遍繁荣梦想终将照进现实。吸收了中国“和合文化”的精髓，传承了新中国成立以来独立自主的和平外交实践，强调构建以平等公正、合作共赢为核心的新秩序，人类命运共同体理念为国际秩序的革新完善提供了新的话语体系和路径选择。

随着世界多极化、经济全球化、社会信息化、文化多样化深入发展，全球治理体系和国际秩序变革加速推进，各国相互联系和依存日益加深，国际力量对比更趋平衡，和平发展大势不可逆转。

同时，世界面临的不稳定性不确定性突出，世界经济增长动能不足，贫富分化日益严重，地区热点问题此起彼伏，恐怖主义、网络安全、重大传染性疾病、气候变化等非传统安全威胁持续蔓延，人类面临许多共同挑战。对此，党的十九大报告明确指出，“没有哪个国家能够独自应对人类面临的各种挑战，也没有哪个国家能够退回到自我封闭的孤岛。”

未来世界要如何更好地发展？“人类命运共同体”，这是中国领导人基于对历史和现实的深入思考向全世界给出的“中国答案”。

其实，中华文化自古以来就推崇“天下”情怀。从“保合太和”“以和为贵”“协和万邦”的和平思想，到“己所不欲，勿施于人”“四海之内皆兄弟”的处世之道，再到“计利应计天下利”“推到一世之智勇，开拓万古之心胸”“达则兼济天下”的胸襟气度……中国传统文化强调和谐，主张天下为公，推崇不同国家、不同文化“美美与共、天下大同”，这当中已经蕴含了丰厚的“命运共同体”基因。

习近平总书记在“四个讲清楚”中强调：“中国特色社会主义根植于中华文化沃土，反映中国人民意愿，适应中国和时代发展进步要求。”其智慧光芒穿透历史，思想价值跨越时空，历久弥新，成为人类共有的精神财富。

因而，中华文化也是“人类命运共同体”这一理念的沃土。

中华文化的最高追求其实还与实现共产主义的追求不谋而合，《易经》的“群龙无首”与“天下和平”，儒家的“大同社会”与“天下为公”，道家思想《道德经》最后二章所描绘的天下理想蓝图：“使有什伯之器而不用。使民重死而不远徙。虽有舟舆无所乘之。虽有甲兵无所陈之。使民复结绳而用之。甘其食、美其服、安其居、乐其俗。”虽然有了一切高度发达的物质，却并不贪图享乐（有什伯之器而不用、有舟舆无所乘之），社会和谐，远离利益之争与战争（虽有甲兵无所陈之），人人安居乐俗，生活简单纯粹，具有高度文明（复结绳而用之。甘其食、美其服、安其居、乐其俗）。

共产主义社会将是古代氏族社会自由、平等、博爱的精神在更高物质基础上的回归。人类将真正掌握自己的命运，从必然世界走向自由世界。共产主义的本质就是人的自由全面的发展。共产主义社会的实现只是生产力及相应的生产方式进步的必然结果。

共产主义社会是物质高度发达、生产方式极为高级、进步的社会，用高级的生产方式自然淘汰掉资本主义的生产方式从而淘汰掉资本主义，彻底消灭剥削阶级。这个理念在中华文化中比比皆是，最耳熟能详的就是管子的名言：“仓廪实而知礼节”，以及古训“有余力，则学文”。在精神高度文明中创造物质、驾驭物质，又在高度的物质文明中升华精神，实现全人类的高度自由，这就是共产主义的伟大追求，也是中华优秀传统文化的永恒使命！

共产主义的本质是人的自由全面的发展，它绝不是要消灭人的个性，而是使每个人的自由和能力都能够得到充分的发展。个人的个性与社会的共性高度和谐共振。每个人的自由和能力都能够得到充分的发展，就是“群龙无首”的最高境界，每个人都是一条“龙”，而没有剥削阶级（无首）。共产主义的实现就是儒家所追求的“圣人满街走”这样高度文明和谐的社会。

在马克思主义哲学中，人既非道德完备的人，也非天生自私的人。人的本质是社会关系中地位的变化而变化的。没有天生的好人，也没有天生的坏人。所以，马克思主义哲学强调，人应该在社会实践中不断完善自己、提升自己，在改造客观世界的过程中改造自己的主观世界。

马克思主义哲学所揭示人类命运向好的方向前进的道理在于此，恰恰中华文化让人如何安身立命也是如此表达。如《易经》整个就讲变化、变通，与时俱进、与时偕行，以及革命的思想、创新的思想、革故鼎新、自强不息、厚德载物的思想，等等。孔子讲“里仁为美”，就是讲社会环境的重要。孟子讲“天时不如地利，地利不如人和”就是天时地利都要为人所用的思想，强调个人要在生活的磨砺中来锤炼生命的意义，完善生命的价值。如孟子所说的：“天将降大任于斯人也，必先苦其心志，劳其筋骨，饿其体肤，空乏其身，行拂乱其所为，增益其所不能。”

所以共产主义必胜，不是一种算命和盲目的崇信，而是符合必然胜利的逻辑。

这个道理，就是中华文化所强调的：“天不亡，道亦不亡。正道不衰，正学不亡。”它是历史演进的必然，是人类发展的必然。

共产主义主张合作，共融共生，正是中华文化和谐的价值理念与追求，化解一切矛盾，所谓“仇必和而解”。

共产主义道德观和人生观就是中华文化儒家思想所彰显的三重境界。

共产主义的道德观其实就是中华文化最为崇高的天地精神。共产主义的道德观，本质特征是集体主义全心全意为人民服务的革命精神，要求人们具有坚定的无产阶级革命意志，把个人利益服从于共产主义事业的利益，把自己的幸福建筑在使别人同享幸福的基础上，致力于全人类的解放斗争，并在斗争中解救自己，消灭一切剥削制度和私有制度。它要求人们在实现共产主义事业的过程中，具有大公无私、舍己为人热爱劳动的高尚品质，具有彻底革命精神和严格的科学态度。

彬宇先生说，我曾经讲过儒家文化的三重境界，第一个是文化儒，儒家文化好比阳光空气和雨露，是人类需要的文化。儒家文化为人类揭示了一条正确而光明的道路，只要沿着这条道路走下去，就必定走向光明、走向幸福、走向圆满；儒家文化的第二个境界是君子儒，儒家文化是需要你做人。做人的标准就是“君子”，这个标准以上是“圣贤”，以下是“小人”。成为君子，就自然脱离了小人，自然成长为圣贤；儒家文化的第三个境界是大人儒，不光要做人，还要做社会需要的人。这就是“己达达人”的人，“兼济天下”的人。

而同样，共产主义人生观解答了人到底为什么活着，人生有什么意义，人应该怎样度过一生，应该成为一个怎样的人等问题。归结起来，有三个基本特点：

（1）以解放全人类，最终实现共产主义为奋斗目标和最高理想，并为实现这一远大目标而努力奋斗。

（2）以集体主义为核心，以全心全意为人民服务为人生目的，其本质是大公无私。

（3）以革命乐观主义为人生态度。以乐观精神和英雄气概对待人生道路上的各种问题。共产主义人生观是巨大的精神力量。它一旦形成，必须按自己的面貌改造现实，造福人类，为实现共产主义远大目标做出自己应有的贡献。

这第一个特征，就是文化儒的境界；第二个特征，就是君子儒的境界，包含了“孔颜乐处”的精神，同时更包含了“君子群而不党”的集体主义精神；第三个特征，就是大人儒的境界，“己达达人”“兼济天下”，可以孟子所谓“天下无道，以身殉道”，具有“杀身成仁”“舍生取义”的精神。

共产主义的劳动观就是中华文化的无私奉献精神。这种劳动观由有一定自觉的人士带头作为榜样，带领更多的人将这种价值观融入于生命与血脉之中，从而实现全人类的高度文明与和谐。共产党人的追求，也正是中华优秀传统文化对“圣贤”特征的描述：

《中庸》云：“君子之道，本诸身，征诸庶民，考诸三王而不谬，建诸天地而不悖，质诸鬼神而不疑，百世以俟圣人而不惑。质诸鬼神而不疑，知天也；百世以俟圣人而不惑，知人也。是故君子动而世为天下道，行而世为天下法，言而世为天下则。”

所以，中国共产党人，本身就符合也唯有如中华文化所标举的“圣贤”，才能够实现中华文化所谓的“平天下”，共产主义所标举的共产主义社会。

彬宇先生认为，共产主义的无产阶级一方面是指广大的困难群众，儒家“民贵君轻”的精神及“民本思想”其着眼点就是“无产阶级”，另一方面，共产主义的无产阶级就是中华文化所倡导“自然无为”的最高境界者，无产阶级专政就是不断培养从精神上达到“自然无为”具有天地格局及智慧能创造物质、驾驭物质的人。这样的人在儒家称为“大儒”，在佛家则称为“大乘菩萨精神”，共产主义则称为“伟大的无产阶级革命家”和“共产党人”。

共产主义消灭私有制的理念就是中华文化“天下为公”的精神，因为完全强调私有、私欲只会将人类引入堕落。

共产主义的按需分配原则，就是实现儒家所提出的“大同理想”，按需分配不是无原则地满足欲望。“天下不患寡而患不均”，按需分配就是在解决中华文化几千年来所重视的均贫富的问题。

马克思主义是唯物主义，强调物质第一性，恩格斯说：“‘不是人们的意识决定人们的存在，相反，是人们的社会存在决定人们的意识。’这个原理非常简单，它对于没有唯心主义的欺骗束缚住的人来说是不言自明的。但是，这个事实不仅对于理论，而且对于实践都是最革命的结论。”

注重物质第一性，就是实事求是的科学精神。这与中华文化思想依然高度契合，中华文化的原典《易经》，讲六十四卦卦象，就是抓住事物这个物质本身的根本特征进行分类，卦象所涵盖的就是各种事物现象，现象就是物质，透过现象从而看到事物的本质。所以唯物主义恰恰是根据客观事物来分析其内在本质的规律，从而得出准确的结论，一切都从实际出发。《易经》所阐述的“道器关系”也正是如此。“器”是物质，透过物质的特征来反推物质背后的规律，就验证了“道”。战国荀子：“天地合而万物生，阴阳接而变化起。”

东汉王充："天地合气，万物自生。"明朝王夫之："气者，理之依也。""天下唯器""道者器之道""无其器则无其道"。而"道"本身也是物质。所以《易经》提出了三易原则，恰恰就是马克思主义所论述的思想："世界是物质的，物质是运动变化的，运动变化是有规律的，规律是可以加以掌握并利用的。"这里说起来是一段话，在《易经》那就是六个字：不易、变易和简易。简单地说，不易就是道，变易就是物质的运动变化，简易就是掌握并利用规律。当你达到"不易"的这个最高境界，也就是"道"的层面时，你就看懂了一切事物发展的变化规律，这就是"变易"，当你看懂了事物发展的根本规律时，你就能把复杂的问题简单化处理了，就能运用这个规律创造、发展出一切事物了，这就是"简易"。

从物质角度出发，才能够客观地反映世界，进而推导出其中的内在规律，并掌握此规律再进行对一切需要的创造。如果不从唯物角度出发，则极容易发展出历史虚无主义和务虚主义，搞出"屠龙之技"，而中国古代"闲来无事谈心性，临危一死报君王"就是最好的证明。所以马克思的辩证唯物主义与历史唯物主义是实学，与中华优秀传统文化所主张的"经世致用"精神高度契合，与"子不语怪力乱神"的精神高度契合。同时，中华优秀传统文化所强调的思想，是"心物一体"，道器不二。老子所阐述的"道"，本身也具有"唯物"性。他说："有物混成，先天地生。独立而不改，周行而不殆。"他所阐述的"道"，本身就是物质。

唯物主义就好比一面照妖镜，把一切不切实际的空想、骗术都照个明白，而将一切思想学说都变得实际，"从实际出发"。这恰好也是中华文化的根本追求，"道"的高明，是要创造发展出"器"的高明。没有"器"的"道"不是道，是骗术。

对于人类正确认识世界和改造世界而言，这是最具有科学性和实践性的哲学观点。

譬如算命先生学《易经》，只学会了占卜，孔子学《易经》，却感悟了天道。同样是学《易经》，结局却迥然不同。这就是孔子所感叹的"通途而殊归"，最后历史选择了孔子。资本主义和社会主义同样都搞经济和物质，但是社会主义的物质高度发达是与人的精神境界成高度的和谐与共－振，而资本主义则不然。故而历史将如同选择孔子一般选择社会主义。这也就是为何在“千年未有”之历史变局中，中国共产党为何能奇迹般地创建中华人民共和国，并一步步让中国站起来、富起来、强起来、伟大起来的根本原因。

有远大的构想和梦想才会有伟大的成就。共产主义就是宏大的人类未来构想，我在前面讲“知志”的时候讲过，志通质、智、置、治、制、致、至。一个有远大志向的人，一定能用理想照亮现实，也一定能将梦想变成现实，现实也就是实质，所以“志”通“质”，实质的意思；一个有远大志向的人，一定懂得什么能做，什么不能做，能够集中精力去做能做的，这种辨别是非的能力，就是一种智慧，也会不断拓展出伟大的智慧来，所以志通“智”，有志向的人会开启智慧；有宏大的志向，会懂得如何处理事物的关系，掌握相应的方法，这个“置”既代表“措置”的置，即方法；也代表位置的置，即地位。有宏大理想的人才能够有机会获得崇高的地位；志通“治”，有宏大志向的人，一旦在人生路上走偏，就会自觉发现并及时纠偏，因为他自觉到一旦走偏，必定实现不了志向与理想，所以通“治”，就是具有自我革命的精神，习近平总书记强调的“四个全面”，即“全面建成小康社会；全面深化改革；全面依法治国；全面从严治党”，四个全面中，后面三个都符合这一特征；也就必定能建立起相对完善的制度，所以志通“制”；有远大的志向，就必定会多方考虑，注重周祥和细致，所以志通“致”，全面、周备、精细的意思；最后，一切条件成熟，终于实现这个伟大的理想、伟大的梦想，这就是志通至，达到的意思。所以中国共产党人，互称“同志”，虽然这个词语源于《易经》“天地交而万物通，上下交而其志同”，但是一个“志”的内涵已经说明了一切。

因为有中华优秀传统文化的伟大土壤、共产主义的伟大指引，则必然有中国梦这一伟大构想的提出。这是中华民族的中国梦，更是中华文化为全人类描绘的世界梦。拥有宏伟的使命，就必定能在前行的道路上自动纠偏（全面深化改革、全面依法治国、全面从严治党等），从而以制度自信、理论自信、道路自信昂扬地行走在中国特色社会主义道路上，一步步坚定有力地迈向中华民族的伟大复兴和让全人类获取幸福、生命成就这一伟大目标。

彬宇先生继续提出，什么是国学？《现代汉语词典》中定义是“一国固有之学”，照此看来，中国国学只是世界各国国学中的一分子，并不能完整体现中华优秀传统文化的思想特征及与世界学术的根本区别。所以他曾经为“国学”做了一个新的诠释，先生说，所谓国学，就是“治国平天下之学”的简称。很多人说治国是把一个国家治理好，平天下是把无数个国家治理好。其实不对，首先，把无数个国家治理好本身就是对“治国”概念的重复，而治国是治国，平天下是平天下。两者岂能混为一谈？另外，在先秦时代可以这样定义“平天下”，周天子高高在上，所有的诸侯国都听命于他。但是到了现在，就不能再这样去理解，否则就会发展出霸权主义。他在《国学旨归》第一辑和《平心平天下》里面都有过新的诠释，平天下就是指一个人内圣的修养达到了与天相持平的境界，这个时候看到的一切都在自己的眼界和境界之下。平天下是指内圣的修养达到了极致，内圣修养达到极致，必定开启了无上的智慧，运用无上的智慧，自然就能创造出一切丰富的物质与文明。同时内圣的修养达到极致，也就是树立了崇高的人格，必然受到人们的拥护，所以内圣的修养达到极致，自然就能开创出外王的事业。“平天下”三个字，既包含了内圣的修养，又包含了王的事业。

那么中华文化平天下的追求，就是习近平总书记所倡导的构建人类命运共同体及共产主义社会的伟大实现。

今天，我们探讨马克思主义与中华优秀传统文化的融合，将具有伟大的现实意义与历史作用。

从中华优秀传统文化的根本精神出发，就某种意义而言，中华民族其实已在朝着社会主义、共产主义方向行进了数千年，也有过无数的曲折和血泪。随着十月革命一声炮响，为中华民族带来了马克思主义，正因为中华文化本身就与共产主义所高度契合，所以临门一脚，结合历史经验、文化积淀与基本国情，踹开了中国特色社会主义、共产主义的大门，鉴古知今，彰往察来，正是有数千年的历史经验与文化积淀，习近平总书记自信并自豪地向世人宣告——今天，我们比以往任何一个时代都更接近于中华民族的伟大复兴！（注：彬宇先生在《平心平天下》中曾论述过中国古代的帝王专制与西方所谓美式民主都不可能真正实现古代圣人所倡导的“天下为公”“世界大同”宏伟蓝图也即“共产主义”社会，而唯有现行的中国特色社会主义道路可以实现，感兴趣可以看该书。）

马克思主义中国化、时代化、大众化的最新成果，从国际视角来看，不仅体现在构建人类命运共同体和“一带一路”等倡议上，还在于中国共产党人不做资本主义掘墓人，而旨在造福包括中国人民在内的全人类，这是对马克思主义的丰富和拓展，也使得马克思主义超越社会主义国家范畴，在世界范围内具有指导意义。

彬宇先生谈到“常道”是儒家精神的体现，他说：常道源于生活，又高于生活。辩证唯物主义源于现实，又能指导现实。常就是生活，道就是高于生活。依此道理，常道的含义就包括，吃饭是为了活着，但活着并不只是为了吃饭。西方重物质重资本，可以简单地理解为就是“吃饭”（也包括一般意义上的娱乐），吃饭固然很重要，但还有比吃饭更重要的。把这个更重要的搞明白了，如何吃饭、如何吃好饭，就是非常简单的问题。因为当你掌握了智慧，厚重了德行，自然就能创造并驾驭物质。《论语》中记载：“子贡问政。子曰：‘足食，足兵，民信之矣。’子贡曰：‘必不得已而去，于斯三者何先？’曰：‘去兵。’子贡曰：‘必不得已而去，于斯二者何先？’曰：‘去食。自古皆有死，民无信不立。’”这段话是什么意思呢？就是说子贡去问孔子政治方面的问题，孔子就说，有三样东西很重要，一是搞好生活和经济建设，二是搞好国防和军事建设，三是搞好文化，加强诚心、信仰和信念的树立。子贡说，如果不得已要在这三者中去掉一样呢？孔子说那就去兵，不搞军事了；子贡又说，如果不得已又要把剩下的两者去掉一个呢？孔子就说去掉生活这一项吧，自古以来谁都有死，没有精神地活着还不如死了。我们要注意，在这里孔子不是主张只搞文化建设而不搞其他的建设，他只是强调文化的重要。因为真正的政治，是不可能绝对不搞经济不搞国防的，因为一般的统治者都会过分注重军事和经济方面的发展而往往忽略了文化建设的意义，所以孔子结合现实的情况，为了突出文化的重要，才故意这样说。这就是我们读书需要特别注意的地方，而不能产生误解。

明白了这个道理，也就明白了资本主义与共产主义的区别就在于此。一个“吃饭是为了活着”，一个“活着并不只是为了吃饭”，那还为了什么呢？是为了要让全人类精神和物质都获得高度的自由，是为了“为万世开太平”、实现共产主义与大同世界。这是共产主义的追求，更是中华优秀传统文化的追求。

很多人受西方反华势力蛊惑，认为共产主义社会不可能实现，是乌托邦，其实当你了解中华优秀传统文化思想以后，你就明白，共产主义社会也好、大同世界也好，都是能够实现的，但是实现的这个过程是很艰辛、也很漫长，是有一个过程的。

共产主义社会是社会主义社会的高级阶段，在这个阶段实现了精神与物质的高度自由和高度文明。一个人精神高度自由之后，随之而起的就是智慧的高度发达。一个精神高度自由的人，其欲望是极低的。这符合老子所讲“知足者富”的理念。因为精神高度自由了，内心无比充实，对事物的渴求和需求变得理性，也就是减损掉欲望了。你看历史上无数圣贤之人，他们真正做到粗茶淡饭、安步当车，却比任何一个常人都幸福就是这个道理。而只有当一个人精神空虚时，才会滋生欲望，希望通过对财富地位的攫取来充实自己。当一个人精神高度自由与文明，同样就能创造物质的高度自由与文明。道器是统一的。有多高明的“道”就能创造多高明的“器”。高明的“道”就是高度自由的精神，高明的“器”就是高度发达的物质。所以共产主义社会的物质是高度文明高度发达的，又因为共产主义社会具有高度发达的物质，使人类没有了生存和生活的恐惧，生命安全得到了保障，进而反过来升华人类的精神。所以共产主义社会的人，精神高度自由，就是指高度理性、高度智慧与高度幸福。一个高度理性的人，是讲秩序讲礼仪讲文明的；一个高度智慧的人，是能创造高度物质并能驾驭高度物质的；一个高度幸福的人，其需求是极低的。这就构成了一个生产力极为发达而人们对需求又极低的社会。这个社会因为精神和物质都高度发达，所以高度理性高度智慧高度幸福，于是不再有政府。共产主义社会的人是没有政府的。这在中华文化最高经典《易经》中有一个形容，同时这个形容也是《易经》所描绘的人类最美好的生活图卷，《易经》只用了四个字来形容——群龙无首。

群龙无首来自于乾卦。乾坤二卦是《易经》的门户，所谓“乾坤生六子”，从而演绎出八卦与八八六十四卦。而乾卦又是《易经》中最重要的一个卦，“大哉乾元，万物资始，乃统天。首出庶物，万国咸宁”。乾卦中最高的境界就是“群龙无首”。什么叫群龙无首呢？从文化的角度来理解，就是进入了中华文化所形容的最高明的境界，儒家叫天人合一，道家叫自然无为。从社会的角度来理解，就是每个人都是一条龙，而不需要首领，也就是没有了政府没有了领导，大家多元和谐，这也是《易经》描述的“保合太和乃利贞”的境界。所以和谐社会，懂了《易经》，你就明白“和谐”这个词语源于《易经》，《易经》就是要为构建和谐社会服务的。但是这个“和谐”，有三重境界，有保和，有中和，有太和，就是今天故宫里的三座大殿的名称。按我的思考，保和就是资本主义社会，有丰富的物质和资本作为保障，是太和的基础；中和，就是社会主义社会；太和，就是共产主义社会。这三和与三种社会形态的关系，留给大家下去思考。

先生说，前面我所阐述的共产主义社会不是乌托邦，而是有必定实现的必然逻辑，如果你还是觉得复杂，那么我简单归结成一句话你就懂了。如果社会上像范仲淹这样的人越来越多，甚至满大街都是，那么共产主义社会就快实现了。为什么呢？因为范仲淹就是精神上高度文明，物质上又具有高度创造力的人。这种人就是中华文化所标榜的圣贤。所以共产主义社会不是乌托邦，共产主义社会的实现有赖于人。一部分先懂得这个道理的人联合起来作带头示范作用，带动越来越多的人共同实现共产主义社会。这些人就是儒家讲的君子和圣贤，马克思讲的共产党人和伟大的无产阶级革命家。

马克思主义基本原理有一条：“世界是物质的，物质是运动变化的，运动变化是有规律的，规律是可以掌握并利用的。”这在马克思主义哲学讲起来是一句话，但是《易经》就是三个词语六个字：“不易、变易、简易。”“变易”就是一切的事物都在变化；“不易”就是规律，透过事物的运动变化而发现背后的根本规律；“简易”就是当你掌握了这个根本规律后，看一切事物就简单了，并能运用这个规律去创造、驾驭一切事物。

马克思主义强调物质第一性，这与中华优秀传统文化保持高度一致。《易经》就是透过六十卦所揭示的一切现象世界、形质世界去发现真相实相，也就是透过现象抓住本质。这个本质就是根本规律（基本原理）；儒家在《大学》里有所谓“八条目”：“格物致知，诚意正心，修身齐家，治国平天下。”平天下就是世界大同，也可以说就是中华民族对“共产主义社会”的追求。要实现共产主义社会或大同世界，第一条就是“格物”，强调物质的第一性，透过物质的现象变化，来掌握其背后的根本规律，所以掌握这个规律，明白这个道理了，就叫“致知”。与马克思主义哲学是否高度一致？

我们知道，中华文化主张道器不二，道在器中，器在道中。“道在器中”是说事物中蕴含着“道”的内涵；“器在道中”是说物质的发展变化符合“道”（规律）。所以主张以道制器，器以载道。

但是在中国历史上，将“形而上者谓之道，形而下者谓之器”错误地理解为道高于器，于是开始过分强调心性的作用，而忽略了对实物的创造，甚至将很多实物的创造视为“奇技淫巧”。其实，“形而上者谓之道”说的是看不到摸不着但又客观存在的规律，以及精神和智慧；“形而下者谓之器”说的是运用这个规律、精神和智慧就能创造出形质之器。所以明确提出了“以道制器”的理念。但是古人很多却都只注重“论道”，而不注重“制器”。出现了“闲来无事论心性，临危一死报君王”的情况。由于过去过度强调精神层面，精神与物质，在中华文化中本来是并重的，结果导致了只侧重于精神而忽略了物质，所以马克思主义的到来，帮助我们反思反省，不仅要注重精神层面，更要注重物质层面。用物质来检验一切，也就是说用器来检验你的道，不能创造器的道，就绝不是道，而是骗术。所以唯物主义是极科学的理念，是一切骗术、不切实际的空想和牛鬼蛇神的克星。所以马克思主义，本身也符合中华文化思想，它帮助我们更好地、更完整地、更透彻地认识我们自己的传统文化。

过去的几千年来，我们一直走在实现世界大同的道路上。某种层面而言，也是一直走在实现共产主义社会的道路上。但是历史已经证明了，要实现世界大同，靠过去那种光有思想理念是不够的，还要在制度上完善。中华民族过往的历史上，往往是一批有着圣贤追求的无产阶级起来推翻了剥削阶级，但是由于家天下的制度，子孙们生来就是做帝王的，从出生开始就是锦衣玉食，不知民间疾苦，而逐渐失去了圣贤的追求与发心，拼命享乐，于是从最初的无产阶级（圣贤）演变成了资产阶级（违背圣贤）。但是家天下皇权至上的制度，你要么敢怒不敢言或者逆来顺受，要么就再联合起来推翻他。一旦再起义推翻旧政府的时候，历史的循环就开始了。

中国共产党的缔造者们看透了这个历史，要打破它，跳出这种循环和周期，于是建立了民主共和制，废除了家天下的制度。废除家天下的制度，是为了保证“不忘初心”。唯有不变初心，才能牢记使命、继续前进。中国共产党现在的制度，颇类似于尧舜时代的“禅让”制。尤其是在习近平总书记所开启的中国特色社会主义新时代之后，这种“禅让”的意味将会更加深长。尧舜禹三代之间代代相传一句话，《论语》中孔子也如此转述：“尧曰：‘咨！尔舜！天之历数在尔躬，允执其中。四海困穷，天禄永终。’舜亦以命禹。”这段话就是尧舜禹三代之间代代相传的一句话，什么意思呢？尧传位给舜时就说，舜啊，天命已经落到你的身上了，你要坚守中道、正道和大道（允执其中）。如果你把天下四海搞得民不聊生、困顿贫穷了，那么上天给你的禄位也就永远地终止了。后来舜又把这句话传给了禹。这句话，换到今天，用毛主席和习近平总书记的话说，就是“为人民服务”和“为中国人民谋幸福，为中华民族谋复兴就是中国共产党人的初心和使命”。

所以彬宇先生说，越懂中华文化，就会越懂共产主义和马克思主义。两者是融通容和的。中华文化是大道，但是把这个大道落地下来，融入到生活之中，就成为了常道。大家在生活中感悟中华文化，用中华文化来指导生活，所以中华文化成为了中国人生命中的一部分，血脉相连，深入骨髓，深入精神，息息相关。古代的官方与人民容易相互理解，都是因为有一个共同的中华文化价值观的缘故。那么对于今天，在中国共产党的领导下，一方面要着重宣传共产主义和马克思主义思想，另一方面我们也要让这种宣传更接地气，更容易被理解，更容易为人民所广泛接受，就是要着眼于马克思主义的中国化。怎样中国化？十八大后习近平总书记倡导传承发展中华优秀传统文化就为我们指明了方向。

习近平总书记说：“中国共产党人是马克思主义者，坚持马克思主义的科学学说，坚持和发展中国特色社会主义，但中国共产党人不是历史虚无主义者，也不是文化虚无主义者。马克思主义基本原理必须同中国具体实际紧密结合起来，应该科学对待民族传统文化，科学对待世界各国文化，用人类创造的一切优秀思想文化武装自己。”

“中国共产党是为中国人民谋幸福的党，也是为人类进步事业而奋斗的党。”推动构建人类命运共同体和共建“一带一路”，推进新型全球化和新型全球治理，在再造政党政治、创新人类政治文明的过程中，不仅有利于世界政党间的对话，也将使中国共产党发展壮大，使马克思主义焕发出蓬勃生机。